Alain Juppé

Dictionnaire amoureux de Bordeaux

Dessins d'Alain Bouldouyre

PLON
www.plon.fr

COLLECTION FONDÉE
PAR JEAN-CLAUDE SIMOËN

12, avenue d'Italie
75013 Paris
Tél : 01 44 16 09 00
Fax : 01 44 16 09 01
www.plon.fr

Dépôt légal : octobre 2018
ISBN : 978-2-259-21229-8
Mise en pages : Nord Compo (Villeneuve-d'Ascq)

Plon est un éditeur qui s'engage pour la préservation de son environnement et qui utilise du papier fabriqué à partir de bois provenant de forêts gérées de manière responsable.

Aux Bordelaises et aux Bordelais

« Juillet 1999, sur les quais.
Je regarde Alain. Il est heureux ici. Il aime cette ville. Et il y est aimé.
Je crois et je sens que c'est une histoire d'amour qui pourrait durer longtemps. »

Isabelle Juppé,
Jours heureux à Bordeaux.

« Ce qui fait que la plupart des gouvernements de la Terre sont despotiques, c'est qu'un pareil gouvernement saute aux yeux [....]. Comme il ne faut que des passions violentes pour l'établir, tout le monde est bon pour cela. Mais pour établir un gouvernement modéré, il faut combiner les puissances, les tempérer, les faire agir. »

Montesquieu

Préface
D'un Bordeaux l'autre

Je ne suis pas né à Bordeaux. Ma ville natale est Mont-de-Marsan, le chef-lieu du département des Landes, à 120 kilomètres environ au sud de Bordeaux. J'y ai vécu toutes mon enfance et mon adolescence. Le bac en poche, je suis parti à Paris pour faire mes études supérieures et commencer ma vie professionnelle. Mais j'ai gardé avec mes Landes un lien charnel. Mes parents y ont habité jusqu'à la fin de leur vie. J'y ai toujours de la famille. En 1969, j'y suis retourné pour faire mon service militaire sur la base aérienne 118 « Colonel Rozanoff ». Et, en 1978, je me suis lancé dans ma première campagne électorale pour tenter de conquérir la circonscription de la Haute Lande. J'ai parcouru des kilomètres de routes rectilignes jusqu'à des villages improbables. Je n'ai pas gagné l'élection, mais j'ai gagné en intimité avec ma terre. Notre maison de vacances est toujours à Hossegor, et mes enfants y sont très heureux. Bref, je me sens landais « pure laine ».

Et Bordeaux, dans tout cela ?

Mes grands-parents paternels habitaient Bordeaux. Nous leur rendions visite, mes parents, ma sœur et moi, de loin en loin. J'en garde peu de souvenirs. La rue Turenne peut-être, par laquelle nous entrions en centre-ville et qui me paraissait interminable. Ou les chuchotements de mes parents quand nous longions le quartier dont j'ai su depuis qu'il s'appelait Mériadeck où, comme l'écrit Louis Émié, les « puces maintenaient depuis des siècles leurs traditions indéracinables, Mériadeck avec ses Kabyles, ses rues chaudes, aujourd'hui vouées au trafic clandestin du plaisir mercenaire ». Il ne fallait pas nous déniaiser prématurément, d'où la discrétion parentale. Nous allions aussi voir les trois sœurs de mon père, l'une à Bordeaux même, une autre plus loin à Arcachon, une troisième en banlieue proche à Pessac, dans un quartier, l'Alouette, dont le nom m'enchantait.

À chaque rentrée scolaire, ma mère nous traînait, ma sœur et moi, chez Mod, la boutique « chic » de la place de la Comédie, où elle nous habillait pour l'hiver. Elle n'aimait pas vraiment Bordeaux. Elle parlait avec une sorte de crainte révérencieuse des « Chartrons », un monde aristocratique qu'elle ne connaissait pas et dont elle se faisait une idée très reçue. Déjà, plus d'un siècle auparavant, Schopenhauer, adolescent de passage à Bordeaux, notait : « Entre les habitants des Chartrons et ceux de la ville proprement dite, il y a un grand cloisonnement. Les habitants des Chartrons, parmi lesquels se trouvent tous mes amis [*sic*], forment des cercles entre eux où ne pénètre aucune personne n'habitant pas la ville ni même les habitants de la ville. » Que dire alors d'une modeste bourgeoise du fin fond des Landes !

Plus tard, marié et père de famille (j'avais 22 ans...), je faisais très régulièrement la route de Paris à Mont-de-Marsan, au volant de notre « Coccinelle » Volkswagen, pour conduire notre fils Laurent faire une cure d'air pur chez ses grands-parents dans la forêt landaise, ou passer les grandes vacances en famille. Une longue route de près de 800 kilomètres. L'arrivée à Bordeaux nous redonnait espoir. L'entrée en ville, en ce temps-là, avant la rocade, c'était l'avenue Thiers, et, chaque fois, en accédant au pont de pierre, le choc du spectacle somptueux du palais de la Bourse ; puis le parcours des quais de la rive gauche, le long des façades noires comme suie. Nous ne nous attardions pas. Nous attendions avec impatience les premiers pins et le parfum de la résine. Je ne soupçonnais pas que, un jour, Bordeaux deviendrait ma ville.

Nous nous y sommes installés, Isabelle et moi, en 1994. Notre premier logement était un petit studio rue du Palais-Gallien. Il fallait enjamber le lit pour accéder à la douche. Quand nos trois enfants eurent agrandi le foyer, nous trouvâmes la maison de nos rêves, dans un vieil immeuble de l'impasse des Tanneries, entièrement rénové par le précédent propriétaire. Les pièces à vivre donnaient sur une vaste terrasse arborée, et mon bureau, niché dans un édicule sur les toits, m'offrait une vue imprenable sur le jardin public et le muséum d'histoire naturelle. Nous y fûmes heureux. Ma femme en parle encore les larmes aux yeux. J'ai sottement vendu cette maison en 2004, sur un coup de tête. J'étais sous le choc de ma condamnation, et j'avais besoin de rupture.

Après plusieurs déménagements, nous voici aujourd'hui en plein cœur de la ville, entre deux sites stratégiques : la librairie Mollat et le palais Rohan. Quel bonheur d'aller à pied, chaque matin, à mon bureau de l'hôtel de ville ! De faire mes courses au Monoprix de Saint-Christoly et d'acheter mes fruits à Magguy, la souriante marchande installée sous la porte Dijeaux. D'aller au cinéma tantôt rue Bonnac à l'UGC, tantôt au Français, tantôt place Camille-Jullian à l'Utopia. De découvrir un nouveau restaurant dans le quartier Saint-Pierre, de boire un café en terrasse entre la place Gambetta et le cours de l'Intendance, d'aller voir *La Vie parisienne* au Grand Théâtre et d'écouter *La Passion selon saint Matthieu* à l'auditorium, de profiter, toujours à pied, des beautés connues et secrètes de cette ville unique. Vivre en son cœur est un luxe, c'est vrai. Isabelle me dit parfois : « Tu as tant travaillé à l'embellissement de Bordeaux. Il est juste d'en jouir maintenant. »

Je repense à la ville telle qu'elle était il y a plus de deux décennies. Elle était certes déjà belle. Mais elle s'était assoupie. « La belle endormie », disait-on. Elle avait des complexes, notamment vis-à-vis de Toulouse, réputée plus dynamique, plus attractive pour les étudiants. Les touristes qui la traversaient sur le chemin du Sud lumineux la trouvaient noire et ne s'y arrêtaient pas. Elle était noire, en effet. Elle y mettait une sorte de coquetterie. Quand j'ai lancé ma première campagne de ravalement, je me souviens qu'un écrivain bordelais s'est affligé, dans la presse, de voir s'effacer la ville de suie… et sa poésie très particulière. Bien vite les Bordelais se sont aperçus que ravaler, c'était aussi restaurer des bâtisses qui en avaient souvent besoin ; que c'était surtout révéler les détails d'une architecture dissimulés sous la crasse. La contagion a vite œuvré, et les Bordelais ont redécouvert leur ville.

Les finances communales étaient à sec, et je n'avais guère de marge de manœuvre. Je partis à la recherche de partenaires prêts à investir pour le bien commun. La chambre de commerce répondit à l'appel et accepta de financer la mise en lumière du palais de la Bourse. Deuxième révélation. J'enclenchai dans la foulée un plan lumière peu coûteux mais spectaculaire qui réveilla les esprits endormis : oui, notre ville avait des ressources exceptionnelles, et nous allions les mettre en valeur.

On me demande souvent comment, mis à part ces gestes symboliques, je suis parvenu à transformer si profondément Bordeaux. En présentant mon premier projet urbain, j'avais deux idées directrices : d'abord doter l'agglomération d'un transport collectif moderne et puissant pour prévenir la congestion naissante due aux déplacements ; et reconquérir ou conquérir les deux rives de la Garonne pour ouvrir résolument Bordeaux sur son fleuve. La rive gauche avait été désertée par le port qui n'y avait laissé que des hangars en ruine. Quant à la rive droite, c'était encore, pour les Bordelais « classiques », un espace quasiment inconnu, un autre monde qu'on ne fréquentait pas. « Obscur tabou ? Loi non écrite ? » se demande Jean-Marie Planes dans son opuscule sur les Quinconces. De même que, selon lui, personne ne se risquerait à franchir en diagonale la célèbre esplanade, à 11 heures du soir, de même il eût été « plus extravagant encore de s'engager à pied sur le pont de pierre. Il y a des choses qui ne se font pas, déclarait-on dans les familles ».

« Les familles » ! J'adore cette expression, si joliment « snob », volontairement ou pas.

Les temps ont changé, les familles aussi. Le tramway est devenu une sorte de cordon ombilical entre la rive gauche et la rive droite qui n'est plus « le rognon racorni » dans le méandre du fleuve dont parlait Jean-Marie Planes dans un autre texte. Le pont de pierre désormais réservé aux transports en commun et aux déplacements doux accueille jusqu'à 10 000 cyclistes par jour et une nuée de piétons.

L'aménagement des quais est plébiscité. Il a transformé un *no man's land* en lieu de vie quotidiennement fréquenté tant par les habitants de la ville et de la métropole que par les touristes. Il est rare qu'une opération d'aménagement urbain de cette ampleur fasse l'unanimité. C'est le cas chez nous. Quel bonheur pour moi d'y rencontrer des citoyens heureux, et fiers de leur ville !

C'est ainsi que, comme disent mes amis québécois, nous sommes tombés en amour de Bordeaux. Dans le livre qu'elle a publié en 1999, Isabelle raconte, d'une plume alerte, la vie quotidienne d'une mère de famille, curieuse et active, dans une ville qu'elle découvre ; le titre dit tout : *Jours heureux à Bordeaux*.

Au fil du temps, après huit campagnes électorales, municipales et législatives, qui m'ont conduit au plus profond de tous les quartiers, cet amour a grandi au point que, aujourd'hui, il a pris toute la place dans ma vie publique et que je souhaite, dans ce livre, le faire partager.

A

Académie nationale des sciences, belles-lettres et arts

Je suis très fier de mon titre de « protecteur » de l'Académie nationale des sciences, belles-lettres et arts de Bordeaux. Ès qualités en tant que maire de Bordeaux.

C'est une institution trois fois centenaire. L'Académie royale a été créée le 5 septembre 1712 par lettres patentes du roi Louis XIV, enregistrées par le parlement de Bordeaux. L'intérêt pour les sciences est vif à l'époque ; les élites bordelaises veulent participer au grand mouvement d'échanges d'idées et de réflexions qui se développe avec le siècle. La devise choisie par les fondateurs est explicite : « *Crescam et lucebo* », « Je croîtrai et j'éclairerai ». Les Lumières, déjà.

L'Académie est évidemment pluridisciplinaire ; on ne dissocie pas en ce temps-là les sciences, les belles-lettres et les arts. Le règlement intérieur est prudent : rien ne doit être dit ou écrit sur la religion « qui fût hazardé contre la foi » ; pas de licence avec les bonnes mœurs ; pas d'attaques contre le gouvernement ; pas de termes impropres à la langue. Les orateurs sont appelés à la concision : les discours ne doivent pas dépasser une demi-heure.

Montesquieu, élu en avril 1716, en fut directeur à quatre reprises, jusqu'en 1748. Il y présente des communications savantes, par exemple sur les causes de l'écho ou sur l'usage des glandes rénales ou bien encore sur « le flux et le reflux de la mer ». Il fait l'éloge de l'institution : « Notre académie de Bordeaux ne cesse pas que de commencer à fleurir, soit par un grand nombre de personnes distinguées qui en sont, soit par les bienfaits [...] qui la mettent en état d'encourager les sciences. J'y ai presque tous les amis que j'ai dans ce pays-ci. »

Ce qui ne l'empêche pas de s'y montrer facétieux. J'ai raconté dans la biographie que je lui ai consacrée l'anecdote dont Stendhal fait gorge chaude : alors que Montesquieu s'entretenait de science avec trois de ses collègues de l'Académie, « on se promenait et, à chaque tour, on s'approchait de la fenêtre sur laquelle était un vase d'œillets. Ce vase était vivement échauffé par le soleil. Montesquieu le tourne sans qu'on s'en aperçoive, puis au tour suivant s'écrie : "Voici qui est bien singulier, messieurs ; les plus grandes découvertes tiennent souvent à une observation donnée par hasard. Le côté de ce vase qui est à l'ombre est bouillant et le côté exposé au soleil est froid." Les savants de province [c'est Stendhal qui écrit] prennent la chose très au sérieux ; on discute et, qui plus est, on explique. Montesquieu, effrayé par leur amour-propre, se hâte d'avouer la plaisanterie. »

L'Académie est dissoute à la Révolution, recréée à la Restauration, devient nationale à la chute de la royauté, reconnue d'utilité publique en 1894.

Toujours forte de ses quarante membres résidents, sans compter les membres d'honneur, associés et correspondants, elle est aujourd'hui installée dans l'hôtel des sociétés savantes que la mairie met à sa disposition près du jardin public.

Son activité est soutenue ; elle organise chaque mois une communication d'un de ses membres ou d'une personnalité invitée. Les sujets traités sont très variés, de l'avenir du livre en France (Denis Mollat) à l'homme dans l'espace (l'astronaute Jean-François Clervoy), en passant par les « Suisses protestants de Bordeaux » par sa secrétaire perpétuelle Séverine Pacteau de Luze – hélas récemment décédée –, ou la violence de la question irlandaise à travers des *murals* de l'Ulster. Elle publie chaque année les textes de ces communications dans des actes qui sont une mine de connaissances sur l'histoire de notre ville.

Je ne doute pas que beaucoup de bons esprits considèrent cette docte institution comme un peu désuète. Je crois tout au contraire qu'elle maintient des valeurs plus que jamais utiles à notre temps : le goût du savoir et la volonté de transmettre ce savoir, le respect de la diversité des opinions, l'art de vivre ensemble. Elle peut compter sur son protecteur…

Afrique, Bordeaux et l'

Il m'arrive de dire que Bordeaux est une ville africaine ou que, en tout cas, elle entretient une relation particulière avec l'Afrique. Et j'ajoute : « Pour le pire et pour le meilleur. »

Le pire, j'en parle à l'entrée « Esclavage ».

Le meilleur, c'est aujourd'hui. La ville a tissé, au long des décennies, des liens étroits et solides, humains, universitaires, économiques, culturels avec de nombreux pays africains, que ce soit au Maghreb ou en Afrique subsaharienne. Et je n'ai eu de cesse de les développer. Dans mon équipe actuelle, j'ai même chargé spécialement un de mes adjoints de cette responsabilité.

Liens humains d'abord : les Africains représentent 18 % de la population immigrée de la ville, sans compter ceux qui viennent du Maghreb. La communauté d'origine sénégalaise est particulièrement nombreuse en Gironde. Cette diaspora vit en harmonie avec la population générale.

Bordeaux est jumelé avec plusieurs villes africaines : Oran en Algérie, Casablanca au Maroc, Bamako au Mali, Ouagadougou au Burkina Faso. Les équipes municipales se rendent visite, j'ai moi-même conduit plusieurs fois des délégations sur place ; c'est l'occasion de contacts humains qui nourrissent des sentiments de compréhension, de respect, d'amitié mutuels et durables. Nous travaillons surtout à des projets concrets. Deux exemples : au Mali, la ville de Bordeaux aide à la formation des secrétaires généraux des communes maliennes, forme des officiers d'état civil ou les cadres de la Brigade urbaine de protection de l'environnement, et accompagne ainsi le mouvement de décentralisation de l'administration territoriale. Dans un tout autre domaine, nous formons aussi les sages-femmes du centre de santé mère-enfant de Sogoniko, à Bamako, au dépistage du cancer du sein et du col de l'utérus. Deuxième exemple : j'ai passé des moments très enrichissants à Oran, au milieu des jeunes et des formateurs de l'association Santé Sidi El Houari qui échange méthodes et expériences avec nos maisons de quartier bordelaises.

On caricature parfois la coopération décentralisée entre collectivités territoriales en la réduisant à des visites protocolaires coûteuses et sans lendemain. Ce n'est pas la réalité.

Depuis quelques années, j'ai voulu renforcer l'ambition économique de cette coopération, convaincu que je suis que la France et l'Europe d'un côté, le continent africain de l'autre ont destins liés. D'après les dernières perspectives démographiques publiées par l'ONU, la population de ce continent pourrait atteindre 4,4 milliards d'êtres humains en 2100. Le Nigeria à lui seul pèserait plus de 400 millions d'habitants en 2050 contre 190 millions aujourd'hui. Si nous ne parvenons pas à réduire les écarts de développement entre le nord et le sud de la Méditerranée, si nous n'investissons pas massivement en Afrique pour que les jeunes Africains trouvent du travail au pays, alors il sera totalement illusoire de vouloir maîtriser les flux migratoires. C'est affaire des gouvernements et des entreprises, grandes et petites. Mais les villes peuvent également y contribuer.

C'est dans cet esprit qu'a été créé en 2011 le Club Bordeaux-Cameroun France, qui a pour objectif de parrainer de jeunes entrepreneurs camerounais et de promouvoir les relations économiques, universitaires, culturelles entre les deux partenaires.

Depuis 2012 se tient à Bordeaux le colloque « Bonnes Nouvelles d'Afrique », organisé par la Fondation Prospective & Innovation que préside Jean-Pierre Raffarin, en partenariat avec la ville de Bordeaux. L'intention est dans le titre : donner des pays africains, de leurs entreprises et notamment de leurs PME, ainsi que de leurs cadres, une image conforme à la réalité de leur dynamisme et de leur croissance.

En 2017 ont eu lieu à Bordeaux les cinquièmes Journées nationales des diasporas africaines, créées en 2013. Trois thèmes ont été mis à l'honneur cette année-là : les femmes de la diaspora ; le numérique en Afrique (NumAf) ; les diasporas dans la vie politique française aujourd'hui.

Je pourrais encore citer le programme de résidence entrepreneuriale Bordeaux-Afrique, qui permet d'accueillir à Bordeaux des entrepreneurs africains en partenariat avec notre école de commerce Kedge et des cabinets de consultants spécialisés ; ou encore le Club d'entreprises Bordeaux-Afrique animé par la chambre de commerce et d'industrie, qui réunit une cinquantaine de PME/PMI.

J'insiste volontiers sur la dimension humaine de notre relation avec l'Afrique. C'est la clef de voûte de l'édifice. D'où l'importance des échanges culturels et universitaires.

Ici encore nous agissons concrètement. Depuis 2007, l'association Aquitaine Afrique Initiatives (AQAFI) organise, à l'hôtel de région, le « Printemps de la diversité », qui met à l'honneur le dialogue interculturel et le combat contre les discriminations ; elle pilote le programme

« Accueil et accompagnement des étudiants étrangers », qui permet d'aider plusieurs centaines de jeunes arrivants dans leur recherche de logement, de stage ou dans leurs démarches administratives. Elle s'est engagée dans plusieurs projets de développement en Côte d'Ivoire, au Sénégal, en République démocratique du Congo, en Mauritanie.

L'association MC2a (Migrations culturelles Aquitaine Afriques) s'emploie à donner plus de visibilité aux expressions artistiques africaines sur nos territoires en proposant des ateliers, des résidences d'artistes, des actions à l'intention des établissements scolaires. Elle coopère activement avec l'université dans le cadre de l'Institut des Afriques.

Le lien Bordeaux-Afrique dans le champ universitaire est l'un des plus anciens et des plus féconds. Avant les indépendances, l'université de Bordeaux et l'académie de Bordeaux étaient les institutions de rattachement des jeunes Africains des territoires sous administration française.

Les échanges n'ont pas cessé, bien au contraire.

C'est ainsi que le LAM (Les Afriques dans le monde), rattaché au CNRS et à Sciences Po Bordeaux, est le deuxième pôle français de recherche et d'enseignement pluridisciplinaire dans son domaine. Il regroupe des politistes, des anthropologues, des économistes, des géographes, des historiens et des littéraires. Son périmètre de recherche englobe l'ensemble du continent africain, plus la Caraïbe, les sociétés issues de la traite et les diasporas noires.

L'Institut des Afriques pour sa part, créé en 2015, fédère les mondes associatifs, universitaires, culturels, économiques… et organise notamment la « Semaine des Afriques », qui vise à promouvoir les cultures des

Afriques au cœur de nos territoires par des conférences, des concerts, la danse, le cinéma. Cette semaine se veut le « contrepoint nécessaire aux préjugés racistes et aux discours xénophobes ».

Pour illustrer la richesse des relations Bordeaux-Afrique, je citerai enfin le programme BALAFON que Sciences Po Bordeaux a lancé en 2016 en partenariat avec la ville et la métropole de Bordeaux. Ce programme consiste à accueillir sur le campus bordelais de jeunes lycéen(ne)s africain(e)s, sélectionné(e)s sur des critères sociaux et de mérite pour leur permettre de poursuivre leurs études dans l'Institut bordelais et d'y obtenir leur master. L'ambition de ce programme est de « fonder un lien fort entre la métropole régionale bordelaise et de futurs décideurs africains qui n'oublieront jamais la ville de leurs études supérieures ».

Il n'est de bon partenariat que dans l'intérêt mutuel. Je réaffirme que notre intérêt est de contribuer au développement de nos partenaires africains et à l'épanouissement de leur jeunesse. Bordeaux veut en prendre toute sa part en tournant résolument vers l'avenir son regard sur l'Afrique.

Aliénor

Le jeudi 3 août 2017, France 2 a diffusé son émission « Secrets d'histoire », consacrée à Aliénor d'Aquitaine. Je l'ai regardée de bout en bout avec la même passion qu'un grand film d'aventures.

Quelle femme ! Et quelle vie ! Quatre-vingt-deux ans d'action inlassable, même pendant sa longue détention en résidence surveillée où elle devait, sans aucun doute, préparer son retour sur le devant de la scène.

Femme de culture, forte de la brillante éducation que lui avait donnée son duc de père, Guillaume X d'Aquitaine, elle aimait la poésie, la musique, les troubadours qu'elle invitait à la cour de France, puis à celle d'Angleterre pour cultiver la *fin'amor* ; femme de cœur et de chair, aux manières libres et à l'intense joie de vivre, aux goûts de luxe, aux tenues jugées indécentes par la cour de France, déçue par l'austérité monacale de son premier mari, soupçonnée d'une liaison incestueuse, à Antioche, avec son oncle Raymond de Poitiers, en pleine deuxième croisade (les historiens ne sont pas d'accord sur la réalité de l'adultère… qui lui valut pourtant le reproche de se conduire « plus en putain qu'en reine »), elle voua une vraie passion à son second mari, de dix ans son cadet, auquel elle donna huit enfants.

Mais c'est avant tout une femme de pouvoir. Reine de France, puis reine d'Angleterre, elle jouit de la confiance d'Henri II Plantagenêt qui lui délègue à l'occasion la conduite des affaires de son royaume. Quand elle sent décliner son influence, ulcérée aussi par les affronts que lui font subir son mari et sa maîtresse Rosemonde, surnommée « Rose Immonde » par un satiriste du temps, elle n'hésite pas à chercher à renverser le roi. En 1173, elle aide ses fils Richard, Geoffroy et Henri le Jeune à fomenter un complot contre leur père. Le complot échoue, et Aliénor se retrouve emprisonnée, dans de rudes conditions, pendant quinze ans. Elle ne renonce pas pour autant et, dès la mort, libératrice pour elle, de son royal mari, elle retrouve avec joie son fils préféré, le populaire Richard Cœur de Lion. Elle mettra toute son énergie à rassembler la rançon exigée pour obtenir sa libération quand il fut fait prisonnier au retour de la troisième croisade. La mort de Richard au combat devant le château de Châlus-Chabrol, le 6 avril 1199, ruine ses espérances. Mais elle ne renonce jamais. Elle se réconcilie avec son fils Jean pour sauver le royaume. À 80 ans, elle repart à cheval à travers les Pyrénées pour aller chercher l'héritière du trône de Castille, sa petite-fille Blanche, future mère de Saint Louis, et la donner en mariage à l'héritier du trône de France. La politique, en ce temps-là, était souvent affaire de mariages.

Quand j'étais stagiaire de l'ENA à la préfecture d'Angers, en 1970, j'allais souvent à Fontevraud. La beauté des bâtiments de l'abbaye me fascinait, tout comme la solennité de la nécropole des Plantagenêts. Je m'arrêtais, je me recueillais devant le gisant polychrome d'Aliénor, entourée de son mari Henri II, de son fils Richard et de sa fille Jeanne. Pressentiment de mon modeste destin aquitain ?

Toute la vie d'Aliénor fut en vérité guidée par la même obsession : assurer la pérennité de son fief, l'immense duché d'Aquitaine, dont elle conserva, lors de ces deux mariages, la propriété personnelle ; élargir ses frontières aux possessions des Plantagenêts et constituer, de l'Angleterre aux Pyrénées, en passant par la Normandie, l'Anjou, le Poitou, un empire à côté duquel le royaume de France, pourtant son suzerain, était réduit à la portion congrue. Son rêve ne lui survécut pas, mais elle laissa sa marque dans bien des cours d'Europe.

Que reste-t-il à Bordeaux d'Aliénor d'Aquitaine ? Le souvenir de ses noces (elle avait 15 ans) avec le futur

Louis VII (il en avait 17) à la cathédrale Saint-André le 25 juillet 1137 ? Et celui des festivités qui suivirent pendant plusieurs jours au palais de l'Ombrière, adossé à l'enceinte romaine de Bordeaux ? Selon un chroniqueur de l'époque, cité par Camille Jullian, « pour raconter quelles raretés et quelles variétés de dépenses y furent faites, il faudrait au moins l'éloquence de Cicéron ». Aliénor offrit à son époux « un magnifique vase de cristal de roche oriental, entièrement gravé en nid d'abeille à la manière sassanide [...] que son grand-père le duc Guillaume IX, mécène et troubadour lui-même, avait reçu du roi de la taïfa [État musulman indépendant] de Saragosse ». « Don d'Orient, symbole de la richesse culturelle d'une Aquitaine plurielle », ajoute Fanny Madeline dans son article consacré au mariage dans une *Histoire mondiale de la France* parue au Seuil.

Pas sûr que l'événement se soit imprimé dans la mémoire du peuple de Bordeaux. D'autant que le couronnement ducal proprement dit eut lieu à Poitiers, et c'est à Poitiers, non à Bordeaux, que la duchesse aimait tenir sa cour.

Il existe néanmoins à Bordeaux un boulevard Aliénor-d'Aquitaine qui, entre la vilaine place de Latule et le majestueux pont d'Aquitaine, est bien éloigné du cœur historique de cette ville qui était, quoi qu'elle en eût, l'un des fleurons de son duché. Ingratitude réciproque...

Compensation, consolation, éternel retour de l'Histoire ? La Nouvelle-Aquitaine, la région issue de la dernière réforme de notre organisation territoriale, a retrouvé, peu ou prou, les limites de l'ancien duché d'Aliénor. Capitale : Bordeaux, cette fois...

De la biographie que Régine Pernoud a consacrée à Aliénor, où elle met en lumière toutes les facettes d'une « femme incomparable », même les moins flatteuses, je retiens cet hommage rendu devant le gisant de Fontevraud : « Ici [...], Aliénor, qui a connu toutes les nuances de l'amour humain pour parvenir enfin à l'Amour qui transfigure, aura trouvé son visage de Ressuscitée – car à qui s'appliquerait-il mieux qu'à elle, le pardon promis à ceux qui ont beaucoup aimé ? »

Angélique des estuaires

J'emprunte les lignes qui suivent au site de la commune de Lormont, ville de la métropole voisine de Bordeaux sur la rive droite du fleuve : « Grande et élancée, l'angélique (*Angelica heterocarpa*) peut atteindre 2 mètres. Sa tige est robuste, rameuse, creuse et lisse. Elle porte de grandes feuilles découpées. Ses fleurs blanches apparaissent en juillet et en août. L'angélique figure au rang des rares espèces endémiques (= dont l'aire est restreinte à un lieu géographique) puisqu'elle n'est connue au monde que dans les seuls estuaires de la Loire, de la Charente, de l'Adour et de la Gironde. L'angélique des estuaires fait donc partie d'un patrimoine à protéger. »

Lors d'une malencontreuse opération de nettoyage des berges du fleuve, le port de Bordeaux détruisit par mégarde un site où prospéraient quelques angéliques. Tollé des associations de défense de la nature… et du mouvement des jeunes socialistes de Gironde [*sic*].

Depuis, nous sommes tous d'une grande vigilance.

J'ai même donné le nom de « parc aux Angéliques » aux 50 hectares d'espaces verts que le paysagiste Michel Desvigne, à la demande de la ville, aménage le long de la rive droite. C'est l'endroit d'où l'on découvre la plus belle vue sur les façades XVIIIe de la rive gauche autour du palais de la Bourse.

J'ai beaucoup d'admiration pour l'architecte Renzo Piano. Il a construit à Bordeaux le bâtiment du tribunal de grande instance dont les formes très contemporaines cohabitent harmonieusement avec la cathédrale Saint-André.

Lors d'une conférence qu'il donnait au CAPC (notre musée d'Art contemporain), je lui ai demandé conseil : « Que puis-je faire en rive droite qui réponde à l'admirable ensemble de la rive gauche ? » Réponse : « Rien. Plantez une forêt et construisez derrière. » C'est un peu l'idée du parc aux Angéliques.

Sa réalisation est en cours, hectare par hectare, pour des raisons trivialement budgétaires. Mais ses peupleraies commencent à prendre belle figure, et leur rideau de verdure concrétise le conseil de Renzo Piano.

Quand on parle des quais de Bordeaux, on célèbre d'abord la perfection des façades de l'âge classique que les grands intendants du XVIIIe siècle ont fait édifier en détruisant les constructions médiévales. Mais il faut aussi découvrir les quais de la rive droite, de pont à pont, du pont Chaban au pont Saint-Jean et bientôt jusqu'au nouveau pont Simone-Veil. D'abord parce que, à l'évidence, c'est de la rive droite qu'on a la plus belle vue sur la façade classique. Mais aussi parce que les lieux sont en eux-mêmes aimables, plantés d'arbres ou couverts de vastes pelouses qui accueillent volontiers jeunes et familles pour des pique-niques dominicaux. La dernière séquence récemment aménagée entre le pont de pierre et le pont Saint-Jean est couverte d'une pergola où monte peu à peu la végétation. Le vélo y a toute sa place et, de l'endroit, on rejoint aisément la piste Lapébie qui conduit jusqu'au cœur de l'Entre-deux-Mers et, au prix d'un petit détour, jusqu'à l'ancienne abbaye de la Sauve-Majeure.

Bientôt, je l'espère, après être retournés sur la rive gauche en franchissant par exemple le pont de pierre, les cyclistes pourront atteindre sans rupture les bassins à flot, puis, de là, les berges du lac et, quittant la métropole, traverser la forêt girondine jusqu'à… Lacanau et l'Océan. Côte aquitaine, paradis du vélo, pour les pratiquants tranquilles qui préfèrent les doux itinéraires forestiers aux rudes cols pyrénéens…

Arbres

J'aime les arbres, et pas seulement ceux de ma forêt landaise. J'aime l'arbre, et pas seulement le pin maritime. Tous les arbres. Partout. L'arbre dans la ville, bien sûr.

Chacun a ses raisons d'aimer les arbres : pour la promenade dans les sous-bois ; pour la sieste à l'ombre dans la touffeur d'un été oisif ; pour la couleur d'une floraison ou la maturité des fruits ; pour la performance, en âge, en hauteur, en circonférence… de ce point de vue les séquoias des grands parcs naturels américains sont imbattables. Il existe même au Japon une thérapie par les arbres, le *shinrin-yoku*, ou « bain de forêt » : enlacer les arbres, essayer d'entrer en contact avec eux, se nourrir de leur sagesse, « ça nous fait du bien », dit une pratiquante.

Pour le maire que je suis, il y a des raisons moins personnelles, plus collectives, voire politiques, c'est-à-dire d'intérêt général.

Les arbres jouent un rôle majeur dans l'amélioration de la qualité de la vie en ville. Ils constituent de véritables pièges à carbone, en l'absorbant et le stockant ; ils contribuent à filtrer les polluants atmosphériques ; ils favorisent la biodiversité en accueillant faune et flore ; ils permettent de lutter contre les îlots de chaleur, etc.

Mes spécialistes me disent qu'un parc arboré de 100 mètres carrés au cœur d'une ville dense abaisse la température de 1 °C dans les rues adjacentes dans un rayon de 100 mètres lors des pics de chaleur. Les platanes des Quinconces ont permis de limiter à 35 °C la température lors des épisodes caniculaires de 2003 et 2006, par comparaison aux 45 °C constatés sur la zone commerciale du Lac. Un bon agencement d'arbres et d'arbustes autour d'un bâtiment réduit jusqu'à 15 % les coûts de chauffage en hiver et jusqu'à 50 % les coûts de climatisation en été. L'évapotranspiration d'un arbre peut atteindre 400 litres par jour, ce qui représente une action de refroidissement équivalente à celle de cinq climatiseurs moyens pendant vingt heures en climat chaud et sec. Voilà pourquoi l'arbre est d'intérêt public.

Protéger les arbres en ville est un combat (je ne parle pas ici du combat, d'une autre ampleur, contre la scandaleuse déforestation qui sévit en Amérique latine, en Afrique, en Asie…). Il n'est pas de mois où l'on ne vienne me demander l'autorisation d'abattre des arbres. Il y a toujours de bonnes raisons : l'arbre est malade et constitue un danger pour les passants ; en cas de pépin la responsabilité pénale du maire peut être mise en cause. Ou bien encore l'arbre gêne : pour faire passer une nouvelle ligne de tramway par exemple, on m'explique qu'il n'y a pas d'autre solution que de supprimer toute une rangée d'arbres le long de la voie.

Je fais de la résistance. J'ai ainsi sauvé l'alignement des frênes du cours de Verdun ; comme souvent les techniciens ont trouvé une solution alternative. J'ai ramené à cinq le nombre de platanes à abattre dans l'hémicycle de la place des Quinconces pour permettre le raccordement des lignes C et D du tramway. J'ai veillé à ce que le réaménagement de la place Gambetta ne sacrifie pas l'espace planté qui en forme le cœur, comme certains l'avaient imaginé. Je pourrais citer d'autres exemples.

Mais, sans mauvais jeu de mots, l'arbre ne doit pas cacher la forêt ni l'abattage d'un arbre le développement des plantations. Les services municipaux et métropolitains chargés de nos espaces verts, de nos parcs et jardins font un travail remarquable. Ils aiment leur métier et l'exercent avec une conscience professionnelle digne d'éloges. Un signe parmi d'autres de l'attachement qu'ils portent à chaque arbre de la ville : ils ont procédé à un inventaire arbre par arbre de 45 000 sujets de 300 espèces différentes et mis au point un logiciel de gestion qui permet au citoyen de trouver sur son Smartphone une cinquantaine de données relatives à chaque arbre. Ils ont aussi profondément modifié leurs méthodes de culture en se fixant quelques règles de base exigeantes : consommation économe de l'eau (moins 75 % en dix ans malgré l'augmentation des surfaces entretenues) ; aucun herbicide ou pesticide, uniquement des produits de traitement autorisés en agriculture biologique ; maintien de la fertilité des sols avec des amendements et engrais organiques ; respect de la biodiversité par le choix d'aménagements ou de techniques d'entretien bénéfiques pour la faune et la flore locales.

On m'a parfois reproché d'avoir favorisé à Bordeaux un urbanisme minéral. Je trouve ce reproche infondé. Certes la place de la Bourse, libérée du stationnement des voitures, n'a pas été plantée. Mais la place Vendôme à Paris non plus. Le génie des lieux ne s'y prête pas. En revanche, il y a de nombreux arbres sur la place Pey-Berland, autour du chevet de la cathédrale ou sur la petite place Jean-Moulin.

Et que dire de nos quais, sinon que Michel Corajoud les a généreusement arborés ! Sans oublier la rive droite le long de laquelle se déploie le parc aux Angéliques. Depuis 2001, près de 65 hectares d'espaces verts ont été créés, 48 hectares réhabilités et 14 000 arbres plantés. Après la terrible tempête de 1999 qui avait dévasté nos grands parcs, la chênaie du parc Bordelais a été reconstituée ; 550 arbres de 100 espèces différentes ont été replantés au jardin public.

Ces actions ne sont pas isolées, elles sont mises en cohérence dans un projet global qui, depuis dix ans, vise à consolider et à étendre la trame verte de l'agglomération, y compris dans les nouveaux territoires en cours d'aménagement, ainsi le jardin de l'Ars dans le quartier Saint-Jean-Belcier.

Pour aller plus loin, nous préparons maintenant une « charte de la forêt métropolitaine » qui permettrait de fédérer les propriétaires publics et privés, les propriétaires forestiers, les gestionnaires, les usagers, les associations, les bailleurs sociaux, les urbanistes et architectes, les instituts de recherche, les entreprises du paysage, les pépiniéristes... autour d'une ambition commune : mettre en valeur comme un vaste ensemble interconnecté, tant du point de vue aérien que souterrain, tous les arbres du territoire, sans compartimentation foncière, qu'il s'agisse de forêts périurbaines, d'allées d'arbres, de parcs et jardins arborés, d'arbres isolés... La charte définira une stratégie à mener et des indicateurs de résultat, par exemple, plutôt que le nombre d'arbres plantés, l'indice de canopée. Aujourd'hui, la surface de la canopée (l'étage supérieur des surfaces arborées) sur la métropole bordelaise est de 28,9 % (16 725 hectares sur 57 745). Il faut au minimum la préserver et tout faire pour l'étendre.

Parviendrons-nous à transformer la ville de pierre, consacrée par l'Unesco, en une ville verte ? Comme toujours, ce sera question d'équilibre. Mais les marges de manœuvre sont réelles. Les jardins partagés, gérés par les habitants, trouvent aisément leur place dans nos quartiers ; nous en comptons vingt-deux en 2018, y compris à l'ombre de la basilique Saint-Seurin. La végétalisation des rues fait école : l'expérience menée rue Kléber a donné lieu à quelques tâtonnements, mais elle est repartie de l'avant ; plus de 2 300 façades sont aujourd'hui fleuries : des encoches dans le revêtement des trottoirs permettent de faire pousser des roses trémières et des plantes grimpantes sur les murs. Un peu plus loin du centre historique, l'agriculture urbaine va se développer sur des espaces disponibles. Restent les toits ! Les toits de la ville historique constituent un aspect essentiel de notre patrimoine architectural ; je comprends et j'approuve le souci de l'architecte des bâtiments de France de ne pas laisser dégrader ce magnifique paysage par la pose intempestive de panneaux photovoltaïques agressifs. Mais je comprends moins la frilosité des promoteurs et de leurs architectes à végétaliser plus systématiquement les toits des immeubles qu'ils construisent dans nos nouveaux quartiers. Paris se lance. New York est en avance. Il faut absolument, à Bordeaux, passer à la vitesse supérieure.

En octobre 2017 s'est tenu à Bordeaux le Congrès national de l'arbre qui a réuni experts et amoureux de l'arbre. À cette occasion, l'association A.R.B.R.E.S. a attribué son label à quelques arbres exceptionnels de notre territoire, distingués du fait de leur âge, de leurs dimensions, de leur forme, de leur passé ou de leur légende. Je ne résiste pas à l'envie de faire partager à mon lecteur la délectation qui est la mienne à l'énumération des noms savants de nos plus beaux « sujets » : déjà en 2012 avaient été « labellisés » le *Cercis siliquastrum* (arbre de Judée) de l'hôpital Charles-Perrens, vieux de 250 ans ; le *Taxodium distichum*, ou cyprès chauve, du parc Rivière, haut de 35 mètres ; le *Carya illinoinensis*, ou pacanier, du jardin public, qui culmine à 38 mètres.

En 2017, ce fut le tour du *Catalpa bignonioides* du parc Treulon à Bruges ; des *Zelkova carpinifolia*, chênes verts du château Lescombes à Eysines ; ou des cinq cyprès chauves du parc de Cayac à Gradignan, dont le plus gros mesure 5 mètres de circonférence et le plus haut 37 mètres de hauteur.

Poésie de la dendrologie !

Arcachon

Ah ! le bassin ! Il fut un temps, pas si lointain, où, le week-end venu, Bordeaux se vidait d'une grande partie de ses habitants qui prenaient la route du « bassin ». Depuis que les quais de la ville sont devenus un lieu prisé pour la promenade dominicale, le flux des départs a décru. Mais le « bassin » conserve tout son attrait. Je le comprends car, à 50 kilomètres à peine de Bordeaux, le lieu est unique. L'un des endroits d'où on l'embrasse le mieux dans toute sa splendeur, c'est la terrasse de l'hôtel La Corniche (devenu La Co(o)rniche), tout proche du sommet de la dune du Pilat : à vos pieds, le banc d'Arguin ; les passes d'entrée du bassin ; juste en face, le Cap-Ferret ; la forêt de pins ; et l'océan, à l'infini. Je ne me rassasie pas de cette vue, l'une des plus belles du monde, l'une de celles qui m'émerveillent en tout cas le plus magiquement. L'espace, sans frontières ; les contrastes de couleurs et de lumière selon les heures ; l'eau, calme le plus souvent dans le bassin, roulant ses vagues dans l'océan… tout appelle à la contemplation.

En mars 2013, lors de l'inauguration du site de « La Corniche » totalement rénové, le prêtre pria en ces termes :

« Que Dieu bénisse le plus bel endroit du bassin, l'hôtel de La Corniche et ses bâtisseurs, la famille Gaume. »

Difficile en effet d'évoquer l'histoire récente d'Arcachon sans prononcer le nom des Gaume, véritable dynastie fondée par Louis, le plombier zingueur, compagnon du tour de France, arrivé en 1912. Il eut l'intuition géniale du développement de la station et se mit à construire des hôtels pour accueillir les touristes dont il pressentait la venue en nombre. Au fil du temps l'entreprise Gaume a construit plus de 4 000 villas autour du bassin. Mon Gaume préféré, c'est Nicolas, l'arrière-petit-fils qui, à l'âge de 47 ans, a déjà fait un extraordinaire parcours d'entrepreneur : créateur de Kalisto, l'un des leaders du jeu vidéo à la fin des années 1990, il a connu l'éclat de la réussite et l'opprobre de l'échec, avant de rebondir pour être aujourd'hui le patron des partenariats stratégiques de Microsoft. Il va continuer de nous étonner…

Pilat ou Pyla ? il est parfois difficile d'obtenir une explication claire. Si j'ai bien compris, c'est la dune du Pilat, du latin (?) *pila*, « monticule » ; et c'est la station de Pyla-sur-Mer, fondée dans les années 1920, avec un « y » pour faire… grec. La dune est loin d'être un « monticule ». Avec ses 110 mètres et un peu plus, elle se flatte d'être la plus haute d'Europe. Son ascension demande du souffle, et la descente vers le bord de l'eau une bonne musculature. Les touristes en raffolent. Ils sont près de 2 millions chaque année, ce qui en fait le deuxième site touristique le plus visité de France après le Mont-Saint-Michel. Elle est fragile. Il faut veiller sur elle.

Arcachon s'est construite sur la rive sud du bassin ; au XIXᵉ siècle, les frères Pereire, Émile et Isaac, propriétaires du chemin de fer qui reliait Bordeaux au bassin, développèrent la ville d'hiver où les patients atteints de tuberculose venaient profiter de l'air marin. Elle est pimpante, avec ses villas d'influence basque… ou mauresque. La ville d'été abonde en commerces et restaurants ouverts sur la belle plage centrale.

Au nord du bassin, juste en face, c'est la presqu'île du Cap-Ferret, sur la commune de Lège. Il faut un peu de patience pour parcourir la route, généralement encombrée, qui va de village en village : Claouey, Le Four, Les Jacquets, Petit et Grand Piquey, Piraillan, Le Canon,

L'Herbe, La Vigne, jusqu'au phare du Ferret. Beaucoup sont encore des villages ostréicoles qui se défendent vaillamment contre la convoitise des promoteurs immobiliers. Il est vrai que le charme de ces villages est irrésistible. J'emprunte une phrase à l'architecte Xavier Arsène-Henry qui a publié un beau livre de dessins sur le Cap-Ferret : « J'ai aimé le désordre des déchets, des bouts de bois abandonnés, des gros piquets rongés par le sel de la marée haute, les filets déchirés, tout ce qui est "hors d'usage", dispersé sur place et que le temps décompose peu à peu. »

Le temps et, je l'ai dit, la promotion immobilière, encouragée par l'appétit insatiable des « Parisiens ».

Souvenir d'un séjour surprise imaginé par Isabelle dans un hôtel de planches, au cœur d'un de ces villages, L'Herbe. Au téléphone, Isa s'était enquise du confort de l'établissement : « Combien d'étoiles ? » ; réponse de la propriétaire : « Deux, ma sœur et moi. » Il semble que la blague était connue. Les dames avaient du caractère et tinrent l'Hôtel de la Plage pendant cinquante ans. Le repreneur, restaurateur bien installé à Bordeaux, a eu l'intelligence de le maintenir dans son jus.

Je retrouve l'expression « hôtel de planches » dans le livre que vient de publier le Bordelais Denis Blanchard-Dignac, *Cocteau-Radiguet. Sous le soleil du Cap Ferret.* Il y raconte les séjours de Jean Cocteau et de Raymond Radiguet au bord du bassin, les étés 1920, 1921 et 1923. Ils descendaient non à L'Herbe mais au Piquey (« la dunette », en gascon local), à l'hôtel Chantecler. Cocteau le décrit comme une sorte de théâtre, avec son « cher balcon » offrant une vue plongeante sur les eaux vives du bassin, telle « une avant-scène de spectacle ». L'isolation, dans un hôtel de planches, laisse forcément à désirer : c'est, pour les oreilles de nos écrivains, « un microphone où chaque son porte ». L'Hôtel de la Plage, à L'Herbe, m'a lui aussi laissé le souvenir d'un microphone… Heureusement, il y a le paysage, le matin, sur la terrasse où l'on partage le petit déjeuner. Blanchard-Dignac ajoute : « Ouvrant grand ses yeux qu'il a myopes, Radiguet ne se lasse pas de contempler le décor inouï d'une terre inconnue à quelques heures de Paris. » Sur le *Courrier du Cap*, le bateau qui desservait alors la presqu'île, on pouvait aller de village en village et « faire le tour du paradis ».

Miracle : un siècle plus tard, ou presque, le charme est intact, c'est toujours le paradis.

Les Bordelais se répartissent en deux camps, irréductibles : les amoureux d'Arcachon, de ses quartiers, du Moulleau… et les fanas du Ferret, de ses villages et des 44 hectares, ce vaste espace au bout de la presqu'île, construit dans un respect très relatif des règles d'urbanisme et qui se bat contre l'érosion du courant à l'entrée de la passe nord… Choix difficile. Avouerai-je un léger penchant pour la presqu'île, plus « nature », moins urbaine, presque sauvage ? Mais d'une nature de plus en plus policée, et même un peu snob. Ne boudons pas notre plaisir, des deux côtés, c'est la merveille.

Il faut aussi s'embarquer sur le bassin lui-même, quand on a la chance d'avoir obtenu un anneau pour attacher son bateau. Mon ami Josy Reiffers aimait nous inviter sur sa pinasse pour nous mener jusqu'à l'île aux Oiseaux et ses cabanes tchanquées.

Jean Balde (voir l'entrée « Balde, Jean ») décrit ainsi l'île : « Désert de sable avec quelques cabanes isolées et de rares bosquets d'arbres, près duquel s'élargit le chenal le plus poissonneux de tout le bassin. C'est là qu'ils tiennent concile. »

« Ils », ce sont bien sûr les oiseaux. L'île à laquelle ils ont donné son nom les accueille dans sa réserve protégée : aigrettes, courlis, bécasseaux, poules d'eau, sarcelles… qui se peuple davantage encore au moment des migrations. Deux cabanes ont été construites après la guerre, en 1945/1948, pour surveiller les parcs à huîtres. Elles ont assez bien résisté aux tempêtes successives, notamment celle de 1999. L'une d'entre elles a néanmoins été reconstruite à l'identique en 2007. Elles sont tchanquées, c'est-à-dire perchées sur pilotis, du gascon *chancat/chancada*. La chanca est l'échasse des bergers landais. Il faut tourner autour, puisqu'elles ne sont pas ouvertes au public. La balade est féerique. Un extraordinaire sentiment de paix vous envahit, si la pinasse avance lentement, et sans bruit.

Le nom d'Arcachon et celui du bassin sont associés à celui de l'huître, ou des huîtres : il y a celles du banc d'Arguin, de l'île aux Oiseaux, du Cap-Ferret, du Grand Banc. Je laisse à chaque gourmand le soin d'en distinguer les saveurs.

On consommait des huîtres dans la région dès l'époque gallo-romaine. Il s'agissait alors d'une huître sauvage plate, dénommée « gravette » ; les premiers parcs ostréicoles apparurent sous le Second Empire ; à la même époque, à la suite du naufrage d'un bateau chargé d'huîtres portugaises, c'est cette espèce qui s'imposa ; décimée par une épizootie entre 1967 et 1971, elle fut à son tour supplantée par une huître importée du Japon ; c'est la japonaise qui nous régale aujourd'hui.

L'ostréiculture tient une place essentielle dans l'économie locale et emploie 15 000 à 20 000 personnes. Le bassin demeure le plus grand centre naisseur européen. Et pourtant l'élevage des huîtres y est fragile. De vilaines toxines produites par des microalgues se glissent parfois dans le mollusque. Des tests réguliers permettent de vérifier que la consommation humaine est sans risque. Traditionnellement, le test se faisait sur des souris. Si la souris mourait dans les vingt-quatre heures suivant l'injection, la vente des huîtres était interdite. Les ostréiculteurs contestaient depuis longtemps la fiabilité de ce test et réclamaient son remplacement par un test chimique. Ils me demandèrent d'appuyer leurs démarches auprès du ministre de l'Agriculture, ce que je fis volontiers. Bruno Le Maire, qui occupait le poste, me promit de régler le problème ; il y fallut quelques tractations avec… Bruxelles, mais Bruno tint parole et, en janvier 2010, le nouveau test fut officiellement adopté. Les ostréiculteurs du bassin sont viscéralement attachés à leur métier. On trouve parmi eux de fortes personnalités, par exemple Joël Dupuch, bon géant né à Arès, au bord du bassin, 1,87 mètre et 120 kilos. On l'a vu au cinéma, notamment dans le film de Guillaume Canet, *Les Petits Mouchoirs*, où il crevait l'écran. Il reste fidèle à l'exploitation ostréicole du Cap-Ferret qui est dans sa famille depuis six générations. J'aime sa joie de vivre gouailleuse et son attachement au terroir.

Dîner au bord du bassin un soir d'été est un enchantement. L'air y est toujours frais, la lumière somptueuse, même au Ferret qui n'est pourtant pas exposé au soleil couchant. Les moules de Chez Hortense et son turbot grillé ne sont pas loin de vous donner un avant-goût du paradis.

Quel pays béni que la France, dans sa prodigieuse diversité ! Dans un rayon de 200-250 kilomètres autour de Bordeaux, on trouve le bassin d'Arcachon, plus au sud la forêt landaise, le Pays basque, les Pyrénées ; à l'est le Périgord ; au nord La Rochelle, l'île de Ré… j'en oublie, le Gers, Cognac… ce qui me vaudra de justes critiques. Nous sommes fiers de notre Sud-Ouest. Mais soyons honnêtes : chacune des régions de France pourrait en dire autant.

Architecture (Agora)

Bordeaux est fière de son patrimoine architectural.

Lorsque, le 28 juin 2007, à Christchurch, en Nouvelle-Zélande, l'Unesco a classé « Bordeaux, port de la Lune » dans le patrimoine mondial, cette fierté fut à son comble. C'était la première fois que la Commission du patrimoine mondial honorait un ensemble urbain de cette ampleur : 1 810 hectares !

Ce patrimoine s'est constitué au cours d'une très longue histoire : plus de deux mille ans.

De la ville antique il reste peu de témoignages. Le palais Gallien, amphithéâtre romain, a vécu une histoire tourmentée : incendié lors des grands raids des Francs sur la Gaule, il fut longtemps laissé à l'abandon ; de 1789 à 1793, il devint « le dépotoir des boues et bourriers » de la ville, puis une carrière publique. C'est Lucien Bonaparte, ministre de l'Intérieur qui, en l'an IX, fit cesser le vandalisme. Aujourd'hui, les ruines de l'édifice sont au programme des visites organisées par l'office du tourisme. En revanche, le temple des Piliers de Tutelle et ses vingt-quatre colonnes, construits au IIIe siècle, ont disparu du paysage, rasés sur ordre de Louis XIV, en 1677, pour dégager un glacis entre le château Trompette et le cœur de la ville, suspecte d'esprit frondeur aux yeux du pouvoir central.

Peu de restes de même de la ville médiévale : ses ruelles, quelques maisons de bois, ses noms de rue évocateurs de métiers et d'édifices disparus, rue des Argentiers, spécialisés dans l'orfèvrerie religieuse ; rue des Bahutiers, fabricants de bahuts (coffres) ; rue Carpenteyre, celle des charpentiers spécialisés en barriques ou en fûts, comme dans la rue de la Fusterie ; rue Leyteire, d'un mot gascon qui peut signifier « laitière », ou « litière » (les loueurs de chevaux y étaient nombreux) ; rue de la Rousselle, centre du commerce des produits de la pêche (du gascon *rosseu*, « poisson » ?) ; quai des Salinières, où l'on déchargeait le sel en provenance de Soulac par la Garonne ; ou encore la rue Neuve, résidence des bourgeois qui dirigeaient la commune, où l'on trouve une belle maison du XVIe siècle qui appartint à Jeanne de Lartigue, épouse de Montesquieu.

Quant aux différentes enceintes qui ont accompagné le développement de la ville, les vestiges en sont rares : des pans du mur du début du XIVe siècle dans le quartier Sainte-Croix ; la porte Cailhau qui remplaça au XVe siècle la porte originelle du rempart du XIVe ; la Grosse-Cloche porte Saint-Éloi, beffroi de l'ancien hôtel de ville ; le Fort du Hâ que Charles VII fit élever, après la fin de la guerre de Cent Ans et la « reconquête » de l'Aquitaine, en même temps que le château Trompette, pour « tenir aux Bordelais le fer au dos »...

Mais, bien sûr, l'apothéose architecturale de Bordeaux, c'est au XVIIIe siècle qu'elle se produit sous l'impulsion des grands intendants Boucher (1720-1743), Tourny (1757-1760), Dupré de Saint-Maur (1776-1785). Il faudrait tout un livre pour décrire leur œuvre. C'est leur Bordeaux que nous avons d'abord présenté à l'Unesco et principalement la somptueuse façade des quais. Il m'arrive desusurrer discrètement que si, à cette époque, il eût existé un architecte des bâtiments de France, jamais il n'aurait autorisé la destruction des constructions médiévales pour réaliser cette façade.

L'Unesco a fait preuve d'audace en classant au patrimoine mondial non seulement la façade des quais comme nous le demandions dans notre dossier de candidature, mais aussi la « ville basse » et ses alignements d'échoppes. Et même, à la surprise générale, le quartier de Mériadeck, sur lequel les Bordelais ont dès lors porté un autre regard.

L'échoppe bordelaise mérite une mention particulière. Le dictionnaire en donne une définition précise : « Construites entre le Second Empire et l'immédiat après-guerre, les échoppes bordelaises sont des maisons basses de plain-pied, en pierre ; généralement dépourvues d'étage, elles possèdent souvent une cave. Dans l'échoppe simple, un couloir latéral dessert une chambre côté rue, une pièce sombre et la salle commune côté cour. Dans l'échoppe double, un couloir central dessert les diverses pièces de part et d'autre. La salle de vie, à l'arrière, donne sur un jardin potager ou d'agrément. La “souillarde” et les toilettes forment un ou deux appendices sur la façade arrière, souvent reliés par une véranda. Un puits complétait l'installation. »

À l'origine, l'échoppe était un logement modeste, souvent ouvrier. Aujourd'hui, les échoppes font fureur, et les nouveaux propriétaires n'ont de cesse de les agrandir en les surélevant. Je trouve sur Internet un site, parmi d'autres, qui présente « les huit plus belles rénovations d'échoppes bordelaises ». Pour éviter de dénaturer la physionomie des rues qu'elles bordent parfois sur des centaines de mètres, j'ai fait procéder à un recensement à la parcelle qui nous permet de délivrer ou de refuser le permis de construire en connaissance de cause. On a ainsi dénombré plus de 10 000 échoppes dans la seule commune de Bordeaux.

Si j'ajoute que Bordeaux compte 361 édifices comportant au moins une protection au titre des monuments historiques, on comprendra la place que le patrimoine architectural de Bordeaux prend dans le cœur des Bordelais.

C'est ainsi que nous est venue l'idée d'organiser une biennale consacrée à l'architecture et à la ville.

L'une de mes collaboratrices, Michèle Laruë-Charlus, s'en empara et l'incarna contre vents et marées. Les vents du scepticisme, les marées des complexités administratives… La réussite d'un projet dépend de la qualité du chef de projet et de la passion qu'il met à le porter, c'est une règle qui souffre peu d'exceptions. Michèle aimait l'action mais aussi la réflexion, le choc des idées, la joute intellectuelle. D'où sa proposition d'organiser une « agora » dans l'enceinte de laquelle architectes, urbanistes, paysagistes, designers, spécialistes de la ville… viendraient discuter entre eux mais aussi rencontrer le grand public bordelais, convaincue qu'elle était que l'amour de nos concitoyens pour leur ville les porterait tout naturellement à s'intéresser à sa métamorphose.

La première édition en 2004 fut quasi héroïque : les moyens mis en œuvre étaient plus que modestes et la visibilité de l'événement quasi nulle. Mais je voulais impliquer les habitants dans le travail de bouleversement urbain dans lequel je les avais entraînés. La création de plusieurs prix d'architecture décernés par un jury indépendant suscita de l'intérêt. L'école d'architecture de Bordeaux joua le jeu, ses professeurs et ses étudiants animèrent les débats et même une grande fête de clôture. Mais surtout le grand public vint au Hangar 14 regarder, écouter, parfois interroger, en tout cas manifester sa curiosité pour l'avenir de sa ville et son attention vigilante à son patrimoine architectural. Le mouvement était lancé et, tous les deux ans, les éditions succédèrent aux éditions, toujours dans ce Hangar 14 qui était en quelque sorte le symbole de la renaissance bordelaise : sur les quais, à la jonction entre l'espace libéré par les hangars démolis et le front des hangars rénovés, il constitue un geste architectural en lui-même, dû à la talentueuse équipe d'architectes Lanoire & Courrian, d'une modernité métallique un peu sévère mais ouvrant sa terrasse sur la magnifique courbe du fleuve. Depuis plus d'une décennie, il est resté le « siège » des rendez-vous successifs d'Agora.

La dernière cuvée, celle de 2017, a été particulièrement réussie. Le fil conducteur en était le paysage, et son commissaire général, l'architecte belge Bas Smets. J'ai apprécié à la fois la finesse et la simplicité de son travail. Je suis parfois déconcerté par la façon très intellectuelle, et même absconse, dont les grandes vedettes de l'architecture mondiale parlent de leur art et de leurs œuvres. J'aime bien comprendre…

Comme à chaque édition, Agora 2017 a reçu de nombreux partenaires étrangers et notamment des maires ou leurs adjoints : Bogota, Bilbao, Saint-Pétersbourg, Riga, Munich, Lima, Ramallah, Bamako, Douala, Hyderabad… villes bien sûr très différentes, mais aux préoccupations souvent convergentes.

Pour reprendre l'expression de Bas Smets, Agora s'est comporté comme un virus dont la contagion a gagné toute la métropole : des expositions à la base sous-marine aux cours de dessin dans le *BatCub* (notre vaporetto), des déclamations poétiques dans la rue aux débats géopolitiques à Station Ausone (le nouvel auditorium de la librairie Mollat), des concerts dans le tram aux cabanes en bois du jardin botanique, de l'embrasement des bassins à flot aux 1 000 calligrammes autour de la Garonne réalisés par les enfants de nos écoles, des chambres d'hôtel mobiles installées sur les quais aux vingt vidéos diffusées sur les trois lignes de tram... Bordeaux a montré sa « soif de culture ».

Armoiries

Le langage de l'héraldique m'a toujours semblé aussi poétique qu'impénétrable. Voici comment, en 1913, Meaudre de Lapouyade a décrit le blason historique de Bordeaux : « De gueules ; à la Grosse-Cloche ouverte, ajourée et maçonnée de sable et sommée d'un léopard d'or ; à la mer d'azur, ondoyée de sable et d'argent, chargée d'un croissant aussi d'argent ; au chef d'azur semé de France. »

« De gueules », en héraldique, c'est la couleur rouge ; le sable est un émail de couleur noire. La Grosse-Cloche est le nom du beffroi de l'ancien hôtel de ville. Sous la domination anglaise, le blason portait trois léopards : les deux du roi d'Angleterre s'ajoutaient à celui de Guyenne.

Le croissant déjà figurait le port de la Lune. Le chef d'azur semé de France n'apparut qu'après la victoire du roi de France. Quant aux antilopes enchaînées, sans doute évoquent-elles encore la période anglaise ; la couronne murale date du XIXe siècle.

Mes souvenirs de latin ne sont pas trop mis à la peine par la devise qui complète le blason : « *Lilia sola regunt lunam, undas, castra, leonem.* » Les lys du roi de France dominent tout à eux seuls : la lune (= le port), les ondes (= la Garonne), la forteresse (= la ville), le lion (= l'Anglais).

Le moins que l'on puisse dire, c'est que ces armoiries manquent de simplicité et de légèreté. Dès le XVIIe siècle, un nouveau chiffre leur fait concurrence : les trois croissants entrecroisés dont chacun représente la courbe du méandre du fleuve où s'est développé le port de Bordeaux. Croissant de lune, port de la Lune. C'est désormais le logo, comme on dit aujourd'hui, qu'utilise la ville dans sa correspondance officielle et dans sa communication quotidienne. Il est sobre, parfois mystérieux pour les non-Bordelais ; mais je le trouve moderne et tonique.

J'ai aussi voulu doter la métropole de Bordeaux, au fur et à mesure que son identité s'est affirmée, de son propre symbole. Pour une fois, le travail de l'agence spécialisée que nous avons consultée a été fructueux. Le vocabulaire traditionnel de l'héraldique n'est pas adapté à la description de ce blason. J'ai été séduit par le mouvement du faisceau lumineux qui symbolise les vingt-sept (désormais vingt-huit) communes de Bordeaux Métropole. Faisceau déformable pour que chaque commune puisse en occuper le centre quand elle l'utilise sur son territoire. Diversité et unité fièrement affichées.

B

Balde, Jean

Jean Balde est née Jeanne Alleman. C'est en hommage à son grand-oncle, Jean-François Bladé, qu'elle prit pour nom de plume celui de Jean Balde. On la présente parfois comme la « Colette girondine », la seule femme associée à la « génération perdue » des Jean de La Ville de Mirmont, Martial Piéchaud, Georges Pancol, André Lafon… Amie des Mauriac, de François mais aussi de son épouse Jeanne, son élève au cours Ruello ; proche de Francis Jammes avec lequel elle entretiendra toute sa vie une correspondance régulière.

Dans l'émouvante préface qu'il a donnée à son dernier livre, *La Maison au bord du fleuve*, Jean-Marie Planes évoque la vie rude de la romancière : « Des parents en partie ruinés par le phylloxéra, la nécessité pour la jeune fille de travailler tôt, une carrière d'écrivain en demi-teinte, […] ni obscure ni glorieuse qui ne lui permettra pas de vivre de ses livres », une histoire d'amour malheureuse avec l'écrivain André Lafon qui la laisse « vierge veuve »…

Nulle amertume cependant dans cette *Maison au bord du fleuve* que les éditions Le Festin ont réédité en 2014. J'ai aimé y trouver, d'une plume élégante et fluide, l'évocation affectueuse du Bordeaux de l'ancien temps.

Le Bordeaux haut en couleur et en odeurs du port de la Lune : « À l'automne, quand le cortège des goélettes bretonnes remplissait le port, ramenant les pêcheurs de morue aux yeux bleus d'enfants, enfoncés jusqu'aux genoux dans leurs grosses bottes, ce quartier retrouvait quelque animation. C'était la saison où la brume laisse aux lèvres un goût de saumure. Des filles dépeignées, en bas de coton roses et violets, guettaient sur le seuil des mastroquets. Comme des araignées elles arrêtaient les marins qui vont deux par deux, le pas chaloupé et les bras ballants. »

En allant chez sa grand-mère, quai des Chartrons, elle passait devant l'Entrepôt : « Mes narines d'enfant humaient des odeurs de rhum et de vanille [...]. Les profonds magasins débordant de couffins d'oranges, de grenades éclatées dans les corbeilles, et le remue-ménage du port jonché de café et de cacahuètes éveillaient en moi un rêve de lointains pays. »

Je ne jurerai pas que, dans l'inconscient des promeneurs dominicaux qui peuplent les quais du XXIe siècle, ne naisse pas, de loin en loin, comme une brume de nostalgie, la chimère du temps des goélettes et des horizons atlantiques. Il m'arrive d'imaginer le port de la Lune couvert de voiles. Je me console en constatant que nous avons réalisé l'un des vœux de Jean Balde : « La courbe du fleuve, le quai, l'ordonnance des façades [...] composaient un ensemble d'une valeur inestimable. Qu'est-il arrivé ? Quelle catastrophe. Dans cet ensemble essentiellement fin et moelleux, attendri si j'ose dire par les arabesques des ferronneries, ces hangars massifs semblent avoir été jetés comme des blocs arides, d'une sécheresse, d'une brutalité inhumaine… On l'imagine embelli de jardins. »

J'ai fait démolir les hangars ; Michel Corajoud a créé les jardins.

C'est un Bordeaux bourgeois et mondain que fait revivre Jean Balde. Celui des jeunes filles de bonne famille, « jeunes filles de l'ancien temps. Presque les dernières ! ». Pour elles, « il n'était question ni de fard ni d'ondulations [...]. Nos grands-mères citaient l'exemple terrifiant des jeunes coquettes dont la poudre de riz aurait épaissi la peau [...]. Quant au bâton de rouge, on n'en parlait pas ».

« En ma jeunesse, ajoute-t-elle, le "Pavé" [le pavé des Chartrons] brillait encore de tout son prestige. Les grandes fortunes n'étaient pas atteintes. On les croyait invulnérables. Les négociants en vin, aux noms étrangers, formaient de puissantes dynasties. La fortune de Bordeaux dépendait de leurs oracles [...]. Leurs hôtels du XVIIIe siècle, d'un goût raffiné, où la corbeille ouvragée des balcons rappelle les paniers des robes de cour, étaient leur quartier général. »

Les hôtels font toujours la beauté du Pavé, devenu cours Xavier-Arnozan ; j'admire à chacun de mes passages leurs balcons sur trompe, exemple parfait de stéréotomie, comme disent les spécialistes. Et tous les négociants n'ont pas disparu… « Bordeaux, toujours Bordeaux ! », cri de guerre de nos confréries vineuses.

Jean Balde n'ignore pas, pour autant, les rues du Bordeaux populaire, celui du quartier de la Rousselle par exemple : « Cet antique quartier, peu favorisé du soleil, est l'asile des commerçants qui, de père en fils, vivent et s'enrichissent à vulgariser la morue, le fromage dit "croûte-rouge", ainsi que les diverses salaisons […]. Toute mon enfance, nous avons honoré ce commerce traditionnel à notre manière par le plat de morue du vendredi, assaisonné d'un hachis de persil et d'ail. » En lisant ces lignes, le goût de la morue, qu'on faisait dessaler la veille et qu'on adoucissait d'un filet d'huile, le goût de l'ail et du persil qu'on répandait sur les pommes de terre bouillies qui complétaient le plat, celui de la « boule rouge du fromage de Hollande qui éclipsait sur notre table tous les fromages » me sont revenus en bouche. À Mont-de-Marsan aussi… quelques décennies plus tard, on faisait « maigre » le vendredi.

La Maison au bord du fleuve contient deux portraits éblouissants dont la lecture m'a réjoui.

Celui de maître Peyrecave, « le Démosthène girondin », avocat brillantissime dont l'éloquence « remuait jusqu'aux entrailles l'aréopage muet des jurés ». À bout d'arguments, il en appelait à leur « modération », vertu bordelaise par excellence : « Messieurs, clamait-il, fermons le code et ouvrons nos cœurs. »

« Ah ! la riche personnalité, s'extasie l'auteur. Il faisait le soleil de juin plus brillant, le banquet plus cordial, l'aile de poulet plus fondante, le gigot à l'ail plus parfumé, la cotisation plus légère. » J'imagine ces fêtes de la Saint-Jean dont les agapes se prolongeaient tard dans l'après-midi.

Je trouve un point commun entre notre Démosthène et le docteur Arnozan, l'autre personnage dont le portrait m'a ému : la vertu de désintéressement. J'écris ces lignes au moment où éclate un nouveau scandale d'évasion fiscale dans les paradis fiscaux… « Paradise Papers », les mots font rêver. La réalité un peu moins : décidément, l'avidité des très riches est insatiable. Jean Balde nous décrit un autre type humain en la personne de Xavier Arnozan : « La charité de ce grand médecin était légendaire [...]. Combien y avait-il de malades qu'il soignait "à l'œil", selon l'expression populaire ? "Ce sont mes clients oculaires", plaisantait-il. » Joli, non ? Il faut lire d'un bout à l'autre le portrait du bon docteur Arnozan, homme « mesuré, modeste, ponctuel [...], c'était un sage ». J'ai particulièrement aimé sa réponse à des collègues médecins qui se lamentaient sur l'augmentation « du prix de la vie » et envisageaient de majorer leurs honoraires : « Justement, dit le docteur, j'y réfléchissais. Si les prix augmentent, il y aura beaucoup plus de misère. Je ne vois qu'un remède : c'est que nous abaissions les nôtres. » Autre temps, autres mœurs...

Xavier Arnozan fut aussi adjoint au maire de Bordeaux, affecté aux affaires militaires. Il déploya dans cette fonction la même générosité mâtinée de bon sens qu'il mettait dans sa vie professionnelle. La ville de Bordeaux lui témoigna sa reconnaissance en donnant son nom au pavé des Chartrons, devenu le cours Xavier-Arnozan. Le CHU de Bordeaux a fait de même pour son groupe hospitalier sud situé à Pessac. Voilà une mémoire qu'il est juste d'entretenir.

Bateaux

Les Bordelais ont encore aujourd'hui la nostalgie de l'âge d'or, ce temps où le port de la Lune se couvrait des voiles des grands bateaux en partance pour l'Atlantique. De belles gravures du XVIIIe siècle en ravivent le souvenir.

Nostalgie qui contamine les nouveaux arrivants eux-mêmes, comme si nos vieilles pierres étaient tout imprégnées des parfums, des bruits, des couleurs de ce qui fut le premier port de France. Stendhal consacre de belles pages au « commerce de Bordeaux », ce « doux commerce » cher à Montesquieu : « Bordeaux envoyait tous les ans huit à neuf cents navires à Saint-Domingue et aux autres colonies. Les chargements étaient toujours les mêmes et assortis. En première ligne les vins de Bordeaux, les eaux-de-vie de Cognac, les farines fournies par les environs de Bordeaux, les savons, les huiles, les fruits secs venant de Marseille par le canal du Midi, des toiles, des chapeaux, etc. [...] Les bâtiments revenaient chargés de sucre et de café, que la Russie, la Suède, Hambourg, tout le Nord venait acheter à Bordeaux. Il y aurait eu des obstacles pour les marins du Nord allant aux colonies françaises ; et d'ailleurs, qu'y auraient-ils porté ? » Petit accès de chauvinisme...

Curieusement, Stendhal ne souffle mot dans ce texte de 1838 de la traite négrière. Certes, le commerce maritime se faisait en partie « en droiture », directement de nos côtes vers celles d'Amérique. Mais Bordeaux pratiqua aussi le commerce triangulaire et fut un grand port de traite négrière (voir l'entrée « Esclavage »). Il est vrai que ce commerce vivait en 1838 ses dernières années ; une décennie plus tard, à l'initiative de Victor Schoelcher, la République en édictait enfin l'abolition.

Stendhal préfère expliquer comment « un jeune homme de Périgueux, de Limoges, de Bergerac » arrivant à Bordeaux pouvait, s'il profitait de quelque recommandation, faire fortune dans le négoce, dès 40 ans ou 45 ans, sans vraiment se fatiguer : « Excepté au moment du chargement de son navire, le jeune négociant de Bordeaux n'avait pas deux heures de travail sérieux [par jour] ; il devait paraître à la Bourse et suivre la correspondance avec ses fournisseurs. » Âge d'or, décidément !

Plus près de nous, Louis Émié décrit « un horizon de grues et de mâts, de noirs paquebots naguère en partance pour les Amériques, cet éternel Cipango des Basques et des Espagnols ».

Vers la fin des années 1930, Simenon pouvait écrire : « À travers les hublots, on n'apercevait, dans la poussière de soleil, que les quais de Bordeaux, et ce n'était pas le halètement des machines qu'on entendait, ni les vagues de l'Océan, ni le glissement de l'eau contre la coque, mais le fracas des grues qui déchargeaient le paquebot *Martinique* » (voir l'entrée « Yourcenar, Marguerite »).

Le port a quitté la ville dans les années 1970 pour descendre vers l'aval à Bassens, ou plus loin encore sur l'Océan, à l'avant-port du Verdon en 1976. Idée prémonitoire de Chaban qui pensait attirer à l'entrée de l'estuaire le trafic en pleine croissance des porte-conteneurs. Hélas ! ni la route ni le rail ne furent calibrés pour relier rapidement le Verdon à son *Hinterland*. Aujourd'hui, le port de Bordeaux qui fut en son âge d'or le premier de France et l'un des tous premiers d'Europe a beau s'appeler « grand port maritime de Bordeaux » (GPMB), c'est un port, un port maritime, il est à Bordeaux ou à ses portes, mais il n'est plus grand. Son tonnage (8,4 millions de tonnes en 2015, et de l'ordre de 7 millions en 2017) le place en septième position, très loin derrière Marseille (81 millions en 2016) ou Le Havre (68,3 millions en 2015), et même derrière la Rochelle (9,8 millions en 2015). Leçon de modestie.

Au début des années 1990, le vaste espace du port de la Lune n'était plus qu'un désert. Un paquebot de croisière y accostait de loin en loin. Nous rêvions tous de le voir se repeupler. C'est aujourd'hui en bonne voie.

Quand un grand voilier franchit le pont Chaban, sous sa travée levée à 60 mètres de haut, il y a foule sur les quais. Les automobilistes acceptent avec stoïcisme l'interruption du trafic routier. Il faut dire que le spectacle est magique. À plusieurs reprises, lors de la fête du Fleuve (ou du Vin), le navire-école de la marine mexicaine, le *Cuauhtémoc*, « l'aigle qui descend sur sa proie », nous rend visite. Ses marins sont debout sur les vergues.

Grandiose ! Une fois à quai, leur popularité, notamment auprès du public féminin, est réjouissante.

Mais nous avons une affection particulière pour le *Belem*.

Belem

Ce trois-mâts « à phare carré et coque en acier », comme le décrit sa notice biographique (source : Fondation Belem), est le dernier des grands voiliers de commerce français du XIXe siècle naviguant. Il a connu une existence mouvementée. Commandé par un armateur nantais (la maison Denis Crouan Fils), il porte le nom du port du Brésil où les Crouan ont fondé un comptoir commercial au début du XIXe siècle. Sa devise est celle du Brésil : « ORDEM ET PROGRESSO ». Dès sa première campagne commerciale (1896), il est mis à rude épreuve : « Il survit, au Brésil, à un violent incendie à bord, dans lequel les 115 mules de sa cargaison sont brûlées vives. Quelques années plus tard, le 8 mai 1902, il échappe par miracle à l'éruption de la montagne Pelée qui dévaste le port de Saint-Pierre à la Martinique. Il sillonne l'Atlantique jusqu'en 1914 en transportant vers la France d'abord les fèves de cacao d'Amazonie pour le célèbre chocolatier Menier, puis du rhum et du sucre des Antilles. » La concurrence des « vapeurs » lui est fatale et, de 1914 à 1951, il est aménagé en yacht au long cours par ses nouveaux propriétaires britanniques (le duc de Westminster puis Arthur Guinness, vice-président des brasseries du même nom). Désarmé à la veille de la Seconde Guerre mondiale, il demeure à l'île de Wight pendant tout le conflit. La paix revenue, il devient la propriété de la Fondation Cini à Venise et le navire-école d'un institut de formation professionnelle qui accueille de jeunes orphelins de marins. En 1978, après avoir retrouvé son gréement d'origine, il est de nouveau mis en vente. L'Union nationale des Caisses d'épargne, en lien avec la marine nationale française, le rachète, le fait revenir en France, lui redonne son nom d'origine et le fait classer monument historique le 27 février 1984. « Après cinq années de restauration, le *Belem* est transformé en navire-école. Il accueille à son bord chaque année d'avril à octobre 1 200 navigants venus faire l'expérience de la vie en équipage à bord d'un des tout derniers grands voiliers du XIXe siècle encore en navigation dans le monde. »

Bravo aux Caisses d'épargne qui permettent au *Belem* d'accomplir aujourd'hui encore sa triple mission : monument historique recevant la visite de 40 000 curieux chaque année ; école de la mer qui a embarqué plus de 50 000 apprentis marins en navigation côtière et hauturière ; ambassadeur du pavillon de la France lors des rassemblements de grands voiliers à travers le monde (Brésil, Antilles, Québec, Londres, Venise, etc.).

Les Bordelais viennent en masse l'admirer et le visiter à chacune de ses escales dans le port de la Lune. Il offre maintenant deux parcours de visite, l'un tout à fait classique, et le nouveau accompagné d'une tablette qui « augmente la réalité », comme on dit, et permet des rencontres inattendues. Nous aimerions que Bordeaux devienne durablement son port d'attache, mais La Rochelle, Nantes et quelques autres villes veillent au grain, si je puis dire.

Hermione

Même nostalgie perceptible quand l'*Hermione* est venue à quai dans la ville : en octobre 2014, comme en août 2015, les visiteurs se pressèrent en grande foule. Magie du nom peut-être ? Se souvient-on que, dans la mythologie grecque, Hermione est la fille de Ménélas et d'Hélène, elle-même fille d'Océan ? Souvenir et fierté historique, assurément : c'est sur l'*Hermione* que le marquis de La Fayette s'embarqua en mars 1780 à destination de Boston, pour aller prêter main forte aux Insurgents américains ; la frégate participa à plusieurs batailles navales... mais finit tristement sa vie, quatorze ans plus tard, en échouant sur des hauts fonds au large... du Croisic, près de l'estuaire de la Loire.

J'éprouve une profonde admiration pour l'extraordinaire entreprise de construction de la réplique moderne du majestueux trois-mâts : un chantier de plus de quinze ans, à Rochefort, sous les yeux du public qui put ainsi découvrir le travail des charpentiers, forgerons, gréeurs, calfats, voiliers, dans la plus stricte fidélité aux plans d'origine ; 274 000 visiteurs en 2013, soit la cinquième place au classement des entreprises les plus visitées de France. Et puis, en 2014, c'est « l'*Hermione* La Fayette Trip » sur les traces de l'*Hermione* du XVIIIe siècle : à bord, sur une équipe de 80 personnes, 15 professionnels de la navigation seulement et pour le reste, des bénévoles, étudiants ou artisans qui doivent apprendre à tout faire ; au programme, la traversée de l'Atlantique, escales historiques le long de la côte est des États-Unis ; les Américains vinrent en foule à Norfolk, Annapolis, Baltimore, Philadelphie, Boston, Newport, avant le salut à la statue de la Liberté dans le port de New York. Quelle apothéose pour les passionnés dont l'association a mené de bout en bout cette magnifique entreprise !

Chaque année, une cinquantaine de grands paquebots parcourent les 100 kilomètres qui nous séparent de l'océan pour amener leurs passagers devant le quai des Chartrons. Ils sont les bienvenus, d'abord chez les commerçants du centre-ville dont le chiffre d'affaires prospère à chaque escale. Le faible tirant d'eau du chenal en Garonne, toujours menacé d'envasement, et la difficulté des manœuvres d'évitage nous protègent de la venue des monstres, que j'ai qualifiés un jour de « caisses à savon », qui offensent le paysage vénitien et abîment le canal de la Giudecca.

La bonne surprise, c'est l'essor inattendu de la croisière fluviale : en quelques années, plusieurs compagnies, françaises d'abord puis internationales, ont mis en service des paquebots de croisière fluviale, bâtiments légers d'une centaine de cabines, glissant sous le pont Chaban sans qu'il soit besoin de le lever, et qui conduisent leurs passagers à Pauillac et dans les châteaux du Médoc, jusqu'à la citadelle de Blaye, mais aussi, en remontant la Dordogne, à Libourne, porte du célébrissime vignoble et du merveilleux village de Saint-Émilion. Succès rapide : sept bateaux, six compagnies françaises, américaines, et même une australienne en l'espace de quelques années. Le tourisme vitivinicole en profite à plein.

À ces « paquebots » s'ajoutent des bateaux de promenade de plus en plus nombreux, sans oublier nos « vaporetto », petites navettes de liaison intégrées au réseau des transports en commun de la métropole. Le port de la Lune revit.

En 2018, lors du 20e anniversaire de notre fête du Vin, Bordeaux a accueilli la Tall Ships Regatta, course de grands voiliers partis de Liverpool qui, via Dublin, vinrent s'amarrer au cœur du port de la Lune. Succès populaire assuré : les Bordelais et les touristes se pressèrent en masse pour visiter la trentaine de bâtiments aux noms parfois exotiques : le *Kaskelot* ou « cachalot » danois, le *Morgenster*, étoile du matin en néerlandais, le *Tarangini* venu de Cochin en Inde, le *Vera Cruz*, réplique des caravelles portugaises qui réalisèrent tant d'extraordinaires explorations… et bien sûr le *Belem*, la *Belle Poule*, la goélette paimpolaise de la Marine nationale, la *Biche*, « cotre aurique à tape-cul », et l'*Hermione*, dont les 66 mètres faisaient presque fragiles à côté du gigantesque *Krusenshtern*, le deuxième plus grand voilier du monde, quatre-mâts russe construit en 1926… par la marine allemande, puis cédé en 1946 à l'URSS au titre des dommages de guerre.

Sur le port de la Lune, au plus fort de la fête, oui ! je sens flotter comme un nuage de nostalgie, une envie de départ. Vais-je me dire, avec l'auteur d'« Horizons chimériques », que : « Les ports ont un parfum dangereux pour les hommes » ?

Biturica

« Prendre une biture »… Comme souvent, nous employons des formules toutes faites dont nous avons perdu sinon le sens, du moins l'origine. J'ai demandé au directeur du musée d'Aquitaine de me rafraîchir la mémoire.

Après vérification, il me répond que l'expression « prendre une biture » proviendrait probablement d'un terme de marine : la biture est une amarre de navire, on parle plus souvent de « bitte » d'amarrage, « pilier rond très court, fixé verticalement sur le pont d'un navire et servant à tourner les aussières », mais « aussi bollard double dont le socle est fixé par des ancrages dans le couronnement du quai ». Bref, il y avait de nombreuses « bitures » sur les quais de Bordeaux, et nos marins devaient en être des utilisateurs réguliers… dans tous les sens du terme.

Mais, comme toujours à Bordeaux, la référence à la vigne et au vin n'est pas loin. D'où le rapprochement entre « biture » et « *biturica* » que deux auteurs latins du Ier siècle ap. J.-C., Columelle et Pline l'Ancien, présentent comme un plant de vigne fécond, résistant aux intempéries, proche en qualité des vins méditerranéens les plus renommés. Isidore de Séville, quelques siècles plus tard (VIIe siècle), rapporte que ce plant doit son nom à sa région d'origine, c'est-à-dire, selon lui, Burdigala, territoire à l'époque romaine des Bituriges Vivisques (voir l'entrée « Caju »).

L'origine de la viticulture à Bordeaux est à peu près connue aujourd'hui. Dans les premiers temps de la ville antique, les vins provenaient d'Italie et de Narbonnaise. Leur cherté incita les notables bordelais à importer des plants en provenance de ces régions de l'Empire romain pour créer leur propre vignoble ; ils auraient adopté le cépage « biturica » en raison de sa bonne tenue sur les terroirs frais et humides des bords du golfe de Gascogne. Selon certains historiens, ce cépage serait à l'origine du cabernet franc, et du cabernet sauvignon, très répandus aujourd'hui.

Rapidement, la renommée du vignoble bordelais dépassa les frontières de la région. Nos viticulteurs, ou du moins leurs ancêtres, étaient déjà de bons « commerciaux ». Ils inventèrent un emballage spécifique qui permettait à leurs clients potentiels de bien identifier leur vin : l'amphore aquitaine, de forme très particulière, produite dès 70 ap. J.-C., dont le musée d'Aquitaine possède un très rare exemplaire complet. Pour garantir, sans doute, leur étanchéité, ces amphores étaient enduites de poix, laquelle provenait de la résine du pin des Landes voisines. On peut aussi découvrir au musée une stèle de tonnelier, qui rappelle que le tonneau, également utilisé pour le transport du vin de Bordeaux, est une invention gauloise.

Il faut visiter le musée d'Aquitaine de Bordeaux qui, parmi d'innombrables richesses de tous les siècles, des plus anciens aux plus récents, regorge d'objets et d'histoires insolites sur Bordeaux : par exemple, le premier « faux » de l'histoire de l'art (une parure faite il y a vingt-cinq mille ans et considérée comme l'une des plus anciennes contrefaçons connues d'un bijou) ; le premier objet en fer issu d'une météorite à l'âge du bronze ; le premier bateau fluvial à vapeur fabriqué au monde en 1816 pour faire la liaison entre Bordeaux et Langon sur la Garonne ; ou encore l'histoire de la création, au XIXe siècle, de la ville d'Arcachon, fruit de la ligne de chemin de fer Bordeaux-La Teste.

Après les salles consacrées au XVIIIe siècle qui font notamment mémoire de la traite négrière, le musée ouvrira prochainement les salles XXe, qui compléteront son riche parcours.

Bonne visite.

Bonheur, Rosa

Notre beau jardin public que nous devons à l'intendant Tourny est orné de nombreuses sculptures érigées en l'honneur de quelques-uns de nos grands personnages. Certains sont connus, tel François Mauriac, dont Zadkine a créé un buste singulier ; l'original de cette œuvre a été volé en 1993, retrouvé deux ans plus tard et offert à la famille de François Mauriac. C'est donc une copie que l'on peut voir aujourd'hui dans le jardin. Si l'on excepte les figures allégoriques de Jeunesse et Chimère et celle de la muse Calliope, toutes les autres statues représentent des hommes. Une seule femme, assise, tenant une palette : c'est Rosa Bonheur, par Gaston Veuvenot Leroux, sculpteur mort à Bordeaux en 1942, dont la célébrité n'a pas traversé le siècle.

Ce n'est pas le seul hommage que notre ville a rendu à Rosa Bonheur : le 19 février 2009, une plaque commémorative a été apposée sur sa maison natale au 55, rue Duranteau. Pour la circonstance, j'ai eu besoin de mettre à jour mes connaissances sur la vie et l'œuvre de cette artiste bordelaise qui fut, en son temps, sacrée aux États-Unis « plus grand peintre animalier du monde » !

Bordeaux ne l'avait pas complètement oubliée puisque, dès 1901, deux ans après sa mort, une rue du quartier Saint-Seurin avait reçu son nom. Et notre musée des Beaux-Arts, qui possède plusieurs de ses peintures, sculptures et dessins, avait organisé en 1997 une grande rétrospective de son œuvre.

Famille bordelaise donc, famille d'artistes montée à Paris où elle vit dans la gêne jusqu'à ce que la notoriété vienne à Rosa. Son tableau *Le Marché aux chevaux*, présenté au Salon de 1853, lui vaut des éloges quasi unanimes, avec, aux yeux du lecteur moderne, une pointe de machisme. Un critique écrit : « C'est vraiment une peinture d'homme, nerveuse, solide, pleine de franchise. » Théophile Gautier lui-même renchérit deux ans plus tard : « Nous avons toujours professé une sincère estime pour le talent de Mlle Rosa Bonheur. Elle fait de l'art sérieusement et on peut la traiter en homme [*sic*]. »

Quoi qu'il en soit, le départ est pris, et les tournées s'enchaînent en Belgique, en Angleterre, aux États-Unis, où elle se rend en 1893 avec la délégation des femmes françaises artistes à l'Exposition universelle de Chicago. Entre-temps, en 1865, l'impératrice Eugénie lui a remis les insignes de la Légion d'honneur pour démontrer que « le génie n'a pas de sexe » ; Rosa Bonheur deviendra en 1894 la première « officière » (c'était le terme à l'époque) de notre ordre national.

C'est aussi une pionnière dans le déploiement d'une vraie stratégie commerciale. Elle sait placer ses œuvres sur le marché de l'art : c'est ainsi que *Le Marché aux chevaux*, vendu initialement 40 000 francs, est racheté aux États-Unis pour la belle somme de 268 500 francs-or, avant d'être offert au Metropolitan Museum of Art de New York. Sa peinture est particulièrement prisée dans le monde anglo-saxon.

Mais au-delà de son esthétique qui se tient à l'écart de tous les courants modernes (Cézanne, interrogé sur le tableau intitulé *Labourage nivernais*, répond : « C'est horriblement ressemblant »), ce qui m'intéresse chez Rosa Bonheur, c'est sa liberté de vie, qui peut aller jusqu'à l'excentricité. Dès son plus jeune âge, elle s'attire une réputation de garçon manqué avec ses cheveux courts et, plus tard, son goût pour les cigares de Havane. Bien qu'elle s'en soit toujours défendue, elle passe pour homosexuelle et vit successivement avec deux femmes, Nathalie Micas, puis l'Américaine Anna Klumpke dont elle fait sa légataire universelle. Ce qui apparemment ne fait pas scandale et ne porte pas atteinte à sa réputation. L'époque est tolérante, enfin presque… Je relève avec amusement dans l'une de ses biographies qu'elle devait obtenir tous les six mois, de la préfecture de police, une « permission de travestissement » pour pouvoir porter des pantalons dans les foires aux bestiaux où elle allait chercher ses modèles… Car le travestissement, en effet, ne lui répugnait pas : elle fit bon accueil à la tenue de Sioux que lui offrit Buffalo Bill, qu'elle avait invité chez elle à l'occasion de l'Exposition universelle de 1889.

Dernier clin d'œil bordelais à l'artiste : notre CAPC, associé à l'école des beaux-arts, a créé un site, www.rosab.net, qui se veut un espace dédié à la recherche et à la réflexion sur les problématiques actuelles de la création artistique.

Bordeluche

Existe-t-il un parler bordelais ? Quand, à Paris, chez le boulanger, je demande une « chocolatine », on me fait souvent répéter, et je m'exécute : « Un pain au chocolat, s'il vous plaît. » Mais les exemples ne sont pas légion. Alors, pour en avoir le cœur net, je me suis plongé dans le « lexique » établi par Guy Suire (éditions Rivages), auteur de plusieurs ouvrages sur les mots et expressions du terroir.

Première surprise : selon lui, le terme « bordeluche » serait de création relativement récente, contemporain de la Première Guerre mondiale. Avant, le langage local est nommé « pichadey », « combinaison de type primitif des apports incessants de l'émigration anglo-allemande, de l'infiltration charento-périgordo-lanusco-béarno-tolaso-hispano-ariégeoise ». Fichtre !

Deuxième surprise : je découvre dans ce lexique de nombreux termes du langage familier dont la spécificité bordelaise ne me paraît pas évidente. Ainsi de « dérouillée », pour désigner une raclée, ou de « tiquer », pour exprimer un désaccord. Il me semblait de même que les mots de notre vocabulaire gourmand avaient été adoptés par tous les gastronomes avertis, bien au-delà des frontières bordelaises : alose, loubine et autres lamproie, ortolan bien sûr, pibale, garbure ou tourin, cannelet et tourtière, j'en parle ailleurs dans ce livre.

Mais, au fil des pages, un parfum d'enfance landaise m'est revenu. J'ai entendu mon père s'exclamer « Hilh de pute », juron béarnais selon Suire, ponctuation bien répétitive aussi dans le patois landais. « Putain con ! », comme disaient mes copains. J'étais souvent menacé d'une « rouste » ou d'une « torgnole », menace rarement suivie d'un passage à l'acte, je m'empresse de le préciser. La parole paternelle était souvent plus vigoureuse que le geste. Mon père avait néanmoins gardé la réputation d'être « tignous » sous la mêlée de rugby. Il stigmatisait volontiers les « mounaques », êtres faibles comme poupées de chiffon qui manquaient de « gnac », ou les « feignas » portés à la paresse, les « branleurs » ou les « brelles », grandes et petites. Il se méfiait des « marioles », un peu trop débrouillards, mais ne pouvait s'empêcher de quelque indulgence à leur égard. À condition qu'ils ne viennent pas « l'emmouscailler » dans leurs histoires en « jaspinant » à tort et à travers. Au demeurant, son répertoire argotique, gascon ou autre, était bien plus riche que celui du lexique de Guy Suire.

Ce n'était évidemment pas le cas de ma mère dont l'indignation devant la grossièreté de son mari avait peu à peu cédé à la force de l'habitude. Mais, élevée dans la maison familiale de Campagne, à 15 kilomètres de Mont-de-Marsan, où l'on parlait encore quotidiennement patois, elle émaillait son langage de jolies expressions que je retrouve dans *Le Parler bordelais*. Elle nous trouvait souvent, nous ses enfants, « maigrichots » ou « palichots ». Un bon « quatre-heures », chocolat et « tros » de « pan », devait nous redonner des couleurs. Quand nous étions enrhumés, voire grippés, nous étions priés de moucher notre « mouquire ». Avancé en âge, j'avais droit à un doigt de bordeaux, censé me redonner du sang, tout comme la « sanquette » préparée avec le sang du poulet qu'on plumait dans la « souillarde », pièce un peu mystérieuse au fond de la cour, vouée à la lessive et à certaines préparations culinaires. Il m'arrivait aussi d'être chargé de quelques courses à la « Guyenne et Gascogne », l'épicerie, on dirait aujourd'hui la supérette, toute proche de la maison de Mont-de-Marsan où j'ai grandi. Immanquablement figurait sur la liste des achats une bonne portion de « croûte-rouge », ce fromage de Hollande dont ma sœur et moi raffolions. Lors de ces expéditions pourtant peu lointaines, j'étais prié de ne pas « reluquer » les passants de mauvaise mine ni les « pecs » ou les « pègues » qui pouvaient traîner dans le quartier et dont les parents étaient dans la « dèche ». Une vieille voiture était une « cacugne », et la poubelle « le bourrier ». « Grifougner », « tarabuster », « regarder de traviole », autant d'actes ou de comportements répréhensibles... et « tout le Saint-Frusquin ». Je ne suis pas sûr d'avoir retenu le sens exact de ces expressions savoureuses qui sonnent à mes oreilles du son de la voix maternelle. Ce que je constate, c'est qu'en une génération l'oubli a fait son œuvre. Alors que mes parents étaient encore capables de comprendre et parler notre patois landais, issu tout droit du gascon, je n'en sais plus grand-chose à l'exception d'un ou deux jurons légués dans l'héritage paternel et la tradition collégienne. Faut-il s'en désoler ? Sans doute. Nos langues régionales étaient – sont encore pour certaines d'entre elles, tels le basque ou le corse – l'expression la plus perceptible de cette diversité qui, à mes yeux, est la marque de fabrique de la véritable identité française. Certes la nation s'est construite, sous la férule des hussards noirs de la République, les instituteurs de la IIIe, autour de la langue française et parfois dans la répression brutale des langues régionales. Mais aujourd'hui ce n'est plus ce qui menace l'unité nationale. C'est pourquoi, tout en restant hostile à toute co-officialité entre le français, langue de la République aux termes de notre Constitution, et ces langues régionales, je suis favorable à ce qu'on les enseigne et les transmette comme des éléments de notre patrimoine national. Je ne suis pas allé jusqu'à transcrire en gascon les noms des rues bordelaises. Rares sont les nostalgiques qui me l'ont demandé.

Le vrai danger pour la langue française vient davantage de la prolifération des termes anglais dans les « réclames », comme on disait jadis, la « pub » d'aujourd'hui, les médias, le langage des entreprises, et les réseaux sociaux. Je mène solitairement le combat pour le bi- (ou le tri-) linguisme authentique et contre l'abâtardissement de notre belle langue française. Mais ce combat ne reçoit quelque écho qu'au-delà de l'Atlantique, chez mes amis québécois qui, eux, n'ont, il est vrai, pas le choix. Voici ce que m'écrit joliment un ami de Montréal : « En affichant sur la tour Eiffel vendredi dernier [février 2017], le slogan en anglais "Made for sharing" de la candidature de Paris aux jeux Olympiques et Paralympiques de 2024, le comité d'organisation s'est mis les pieds dans la bouche "française" [*sic*]. Je ne comprends pas en effet comment on peut prendre une telle décision de la part de représentants officiels de la patrie de Pierre de Coubertin. Pourtant, c'est bien en français que celui-ci amena le monde à partager l'idéal olympique… [J'ajoute que le français est langue officielle des J.O. et que nous nous battons pour faire respecter cette disposition de la charte !]. De plus, ce slogan n'a même pas le mérite d'être original. Il a déjà été utilisé par la chaîne américaine de malbouffe rapide Burger King. C'est à se décourager de se battre pour notre langue en Amérique ! »

À Bordeaux, je lutte pied à pied contre l'invasion. Je ne gagne pas toujours : le dernier événement gastronomique lancé par la chambre de commerce porte le joli nom de « Bordeaux S.O Good » !!! Combien de chanteurs de par le monde ont chanté « C'est si bon » ? J'entends encore la voix d'Yves Montand. Nostalgie ? Passéisme ? Ringardise ? Je soutiens que cette épidémie française est un symptôme d'anémie collective, de défaillance de créativité, de conformisme bon chic bon genre… et de complexe mal digéré. Au lieu de pourrir notre langue par tant d'emprunts ridicules (*the French Touch* !), parlons carrément anglais, soyons bilingues et, quand nous parlons français, parlons français.

Brouillade aux truffes

Au fourneau, je ne suis pas très doué, je l'avoue. Ma marge de progression est immense. En attendant la retraite, je me targue d'une ou deux spécialités, dont la brouillade aux truffes.

J'applique à la lettre la recette de perigord.unitruffes@dordogne.chambragri.fr, que voici :

Laver les œufs (6 œufs) et les mettre entiers avec les truffes (25 grammes) dans une boîte hermétique, au frais, vingt-quatre heures avant la préparation.

Pour la cuisson de la brouillade, nous vous conseillons d'utiliser un bain-marie.

Casser les œufs, les battre, saler, découper les truffes en fines brisures, incorporer la moitié des truffes dans les œufs.

Mettre sur le feu. Au bout d'un moment, les œufs commencent à « prendre » sur les parois du bain-marie, décoller avec une spatule ou un fouet les œufs cuits sur les parois, ne pas arrêter de tourner.

En fin de cuisson (attention, il ne faut pas trop cuire), ajouter un morceau de beurre ou 2 cuillères à soupe de crème fraîche liquide.

Enlever du feu et rajouter l'autre moitié des truffes. Mélanger. Une brouillade doit être servie très chaude, ne pas hésiter à servir dans de petits récipients chauffés.

Deux difficultés à surmonter pour une réussite parfaite :

— Trouver de bonnes truffes. Deux solutions : un ou deux copains bordelais d'origine périgourdine ; ou bien chaque année la Journée de la truffe que les producteurs organisent cour Mably, au cœur de Bordeaux.

— Ne pas laisser passer le moment où les œufs encore liquides commencent à « prendre » ; ils doivent absolument rester très onctueux ; ça se joue en quelques secondes.

Une chose m'insupporte, voire m'indigne : la distraction des convives qui, au lieu de se précipiter sur leur fourchette pour goûter « ma » brouillade bien chaude, continuent à discourir sans prêter attention à leur assiette. Je me dis alors que je me suis donné beaucoup de mal pour rien. Ce qui ne m'empêche pas d'alterner une bouchée de brouillade et une gorgée d'un bon bordeaux rouge. Le plaisir à l'état pur.

C

Caju

« Caju », à Bordeaux, c'est un lycée. Établissement de longue histoire et de grande réputation, créé en 1883 pour les jeunes Bordelaises et qui demeura, pendant près de quatre-vingts ans, le seul lycée de filles de la ville. Jacqueline de Romilly y enseigna en 1939/1940. Aujourd'hui il accueille, dans d'excellentes conditions, 1 500 élèves qui y trouvent notamment une offre très complète d'enseignements de langues étrangères, des options peu répandues comme les arts et la musique, des classes préparatoires littéraires et scientifiques.

« Caju », à Bordeaux, c'est une merveilleuse place du centre-ville, l'une de mes places préférées, au bout de la rue des Trois-Conils, à deux pas de la place de la Bourse, de la place du Parlement ou de celle du Palais ; la place du cinéma Utopia dont j'aime la grande salle aménagée dans ce qui fut la nef d'une église ; une place « cernée » de mille adresses gourmandes où l'on peut se régaler de toutes les cuisines du monde et notamment de la nôtre ; une place où il faut aller boire un pot par une belle après-midi de printemps ; une place au cœur d'une vie nocturne fourmillante, parfois un peu trop au gré des riverains… mais « à la ville, comme à la ville » ! J'assume, sans renoncer à prôner le respect mutuel.

Mais au fait, « Caju », qui est-ce ? Qui est Camille Jullian, l'homme que la ville honore ainsi en assurant la pérennité de son nom ?

Camille Jullian est né à Marseille en 1859, d'une famille protestante du Gard. Il fut, au lycée de sa ville natale puis à l'École normale supérieure, un élève brillant. C'est en 1883, après avoir obtenu son doctorat ès lettres, qu'il devint professeur à l'université de Bordeaux. En 1905, il entra au Collège de France ; il termina sa carrière, au terme d'un labeur exemplaire, comme membre de l'Académie des inscriptions et belles-lettres et de l'Académie française.

Si la ville de Bordeaux lui voue une reconnaissance particulière, ce n'est pas seulement parce que ce Marseillais se prit d'affection pour notre ville où il fit sa carrière universitaire, sa vie personnelle (il s'y maria) et sa mort (il est enterré au cimetière protestant, son « jardin mélancolique », au mont Judaïque), c'est surtout parce qu'il fut le plus grand historien de Bordeaux.

Je possède un exemplaire de l'édition originale de l'ouvrage qu'il publia « sous les auspices de la municipalité » en 1895 et qui s'intitule *Histoire de Bordeaux, depuis les origines jusqu'en 1895.* Camille Jullian, « professeur d'histoire à la faculté des lettres », le dédie au maire de l'époque, Alfred Daney, auquel il s'adresse en ces termes :

« Monsieur le Maire,

Il y a aujourd'hui [on est le 6 février 1895] deux ans et demi, vous m'avez fait l'honneur de me demander d'écrire une *Histoire de Bordeaux.* Vous désiriez qu'elle fût prête le 1er mai 1895, au moment où s'ouvrirait notre Exposition universelle. Je suis heureux de vous en remettre les dernières feuilles à la date que vous aviez fixée.

Je vous prie d'agréer et de transmettre à l'administration municipale l'expression de ma profonde reconnaissance : je vous remercie de m'avoir confié ce travail et de l'imprimer avec un luxe que je n'aurais jamais ni demandé ni espéré. Je vous remercie plus encore de m'avoir permis de l'écrire avec toute l'indépendance que j'avais souhaitée. »

Il conclut noblement :

« Un historien qui a la pudeur et l'orgueil de la vérité dira sa pensée sans crainte de combattre ses alliés et sans désir de flatter ses adversaires : il ne s'appartient pas dès l'instant où il écrit. Il n'appartient à aucun parti et il n'est d'aucune époque. Il ne cessera pas de penser que telles formes de gouvernement sont néfastes, que telles croyances sont inutiles ou dangereuses ; mais il respectera ceux qui les ont défendues, lorsqu'ils lui paraîtront mériter le respect. Il doit parler avec déférence de puissances qu'il admire dans le passé, et auxquelles il résisterait dans le présent. »

Belle définition de l'objectivité de l'historien !

Il est probable que les spécialistes aient matière à critiquer un travail qui remonte à plus d'un siècle ; leur science a fait de notables progrès depuis lors. Mais l'œuvre de Camille Jullian garde toute sa séduction, celle d'une langue dont il use avec une élégante clarté, celle d'un esprit de synthèse qui embrasse les discontinuités séculaires et leur donne du sens.

Les premières lignes pourtant peuvent décevoir les Bordelais si fiers de leur ville ; Jullian les invite à un peu d'humilité : l'histoire de Bordeaux, selon lui, « ne commence qu'aux abords de l'ère chrétienne ; c'est sous l'empereur Tibère que son nom a été pour la première fois prononcé par un écrivain ; de l'empereur Auguste datent les plus anciennes ruines qui témoignent de son passé. Ses débuts sont donc plus tardifs que ceux des autres grandes villes françaises : ils sont aussi moins brillants. Aucune légende ne les embellit ; ils n'ont point l'éclat que donne le nom d'un fondateur illustre ; ils manquent de la poésie qui environne le berceau des vieilles cités ».

La recherche contemporaine a remonté plus loin le temps bordelais. Mais peu importe !

Jullian nous donne d'autres raisons de fierté ; nous citons souvent la phrase qui suit sous sa plume : « Bordeaux est un présent que la Garonne a fait à la France.

C'est le fleuve qui l'a créé, plutôt que les hommes. Il a été la raison d'être de son existence, avant de devenir l'arbitre de ses destinées. »

Les Bordelais sont-ils des Gaulois ? Il y a doute. Pas à l'origine en tout cas, selon Jullian. Les Aquitains, premiers occupants de notre territoire, ne s'effacèrent qu'assez tardivement devant des immigrés, une troupe de Bituriges, venus du nord : ce peuple gaulois, « le plus puissant », avait sa capitale à Bourges. À Bordeaux, les Bituriges prirent le nom de Vivisques – de *vivisci*, mot d'origine gauloise selon Jullian, qu'il traduit par « transportés » ou « transplantés ». Nous sommes donc enfants d'immigrés…

Nouvelle leçon d'humilité : notre historien constate que « les Bituriges Vivisques n'ont jamais fait parler d'eux dans l'histoire de la Gaule indépendante […]. Ils n'ont jamais formé un État puissant […]. Ils ne gouvernaient pas d'ailleurs sur de bien grands domaines. On ne peut reculer leurs limites au-delà de Blaye sur la Gironde, de Langon sur le haut fleuve, de Coutras au nord, de la Leyre au sud ». Mais à Bordeaux, ils constituèrent « la masse dominante de la population ».

Conclusion : « C'est d'eux que les vrais Bordelais descendent ; c'est d'eux que viennent les caractères essentiels de notre tempérament. Notre sang et notre race, c'est des Gaulois que nous les tenons. »

Ouf ! nous sommes bien des Gaulois…

J'ai longtemps cru qu'il y avait un lien entre le nom « Burdigala » et celui de « Biturige ». Sans doute le B… Mais, hormis cette lettre, rien de commun. Les Bituriges ont gardé l'ancien nom de la ville, dont Camille Jullian se refuse à établir l'étymologie, faute de connaissances suffisantes.

Gaulois nous sommes, mais Gaulois romanisés : « Les Bituriges Vivisques cessèrent d'être un État autonome pour devenir un peuple dépendant au milieu d'une province romaine [...], la province d'Aquitaine, *Gallia Aquitanica.* » Ils ne perdirent pas au change : « Tous les progrès qu'une nation peut faire, [Bordeaux] les accomplit en quelques années à écouter ses nouveaux maîtres [...]. La ville s'embellit, la terre s'améliora, l'intelligence s'ouvrit, les dieux s'humanisèrent comme les hommes. » Pour autant, Bordeaux « garda son sang, sa race et son humeur comme la terre gardait sa fertilité naturelle ».

Je note avec intérêt cette remarque de Jullian : « Nous sommes au début même de l'histoire commerciale de Bordeaux, et déjà la ville est indiquée comme tête de ligne de la principale route qui mène de France en Angleterre, comme le point de départ de la voie dont Londres est le point d'arrivée. Aussi, dans la naïveté de leur ignorance, les géographes anciens plaçaient-ils parfois les côtes de la Bretagne en face même de l'estuaire girondin. » Bien avant Aliénor... Et, déjà, grâce au vin. « Dès le Ier siècle, on citait avec éloge la vigne "biturige" [...]. Au IVe siècle, les coteaux des Graves et de l'Entre-deux-Mers avaient, grâce à leurs vignes, cet aspect fertile et riant qui fait leur charme. »

Bordeaux, « *patria insignis Baccho* », écrit alors Ausone. Bordeaux, qui doit sa gloire à Bacchus.

Ausone ! Voilà enfin un Bordelais célèbre. « Le seul classique "français" des lettres latines », comme n'hésite pas à le définir Bernard Combeaud, le traducteur de ses œuvres complètes dans la belle édition bilingue que Mollat a eu l'audace de publier en 2010.

Camille Jullian ne partageait pas l'enthousiasme de Bernard Combeaud. J'ai même trouvé qu'il éreintait carrément notre poète emblématique. Certes, d'une plume alerte, il retrace sa carrière en des termes élogieux, je le cite :

« Le Bordelais Ausone est bien, par sa vie et par ses écrits, le type du lettré du IVe siècle. C'est un produit de l'école : il y a vécu dès sa plus tendre enfance, il y a appris à lire, il y a essayé ses premières phrases. Il n'a cessé d'être élève que pour devenir maître. Pendant plus de trente ans, il a enseigné à Bordeaux la grammaire, puis la rhétorique. Enfin il est devenu le précepteur du prince impérial. Alors brusquement sa carrière de professeur se termine. Son élève, devenu empereur, fait d'Ausone un homme politique : il gouverne les Gaules comme préfet du prétoire. Il devient consul, ce qui est toujours le premier honneur de l'Empire romain, ce qui fait de lui, au moins pendant un jour, l'égal de l'empereur. Il revient à Bordeaux terminer sa vie. C'est alors un des plus grands et plus riches seigneurs du pays : il a d'immenses domaines ; ses enfants sont les plus hauts fonctionnaires de l'empire. Ausone est sorti d'une maison de la bonne bourgeoisie, son père était médecin : ses descendants sont de vrais rois par la puissance et par la fortune. »

Le ton change quand il s'agit de la poésie d'Ausone :

« Cette poésie sent bien l'école ! Il nous parle sans doute avec amour de ses enfants, de sa famille, de son pays : on devine la sincérité d'un honnête homme, un attachement tout bordelais à sa cité et à sa rivière. Mais quel malheur pour lui d'avoir été professeur d'éloquence ! La mémoire était, disaient les maîtres de l'école, la vertu dominante du rhéteur : c'est sa mémoire qui a perdu Ausone. Elle lui a évité toute recherche, elle a refusé à son vers l'indépendance, à sa pensée l'expression nouvelle. Ce ne sont que réminiscences habilement conduites. Qu'il l'ait voulu ou non, son œuvre est un vaste centon, un merveilleux jeu d'esprit, l'analogue de ces harangues où il excellait. »

Qui croire ? Jullian ? Ou les contemporains d'Ausone qui le tenaient, selon Combeaud, pour le prince des poètes, le nouveau Virgile de la Muse latine ? Et les humanistes de la Renaissance qui le tirèrent de l'oubli ? « Érasme le porte aux nues [...] ; les poètes de la Pléiade le chérissent. »

J'ai voulu en juger par moi-même en feuilletant l'édition Mollat. Je dis bien « feuilleter »...

870 pages, moitié en latin, moitié en français certes, c'est quand même beaucoup pour un seul lecteur.

L'auteur est prolifique. Il aime se raconter ; il chérit sa famille, et tout le monde y passe : le père, la mère, l'oncle, les aïeux, l'épouse, le fils, le fils du fils, le frère, la sœur, je m'arrête mais la liste n'est pas close ; il salue ses professeurs de Bordeaux, orateurs, rhéteurs, grammairiens ; exercice obligé : les héros qui moururent (ou ne moururent pas) à Troie, Agamemnon, Hector, Achille, Ajax... tout Homère défile ; puis c'est le tour des villes : Rome d'abord, mais aussi Constantinople et Carthage, Antioche et Alexandrie, Milan et Capoue... Bref, si je puis dire, ça tartine.

J'ai sauvé deux textes.

« Burdigala », bien sûr :

« *O patria, insignem Baccho, fluviisque, virisque* [...] »

« Ô patrie, Bacchus fait ta gloire, et ton fleuve et tes hommes [...] »
Bordeaux est mon sol natal, avec sa brise clémente
Son ciel doux, les dons généreux de son fertile humus

Son long printemps et sa brume aux jours nouveaux tiédissante.
[…]
Admirez ses rues bien tracées, ses maisons alignées
Ses places d'une largeur digne d'en sauver le nom
Puis au droit des carrefours de ses portes les répons
Et dans la ville la fontaine où s'écoule le fleuve.
Quand le père Océan bout et du flot montant l'abreuve
Alors toute la mer ondoie, couverte de vaisseaux. »

Et puis un joli poème sur la naissance des roses qui inspira visiblement Ronsard et Malherbe, comme le souligne Combeaud :

« *Collige, virgo, rosas* […] »

« Une rose ne dure que ce que dure un matin :
belle enfant dans sa fleur, la vieillesse l'atteint ;
telle, en naissant à l'aube, aux yeux clairs d'Aurore apparue,
le soir à son retour est vieille devenue !
Mais passe, bien qu'en peu d'espace elle ait à se mourir
D'âge en âge on verra la rose refleurir ;
Cueille tes roses, belle, à fleur neuve, et neuve fleurie :
Souviens-toi, ton bel âge ainsi passe et s'enfuit. »

J'aimerais parcourir toute l'histoire de Bordeaux en compagnie de Camille Jullian. Je renvoie le lecteur curieux à sa somme. J'y puise encore deux idées, sur la période anglaise de notre ville.

D'abord, le mariage de Bordeaux et de l'Angleterre… Selon Jullian, il se serait produit quand bien même Aliénor n'aurait pas épousé le Plantagenêt. « La domination anglaise était préparée par tous nos intérêts et forcée par la nature des choses. » La solidarité commerciale était ancienne et forte : les vins de Bordeaux étaient depuis longtemps appréciés des Anglais qui nous vendaient en retour leurs laines et leurs tissus. Les communications étaient, par mer, plus sûres que par terre : « Il était plus facile d'arriver à Londres qu'à Paris. »

Pendant trois siècles, Bordeaux fut donc anglaise, et, sans forcer le trait, on peut dire que les Bordelais, avec des hauts et des bas, aimèrent leur condition. Du moins la bourgeoisie bordelaise. Certes, on se méfiait des « rois du Nord », à l'exception peut-être de Richard « qui chantait en limousin et vécut dans le pays ». Mais, *volens nolens*, la monarchie anglaise eut l'intelligence de lâcher la bride à « l'establishment » bordelais. La bride commerciale bien sûr ; en 1214, le roi Jean (sans Terre) l'édicta sans ambages : « Nous voulons que tous les vins de nos bourgeois de Bordeaux qui proviendront des vignes de leur ville circulent librement sur la rivière. » Privilège qui fit la fortune de nos vignerons.

La bride politique aussi. Nombreuses furent les chartes d'immunité ou de privilèges accordés à la commune, à son maire et à ses « jurats », au point que Camille Jullian peut parler « d'indépendance » bordelaise : « Tandis qu'en France, les communes, la noblesse, le clergé lui-même reviennent peu à peu sous la main du souverain, ils s'en détachent à Bordeaux. »

Pas étonnant, dans ces conditions, que le retour sous la houlette du roi de France n'ait pas soulevé l'enthousiasme des élites politiques, économiques, religieuses bordelaises. Voici ce que Froissart, cité par Jullian, leur fait dire :

« Les communautés des cités considérèrent leurs affaires, et comment le royaume de France était vexé et molesté de tailles, de fouages, et de toutes exactions vilaines dont on pouvait extorquer argent : “Si les Français dominaient sur nous, dirent-ils, ils nous tiendraient en ces usages. Encore nous vaut-il mieux, quand nous sommes ainsi nés, être anglais, qui nous tiennent francs et libéraux, que en la sujétion des Français [...]. Nous avons plus de marchandises, de vins, de laines et de draps aux Anglais que nous n’avons aux Français ; nous y inclinons par nature mieux. »

On ne peut être plus réaliste, voire cynique. En bref, la France, c’est l’impôt ! Éternel recommencement.

Le clergé partageait les sentiments de la bourgeoisie. Dans les derniers temps de la domination anglaise, l’archevêque Pey Berland se montra, dit Jullian, « trop dévoué à sa ville pour ne pas se montrer le défenseur des intérêts anglais ».

Bordeaux fut donc, pendant la guerre de Cent Ans, le lieu de concentration des troupes anglaises et gasconnes qui menaient campagne contre le roi de France. Et quand, le 17 juillet 1453, à la bataille de Castillon, l’armée de ce dernier remporta la victoire finale sur l’armée anglaise du général Talbot, ce ne fut pas la joie dans Bordeaux. Il fallut attendre octobre pour que la ville « se rendît à merci ».

Cette histoire, sommairement résumée, nous rappelle que la méfiance des Bordelais envers le pouvoir central (... celui de Paris), leur esprit frondeur qui se manifesta au cours des siècles suivants, la tradition girondine anti-jacobine... trouvent leurs racines loin dans le temps.

Can(n)elé

Les cannelés font fureur à Bordeaux et au-delà. Cette petite pâtisserie est devenue une sorte d'emblème de la gourmandise bordelaise et plus largement de son art de vivre. Un signe qui ne trompe pas : à l'aéroport de Mérignac ou à la gare Saint-Jean, le voyageur, à l'arrivée comme au départ, ne peut manquer le stand Baillardran, marque emblématique du can(n)elé bordelais. Ses boutiques prolifèrent en ville et commencent à apparaître hors de nos frontières communales.

Premier mystère : cannelé ou canelé ? J'ai fini par trouver la réponse dans un blog de François Simon sur le site du *Figaro*. L'orthographe originale, attestée dans le *Dictionnaire des mots de la table* de Tristan Hordé, prend deux « n ». Le mot vient des cannelures que porte le moule dans lequel on fabrique l'objet de tous nos désirs. Cannelure, de cannelle (petit tube), mot lui-même issu de canne (tuyau). Ouf ! Quant à canelé, c'est une marque commerciale, le canelé Baillardran.

Deuxième mystère pour moi : je me suis longtemps demandé comment « ça » se fabriquait. On trouve en vérité la recette sur une multitude de sites. Facile et inratable, paraît-il. Facile, facile…

L'une de ces recettes ne comporte pas moins de dix étapes, qui durent au minimum une heure et demie.

J'ai retenu les ingrédients nécessaires : du lait, des œufs, une gousse de vanille, une cuillère à soupe de rhum, de la farine, du sucre en poudre, du beurre et une pincée de sel. Je vous fais grâce des proportions. Il s'agit, pour simplifier, de préparer une pâte « fluide comme une pâte à crêpes », de la verser refroidie dans des moules bien beurrés et de déposer lesdits moules sur la tôle préchauffée du four. Le secret réside dans la cuisson, et chaque pâtissier doit avoir le sien. Cinq minutes à 300 °C et une heure à 180 °C par exemple. Il faut en tout cas obtenir en surface une croûte bien brune et à l'intérieur un cœur bien moelleux.

Comme dans toute activité en expansion, les commerçants diversifient l'offre : la taille du can(n)elé peut varier, du traditionnel au mini. On en trouve sans rhum, et même accompagné de ganache au chocolat. La cuisson peut aussi s'adapter au goût du consommateur, ce qui donne un can(n)elé très croustillant, moyennement croustillant, voire tout à fait tendre. On reconnaît à la couleur, plus ou moins brune, plus ou moins dorée.

Mon conseil : choisissez le mini, bien croustillant, avec rhum, et mettez le tout entier dans la bouche en dégustant votre café. C'est délicieux.

Attention, le modèle Jumbo, un peu vieilli sur étagère, peut provoquer des phénomènes d'étouffement désagréables.

CAPC

En 2013, le CAPC, notre Centre d'arts plastiques contemporains, a fêté ses 40 ans. L'entrepôt Lainé dans lequel il est installé fêtera, lui, son bicentenaire en 2024. Il s'en est pourtant fallu de peu qu'il ne disparaisse bien avant d'atteindre ce grand âge ! Histoire d'un sauvetage…

Dans les premières années du XIXe siècle, les armateurs bordelais s'inquiètent du déclin du commerce triangulaire avec les Antilles. Certes Napoléon a rétabli (sous conditions) l'esclavage, mais la révolte de Saint-Domingue en 1791 est perçue, à Bordeaux, comme un mauvais signal. Il faut donc relancer l'économie de la ville et l'activité de son port. La construction d'un entrepôt moderne, à proximité des quais, s'inscrit dans un vaste programme de réaménagement urbain ; elle est confiée à l'architecte et ingénieur Claude Deschamps, en charge, à la même époque, de l'édification du pont de pierre. Les « Amis du CAPC », dans la plaquette qu'ils ont consacrée à l'histoire du musée, décrivent en ces termes le bâtiment :

« Élevé sur trois niveaux, à partir d'un plan basilical, il s'inspire de l'architecture des marchés couverts orientaux ou caravansérails. De facture à la fois austère et élégante, la structure interne, organisée autour d'une double nef centrale, articule une succession de piliers et d'arcs en plein cintre, répartie avec une grande rigueur géométrique. Dans une logique de sobriété, chère à Claude Deschamps, l'architecte ne convoque que trois matériaux : la pierre de Bourg, friable et caractéristique par sa couleur jaune, la briquette d'argile et du bois de récupération, le pin d'Oregon. »

L'entrepôt va vivre sa vie pendant plus d'un siècle et stocker les marchandises les plus exotiques. L'un des directeurs du CAPC m'a affirmé qu'on retrouvait encore dans la charpente des traces de café. Sollers y sent « l'odeur des Antilles, gingembre, cannelle, girofle, tiédeur du sucre imprégnant les murs ».

Au début des années 1970, l'entrepôt devenu obsolète échappe de peu à la démolition grâce à la force de persuasion de quelques personnalités bordelaises parmi lesquelles Anne Claverie et Nicole Schÿler. J'ai fait donner le nom de cette dernière à la placette qui termine le cours Xavier-Arnozan, en direction du quai des Chartrons.

Acquis par la ville de Bordeaux et classé à l'inventaire des monuments historiques, l'entrepôt Lainé entre dans une nouvelle vie. De 1979 à 1990, il fait l'objet de trois campagnes de restauration, menées par les architectes Denis Valode et Jean Pistre, rejoints en 1984 par Andrée Putman. « Leur conception de la réhabilitation est fondée, selon les "Amis", sur deux principes : la discrétion et la réversibilité des structures. »

Vingt-cinq ans après, la réussite impressionne toujours. Chaque fois que je pousse la lourde porte pour franchir la rébarbative façade du bâtiment, j'éprouve la même émotion. J'ai l'impression d'entrer dans un lieu sacré ; la nef immense et sombre invite d'un coup au recueillement, et même au silence. Temple dédié non point à la divinité, mais au culte de la beauté dans ses formes nouvelles et de l'humaine création. Même les escaliers qui conduisent aux coursives proposent une sorte de parcours initiatique.

L'entrepôt ainsi reconverti a accueilli dès 1974 le Centre d'arts plastiques contemporains, mais aussi, de 1975 à 1989, les éditions successives du festival Sigma et, en 1980, Arc en rêve, centre d'architecture, lieu pilote de réflexion dans les domaines de l'architecture, de l'urbanisme et du design.

Les Bordelais « pure laine », comme on dit au Québec, parlent du CAPC sur le ton de la nostalgie. Ils évoquent le temps où Chaban et son épouse Micheline y laissaient carte blanche à Jean-Louis Froment qui, de 1973 à 1996, lui donna en effet un rayonnement exceptionnel.

Les successeurs que je lui ai choisis ont à leur tour imprimé leur marque sur ce qui est l'un des fleurons de la vie culturelle bordelaise.

Capus, Les

J'aime, le dimanche en fin de matinée, aller faire un tour aux Capus, saluer les commerçants, acheter de quoi compléter le repas dominical et, pour finir, partager quelques huîtres et un petit verre de blanc sec avec des amis.

Longue histoire que celle du marché des Capucins qui fut, pendant des décennies, le « ventre » de Bordeaux.

Il tient son nom de la congrégation des moines mendiants qui commença, au XVIe siècle, à assainir le quartier.

L'intendant Tourny ne se contenta pas de transformer la façade des quais et quelques autres lieux de la ville. En 1749, il lança le premier marché hebdomadaire sur le site des Capucins. Cinquante ans plus tard apparut le marché aux bestiaux qui attira tout un peuple de commerçants et d'artisans, puis les maraîchers venus de Macau, d'Eysines ou de Gradignan. Quelques décennies encore et, dans la seconde moitié du XIXe siècle, deux pavillons métalliques empruntés à l'Exposition universelle (1878), bientôt reliés par une grande galerie de fer et de verre, vinrent abriter les halles centrales de la ville. Les gravures de l'époque montrent la foule qui s'affaire.

On n'arrête pas le progrès, c'est bien connu, même dans le commerce de bouche ; la création des marchés d'intérêt national (MIN) dans les années 1950 signa l'arrêt de mort des halles installées au cœur de nos villes. À Paris, ce fut Rungis. Bordeaux ne tarda pas à créer son

MIN, hors les murs, à Brienne. Le marché aux bestiaux des Capucins avait vécu.

La municipalité maintint néanmoins un marché alimentaire de proximité, dans d'ingrats bâtiments de béton dont j'héritai en 1995. L'activité n'était pas au beau fixe. La gestion, assurée en régie par la ville, était lourdement déficitaire. Je décidai de la confier à un concessionnaire privé, choisi par appel d'offres. Cela me valut une volée de bois vert de la part de mon opposition. À l'époque, les élus socialistes et communistes étaient violemment allergiques à toute délégation de service public à un opérateur privé, qu'ils dénonçaient comme une privatisation. Les progrès de la social-démocratie dans leurs rangs ont changé peu ou prou le discours. Certains restent irréductibles.

Avec le recul et après quelques années d'un démarrage difficile, je peux dire que l'opération a réussi. Tous les stands sont occupés par des commerçants de qualité dont certains ont longtemps attendu leur tour. Et surtout, la clientèle est là : habitants du quartier, Bordelais venus de tous les quartiers de la ville, même les plus éloignés, tel Caudéran, mais aussi habitants de l'agglomération, et touristes en grand nombre.

Quand j'arrive dans une ville inconnue, où que ce soit, en Europe, en Afrique, en Asie, je me précipite toujours au marché central, qu'il soit en plein air ou sous la halle ; j'y cherche les couleurs, les odeurs, les saveurs, bref, la réalité de tous les jours du pays et du peuple que je découvre. Je suis heureux de voir que notre marché des Capucins joue pleinement ce rôle. Évidemment, les nostalgiques professionnels affirment qu'il n'est plus ce qu'il était, populaire et gouailleur, qu'il s'est « boboïsé »,

« gentrifié »... Je ne comprends pas très bien ce que cela veut dire. Une clientèle plus jeune ? C'est vrai. Je vois beaucoup de jeunes couples accompagnés d'enfants en bas âge. Qui va s'en plaindre ? Une clientèle plus riche ? Cela ne saute guère aux yeux, tant le public est divers, populaire, simple et décontracté ; et les commerces accessibles, ce qui explique sans aucun doute leur succès. Bien sûr, les « bourgeois » viennent s'y mélanger. Le théâtre L'œil-La Lucarne de mon ami Jean-Pierre Terracol a ainsi mis en scène, il y a quelques années, la dame de Caudéran en train de faire ses courses aux Capus ; son « look » décalé, ses manières et son ton plutôt précieux créaient un comique de situation très efficace. Mais qui lui donnait la réplique ? Ma chère Nicole, l'une des « charrettes » les plus sympathiques des Capus. C'est cela, souvent, Bordeaux : la diversité dans la bonne humeur.

À l'approche des élections, nationales ou locales, les militants de tous les partis politiques, de l'extrême droite à l'extrême gauche, en passant par le PS et l'UMP devenue LR, distribuent activement leurs tracts aux entrées/sorties du marché. C'est un haut lieu de propagande. Dans une coexistence tranquille. Nous nous serrons la main, avec une sorte de respect réciproque pour l'ascèse de l'engagement politique. Je ne me souviens pas d'avoir jamais été insulté.

Les Capus, ce sont aussi les « charrettes », donc, comme nous disons. Métonymie dont nous usons pour désigner ce qu'on appellerait ailleurs nos marchandes des quatre-saisons, des femmes en effet la plupart du temps, qui poussent des charrettes à bras débordant des fruits et légumes qu'elles sont allées négocier à la première heure chez les grossistes de l'agglomération. Beaucoup, comme

Nicole, sont arrivées d'Espagne en fuyant la guerre civile ; beaucoup sont filles de Républicains espagnols rescapés du franquisme. Elles font un travail pénible, elles sont vaillantes, elles gagnent peu, elles sont fortes en gueule. J'ai une affection particulière pour Nicole qui a trimé pendant près de soixante ans. Elle était devenue l'une de mes fans et ne se privait pas de vanter mes mérites à forte voix, ce qui lui valait les quolibets, voire les insultes de la concurrence. Elle n'en militait que plus ardemment !

À mon arrivée, les « charrettes » étaient installées le long de la rue Élie-Gintrac entre Victoire et Capucins. Dans le cadre de l'aménagement du quartier et de la revitalisation du marché, j'ai souhaité les déplacer sur le parvis qui entoure la halle des Capus elle-même… à quelques dizaines de mètres de distance. Leur première réaction fut éruptive. À les écouter, je voulais les déporter, rien de moins, et à terme les tuer. J'ai pris mon temps, j'y ai mis les formes. Le transfert a été réalisé. Pour rien au monde aujourd'hui elles ne reviendraient à la situation antérieure…

Elles n'ont pas leur langue dans leur poche. Mon premier contact avec elles avait été plutôt frais. « Chaban, lui, nous embrassait ! » ai-je entendu à la cantonade. J'ai retenu la leçon. Je relis dans une édition de *Sud Ouest* qui remonte à 2010 (5 avril), les propos d'une des plus emblématiques d'entre elles, Marie-Louise Mathieu, dite Carmen, fille d'un Espagnol de Salamanque, spécialiste, sur sa charrette, du cœur d'artichaut et haute en bagou : « Chaban plaisantait avec nous. Nous avons eu un doute quand Juppé est arrivé. Finalement il a compris ce que c'était que les Capus. C'est plus difficile de s'amuser avec lui, mais il est sympa. »

C'est un des plus beaux compliments que j'aie reçus à Bordeaux.

Nos « charrettes » sont encore la partie visible d'une communauté espagnole dont le nombre atteignait sans doute 60 000 personnes dans les années 1960, concentrées dans les quartiers centraux du cours de l'Yser, du cours de la Somme, du cours Victor-Hugo qu'on qualifiait de « route d'Espagne ». La plupart sont aujourd'hui complètement intégrées et se sont dispersées partout en ville et dans la région, si bien que le chiffre officiel est tombé autour de 8 000. Leur intégration n'a pas toujours été facile. Les nouveaux venus étaient affublés du surnom d'« Espingouins » ou d'« Espingos ». Ils avaient du mal à trouver du travail. Nos chers concitoyens, y compris à Bordeaux, n'ont jamais manifesté un grand enthousiasme envers les migrants, fussent-ils nos voisins et souvent nos coreligionnaires. Ceux-ci durent donc serrer les rangs, se regrouper, se constituer en associations pour organiser des actions de soutien, d'entraide et d'insertion, pour maintenir aussi leurs traditions culturelles, voire religieuses. C'est ce que fit le Solar espagnol, rue Dubourdieu, dont les responsables me reçurent très chaleureusement à plusieurs reprises. Ils entretiennent la flamme et démontrent que l'intégration ne signifie pas l'oubli des racines.

Bordeaux a toujours attiré les esprits libres venus d'Espagne.

Sur les conseils de ma sœur Martine, hispanisante passionnée, j'ai lu l'été dernier un beau livre d'Arturo Pérez-Reverte, dont le titre résume bien le récit : *Deux Hommes de bien*. Avec la bénédiction d'un souverain « philosophe », Charles III, l'Académie royale d'Espagne envoie à Paris deux de ses membres afin d'y acheter l'édition originale de l'*Encyclopédie*. Malgré l'opposition farouche et les traquenards montés par les Inquisiteurs et réactionnaires de tout poil, l'expédition est couronnée de succès, et les idées nouvelles s'installent dans les rayonnages de la prestigieuse institution. Le lien avec Bordeaux ? Ténu, je le reconnais. Mais enfin, sur le chemin de Madrid à Paris et retour, la voiture des deux académiciens traverse notre région. C'est même à Tartas dans les Landes que l'entreprise manque d'échouer. Le hobereau local, respectueux du droit des gens, la sauve du désastre. Pour plus de détails, lisez le livre, presque un thriller !

L'étude de l'*Encyclopédie* trônant au cœur de la capitale espagnole ne suffit pas à assurer le succès des idées libérales. Au début du XIXe siècle, Ferdinand VII rétablit la monarchie absolue. On pourchasse les « Afrancesados », c'est-à-dire les libéraux influencés par les idées françaises. Parmi eux, on trouve Goya, ou en tout cas sa compagne Leocadia Weiss. Par prudence, le couple vint s'installer à Bordeaux en 1824. L'immense artiste y vécut jusqu'à sa mort en avril 1828. Il y peignit notamment un portrait que la critique dit « chargé de mystère », celui de *La Laitière de Bordeaux*, tout simplement celui de la jeune fille qui lui livrait régulièrement du lait frais. « Un chef d'œuvre esthétique, technique, exaltant une beauté parfaite, qui a vu récemment son aura flétrie par une controverse », écrit Catherine Darfay dans *Sud Ouest*. Controverse sur la paternité de l'œuvre que certains experts attribuent à la propre fille du peintre, Rosario Weiss.

La production bordelaise de Goya ne s'est en tout cas pas limitée à ce tableau. On a retrouvé trente-huit dessins effectués lors de son séjour dans notre ville. La maison d'édition Les Dossiers d'Aquitaine en a fait un beau livre paru en 2013. Goya y saisit des scènes de rue : « Ici des montreurs d'animaux croisés sur les quais, là des fous à l'asile, ailleurs un paysan en haillons sonnant le glas. Et encore un squelette vivant, exhibé comme un monstre de foire [...], des femmes en prière dont le sourire ressemble à celui de la naine des *Ménines*, une scène de guillotine qu'il appelle "el castigo frances", le châtiment français. »

Il faut ajouter à l'œuvre bordelaise de Goya quatre dernières lithographies sur la corrida : *Les Taureaux de Bordeaux*, dans lesquelles le public tient une place importante.

Goya fut d'abord enterré au cimetière de la Chartreuse en cœur de ville avant que ses restes (moins sa tête, jamais retrouvée) ne soient transférés à Madrid à la fin du siècle (1899). Sa statue en bronze due au sculpteur Mariano Benlliure y Gil (1902), offerte par la ville de Madrid à la ville de Bordeaux dans le cadre de leur jumelage, a finalement été installée, en 1995, place du Chapelet, tout près de la belle église Notre-Dame. Je traverse souvent cette place dans notre quartier des Grands Hommes. Je jette toujours un regard sur la statue, ramassée comme pour bondir, puissante, à la mesure du génie du peintre.

L'Espagne est aussi présente à Bordeaux grâce à l'Institut Cervantes qui diffuse la langue et la culture de notre grand voisin. Il est installé dans l'immeuble où vécut Goya. Nombreux sont les Bordelais qu'attirent ses activités.

L'Espagne à Bordeaux, ce sont les touristes qui visitent en très grand nombre notre ville. C'est la nationalité la plus représentée dans les statistiques de notre office du tourisme.

Les Bordelais leur renvoient l'ascenseur. Ils se sont précipités en foule pour visiter le musée Guggenheim de

Bilbao qui leur donnait des complexes. Ils adorent faire le paseo à San Sebastian en allant de bar à tapas en bar à tapas. Ils passent volontiers leurs vacances sur la Costa Brava, la Costa del Sol, en Andalousie, et mille autres endroits. Dans mon souvenir d'adolescent, les saetas de la Semaine sainte à Séville ou à Cordoue, le flamenco dans le quartier de l'Albaicín à Grenade, sur le chemin de l'Alhambra et du Généralife, la « Balada del que nunca fue a Granada » chantée par Paco Ibáñez gardent leur formidable puissance d'émotion.

À Bordeaux on trouve des bars à tapas à presque tous les coins de rue. On trouve d'excellents restaurants espagnols, à Saint-Michel notamment. Quand je n'ai pas le temps de déjeuner, j'achète volontiers un sandwich à Las Viandas de Salamanca, rue des Trois-Conils. Le jambon Bellota, copieusement servi, procure, au gourmand, des moments de plaisir exceptionnel. On peut aussi le dégoter au marché des Capucins.

Les Capus… Ma boucle est bouclée.

Voilà quelques-unes des raisons pour lesquelles j'affirme souvent que Bordeaux est une ville latine et presque ibérique, quand je ne pousse pas jusqu'à la Méditerranée…

Cénotaphe

Un cénotaphe, comme on sait, est un tombeau vide. Le cénotaphe de Montaigne ne contient donc pas les restes de Montaigne. Il y avait pourtant foule dans le hall du musée d'Aquitaine lors de l'inauguration de son tombeau, toujours vide, mais enfin restauré. Les Bordelais ont pour leur ancien maire (1581-1585) une fidèle vénération.

Sa dépouille a connu bien des tribulations, au point qu'on a pu parler de « l'odyssée des cendres de Montaigne » (Alexandre Nicolaï). Sa famille voulut d'abord l'enterrer dans l'église qui porte son nom, en Dordogne, devant l'entrée de son château, sur ses terres. En fait, seul son cœur y fut déposé. Sa femme, Françoise de La Chassaigne, commanda en 1593 un monument digne de sa mémoire qui fut installé au couvent des Feuillants, à l'emplacement de l'actuel musée d'Aquitaine. Quelques années plus tard, le couvent fut détruit, une nouvelle église construite où le tombeau demeura pendant près de deux siècles. En 1793, les tombes des Feuillants furent profanées et les restes de Montaigne provisoirement transférés… avant de revenir, en 1803, aux Feuillants, devenus collège royal de Bordeaux. Le collège devint lycée, le lycée faculté des sciences et lettres ; le monument, lui, demeura. Des générations d'étudiants ont traversé le hall où il avait trouvé son emplacement définitif ; on dit qu'il avait la réputation de porter chance et que toucher un de ses pieds avant un examen était une quasi-assurance de succès. (Pratique confirmée par les ex-étudiants présents lors de la récente inauguration…) On dit aussi que des billets doux étaient glissés dans les interstices de ses parois. Plus gravement, sous l'Occupation, des messages de résistants y auraient aussi été cachés. Depuis le départ de la faculté pour le campus de Talence, c'est le musée d'Aquitaine, ouvert en 1987, qui l'accueille, toujours au même endroit.

Au fil des siècles et des déménagements, il a subi bien des avanies, un incendie en 1871, et des restaurations hasardeuses qui l'ont fragilisé. Le diagnostic posé par les meilleurs spécialistes a guidé l'équipe de conservateurs-restaurateurs qui, pendant plusieurs semaines, ont nettoyé la pierre encrassée, dégagé les ragréages anciens, comblé les joints et procédé à d'importantes investigations scientifiques par scan et photogrammétrie. Beaucoup de questions demeurent, disent-ils, sans réponse, notamment celle de la coloration rosée qui est apparue sur de larges surfaces.

L'opération a bénéficié d'un financement participatif lancé sous le titre : « Cultivons l'humanisme », ainsi que du partenariat de plusieurs associations, fondations et sociétés savantes.

Le monument tel que le public l'a découvert ou redécouvert le soir de l'inauguration est imposant.

Montaigne gît vêtu d'une armure, ce qui, au premier abord, surprend. La famille aurait voulu ainsi affirmer son appartenance à la noblesse du temps. C'est aussi, pour moi, une manière de nous rappeler que Montaigne ne passa pas sa vie enfermé dans sa bibliothèque mais qu'il fut un homme d'action ; il joua un rôle politique discret mais efficace, « à cheval », pour reprendre le titre du livre de Jean Lacouture, au cœur des tractations entre le roi de France et Henri de Navarre, futur Henri IV, dans une période où sévissaient cruellement les guerres de Religion.

Quatre têtes de mort couronnées de laurier ornent le cénotaphe, symboles des vanités. Deux épitaphes, l'une en latin, l'autre en grec, célèbrent néanmoins la gloire du gisant. Le lion sculpté au pied du tombeau, d'abord volé puis reconstitué, signifie son courage.

J'ai questionné les doctes universitaires qui assistaient à la cérémonie d'inauguration pour savoir où se trouvaient les ossements de Montaigne. Leur réponse a manqué d'assurance et de précision. Sans doute quelque part au rez-de-chaussée du musée, avec ceux d'autres membres de la famille.

Il se trouve que, le même jour, le président de la République faisait, sous la coupole de l'Académie française, sa défense et illustration de la langue française. Lire et relire Montaigne est devenu un exercice difficile ; sa langue n'est plus tout à fait la nôtre ; il existe des traductions en français d'aujourd'hui ; mais, quel que soit leur mérite, elles nous privent de la saveur, parfois de la truculence de Montaigne dans son texte ; il faut franchir l'obstacle pour jouir pleinement du plaisir.

Plaisir de la langue bien sûr, mais surtout bonheur de la sagesse. En notre temps d'excitation médiatique permanente et de déversement des passions sur les réseaux sociaux, quel bonheur de retrouver l'humilité, le doute méthodique, la tolérance, la modération que nous enseigne Montaigne et que je voudrais tant voir perpétuer dans l'esprit bordelais !

Chaban

Dimanche 10 novembre 2013, 13e anniversaire de la mort de Jacques Chaban-Delmas. Sa famille et ses amis se rassemblent à Saint-Léon-sur-Vézère, au cœur du Périgord noir. J'ai fait le voyage de Bordeaux, sous une pluie battante. À l'approche du village, la route surplombe la rivière. Le paysage est superbe.

Pourquoi avoir choisi Saint-Léon ? Outre l'église romane qui est un pur joyau, on y trouve un beau château, en partie reconstruit au XVIIe siècle, le château de Chabans. En 1943, alors que son nom de code dans la Résistance venait sans doute d'être « cassé » par l'occupant nazi, Jacques Delmas, présent dans la région du Moustier, en Dordogne, aperçoit, au détour d'un chemin, un écriteau « Château de Chabans » (avec un « s », comme je l'ai lu sur le portail du château). Dans ses *Mémoires pour demain*, il écrit : « Le nom devait correspondre à mon être profond puisqu'il ne m'a plus quitté. » Ainsi est né Jacques Chaban-Delmas ; pour ses proches, ses amis, les Bordelais : Chaban.

Il y a un peu de monde sur la place du village : le maire, le préfet, le conseiller général… et même François Bayrou qui vient dire sa proximité avec le duc d'Aquitaine… et, par la même occasion, poser près de moi devant les nombreuses caméras de télé venues pour l'anniversaire… et pour le scoop.

Sept discours ! Je parle en avant-dernier, juste avant le préfet. Je passe vite sur les visages de Chaban que les orateurs successifs ont dessinés : le résistant, le général de 29 ans, le compagnon de la Libération, le gaulliste fidèle des fidèles du Général, l'homme de gouvernement plusieurs fois ministre sous la IVe République, le Premier ministre du discours sur « la nouvelle société » dont je conseille à tous la relecture, le président de l'Assemblée nationale respectueux et respecté de ses collègues, et, comme il excellait en tout, le sportif de haut niveau, international de rugby et champion de tennis. Je préviens que je vais m'attarder davantage sur le maire de Bordeaux qu'il a été de 1947 à 1995. Quarante-huit ans de mandat. Je mesure toujours combien profonde est l'empreinte qu'il a laissée sur la ville. Par ses réalisations d'abord. Je cite « l'invention » du quartier du Lac qui nous offre encore aujourd'hui de belles réserves foncières pour développer de nouveaux quartiers ; la rénovation de Mériadeck, espace mal famé dont mes parents parlaient à voix basse quand, enfant, j'allais avec eux « à la ville ». Longtemps les Bordelais ont jugé sévèrement les tours qui avaient remplacé les taudis ; leur regard a changé depuis que le quartier est partie intégrante du « bien » classé par l'Unesco dans le patrimoine de l'humanité. Et puis trois ponts dans une ville qui ignora sa rive droite pendant près de deux millénaires (voir l'entrée « Ponts »). Mais la marque qu'il a laissée est surtout celle de l'homme, plus encore que celle du bâtisseur. Entre Bordeaux et lui, ce fut une longue histoire d'amour, comme il aimait à dire. Je continue mon discours : « Il aimait Bordeaux, il connaissait sa ville par cœur, il la parcourait en tous sens, il la comprenait, il la défendait, il en faisait la promotion à Paris, en Europe et dans le monde. » Sa ville le lui rendait bien, les Bordelais lui ont été d'une indéfectible fidélité, même quand la maladie a commencé à diminuer son énergie. Cet amour réciproque était tout naturel, tant il y avait d'affinité entre l'esprit bordelais et le tempérament de Chaban. Homme d'équilibre, de modération, de dialogue et de conciliation, il avait sans doute nourri son sens de la mesure de la lecture de Montaigne sur lequel il avait écrit un petit livre plein d'empathie. Je termine mon discours en me félicitant d'avoir fait ériger sa statue sur la place Pey-Berland, devant la cathédrale Saint-André, d'où il surveille le porche de l'hôtel de Rohan, « sa » mairie, si souvent franchi. Et quand on remonte la Garonne, sur le fleuve ou sur ses quais, on entre désormais dans Bordeaux par la porte monumentale qu'ouvre le nouveau pont Jacques-Chaban-Delmas, si bordelais dans son élégance et sa modernité.

C'est pour moi une lourde responsabilité et une grande fierté que d'être son successeur.

Pour le jeune Landais que j'étais et qui commençait à s'intéresser à la vie politique, sans être pour autant engagé dans aucun parti, Chaban fut d'abord le « duc d'Aquitaine ». Pendant des années, il avait patiemment tissé ses réseaux dont l'origine remontait à la Résistance ; il avait su garder le lien avec les compagnons de ses débuts tout en s'attirant, au fil des batailles électorales, de nouvelles et indéfectibles fidélités. Il était, sans conteste, le patron politique de la région sur laquelle rayonnait son aura et s'exerçait son magistère. Mon père, qui soutenait de son mieux le candidat gaulliste à chaque élection municipale à Mont-de-Marsan, au prix de quelques tensions familiales, se proclamait tout naturellement « chabaniste ». En 1974, lorsqu'il fallut, lors de l'élection présidentielle, choisir entre Giscard et Chaban, je n'hésitai pas : ce fut, à l'instar de mon père, Chaban. Je ne connaissais pas encore Chirac, et l'« appel des 43 » qu'il avait fomenté en faveur de la candidature de VGE me paraissait, vu de chez moi, une manigance parisienne. Le résultat, on le sait, ne fut pas à la hauteur de nos espérances aquitaines. Et pourtant, quatre ans plus tard, quand je menai, pour mon propre compte, ma première campagne électorale dans la première circonscription des Landes et que, après un premier tour incertain, il me fallut chercher de l'aide, ce fut tout naturellement vers Chaban que je me tournai. Sa venue pouvait m'apporter les 2 ou 3 % de voix qui me manquaient sur le papier. Il vint tenir meeting au théâtre municipal. La salle était comble, l'assistance chauffée à blanc. Avec son éloquence économe de moyens, Chaban vanta généreusement les mérites de ce nouveau venu en politique qui faisait ses premières armes dans un département difficile et « qui avait tous les atouts pour aller loin ». Je n'ai pas gardé la trace des mots qu'il employa réellement mais je ne crois pas en trahir le sens… Son intervention ne suffit pas, hélas ! à m'assurer la victoire, mais je sentais qu'une relation prometteuse s'était créée entre nous deux.

Pourtant, entre 1974 et 1978, il y avait eu 1976 : ma rencontre avec Jacques Chirac, Premier ministre de Giscard, mon entrée à son cabinet, puis l'aventure de la création du RPR dans laquelle je m'engageai à fond. Avant le premier tour de l'élection législative de 1978, c'était Chirac, accompagné de Pasqua, qui était venu présider ma première grande réunion publique à Mont-de-Marsan sous un chapiteau dressé pour la circonstance. J'avais déjà, on le voit, le souci des équilibres politiques. En ce temps-là, la rancœur de Chaban et des chabanistes à l'encontre de Chirac restait vive. J'aurais dû en pâtir. J'avais subi, après 1976, celle de Giscard à raison de mon chiraquisme persistant. Ce ne fut jamais le cas avec Chaban qui me manifesta constamment son estime, son amitié et son soutien, y compris quand j'entrai à Matignon.

Quand, comment naquit en lui l'idée de me passer le relais à Bordeaux ? Les choses se font, dans la vraie vie, de manière souvent plus informelle et même plus confuse que les journalistes ou les historiens ne l'imaginent *a posteriori*. J'ai le souvenir d'une cérémonie aux Invalides, à l'occasion de la mort d'un personnage important de la République, où j'étais assis près de Chaban. Sans doute étais-je alors ministre des Affaires étrangères (1993-1995) et le protocole m'avait-il réservé cette place d'honneur. De quelle personnalité s'agissait-il ? Ma mémoire me trahit. Mais la question que me posa laconiquement Chaban m'est restée dans l'esprit : « Mon cher camarade [c'est ainsi qu'il aimait rappeler notre appartenance commune à l'inspection générale des finances], on me dit que Bordeaux vous intéresse ? » Ma réponse fut positive, et tout s'ensuivit.

La même question me fut posée quelque temps plus tard, à l'occasion de l'inauguration de la Foire internationale de Bordeaux, par Alain Ribet, l'un des piliers de la rédaction du journal *Sud Ouest* : « Il paraît que vous vous intéressez à Bordeaux ? » La réponse fut sans équivoque : « En effet. » Le lendemain, la nouvelle faisait la une du journal. Comme la ville bruissait déjà depuis longtemps de mille rumeurs sur la succession de Chaban et que la perspective de l'élection municipale de 1995 approchait, ce fut une traînée de poudre. Ma campagne était lancée.

Le soutien que m'apporta Chaban fut à son image : efficace et habile. Efficace car il mobilisa tous ses réseaux locaux, et j'ai dit quelle était leur puissante organisation. Habile car je n'ai pas le souvenir qu'il ait voulu forcer la main des électeurs en proclamant publiquement : « Voici mon dauphin ! » Il s'en remit très démocratiquement au choix des Bordelais. Sans doute était-il sûr de leur perspicacité…

Ses adieux à l'hôtel de ville, une fois mon élection acquise, furent un moment d'intense émotion. La peine de celles et ceux qui l'avaient accompagné et servi pendant presque cinq décennies était sincère et profonde. Je mesurais, en les voyant l'entourer avec passion, la force du lien charnel que l'engagement politique peut créer entre un chef et ses troupes. Car c'était bien un chef qui s'éloignait et qui allait leur manquer.

Avec moi, il se comporta avec noblesse. Je savais tout ce qu'il avait donné à sa ville, à ce Bordeaux dont il parlait avec amour. Mais, contrairement à ce qui arrive parfois lors d'un passage de témoin, il ne chercha jamais à interférer dans les décisions que je fus conduit à prendre. J'y vis une belle marque de confiance.

J'eus à cœur de lui rendre visite, de temps en temps, dans sa chère maison d'Ascain au Pays basque où Micheline, son épouse, nous accueillait toujours, Isabelle et moi, avec une cordialité familiale.

Sa santé déclinait, hélas ! Sa mort, le 10 novembre 2000, toucha Bordeaux au cœur. Chaque année, son anniversaire réunit ses fidèles, à un jour près, celui de la disparition du général de Gaulle. Les gaullistes y voient un signe.

J'ai voulu très vite honorer sa mémoire et la pérenniser dans le territoire même de la cité ou de son agglomération. Le choix n'était pas facile. Il fallait un lieu prestigieux, dont le nom revînt souvent dans la parole bordelaise, mais qui eût aussi une résonance nationale et internationale. Je pensai tout naturellement à l'aéroport de Bordeaux-Mérignac, comme il existe Roissy-Charles-de-Gaulle. Je lançai l'idée, qui recueillit l'assentiment du maire de Mérignac, Michel Sainte-Marie. Mais la montagne de formalités en tout genre qu'il fallut affronter, le coût exorbitant qu'on réclamait à la ville pour changer les documents de la totalité des compagnies aériennes de la planète (j'exagère à peine) finirent par nous décourager. De guerre lasse, je me rabattis sur un site moins visible de l'étranger mais tout aussi emblématique de la geste chabanesque : le stade Lescure qu'il fréquenta si assidûment en sportif militant. Il devint et demeure aujourd'hui sur toutes les lèvres : le stade Chaban.

Je gardai cependant de l'aventure une certaine frustration. Je voulais faire plus. C'est pourquoi j'approuvai sans hésiter la proposition de ses amis d'ériger une statue à sa mémoire. Le projet fut confié au sculpteur Jean Cardot, auteur des statues de Winston Churchill et de Charles de

Gaulle sur les Champs-Élysées. Le maître mit du temps à achever son œuvre, qui souleva, comme il se doit, quelques critiques. Peut-être les puristes n'y retrouvent-ils pas précisément les traits du modèle qu'ils ont connu. Mais je trouve que la démarche de la silhouette, le mouvement du corps parlent à notre souvenir. Comme je l'ai évoqué, j'ai choisi le lieu qui me paraissait s'imposer : du bas de la place Pey-Berland, tout près de la tour du même nom, campanile de notre cathédrale Saint-André, dans l'axe de l'hôtel de Rohan, Chaban marche vers sa mairie. À proximité se croisent deux lignes de tramway particulièrement fréquentées. Beaucoup de jeunes pique-niquent autour de Chaban. C'est la vie.

Quand, en 2013, vint le temps de baptiser le nouveau pont de Bordeaux (voir l'entrée « Ponts »), je me dis qu'une nouvelle occasion se présentait de rendre à Chaban un peu de ce qu'il nous avait donné. Le président en exercice de la CUB, maître d'ouvrage du pont, Vincent Feltesse, proposa de son propre chef le nom de Toussaint Louverture. Hommage au héros de la lutte pour l'émancipation des Noirs dont le fils mourut à Bordeaux. La cause était noble, mais nous venions d'inaugurer un buste et une place qui lui étaient dédiés en rive droite. Et puis, ce pont était bordelais, et il revenait aux élus de Bordeaux de le nommer. Je proposai aussitôt le nom de Chaban, et personne ne souleva d'objection. Désormais, les bateaux qui entrent dans Bordeaux franchissent ce qui est devenu la porte d'entrée de la ville et du port : le pont Chaban.

CHU

Selon le magazine *Le Point*, le CHU (centre hospitalo-universitaire) de Bordeaux se classe au premier rang des CHU français, et cela deux années de suite, en 2015 et 2016. Nous en sommes fiers. Cette excellence contribue au rayonnement de notre ville. Et c'est surtout, pour les Bordelais et tous les habitants de la région, l'assurance d'être bien soignés. Avec plus de 13 000 salariés, c'est le premier employeur de la région. En ma qualité de maire, je préside ce qui s'appelait naguère le conseil d'administration et qui, au fil des lois hospitalières, est devenu le conseil de surveillance de cet énorme établissement. À ce titre, je n'ai pratiquement aucun pouvoir. Certes le conseil doit prendre, sur certaines questions, des délibérations formelles. Mais la réalité du pouvoir, la capacité de décision appartiennent au directeur général et au directoire. Et plus encore à l'autorité de tutelle, l'agence régionale de santé et, au-dessus, au ministère, qui tiennent les cordons de la bourse. Certes, dans les premiers temps de mon mandat, les organisations syndicales, et en tête la CGT, m'interpellaient vigoureusement à chaque séance, et leurs troupes envahissaient parfois la salle du conseil. Mais ce qui était visé à travers moi, c'était le Premier ministre ou le parlementaire proche d'un gouvernement honni. Aujourd'hui, la situation est apaisée.

Je suis attaché à cette fonction. Elle me permet en effet d'être informé de l'intérieur sur la vie de l'établissement, ses problèmes, ses projets et surtout de connaître les hommes et les femmes qui le font vivre : médecins, infirmières et infirmiers, aides-soignant(e)s, équipes administratives et techniques. Tous méritent respect et soutien car ils se dévouent à leurs tâches avec une conscience professionnelle, un sens du service public et surtout une disponibilité et une humanité qui forcent l'admiration. Périodiquement, une commission *ad hoc*, dite Commission des usagers (CDU), vient rendre compte au conseil de surveillance des enquêtes de satisfaction ou de réclamation qu'elle mène. Les résultats, au début, m'étonnaient. Mais leur régularité m'a convaincu de leur pertinence : le pourcentage des mécontents reste au long des années tout à fait marginal. En 2016, par exemple, la CDU a reçu plus de 2 500 témoignages de remerciements adressés aux équipes soignantes… pour 313 réclamations… sur plus de 260 000 séjours valorisés.

En septembre 2017, le service de chirurgie hépatobiliaire, qui est l'un des pôles d'excellence du CHU, a organisé une rencontre conviviale pour célébrer sa millième greffe de foie. Il y avait là des chirurgiens et de nombreux membres du personnel médical et paramédical, ainsi que des patients.

L'histoire de la greffe de foie a été retracée. La première réussite remonte aux années 1960, aux États-Unis. Et ce qui est stupéfiant, c'est l'ampleur des progrès réalisés depuis. Progrès des techniques chirurgicales, du prélèvement des greffons, des traitements immunosuppresseurs… l'intervention est désormais parfaitement codifiée et sûre. Elle reste complexe et mobilise une chaîne de compétences extraordinaires.

Le moment fort de cette rencontre a été une série de témoignages apportés par des binômes chirurgien/patient sur chacune des étapes du long et difficile parcours qui conduit à la greffe : l'annonce de la maladie au patient, qui très souvent se portait comme un charme la veille ; l'attente douloureuse de l'inscription sur la liste des futurs greffés, après une multitude d'examens vérifiant l'état du malade. Ce qui a conduit le témoin à dire avec cet humour qui est souvent l'antidote de l'angoisse : « Pour être greffé, il faut être en bonne santé. » Une fois inscrit sur la liste, nouvelle longue et terrible période d'attente : celle de l'appel téléphonique qui informe le patient que le greffon est disponible et qu'il doit se rendre immédiatement à l'hôpital. Et puis l'intervention et ses suites. Le public a été tout retourné par l'émotion qui se dégageait du dialogue chirurgien/patient, de la reconnaissance exprimée par celui-ci envers celui-là. Ou parfois l'inverse. L'un des pontes de la greffe à Bordeaux est allé jusqu'à dire : « Ce qui me touche le plus, ce n'est pas la gratitude du patient guéri mais la compréhension de la famille quand j'explique que ça n'a pas marché. » Ses mots sonnaient terriblement juste.

Circassiens, Arts

Arts circassiens, ou arts du cirque. L'adjectif « circassien » avait curieusement pour moi un petit parfum exotique. Il évoquait dans mon esprit, je ne sais pourquoi, des régions mystérieuses, un peu sauvages, peut-être caucasiennes. J'avais du mal à faire le lien avec le cirque.

Vérification faite dans mon dictionnaire, mon intuition ne me trompait pas. La Circassie est bien une région au nord du Caucase, longtemps disputée entre Russes et

Circassiens, jusqu'à la victoire des premiers qui expulsèrent les seconds. Leur diaspora les mena en Turquie, Syrie, Liban, Égypte, Europe de l'Ouest… et jusqu'aux États-Unis. Il reste, dans la fédération de Russie, une population de Tcherkesses et une république d'Adyguée enclavée dans le kraï de Krasnodar.

Alors pourquoi le cirque ? Proximité sonore avec le latin *circus* ? Ou référence au peuple cavalier et nomade de l'ancienne Circassie ? Les explications étymologiques ne sont guère convaincantes.

Peu importe, c'est du cirque et non de la Circassie que Bordeaux est entichée. Peut-être parce que la ville garde le souvenir du clown Chocolat, mort ici dans la misère en 1917, après avoir connu la gloire. Omar Sy a magnifiquement fait revivre le personnage de Rafael Padilla, dit Kananga, puis Chocolat dans le beau film de Roschdy Zem.

Aujourd'hui, les grands cirques commencent toujours leur tournée annuelle à Bordeaux, sur la place des Quinconces. Peu de villes en France sont aussi accueillantes. Beaucoup relèguent les cirques dans des espaces éloignés de leur centre, nuisances obligent. Le bruit, les camions et caravanes, les ménageries… Au point que le ministre de l'Intérieur en personne s'est fendu le 7 avril 2017 d'une instruction à ses préfets leur demandant d'inciter les maires à plus de compréhension : « Mon attention est régulièrement appelée par les professions circassiennes et foraines et les organisations qui les représentent sur les difficultés qu'elles rencontrent de plus en plus fréquemment dans l'exercice de leur profession, du fait notamment de l'interdiction par certaines municipalités de leur implantation ou de leur éloignement du centre des villes. »

Quoi de plus central à Bordeaux que la place des Quinconces ? Plusieurs fois par an s'y installent les forains de la Foire aux plaisirs avec leurs monstrueux manèges, les brocanteurs de la foire Saint-Fort, les chapiteaux de Pinder ou d'Arlette Gruss.

J'ai une tendresse particulière pour la mémoire d'Arlette qui nous a quittés en 2006 ; depuis des années, elle avait décidé d'offrir la première représentation de sa tournée à une association caritative qui s'occupe d'enfants malades ou en difficulté. Les gens du cirque sont généreux, sans doute parce que leur vie est rude et leur métier exigeant. Je m'efforce d'assister à la soirée de gala inaugurale, par fidélité, mais aussi par plaisir : je me surprends à réagir aux blagues, parfois un peu éculées, des clowns, blancs ou pas, avec la même spontanéité joyeuse que les nombreux enfants présents, ou avec un brin d'angoisse aux envols des trapézistes. Rêve d'enfance… Pour un soir, nous oublions, adultes compris, les écrans de nos téléphones portables ou de nos tablettes.

Bien sûr les riverains de la place des Quinconces rouspètent. Je concerte…

Le cirque tzigane Romanès préfère les quais de la rive droite où ses nomades « tracent les chemins du ciel ». Le chef de famille, Alexandre, manie joliment la plume. « Que voulons-nous ? demande-t-il à son public. Un plafond au-dessus de nos têtes ? Ou le ciel étoilé ? »

Il écrit des histoires tziganes, en voici deux ou trois :

« D'un vieux gitan :
Dans un pays, rien n'est plus visible qu'une minorité. »

Ou bien encore :

« Être gitan, c'est aller en prison plus vite qu'un autre. »

Celle-ci ne s'adresse pas, je l'espère, à Bordeaux :

« Monsieur le maire veut bien qu'il y ait un cirque dans sa ville, mais pas un cirque de gitans.
Il nous a mis en dehors de la ville
sur une place en forme de cuvette.
Et comme il pleut depuis deux jours,
on a de l'eau jusqu'aux chevilles. »

La passion de Bordeaux pour le cirque ne se borne pas à accueillir des chapiteaux. Depuis 1981, « L'école du cirque de Bordeaux, centre culturel des arts du cirque et du mouvement », désormais installée devant l'entrée de notre base sous-marine, propose des ateliers pour petits et grands, une formation professionnelle destinée aux futurs artistes, des médiations corporelles, artistiques, techniques en milieu scolaire ou pour des publics spécifiques, par exemple à l'hôpital des enfants ou en collaboration avec des associations engagées dans l'accueil d'autistes. On trouve d'autres écoles du cirque dans notre métropole, à Bègles ou Villenave-d'Ornon.

Bref, les arts circassiens sont partie prenante de notre politique culturelle et du nouveau schéma de développement du spectacle vivant que je veux mettre en œuvre à Bordeaux. Nos centres d'animation de quartier répondent présents : celui de la rive droite, à la Bastide, organise chaque année, dans le parc aux Angéliques, sur le quai de Queyries, le festival Queyries fait son cirque. Une récente édition accueillait la compagnie Le théâtre du laid cru (mon correcteur orthographique fait de la résistance…), et la jeune artiste Marie-Cerise Bayle, trapéziste et comédienne, qui proposait un texte plein de gouaille et de sentiments à la fois, servi par une combinaison originale d'acrobaties aériennes. Richesse du cirque !

Un jour ou l'autre, je devrai me prononcer sur la question de la présence d'animaux sauvages dans les spectacles de cirque. La pression des associations et mouvements qui demandent aux maires de les interdire est chaque jour plus forte. Pour l'heure, je procrastine, car je suis partagé.

J'entends les arguments des tenants de la tradition circassienne : depuis quarante ans, aucun des animaux présentés dans les cirques n'a été capturé en milieu naturel ; tous sont nés en captivité de parents eux-mêmes nés en captivité ; relâchés dans la nature, ils seraient incapables de s'y nourrir ou de s'y défendre ; ils vivent plus longtemps que leurs congénères à l'état sauvage car ils sont l'objet d'un suivi médical attentif ; leur dressage se fait sans violence et repose sur la confiance qui se crée entre le dompteur et la bête, etc. Et puis, l'appel de Gilbert Gruss me touche par sa sincérité : « Nous mettons tout en œuvre afin de rendre aux animaux le bonheur qu'ils nous procurent au quotidien. »

D'un autre côté, certains directeurs de cirque, tel Joseph Bouglione, ont sauté le pas et annoncent qu'ils présenteront maintenant des numéros sans animaux. Et l'opinion, qui est pour l'instant partagée, est de plus en plus soucieuse du bien-être animal. Je pressens qu'elle ne tardera pas à basculer. Au point que le promoteur bordelais d'un projet d'aquarium géant n'exclut pas d'y montrer des hologrammes de poissons et de distribuer des masques de réalité virtuelle aux visiteurs…

Moi-même, qui fus un fan de corrida, je suis de plus en plus mal à l'aise sur les bancs de nos arènes du Sud-Ouest. Sans doute ne faut-il pas tout confondre. Mais n'est-ce pas, au fond des choses, le même mouvement qui nous entraîne ? Sans nostalgie, je vois peu à peu disparaître ce qui fut un mode de vie, une culture encore si vivante dans ma jeunesse, une espèce humaine chasseresse et carnivore. Émerge sous nos yeux un autre monde sous la contrainte de transformations démographique et climatique irrépressibles, et l'effet sans aucun doute réjouissant de la montée des bons sentiments.

La question de savoir si ce monde nouveau sera meilleur ou pire que l'ancien est pour moi sans objet : c'est, par définition, toujours l'avenir qui gagne.

Compostelle

Bordeaux est sur le chemin de Compostelle. La France est maillée de chemins qui mènent à Saint-Jacques. Pour Bordeaux, c'est la via Turonensis qui vient de Paris, *via* Poitiers, Saint-Jean-d'Angély, Saintes… et conduit à Saint-Jean-Pied-de-Port et Roncevaux avant de rejoindre en Espagne le

Camino francés. Un livret conçu par le service de l'architecture et du patrimoine urbain de la ville de Bordeaux décrit en détail le parcours girondin du pèlerinage. Pour les marcheurs venus du nord, la première épreuve avant d'atteindre Bordeaux était le franchissement de la Garonne, je cite :

« Afin d'atteindre la rive opposée, ils devaient payer un droit de passage pour franchir le fleuve, qu'on nommait à l'époque la "rivière" ou la "mer". Un batelier dirigeait "l'anguille", une embarcation à fond plat [...]. C'était le seul mode de transport connu pour traverser le fleuve. Comme l'atteste la grande "Chanson des pèlerins de Saint-Jacques", dont les premières retranscriptions dateraient du XVIIIe siècle, les voyageurs étaient persuadés que le diable l'habitait. Il ne fallait donc surtout pas tomber à l'eau, sous peine d'être happé par un démon et ne pas pouvoir achever son périple. Heureusement, saint Jacques était considéré comme le défenseur des eaux. La traversée était ainsi placée sous sa protection, ce qui permettait aux pèlerins d'atteindre l'autre rive sans trop de crainte. »

Selon le site de l'association Bordeaux-Compostelle et de l'hospitalité jacquaire, les « jacquets » (ainsi dénommait-on les pèlerins) qui avaient passé la Garonne entraient dans la cité à la hauteur de la porte Cailhau pour venir faire une halte réparatrice à l'hôpital Saint-James ou Sent-James, c'est-à-dire Saint-Jacques, c'est du gascon, pas de l'anglais ! Puis ils allaient se recueillir dans les trois édifices remarquables que sont la cathédrale Saint-André et les basiliques Saint-Seurin et Saint-Michel. Ils reprenaient leur pérégrination en passant devant la croix de Saint-Genès, carrefour du « grand chemin des Roumieux » (les pèlerins qui sont déjà allés à Rome), avant d'atteindre le prieuré de Cayac à Gradignan.

Suivait la traversée des Landes qui est, une fois encore, décrite comme le pire des affrontements avec une nature ennemie. Voici ce qu'en dit le moine poitevin Aimery Picaud dans son *Liber sancti Jacobi* :

« Si par hasard tu traverses les Landes en été, prends soin de préserver ton visage des mouches énormes qui foisonnent surtout là-bas et qu'on appelle guêpes ou taons ; et si tu ne regardes pas tes pieds avec précaution, tu t'enfonceras rapidement jusqu'au genou dans le sable marin qui là-bas est envahissant. »

Décidément, je ne me fais pas à ce que j'appellerai pour une fois du « Landes-bashing » ! Mais il faut bien me faire une raison. Vu le nombre des témoignages concordants – j'en cite quelques-uns dans ce dictionnaire –, ce devait être la réalité.

En 2004, j'ai fait baliser le parcours des « jacquets » dans les rues de Bordeaux par des sceaux en bronze incrustés dans la chaussée, spécialement créés par l'architecte Christine Mathieu. Leur forme évoque la coquille

que les pèlerins arborent depuis le XIIe siècle ; selon le *Codex Calixtinus*, guide rédigé à l'époque par notre moine poitevin, « les deux valves du coquillage représentent les deux préceptes de l'amour [...], à savoir aimer Dieu plus que tout et aimer son prochain comme soi-même ».

Devant l'extraordinaire regain du pèlerinage depuis plusieurs décennies, l'association Bordeaux-Compostelle m'a demandé d'ouvrir une halte qui puisse accueillir des « jacquets » de passage dans notre ville. J'ai mis à sa disposition un local sis au 28, rue des Argentiers, au cœur de la ville ancienne. Le site web de l'association décrit très précisément les conditions d'hébergement dans la Maison du pèlerin : douze lits en box avec un casier par personne ; chaque occupant doit se munir de son sac de couchage, mais une couverture est fournie ; une salle à manger et une cuisine permettent aux pèlerins de se restaurer ; le site signale la présence d'un Carrefour City à proximité (!). Il en coûte 13 euros la nuit à chaque occupant sur présentation d'une « crédentiale ». Ou « credential », c'est-à-dire le carnet de voyage, le passeport tamponné à chaque étape qui permet d'accéder aux hébergements réservés aux pèlerins sur le parcours. À l'arrivée, il donne droit à la « compostela », le certificat délivré par le Bureau des pèlerinages, rédigé en latin selon la tradition médiévale, qui atteste que son titulaire a bien accompli le Chemin.

La Maison est gérée par des hospitaliers bénévoles qui doivent avoir eux-mêmes parcouru le chemin dans son intégralité... et accueillir les pèlerins avec « sourire et bonne humeur ».

L'envie nous est naturellement venue, à Isabelle et moi, de nous lancer sur le Chemin. Prudemment, une fin de mois d'août, nous avons programmé deux ou trois étapes au départ de Saint-Jean-Pied-de-Port. Après un dîner gourmand à la table étoilée du chef Arrambide et une nuit confortable dans son hôtel (sage précaution à la lumière de l'expérience…), nous étions sur le Chemin à 7 heures du matin. Un peu hésitants, un peu inquiets après avoir entendu la météo qui, ce jour-là, plaçait le département des Pyrénées-Atlantiques en alerte orange. Mais pas question de se dégonfler. Nous pensions être bien préparés, sac au dos et « credential » en poche. Peut-être même « bourdon » en main. Mais ma mémoire en rajoute sans doute. Ce dont je me souviens très bien en revanche, ce sont les trombes d'eau qui se sont abattues sur nous tout au long des 27 kilomètres de marche. L'étape est réputée comme l'une des plus difficiles du Chemin, escarpée en effet pendant les premiers kilomètres. Mais la récompense, paraît-il, attend le « jacquet » une fois le plateau atteint ; la vue sur les Pyrénées et le Pays basque est, paraît-il, somptueuse. « Paraît-il », je me répète. Car, pour nous, point de vue à admirer ; le brouillard, le vent, le froid en plein mois d'août, et la pluie, drue, pénétrante, glaciale. Seul avantage : ce n'était pas la foule des grands jours. Nous n'avons aperçu qu'un seul pèlerin, visiblement asiatique, un peu crispé comme nous. Nous avons tenu bon jusqu'à Roncevaux. L'auberge dans laquelle nous avions retenu une chambre ne sortit des nuages qu'au dernier moment. Nous nous glissâmes dans le lit en tenue d'Ève et d'Adam, tous nos vêtements ayant pris l'eau, sur nous ou dans nos sacs. Les habitués compatirent, mais un peu tard, en nous rappelant que la plus élémentaire précaution consiste à placer tous ses effets dans des sacs-poubelle étanches. Bref, quand le lendemain j'ouvris les volets sur le même rideau de pluie, nous décidâmes de rentrer… au port. Histoire d'un fiasco.

Grâce à Jean-Christophe Rufin, et à son livre *Immortelle Randonnée*, nous avons fini par atteindre Santiago. Par le chemin du nord, le long de la côte basque et cantabrique, puis à travers les Asturies et la Galice. Ce n'est pas de bout en bout le plus pittoresque. Rufin déclare même sans ambages : « Je n'ai pas aimé la Cantabrie », ses autoroutes et ses zones industrielles. Mais son humour,

voire son autodérision lui servent de carapace. Il poursuit sans craquer son récit qui n'est pas, selon ses propres termes, un « récit catholique, mais celui d'une expérience existentielle, quasi philosophique ».

« Quand on m'a demandé, confie-t-il : “Pourquoi êtes-vous allé à Santiago ?”, j'ai été bien en peine de répondre. Comment expliquer à ceux qui ne l'ont pas vécu que le Chemin a pour effet, sinon pour vertu, de faire oublier les raisons qui ont amené à s'y engager ? On est parti, voilà tout. » Et le marcheur se concentre sur l'effort physique à accomplir, le repas à concocter, l'hébergement à trouver…

C'est une curieuse précaution que j'entends parfois, souvent même, dans la bouche de pèlerins amateurs :

« Oh ! vous savez, moi je ne suis pas vraiment croyant. Je veux seulement faire l'expérience, pour voir… » Je n'ai pas de statistiques sur le taux de conversion à l'arrivée. Mais, comme Jean-Christophe Rufin, les « jacquets » les plus coriaces, ceux mêmes qui se proclament athées, reviennent changés, sans trop savoir expliquer ce qu'ils ont trouvé en chemin, sinon une immersion « spirituelle ».

Aurais-je fait la même découverte ? Si je veux être tout à fait franc, ne cédai-je pas, moi aussi, à un effet de mode en tentant de me lancer sur le Chemin ?

Contrairement à beaucoup d'hommes politiques, je n'ai jamais aimé ouvrir mon jardin secret à la curiosité publique. Peut-être Bordeaux et le lien affectif que j'ai tissé avec ma ville et mes amis bordelais m'incitent-ils ici à la confidence. Et puis, ce dictionnaire n'est pas un livre politique.

Jean d'Ormesson, lors de la présentation d'un de ces derniers ouvrages chez Mollat, s'est défini comme un « catholique agnostique ». Je suis allé lui dire, à la fin de sa conférence, que je me reconnaissais bien dans cette expression. J'ai gardé une belle photo de la rencontre.

Catholique en effet. Je suis tombé dans la potion magique tout enfant encore. Je fréquentais assidûment le presbytère de l'église de la Madeleine, notre paroisse à Mont-de-Marsan. Sainte Marie-Madeleine, bien sûr. J'ai franchi tous les « grades » de la carrière d'enfant de chœur, thuriféraire et cérémoniaire y compris. J'ai dû quand même raconter quelque part dans un de mes livres l'émotion qui m'étreignait lorsque, la nuit de Noël, prêtres et enfants de chœur, nous pénétrions en cortège dans l'église pleine à craquer, à minuit pile (pas à 19 heures comme aujourd'hui), l'orgue tonitruant et le ténor de service entamant le « Minuit, chrétiens, c'est l'heure solennelle où l'homme-Dieu descendit parmi nous… ».

J'aime la liturgie catholique, oui je l'avoue, la pompe des grandes cérémonies qui me donnait envie à 5-6 ans de devenir pape. Je n'ai pas perdu cet amour des « beautés de la religion chrétienne », mon petit côté « Chateaubriand ». Pour l'auteur du *Génie du christianisme*, « de toutes les religions qui ont jamais existé, la religion chrétienne est la plus poétique, le plus humaine, la plus favorable à la liberté, aux arts et aux lettres ; […] il n'y a rien de plus divin que sa morale, rien de plus aimable, de plus pompeux que ses dogmes, sa doctrine et son culte ».

J'ai donné à mes enfants une éducation catholique. Sans grand succès apparent. Mais je me dis qu'il en reste toujours quelque chose…

Dans le débat politique sur « les racines chrétiennes de la France », tout en considérant la laïcité comme un des principes fondamentaux de la République, au même titre que la liberté, l'égalité et la fraternité, je plaide pour le bon sens. Je n'interdirai pas à nos seniors bordelais, qui depuis toujours en ont l'habitude, d'installer une crèche dans les clubs municipaux où ils se retrouvent quotidiennement. Mais je n'irai évidemment pas dresser une crèche ostentatoire dans la cour du palais Rohan !

Agnostique ? Pas athée, on connaît la différence. En recherche à coup sûr. J'ai lu récemment un beau livre d'un savant pédagogue, Trinh Xuan Thuan, intitulé *Désir d'infini*. Fascinant. Troublant. Mais qui finalement renvoie au pari de Pascal. Je continue donc la recherche.

J'ai au moins une certitude : c'est que le message de l'Évangile, celui du Sermon sur la montagne, garde une puissance révolutionnaire qui a changé et pourrait continuer à changer le monde. C'est pourquoi j'écoute toujours avec respect ce que dit le pape François du haut de sa tribune place Saint-Pierre.

Conseil municipal des enfants

C'est toujours pour moi un moment de joie que de présider le conseil municipal des enfants que j'ai créé en 1999.

Deux fois par an, généralement un samedi matin, pour ne pas empiéter sur le temps scolaire, les soixante-deux jeunes conseillers s'installent dans la salle du conseil, à la place des élus qui y siègent habituellement. Devant eux, un carton porte leur prénom en grosses lettres pour que je puisse distribuer la parole en connaissance de cause. Sur la tribune, à mes côtés, les adjoints compétents et les représentants des services de l'Éducation nationale m'entourent. Dans les tribunes du public, les enseignants et les parents viennent en général nombreux.

C'est d'abord un bon apprentissage de la démocratie. Les jeunes élus qui sont élèves de classes de CE2, CM1 et CM2, et qui sont donc âgés de 8 à 11 ans, ont fait campagne dans leurs écoles respectives. Ils ont fait acte de candidature par binôme garçon/fille pour assurer la parité dans le conseil. Ils ont présenté à leurs camarades leur programme et leurs engagements (le mot de « promesses » est définitivement dévalorisé puisque, selon la formule célèbre, elles n'engagent que ceux qui les reçoivent...). Pour la dernière fournée, le scrutin s'est déroulé dans vingt-quatre établissements publics et privés, et près de 3 000 élèves ont pris part au vote.

Les nouveaux conseillers, élus pour deux ans, ont d'abord participé à un week-end d'intégration pour faire connaissance et se répartir en commissions de travail. Pour cette mandature, ils ont choisi les noms et les thèmes suivants : commission « Animons la ville », commission « Écol'o », commission « Scolaire team », commission « Relooke la ville ». Je ne leur ai pas fait remarquer qu'il y avait un peu trop de franglais dans les titres. J'aurais dû. Les mauvaises habitudes se prennent tôt.

Toute l'année ils vont réfléchir ensemble et proposer des projets concrets que je validerai à la prochaine session plénière. Quatorze séances vont se succéder le mercredi de 14 h à 16 h 30. C'est un véritable investissement personnel. C'est aussi un exercice de responsabilité : souvent les rapporteurs me disent : « Nous avons compris que tout n'était pas possible de suite et qu'il fallait faire des choix. » Puissent-ils faire passer le message à leurs parents !

Ils sont accompagnés dans leur démarche par les animateurs de l'association Les Francas de la Gironde, et depuis peu par l'équipe de Radio Campus qui leur propose des séances d'initiation à la radio, diffusées lors d'une émission mensuelle, et consultables sur le blog du conseil.

Une fois terminée la présentation des commissions et de leur programme de travail vient le temps des questions-réponses. Une demi-heure de bonheur absolu pour moi, tant je les trouve curieux, spontanés, intelligents, d'une fraîcheur qui me change des séances habituelles qui se tiennent dans cette salle un peu solennelle. Les mains se lèvent, les questions fusent : « Que faites-vous en tant que maire ? Comment avez-vous été élu ? Pourquoi avez-vous voulu devenir président de la République ? Quels étaient vos projets quand vous aviez notre âge ? Pourquoi est-il si difficile de stationner dans Bordeaux ? » (quelques questions, très rares, sont malgré tout téléguidées par les parents)…

Les échanges pourraient durer longtemps. Vers midi, j'interromps l'exercice. J'invite tout le monde à partager un verre de jus d'orange. C'est alors le temps des selfies. C'est plus vivant que les autographes de naguère !

Coquet, James de

Dans une interview qui remonte à 1982, le journaliste Georges de Caunes lance à son interlocuteur cette audacieuse apostrophe : « James, vous êtes un produit de Bordeaux. Vous êtes un bordeaux. »

Le « James » en question s'appelle James de Coquet. C'est en effet un Bordelais, né dans notre ville le 16 juillet 1898. Et l'interview se déroule dans sa magnifique demeure bordelaise.

Mais il ne suffit pas d'être né à Bordeaux ni d'y vivre pour mériter l'appellation « bordeaux ».

C'est à coup sûr son œuvre de critique gastronomique qui lui vaut cette reconnaissance.

Il a parlé du vin de Bordeaux en des termes d'une sensualité rare :

« Il faut d'abord faire tournoyer le vin dans le verre et il faut qu'il laisse un voile. Un voile de mariée. On le fait chatoyer, on en parle beaucoup. Il y a tout un cérémonial, et ce cérémonial pour moi s'apparente au cérémonial de l'amour. Vous avez déjà vu des coqs de bruyère ou des tigres faire l'amour ? C'est merveilleux. Le tigre tourne autour de son verre, et il le fait chatoyer et vraiment, quand il déguste la tigresse, il est exactement comme un connaisseur, comme un amateur de vin. [...] Oui, le vin et l'amour, ça va ensemble. »

Je ne suis pas sûr que la comparaison serait aujourd'hui bien reçue par les féministes les moins portées à l'humour...

J'ai découvert un mot sous la plume de James de Coquet : le mot « nouaison ». Il fait un parallèle entre gens de la presse et gens du vin : « Il y a un point commun entre le travail de la vigne et le nôtre [...] : l'ignorance de la vendange. Nous travaillons pour une minute, nous sommes d'éternels débutants. Il y a un mot ravissant : la nouaison. C'est la même chose avec les auteurs quand les mots viennent se nouer à la pensée. »

Nouaison : le moment où l'ovaire de la fleur se transforme en fruit après la fécondation. L'époque de la nouaison, pour la vigne, se déroule après la floraison, les baies de raisin ont alors la grosseur d'un grain de poivre.

Dans sa *Lettre aux gourmets, aux gourmands, aux gastronomes et aux goinfres sur leur comportement à table et dans l'intimité*, James de Coquet donne une recette savoureuse de notre fameuse entrecôte bordelaise, et de sa cuisson idéale :

Prendre « une bonne entrecôte, bien persillée, comme dit le boucher de ce morceau de choix lorsqu'il est traversé d'un lacis de graisse. Grillée ? Poêlée ? Peu importe. La condition indispensable, c'est qu'elle soit bien "ferrée", pour parler comme le grillardin. Bien saisie. Brune, légèrement brûlée sur le dessus et rouge vif à l'intérieur [...]. L'entrecôte a un penchant pour l'échalote. C'est ainsi qu'est née la fameuse entrecôte maître de chai que j'ai baptisée entrecôte de Mouton (du nom du chai de Mouton Rothschild)... Cette entrecôte se fait griller, cela va de soi, sur de la braise. Pas n'importe quelle braise : de la braise de sarment de vigne. Et pas n'importe quels sarments : du "cabernet sauvignon". Pas davantage le premier cabernet qui vous tombe sous la main, mais celui qui, depuis un an au moins, a été mis à sécher à cet effet [...]. Après une joyeuse flambée, les sarments sont réduits en braise. On attend que son incandescence s'atténue. Quand votre braise est à point sous votre gril, c'est alors que vous présentez vôtre entrecôte eu feu ».

Ici le raffinement frise un brin le snobisme.

James de Coquet est chroniqueur mondain. Dans les archives du *Figaro illustré* se trouve l'article paru sous sa plume en juillet 1934. Il y parle vacances, mais vacances élégantes : « Il n'y a pas si longtemps, il était vraiment facile de passer ses vacances d'une façon élégante. Il n'y avait qu'à faire exactement comme les quelque 5 000 personnes élégantes que la mode conduits à époques fixes aux mêmes endroits et pour qui l'année est encore divisée en saisons, saison de Paris ou saison de Londres, saison de la mer, des eaux ou de la chasse. »

Et de citer les lieux élégants : Maisons-Laffitte, Deauville, Aix-les-Bains, Vichy, Evian, sans oublier Biarritz et son Bar basque et même la Villa d'Este ou Venise. Le chic, en somme.

Mais voilà, les temps changent… déjà en 1934 !

« La mode n'est plus de passer ses vacances comme tout le monde et avec tout le monde. L'élégance qui était de suivre est maintenant de fuir. »

Heureusement, l'humour sauve Coquet du risque de snobisme qui me semblait le menacer. Il poursuit : « Celui qui peut revenir de Paris en disant qu'il vient de chasser la vigogne au Pérou ou qu'il vient de pêcher le sterlet dans le Kouban, celui-là ne fait plus figure d'hurluberlu, mais d'homme à la page. » Décidément, l'Histoire est bien un éternel recommencement.

L'originalité n'est pas toujours dans la distance. « Aimez-vous la solitude, voulez-vous jouer au Robinson pendant un mois ? Alors partez pour les Landes et, quand vous serez à l'étang de Léon, tournez à droite. Vous avez là le courant d'Huchet, chanté par D'Annunzio qui, à travers une végétation tropicale de fougères royales, vous conduira en deux heures à une plage sans fin en face d'une mer qui ne connaît point de repos. Plantez là votre tente ou louez, si on le veut bien, une des six maisons qui coiffent les dunes. Pas de routes, pas d'autos, pas de facteur, pas de visites, pas de concours de maillots de bain et pas de provisions, sauf celles que l'on a apportées avec soi. Il faudrait aller dans la stratosphère pour rompre davantage avec le monde. »

Je confirme. C'est (presque) encore le cas. Presque : il y aura du réseau pour votre Smartphone.

James de Coquet est aussi grand reporter. De ses nombreux voyages il rapporte d'amusants *Propos de table* aux titres pleins d'humour : « Un dîner chez Godefroi de Bouillon », « Philosophie de la purée de fèves », « La bouillabaisse et son univers mystique », etc. Mais aussi des reportages retentissants : « Le Japon MacArthur », « La Chine partagée », « Effervescente Asie », « La démocratie sous les tropiques », « L'Argentine sans Evita »... Toujours d'une plume alerte et érudite.

Je voudrais faire une mention particulière de son enquête sur le comportement politique de la femme française qui le conduit sur les routes de l'Hexagone à la rencontre de nombreuses interlocutrices, par exemple une couturière landaise, une fermière briarde, une étudiante parisienne, ou une brodeuse normande qu'il qualifie joliment de « Pénélope de la Manche ». Cette grande enquête, intitulée « Les femmes ont la parole » est publiée par le *Figaro* de juillet 1954 à mars de l'année suivante. Coquet résume en ces termes la conclusion qu'il en tire :

« La femme française a la parole comme bien d'autres, mais elle n'a pas encore la volonté de se faire entendre, qui fait de l'électrice anglo-saxonne un critique vigilant et avec lequel il faut compter, des actes gouvernementaux.

Mais il y a un point sur lequel les Françaises sont unanimes et pour lequel elles font preuve de beaucoup de résolution : c'est quand il s'agit de faire l'Europe. Sur ce chapitre, je n'ai pas entendu une seule note discordante. Quel que soit le milieu auquel elles appartiennent, quelle que soit leur tendance et quel que soit leur degré d'éducation politique, toutes les femmes que j'ai interrogées sur ce sujet m'ont répondu : "Il faut faire l'Europe sans tarder." Ce qui prouve que, contrairement à ce que croient des esprits chagrins, elles sont plus intéressées par les grands problèmes que par les petits. »

À cette époque, sans doute, l'argument « L'Europe, c'est la paix », qu'on nous dit aujourd'hui éculé, gardait-il toute son actualité.

Mme Delacotte, la « Pénélope de la Manche », évoque les bombardements de la guerre qui remontent à dix ans à peine :

« Quand je me réfugiais à la cave avec mes enfants apeurés tandis qu'au-dessus de nos têtes se déroulait le carrousel de la mort qui a suivi le débarquement et dont le sens nous échappait [je me disais] : pourquoi rasait-on Valognes dont le seul intérêt stratégique consistait en un dépôt de beurre ? Je l'ignorais mais je me disais qu'il y avait quelque chose de plus important que nos personnes et de plus précieux que nos biens, et cette pensée m'a soutenue dans cette terrible épreuve. »

Sagesse non exempte d'une sévère lucidité :

« On dirait que nous sommes gouvernés par des gens qui n'ont que des idées provisoires. »

À la dernière question de James de Coquet : « Ne pensez-vous pas que les femmes devraient prendre une part plus active à la vie politique du pays ? », elle répond :

« J'en suis convaincue. Mais il faut tenir compte de ce fait que nous sommes la première génération d'électrices. Nous avons notre apprentissage à faire. Je suis persuadée que dans l'avenir l'opinion féminine jouera un rôle beaucoup plus grand et influera davantage sur le comportement du pays. »

Plus d'un demi-siècle plus tard, il reste encore du chemin à parcourir.

Relire James de Coquet donne du plaisir et fait réfléchir.

Courir

Jogging, running et, pourquoi pas ? course à pied… toute la ville court.

Quand mes genoux me portaient, je courais volontiers sur les quais. Au début, c'était une entreprise hasardeuse. Nous nous faufilions, Isabelle et moi, entre les grilles rouillées du port qui en interdisaient en principe l'accès. Nous nous tordions les pieds sur les rails de chemin de fer qui encombraient encore l'espace. Et, à l'approche des hangars en ruine les plus mal famés, nous faisions prudemment demi-tour.

Aujourd'hui, on court de pont à pont, du pont de pierre ou, pour les plus sportifs, du pont Saint-Jean jusqu'au pont Chaban, rive gauche, rive droite. Quand le pont Simone-Veil sera en service, le circuit dépassera les 10 kilomètres.

Des clubs, des associations multiplient l'organisation de courses amicales, souvent pour de belles causes. Ainsi la « Bordelaise », qui attire 4 000 à 5 000 femmes de tous âges, et quelques hommes, pour l'égalité entre les sexes. Ou bien encore la course du « Ruban rose », qui mobilise l'opinion publique pour la prévention du cancer du sein. Ma participation se borne désormais à donner le signal de départ. Encore que, récemment, je me sois laissé aller à partager l'échauffement préalable. Très cardio !

Les plus accros m'ont demandé de créer le marathon de Bordeaux. Après tout, il y a New York, il y a Paris, etc. Pourquoi pas Bordeaux ? Mon adjointe à la jeunesse et aux sports, la très tonique Arielle Piazza, a tout de suite adopté l'idée, et nous avons cherché à marquer notre originalité en imaginant un marathon de nuit ou, en tout cas, en soirée, pour faire découvrir aux participants quelques joyaux de notre patrimoine artistiquement mis en lumière. La première édition, en 2015, s'est déroulée sous une pluie diluvienne. L'enthousiasme des marathoniens n'en a pas été douché pour autant. Et dès l'année suivante la tradition s'installait, à travers les rues de Bordeaux mais aussi celles de plusieurs autres villes de la métropole : Talence, Pessac, Mérignac.

Difficile néanmoins de rivaliser avec le marathon mythique du Médoc, la seule épreuve sportive au monde à concilier performances athlétiques et imprégnation alcoolique… mais de très grande classe. Voici la description qu'en donne Peter Mayle, passionné de gastronomie française dans ses *Aventures dans la France gourmande : avec ma fourchette, mon couteau et mon tire-bouchon* :

« Le marathon du Médoc se court parmi les grands vignobles du Bordelais. Cette course respecte précisément la distance officielle : 42,195 kilomètres. Là s'arrête toute ressemblance avec un marathon conventionnel.

» Les coureurs sont vivement encouragés à se déguiser, tenue excentrique de rigueur. Pour les rafraîchir durant leur effort, un vin de qualité supérieure est à leur disposition aux vingt points de dégustation qui jalonnent le parcours. Ceux qui s'arrêtent pour boire un petit coup n'iront probablement pas pulvériser les records mondiaux, mais, dans cette épreuve conviviale, la vitesse est l'ennemie du plaisir. Il s'agit avant tout de prendre du bon temps, de participer à l'épreuve la plus mémorable de course d'endurance se déroulant en France dans la campagne la plus civilisée de la terre. »

Les participants qui préfèrent le plaisir à la vitesse prennent leur temps : plus de sept heures pour les plus festifs.

Culture

Me risquerai-je à ajouter « ma » définition du mot culture à toutes celles qui foisonnent, lapidaires ou emphatiques ? Il m'arrive de préférer l'adjectif au substantif : l'homme ou la femme « cultivé(e) », une façon de rappeler que, pour moi, la culture est d'abord une affaire personnelle. Par l'acquisition d'un savoir, la transmission d'un héritage, la réflexion qui en jaillit comme d'une source, elle contribue à construire la personnalité, l'identité – mot, il est vrai, mis à toutes les sauces aujourd'hui, y compris les moins ragoûtantes –, le libre arbitre de chacun.

Savoir mais aussi sensibilité, émotion, et donc plaisir. C'est pour moi le critère déterminant : est-ce que la lecture de ce livre, l'écoute de cette musique, le regard sur ce tableau m'ont touché, remué les tripes, et pourquoi pas tiré des larmes, ou laissé spectateur indifférent ?

L'émotion peut être partagée. C'est pourquoi la culture est aussi un lien entre les êtres. Je le vis dans des moments très différents, avec des auditoires de toutes tailles : au cœur du public fervent de notre auditorium qui fait un triomphe à l'ensemble Pygmalion interprétant des cantates de Bach ; ou au milieu de la foule de l'Arena trépignant de joie en retrouvant le groupe Depeche Mode ; ou, en petit comité, lors de la visite des merveilleuses collections d'un mécène passionné à la fois d'antiquités égyptiennes et gréco-romaines, mais aussi d'œuvres des peintres de la Nouvelle École de Paris.

La culture est donc non seulement le champ de l'épanouissement personnel, mais aussi une composante essentielle de la vie de la cité que nous formons ensemble ; elle devient alors un enjeu politique.

Pour le maire que je suis, c'est enfin un vecteur de rayonnement irremplaçable. Je ne cacherai pas que j'ai lu avec délectation les pages du numéro spécial que l'hebdomadaire *Le Point* a consacré récemment à la vie culturelle de notre ville, dont la couverture titrait : « Bordeaux, soif de culture ! » J'y retrouvais les noms et les visages des dizaines d'hommes et de femmes, artistes, responsables d'établissement culturel ou animateurs d'association que je réunis parfois dans les salons du palais Rohan, pour les écouter, les remercier, les motiver. Dans la mise en valeur de tout ce qui peut concourir à l'attractivité d'un territoire, la culture occupe une place centrale.

Dès lors, j'ai voulu faire, au long des années, de la politique culturelle le fil d'Ariane de la transformation urbaine de Bordeaux. J'avais la conviction, comme beaucoup d'élus locaux, que la communauté dont j'avais la charge ne pouvait réussir sa mue sans une forte ambition culturelle qui rassemble ses énergies.

Le terrain était favorable. Je m'en étais rendu compte lorsque, en 2013, les Bordelais s'étaient massivement mobilisés pour soutenir la candidature de Bordeaux au titre de « capitale européenne de la culture ». Ce fut un extraordinaire rassemblement de toutes les forces vives du territoire, collectivités locales, chambres consulaires, entreprises, associations, et bien sûr, au premier rang, acteurs culturels. Tous vécurent dans l'euphorie l'accueil du jury à Bordeaux. Je mis toute ma force de conviction à plaider notre cause à Paris, lors des auditions de ce même jury. Las ! nous nous étions lancés un peu tard ; nous fûmes coiffés sur le poteau par Marseille qui joua à fond sa carte méditerranéenne ; Bordeaux, ville atlantique, Bordeaux, territoire de glisse océane, n'était pas dans l'air du temps. Mais il est des échecs formateurs. Je compris, à cette occasion, que la politique culturelle devait être plus que jamais l'axe du projet urbain global que je proposais aux Bordelais pour amplifier la transformation de leur métropole.

Au lendemain des élections municipales de 2014, je définis avec mes équipes un document d'orientation culturelle, le DOC, fruit d'une large concertation avec les acteurs culturels de la ville, que je fis approuver par le conseil municipal.

D'abord, le patrimoine. La ville, épaulée par l'État qui en fait aussi une des priorités de sa politique culturelle, finance un ambitieux programme de restauration de ses monuments historiques : les colonnes rostrales sur la place des Quinconces ; la bourse du travail, bel exemple d'architecture Art déco, réalisée par l'architecte Jacques D'Welles, à l'initiative du maire Adrien Marquet dont la triste fin politique ne doit pas faire oublier le bilan municipal ; et à venir la restauration de la flèche de la basilique Saint-Michel qui nécessitera la pose d'un impressionnant échafaudage dont la perspective me donne un vertige à la fois physique et budgétaire ; ou encore la fontaine de la place Amédée-Larrieu, érigée au début du XXe siècle par Raoul Verlet… qui célèbre à la fois l'eau et le vin de Burdigala, avec ses tritons, ses nymphes et ses chérubins. Pour des raisons qui continuent à m'échapper, malgré des interventions répétées et quelques coups de gueule dans mes services techniques, nous avons un problème avec nos fontaines qui, à l'exception notable du

miroir d'eau de la place de la Bourse et du monument aux Girondins, ne sont que très exceptionnellement « en eau ». Et pourtant, l'eau dans la ville crée non seulement des îlots de fraîcheur, mais aussi des lieux de détente et de convivialité.

Le succès du Centre d'interprétation de l'architecture et du patrimoine que j'ai fait aménager dans le palais de la Bourse, et qui attire près de 100 000 visiteurs chaque année, ou celui des Journées européennes du patrimoine dont les 120 000 fans acceptent de faire d'interminables queues pour pénétrer dans nos plus prestigieux bâtiments, illustrent bien cet attachement sentimental des Bordelais à leur histoire telle qu'elle s'inscrit dans « leurs » pierres.

Ce qui n'est pas sans poser quelques problèmes.

Problème d'argent : le patrimoine est immense, pas les budgets, ni celui de l'État, ni ceux des collectivités locales, ni ceux des propriétaires privés. La restauration de nos cathédrales, pour ne prendre que cet exemple, est un gouffre financier, ce qui explique que les travaux s'étalent parfois sur des décennies. Et pourtant nous n'avons pas le choix ; c'est notre devoir de leur conserver toute leur splendeur.

Problème d'urbanisme ensuite : comment concilier patrimoine et modernité ?

Construire de nouveaux quartiers dans des espaces éloignés du cœur historique de la ville n'est pas toujours facile. On peut certes y laisser libre cours à la créativité des architectes ; mais on n'est jamais très loin à Bordeaux d'un site ou d'un monument historique. Nous prenons parfois des risques, en rive droite par exemple qui fait miroir à la façade XVIIIe, notre trésor. Je n'ai pas oublié le conseil de Renzo Piano (voir l'entrée « Angélique des estuaires »). Je ne l'ai écouté qu'en partie. L'histoire jugera des qualités esthétiques et urbaines des quartiers de Brazza, Bastide-Niel ou Garonne-Eiffel.

Dans le cœur historique, ce qui prévaut, c'est évidemment le strict respect de l'histoire. Le travail de patiente réhabilitation qu'y mène notre société d'aménagement In Cité est de grande qualité. La vigilance des tout-puissants architectes des bâtiments de France s'y exerce de manière plus ou moins éclairée ; je suis parfois surpris de constater qu'une modification qui paraissait insupportable à l'un d'entre eux devient parfaitement acceptable aux yeux de son successeur. Des goûts et des couleurs… Le hic est que leur avis est sans appel.

Quelques belles réussites méritent d'être saluées : non loin de la cathédrale Saint-André, le tribunal de grande instance réalisé en 1998 par le cabinet d'architectes Richard Rogers, avec ses salles d'audience en forme de bulbes ; ou bien encore l'hôtel Seeko'o, dû à l'atelier

King Kong, sorte d'iceberg immaculé dont la volumétrie s'intègre harmonieusement dans la façade du quai des Chartrons.

Ensuite, autre orientation fondamentale de notre « DOC », donner envie de culture à tous.

Trop souvent l'offre culturelle se concentre dans les centres-villes où se trouvent les grands établissements « historiques ». J'ai voulu déployer plus largement cette offre dans tous les quartiers en y ouvrant de nouveaux lieux : par exemple la halle des Douves à proximité du marché des Capucins ; la salle des fêtes du Grand Parc, dans un quartier à dominante de logements sociaux ; la bibliothèque de Caudéran au-delà des boulevards ; le nouveau théâtre L'œil-La Lucarne au cœur de Saint-Michel ; ou bien encore les archives municipales, en rive droite, que je ne souhaite pas réserver aux seuls chercheurs mais ouvrir à tous.

Donner envie de culture, c'est mettre la culture dans la rue, en faisant de nos espaces publics rénovés autant de scènes naturelles proposées aux créateurs. Parfois je m'inquiète de la réaction du public envers l'imagination « décoiffante » de certains artistes. Mais les étranges statues anthropomorphiques d'Antony Gormley, disposées par surprise dans nos rues, n'ont provoqué, malgré leur nudité, aucune protestation, bien au contraire ; de nombreux passants ont multiplié leurs selfies avec elles. De même la façade de sacs plastique du collectif Luzinterruptus apposée sur le bâtiment de l'ex-Virgin sur notre très belle place Gambetta. Quant à l'embrasement des bassins à flot par la compagnie Carabosse, il a attiré, en octobre 2017, une foule de 45 000 personnes émerveillées.

La culture dans la rue, ce sont nos bibliothèques éphémères à la plage du Lac, au parc des sports des quais de Saint-Michel ; ou bien les festivals de plein air Relâche, Chahut, Été métropolitain, dont le succès grandit année après année.

Donner envie de culture dès le plus jeune âge. Le conservatoire Jacques-Thibaud de musique et d'arts de la scène fait en ce domaine un travail exemplaire, dans ses locaux mais aussi en se déplaçant dans tel collège de la rive droite ; il s'y implique dans le développement de l'éducation artistique qui doit être remise à l'honneur par notre Éducation nationale. Je pourrais en dire autant de notre école du cirque, de l'école des beaux-arts, de l'École supérieure de théâtre Bordeaux-Aquitaine, dirigée par Catherine Marnas et dont plusieurs élèves intègrent chaque année la Comédie-Française, le rêve j'imagine de tout jeune comédien. Tous nos établissements culturels, tous nos musées ont à cœur d'accueillir les jeunes publics, les enfants de nos écoles, de nos collèges, de nos lycées. Avec l'aide de la ville, les initiatives privées apportent leur concours à ce travail de fond : ainsi la compagnie Présence qui fait découvrir les grands textes classiques aux enfants de Caudéran dans la belle salle de la Pergola.

J'accentue nos efforts en direction de nos étudiants qui ont parfois du mal à franchir la porte de nos grands établissements culturels. Le « Pass musée » qui leur donne un accès illimité à toutes les expositions, la gratuité de l'inscription dans notre réseau de bibliothèques, l'ouverture dominicale de la bibliothèque centrale de Mériadeck, l'une des plus grandes bibliothèques de lecture publique de notre pays, le développement de la « Carte jeunes » qui donne aussi des avantages spécifiques à ses

23 000 bénéficiaires, tout ce dispositif finit par en attirer plusieurs dizaines de milliers.

La meilleure récompense de toutes celles et de tous ceux qui mettent en œuvre cette politique, ils la trouvent sans doute dans des moments d'émotion comme celui que nous avons vécu à l'auditorium de Bordeaux au milieu des familles qui venaient entendre l'orchestre Démos formé par leurs propres enfants. En partenariat avec l'Opéra et la Philharmonie de Paris, nos établissements culturels – le conservatoire et l'opéra – accompagnent 120 collégiens, venus des quartiers les moins favorisés de la ville et du département. Sous la direction d'un chef professionnel, avec le concours de nombreux musiciens de l'Orchestre national Bordeaux Aquitaine, les jeunes du projet Démos participent à des séances régulières de répétition pour préparer un futur concert. Leurs débuts, à l'auditorium, étaient encore hésitants, leur trac était perceptible, mais leurs visages s'épanouirent quand on vint remettre à chacun l'instrument de sa pratique. Les voir repartir avec dans ses mains, qui un violon, qui une flûte, qui un cuivre, c'était le bonheur pour tous, parents, musiciens, enseignants.

Qui dit culture dit aussi création, soutien aux artistes qui font le patrimoine de demain. Bordeaux, avec Sigma et son CAPC, a un brillant passé dans ce domaine. Le fonds d'aide à la création et à l'innovation artistique que j'ai mis en place a sûrement des ambitions plus modestes. Mais son jury, tout à fait indépendant, présidé par José-Manuel Gonçalvès, directeur du 104 à Paris, a soutenu de nombreux projets. Une centaine d'ateliers d'artistes ont ouvert dans la ville ; la Fabrique Pola, espace de travail partagé par des auteurs du champ des arts visuels, s'installe avec notre aide dans un site unique sur la rive droite de la Garonne ; le Centre de développement chorégraphique national a rejoint les locaux de la Manufacture à Bordeaux-Sud. Des relations de confiance ont été nouées avec les acteurs privés de la culture : théâtres, librairies, cafés-concerts et clubs comme l'I.BOAT, l'écosystème Darwin, l'institut Bernard-Magrez et bientôt La Bellevilloise, venue de Paris.

Nos talents bordelais, le plasticien Nicolas Milhé, les groupes de musique Odezenne et J.C. Satàn, les collectifs de théâtre OS'O et Les Bâtards dorés, le metteur en scène Laurent Laffargue… reçoivent le renfort de nombreux artistes qui viennent s'installer à Bordeaux pour profiter de l'écosystème favorable à la création : le plasticien Daniel Firman, les chefs Marc Minkowski et Raphaël Pichon, le producteur Thierry Lounas ou l'écrivain Marc Dugain.

Je n'oublie pas les 200 associations à vocation culturelle que nous soutenons chaque année et les huit lieux culturels, nouveaux ou rénovés, que nous venons d'ouvrir. Avec sa centaine de spectacles programmés par saison, l'Arena de Bordeaux va nous faire vivre de beaux moments. La région Nouvelle-Aquitaine installe le Fonds régional d'art contemporain dans l'impressionnant bâtiment de sa Maison de l'économie créative et de la culture (MECA).

L'abondance des événements culturels alimente le sentiment « qu'il se passe toujours quelque chose » à Bordeaux : le Festival international des arts de la scène (FAB), Agora, la saison « Paysages Bordeaux », le FIFIB (Festival international du film indépendant), Bordeaux Rock, les concerts organisés par Délicieuse Musique, l'Orangeade ou Bordeaux Open Air, mais également Lire en poche à Gradignan, les Vibrations urbaines à Pessac, les spectacles du Rocher de Palmer à Cenon ou du Pin galant à Mérignac… pardon à tous ceux que je ne cite pas, tout concourt à l'effervescence créatrice et à l'attrait de la métropole bordelaise.

Rêvons un peu… J'imagine déjà la déambulation qui conduira le promeneur le long des bassins à flot, en descendant du tramway devant la Cité du vin à quelques pas de la halle de Bacalan où les produits du terroir aquitain constituent aussi une pépite culturelle ; puis au musée de la Mer et de la Marine, initiative purement privée de grande ambition artistique ! La promenade pourra se poursuivre par notre extraordinaire base sous-marine remise en valeur ; et, à travers le port de plaisance, jusqu'au complexe cinématographique de la rue Lucien-Faure. Les boîtes de nuit ne manqueront pas pour finir la soirée. Magnétique Bordeaux (voir cette entrée), la nuit aussi.

Dans une gravure célèbre exposée au musée des Beaux-Arts en 2016, Francisco Goya évoque « le sommeil de la raison [qui] engendre des monstres ».

Par les temps qui courent, les monstres se réveillent tout autour de nous.

La culture, l'homme cultivé, la femme cultivée peuvent nous aider à tirer la raison de son sommeil.

D

Darroze

Je surprends souvent mes amis quand, rencontrant Hélène Darroze à Paris ou à Bordeaux, je la salue d'un sonore « Bonjour, cousine ! » et l'embrasse affectueusement. C'est que je ne suis pas peu fier de mon cousinage avec l'un de nos plus prestigieux chefs étoilés. Rares sont les femmes qui peuvent se prévaloir d'une aussi brillante réussite devant les fourneaux.

Darroze… l'une de mes « madeleines », si je puis dire. Tout au long de mon enfance et de mon adolescence, j'ai entendu mes parents prononcer avec gourmandise ce nom magique, annonciateur de festins rituels. Baptêmes, fiançailles, mariages… et même funérailles, tous les grands rendez-vous de famille étaient prétextes à retrouvailles au Relais (je crois que tel était son nom) de Villeneuve-de-Marsan, le restaurant où officiait, tout près de ma ville natale, Jean Darroze, cuisinier surdoué, chef étoilé, gloire de la gastronomie landaise. De l'auberge familiale ouverte à la fin du XIXe siècle il avait su faire une étape incontournable dont le rayonnement dépassait largement les frontières régionales. On venait de loin, en France et en Europe, pour sa cuisine et pour sa cave, dont on me disait qu'elle était fabuleuse ; je n'étais pas encore en âge d'en juger ; mais j'avais déjà un solide coup de fourchette, et je faisais honneur à la tradition familiale. Curieux travail de sélection de la mémoire : je sens encore en bouche les saveurs subtiles de ses artichauts farcis qui associaient les saveurs du foie gras et celles des champignons. Dieu sait si sa carte abondait en bien d'autres merveilles. Il est vrai que, en ce temps-là, les appétits étaient solides. La lecture des menus de fête laisse songeur. Et parfois celle du simple ordinaire de deux convives attablés… précisément à Villeneuve-de-Marsan :

« Nous avons à l'hôtel local, très bien, pour 18 francs par personne [on est en 1932], fait un festin de choix, jugez-en : soupe au potiron, civet de garenne, cœurs d'artichaut à la crème et aux champignons [une merveille], puis du poulet aux petits pois accompagné de foies d'oie semi-gras et cuits à peine, tout roses à l'intérieur, qui sont une des meilleures choses que j'aie jamais mangées. Enfin marrons rôtis et gaufrettes. Le tout arrosé de vins [compris], rouge et blanc, délicieux, le blanc particulièrement, sec, fort et sentant la fleur. Nous avons terminé le repas par du café arrosé d'armagnac 1927 qui t'aurait tiré des larmes, Papa ! »

Ce texte m'a ému pour deux raisons au moins. On est en 1932, à Villeneuve-de-Marsan. Il est donc probable que la scène se passe chez Darroze, le seul endroit qui pût attirer dans ce village deux gourmets venus de Mont-de-Marsan. Le Relais existait depuis plusieurs décennies déjà. Était-ce « ma » recette de fonds d'artichaut ? Probable. Et puis j'ai aimé ce texte parce qu'il est signé de Claude Lévi-Strauss. J'ai découvert dans le recueil de lettres à ses parents, « *Chers tous deux* », édité en 2015 par Monique Lévi-Strauss, sa troisième épouse, que, de septembre 1932 à juin 1933, l'illustre anthropologue avait enseigné la philosophie au lycée Victor-Duruy de Mont-de-Marsan, sur les bancs duquel, vingt ans plus tard, j'allais user mes fonds de culotte. Le jeune agrégé de l'université, en compagnie de sa première épouse, Dina, se montre, dans sa correspondance, plus indulgent avec ma ville natale, qu'il trouve « sympathique, un énorme village, très gai de couleur [*sic*], extrêmement propre, et la rivière au milieu de végétations abondantes... », qu'avec mes prédécesseurs, ses élèves de terminale, « 5 en philo et 10 en mat. élém. Ils ont l'air idiots ». Malgré la qualité de ses agapes landaises, le couple Lévi-Strauss ne prit pas racine dans ma bonne ville. On connaît la suite... en Amérique.

Retour à Villeneuve. Bon sang ne saurait mentir ! Le roi Jean, comme j'ai pris l'habitude de l'appeler, a transmis son art à sa nombreuse descendance, par exemple à son fils Claude qui reprit à Langon, près de Bordeaux, le restaurant de Raymond Oliver et en fit une des meilleures étapes gourmandes du Sud-Ouest. Francis, lui, après avoir tenté de relancer la maison de Villeneuve, se lança dans le négoce de l'armagnac dont il constitua, à Roquefort, une extraordinaire cave. C'est le père d'Hélène, dont on connaît l'exceptionnelle réussite. Formée à l'école d'Alain Ducasse lors des trois années qu'elle passa à l'Hôtel de Paris, à Monte-Carlo, Hélène rejoignit son père à Villeneuve en 1993, avant de voler de ses propres ailes à Paris dans son restaurant de la rue d'Assas (j'en garde le souvenir d'une divine poularde à la landaise…). En 2008, ce fut Londres et les étoiles du Connaught et, en 2015, le prix Veuve Clicquot de la meilleure chef du monde. Je résume une carrière qui se poursuit dans l'excellence.

Les auteurs de la scénographie de notre Cité du vin ont demandé à Hélène de parler de son art dans une des nombreuses vidéos qui jalonnent le parcours de la visite. Son visage que je qualifie volontiers de « poupin », c'est-à-dire, selon le Larousse, « frais, coloré, brillant de santé », et l'amour avec lequel elle explique son métier donnent un moment de bonheur aux touristes venus du monde entier.

Je n'ai toujours pas dit pourquoi je l'appelais « cousine ».

Mon grand-père paternel, Albert-Raymond, était un Darroze pur jus, né en 1861 à Campagne-de-Marsan, berceau de ma famille maternelle. Il avait fait des études d'avocat, car, quoiqu'il eût du bien, il ne voulait pas vivre oisif. Il entra ensuite dans la magistrature et exerça des fonctions de juge dans différents tribunaux à Mont-de-Marsan, à Tarbes et à Bayonne. Je ne l'ai pas connu ;

il mourut accidentellement en 1942, à l'âge de 81 ans. Maman me racontait souvent que, contribuable revendicatif, il prétendait marcher chez lui en pleine rue ; un motard de l'armée d'occupation allemande (notre ville était en zone occupée) le renversa et le tua sur le coup.

Ce que je ne suis pas arrivé à établir, malgré quelques recherches sur Internet, c'est le lien exact de parenté entre Albert-Raymond et Jean. Peut-être un lecteur plus savant que moi viendra-t-il à mon secours en lisant ces lignes.

Ce qui est sûr, c'est que nous avons hérité de la même passion pour les produits de notre terroir gascon. Les Darroze de Villeneuve pour les magnifier sur leurs fourneaux… et ceux de Mont-de-Marsan pour leur faire honneur à table.

Mon père péchait souvent et gravement par gourmandise devant l'Éternel. Ma mère maintenait quelques solides traditions landaises, telles les carcasses de canard gras grillées dans la cheminée de la cuisine qui, dans la maison familiale de Mont-de-Marsan, tenait lieu, au quotidien, de salle à manger. Ou le boudin, également grillé, qui arrivait directement de la campagne. Les foies gras bien sûr mis en boîtes soigneusement serties chaque mois de novembre ou doucement mijotés avec des pommes fruits ou du raisin. Les confits dans leurs pots de grès dont on avait au préalable écumé la graisse bouillante, mélangée avec de fines particules de viande, ce qui donnait la « saliagre », merveilleux poison que j'étalais sur des tartines de pain grillé, au risque de ruiner pour toujours mes fonctions hépatiques… Combien d'autres recettes soigneusement préservées, salées – la sanguette, simple galette du sang du poulet qu'on tuait au fond de la souillarde – ou sucrées, tourtières et merveilles ! J'ai conservé le livre de cuisine de Paul Saint-Martin, aux éditions Jean Lacoste, qui était la bible culinaire de la famille.

Il faut à tout prix transmettre ces trésors.

C'est pourquoi j'ai souhaité que, dans l'aménagement du nouveau quartier des Bassins à flot à Bordeaux, entre la Cité du vin et le musée de la Mer et de la Marine, on réserve un bel espace pour construire une halle des produits du terroir aquitain, et Dieu sait s'ils sont nombreux et goûteux : jambon de Bayonne, fromages de brebis des Pyrénées, canard gras des Landes dans tous ses avatars, huîtres du bassin d'Arcachon, asperges du Blayais (et des Landes), truffes du Périgord… liste très incomplète, qu'on me pardonne. Sous cette halle, des commerces spécialisés voisineraient avec quelques tables conviviales servant des produits locaux, le tout dans une ambiance latine comme les Italiens savent la créer dans les endroits qu'ils ont baptisés Eataly… Ce projet a pris corps et je me réjouis de voir éclore, le long des écluses qui conduisent à nos bassins à flot, un nouveau lieu du bien-vivre bordelais apprécié de nos festayres et de tous ceux que nous sommes heureux d'accueillir.

On aime bien manger, à Bordeaux. Depuis plusieurs années, la ville était classée comme celle de France où l'on comptait le plus grand nombre de restaurants pour 1 000 habitants. Si l'on en croit un palmarès récemment publié sur le site Atabula, la qualité n'a plus rien à envier à la quantité puisque nous serions, en 2017, la ville de France « où l'on mange le mieux au restaurant ». Nous avions un déficit de tables étoilées qui vient de se combler. Ce qui me réjouit le plus, c'est la multiplication de maisons plus discrètes mais où s'expriment de jeunes équipes talentueuses et innovantes qui savent créer une ambiance chaleureuse. Ne me demandez pas mes adresses de prédilection. Comme pour les vins de Bordeaux, je mets un point d'honneur à ne pas faire état de mes préférences, à la fois pour ne vexer ou ne favoriser personne, mais surtout parce que j'ai sincèrement beaucoup de mal à choisir. Je les aime tous... ou presque.

Peut-être est-ce l'âge qui vient, mais les plaisirs de la table que j'ai toujours appréciés gagnent des places dans ma hiérarchie hédoniste personnelle.

Je trouve chaque jour davantage sagesse et vérité dans cette phrase de Rabelais (*Gargantua*) : « De la panse vient la danse. »

Darwin

Comment définir Darwin ? En général, je m'en tire en parlant de l'écosytème Darwin. Ce qui, je l'avoue, ne veut pas dire grand-chose de précis... Mais le flou artistique qui règne sur ce lieu est en soi révélateur de son originalité et des activités qu'il accueille. Le site de l'Office de Tourisme et des Congrès de Bordeaux permet de cerner un peu mieux la réalité. Il évoque « un lieu alternatif dédié au développement économique responsable, à l'entrepreneuriat social, à la transition écologique et à l'activisme citoyen ». Et plus concrètement encore, il énumère ses différentes installations : des locaux associatifs, un espace de *coworking* (travail collaboratif, en bon français), des pépinières d'entreprise, un restaurant, une épicerie bio, des espaces festifs. Il oublie les équipements sportifs et notamment un skatepark en salle, etc.

La naissance de Darwin sur la rive droite de la Garonne, dans le quartier de la Bastide, est le fruit d'une rencontre : celle d'une équipe de quelques jeunes entrepreneurs pleins de créativité et d'enthousiasme d'un côté, des élus de la ville de Bordeaux et de ce qui était encore à l'époque la communauté urbaine de Bordeaux (CUB) de l'autre côté. Mes premiers contacts avec les promoteurs du projet me convainquirent qu'il y avait là une pépite et qu'il fallait tout faire pour les encourager et les aider. Il se trouvait que, en 2005, le ministère de la Défense allait libérer un vaste territoire de 30 hectares environ où, depuis les années 1870, il entretenait une caserne et des bâtiments annexes dénommés « Magasins généraux », au cœur de ce qui était devenu une vaste friche urbaine. Dans le projet urbain que j'avais lancé lors de ma première mandature, cette emprise avait vocation à se transformer en un nouveau quartier d'habitation, dans le cadre de la renaissance de la rive droite.

La CUB s'était donc portée acquéreur des terrains ; les négociations avec l'État, qui demandait un prix à mes yeux excessif, furent particulièrement rudes ; je dus remonter jusqu'à l'arbitrage du Premier ministre, qui était à l'époque Dominique de Villepin, pour obtenir le juste prix. L'équipe de Darwin manifestait un vif intérêt pour une localisation rive droite, symbolique de la reconquête de ses deux rives par la ville de Bordeaux. Je trouvai l'idée excellente. Là encore il fallut négocier. Cette fois, c'était la CUB qui vendait et qui défendait légitimement les intérêts de la collectivité. Le président de la CUB était vigilant, et il n'était évidemment pas question de faire un cadeau à la société privée qui acquérait pour Darwin. Le prix de vente respecta l'évaluation des domaines mais la ville apporta sa contribution en acquérant l'espace d'une pépinière d'entreprises.

La rénovation des Magasins généraux-Nord fut un grand succès, d'abord sur le plan architectural et aussi sur le plan économique. Plus de 200 entreprises sont aujourd'hui installées et réalisent un chiffre d'affaires de 100 millions d'euros. Mais surtout, Darwin est devenu l'un des lieux les plus attractifs et les plus fréquentés de la ville. 500 000 visiteurs s'y pressent tout au long de l'année. Le brunch dominical du restaurant est devenu un must, pour un public jeune et familial à la fois. Les concerts sous la vaste halle drainent les foules. Le festival Climax, dont les deux premières éditions sont nées à Darwin, a attiré des concerts, des débats, des performances artistiques de grand rayonnement. Bref, Darwin est une chance pour Bordeaux et son rayonnement national et européen.

Les darwiniens ont l'esprit d'entreprise. Et l'esprit d'entreprise ne s'embarrasse pas des limites de propriété ni des procédures administratives. Il m'a donc fallu gérer l'appétit des dirigeants de la société Évolution qui sont aussi des hommes d'affaires.

Darwin s'est d'abord installé en bordure du fleuve, en créant les Chantiers de Garonne qui organisent des activités nautiques, mais aussi une restauration sympathique avec vue imprenable sur les façades de la rive gauche et même une brasserie de bière. Je passe sur la gymnastique administrative qu'il a fallu faire pour régulariser les conditions d'occupation du sol.

De même j'ai dû mettre un peu d'autorité à convaincre nos darwiniens que les grandes manifestations festives, musicales notamment, qui reçoivent plusieurs centaines et parfois plusieurs milliers de spectateurs, doivent recevoir l'aval de la commission de sécurité. Sinon, en cas de pépin, c'est le maire qui trinque.

Mais nos relations finissent toujours par se décrisper, tant mon préjugé de sympathie est fort à leur égard. J'attends avec impatience que se concrétise leur dernier projet : la réhabilitation des Magasins généraux-Sud (qu'ils qualifient de « Magasins généreux »), juste en face de leur bâtiment actuel. La CUB a naturellement organisé un appel d'offres pour choisir son partenaire. Deux offres ont paru particulièrement intéressantes à la commission d'appel d'offres. Vincent Feltesse et moi avons retenu la leur, dont l'ambition culturelle était à l'évidence la plus novatrice.

Au début de cette entrée, en essayant de définir l'écosystème Darwin, je citais son encouragement à « l'activisme citoyen » (terme utilisé par le site de l'Office de Tourisme et des Congrès de Bordeaux). Expression savoureuse, inquiétante pour certains. Mes collègues les plus prudents n'ont pas manqué de me mettre en garde contre le risque de voir se constituer, au cœur de la ville, un foyer d'agitation politique, une conjonction de gauchistes et de « bobos ». J'ai bien conscience que ce risque n'est pas nul. Lorsque nous avons du mal à nous mettre d'accord sur le respect des règles administratives de base, quand je rappelle à mes interlocuteurs que leur mission n'est pas de concevoir l'aménagement de l'ensemble de la rive droite, mais de développer leurs actions sur le territoire qui leur est dévolu, je perçois la tentation chez certains de médiatiser les divergences, ou d'en appeler à de grands soutiens nationaux, ou même de brandir la menace de rassembler des « zadistes » pour bloquer les projets d'aménagement de la ville. J'assume ce risque. Les avantages du succès de Darwin sont mille fois supérieurs à ses inconvénients. Et puis j'ai confiance dans les vertus du dialogue. Nous aimons, les uns et les autres, Bordeaux et l'ouverture d'esprit qui y règne. Je ne me lasse pas d'aimer Darwin.

Densification

L'agglomération bordelaise est un exemple quasi caricatural de ce qu'on appelle l'étalement urbain.

Dans le guide touristique Joanne édité par Hachette en 1900, je lis : « Bordeaux, chef-lieu du département de la Gironde, siège d'un archevêché et d'une cour d'appel, ville de 256 906 habitants… »

À l'époque, la commune de Bordeaux n'avait pas encore fusionné avec la commune de Caudéran. Si l'on veut comparer des périmètres comparables et donc additionner Bordeaux et Caudéran, on peut dire, en forçant un peu le trait, qu'au début du siècle dernier Bordeaux n'avait pas loin de 300 000 habitants. Au début des années 1990, sa population dépassait à peine 200 000 personnes.

Que s'était-il passé ? Près d'un tiers des habitants avait déserté la ville centre pour aller s'installer à la périphérie. Le miroir aux alouettes de la maison avec jardin (et souvent piscine) avait fonctionné à plein. Si bien que Bordeaux-ville qui pesait au moins la moitié de l'agglomération au moment de la création de la CUB (Communauté urbaine de Bordeaux) en 1968 était tombée au tiers.

Les conséquences de cette évolution étaient fort négatives pour la commune elle-même : dans certains quartiers du centre historique, le taux de logements vacants était élevé, des rues commerçantes comme la rue Saint-James ou la rue Bouquière étaient désertées et, fallait-il s'en réjouir ? les loyers et les baux commerciaux étaient au plus bas. Bordeaux perdait aussi de son influence politique. Mais c'est l'ensemble de la CUB qui en souffrait : les déplacements domicile-travail s'étaient évidemment allongés, car la ville centre continuait à concentrer les emplois ; les besoins en infrastructures de transport s'accroissaient d'autant, et les espaces naturels qui faisaient le charme de l'agglomération étaient progressivement mités par une urbanisation souvent désordonnée. Beaucoup d'autres aires urbaines en France avaient connu la même dérive, mais elle était particulièrement marquée à Bordeaux.

Les élus de la CUB ont donc décidé de réagir, de lutter contre l'étalement urbain dont les effets étaient de plus en plus incompatibles avec leur volonté de construire une métropole durable, et, pour y parvenir, de densifier la ville centre et les centres-villes de leurs vingt-sept communes (la métropole en compte aujourd'hui vingt-huit). Dans cet esprit, nous avons élaboré un SCOT (schéma de cohérence territoriale) et un PLU (plan local d'urbanisme) qui inscrivent clairement dans les textes notre volonté de préserver les 50 % d'espaces naturels qui couvrent le territoire métropolitain, et donc de concentrer la construction de logements et de locaux d'activités dans des zones d'aménagement bien définies.

À Bordeaux, cette politique m'a conduit à dessiner un arc de développement durable sur lequel se situent les grands territoires de projet dont les noms sont devenus familiers aux Bordelais : en partant du quartier du Lac, Ginko, les Bassins à flot, puis, de l'autre côté du fleuve en passant le pont Chaban, Brazza, Bastide-Niel, et les deux nouvelles ZAC (zones d'aménagement concerté) de l'opération d'intérêt national Bordeaux-Euratlantique : Garonne-Eiffel et Saint-Jean-Belcier de part et d'autre du futur pont Simone-Veil qui permettra de boucler les boulevards sur les deux rives. Cet immense projet est possible parce que la ville de Bordeaux disposait, au sein de ses limites communales, de plusieurs centaines d'hectares constructibles. C'est un nouveau Bordeaux qui sort de terre, des milliers de logements, des milliers de mètres carrés de bureaux et d'immobilier d'entreprise pour loger les nouveaux arrivants et accueillir les emplois dont ils ont besoin (objectif : 100 000 d'ici à 2030).

J'ai risqué une image audacieuse : traditionnellement, Bordeaux, port de la Lune, se représentait elle-même, dans ses armoiries modernes, comme un croissant de lune. Demain, élargi vers le sud comme vers le nord le long du fleuve, elle s'épanouira comme la pleine lune.

Une telle entreprise qui s'étale sur plusieurs décennies se heurte à bien des difficultés, à commencer par la complexité croissante des procédures qui finissent par constituer un maquis ubuesque, avec toutes les conséquences qui s'ensuivent tant en termes de délais que de coûts.

Mais je voudrais pointer ici une question de nature plus philosophique, celle de la densification des espaces bâtis.

Bordeaux est une ville basse. L'Unesco a classé au patrimoine de l'humanité un très vaste ensemble urbain constitué notamment de ces échoppes bordelaises si caractéristiques de notre ville (voir l'entrée « Architecture [Agora] »). Certes, la ville haussmannienne a changé, dans bien des quartiers, tels le cours Alsace-Lorraine ou le cours Victor-Hugo, ce visage traditionnel de Bordeaux auquel nous restons attachés. Mais nous nous sommes donné les moyens de préserver la ville de pierre.

Il en va bien sûr autrement dans les nouveaux territoires d'urbanisation qu'il faut densifier. Et c'est ici que surgit parfois la polémique. Elle porte principalement sur la hauteur des bâtiments et leur implantation dans leur environnement.

Il faut construire, et construire beaucoup. La seule manière d'endiguer la hausse des prix de l'immobilier, c'est que l'offre soit à la hauteur de la demande. C'est pourquoi nous nous sommes fixé des objectifs ambitieux : 3 000 logements par an dont 35 % de logements locatifs sociaux et très sociaux. Le foncier est cher, les promoteurs font de la surenchère et, à la sortie, nous présentent des programmes très denses et très hauts, trop hauts. Là où il y a des voisins, la réaction ne se fait pas attendre : « Pas dans mon jardin ! » L'instruction des permis de construire donne lieu à des discussions musclées entre les promoteurs qui sont avides de mètres carrés à construire et les riverains qui sont allergiques à tout voisinage qui leur cache la vue et diminue l'ensoleillement de leur jardin. Je les comprends. Je rends hommage à mes adjoints compétents qui trouvent, la plupart du temps, les équilibres qui permettent d'éviter les contentieux. Il y a encore, hélas ! quelques spécialistes des recours abusifs.

Dans les nouveaux territoires, les choses sont à la fois plus simples et plus compliquées. Le voisinage est moins prégnant. Mais l'imagination des architectes est plus féconde.

Je suis naturellement porté à leur faire confiance et à ne pas brider leur créativité. Il ne s'agit pas pour moi de « pasticher » la ville classique ou de reconstruire des quartiers d'échoppe. À condition que soient respectés les règles du jeu que nous posons et les plans-guides que nous approuvons. Parvenons-nous à concilier ces exigences parfois contradictoires ? La postérité jugera, plus sereinement que mon opposition politique qui en fait déjà un sujet de polémique. J'essaie de porter un regard objectif sur les nouveaux quartiers qui sortent de terre.

Le plus avancé est celui de Ginko, ainsi baptisé du nom de l'arbre « aux quarante écus » qui serait la plus ancienne famille d'arbres connue puisqu'elle serait apparue il y a plus de 270 millions d'années. Quel rapport avec le programme immobilier que nous avons attribué à Bouygues le long du lac de Bordeaux, sur mon arc de développement durable ? Sans doute le désir du promoteur de montrer la place qu'il entend y réserver à la nature et de réaliser, comme le lui demande notre cahier des charges, le premier écoquartier du nouveau Bordeaux.

Après une tournée dans plusieurs villes européennes considérées comme des références (Copenhague, Fribourg-en-Brisgau…), j'ai en effet défini mon profil de l'écoquartier idéal : desserte par un transport en commun bas carbone (tramway) qui permet de limiter l'usage de la voiture individuelle ; présence de la nature ; mixité sociale (35 % de logements locatifs sociaux et 20 % en accession à la propriété à prix maîtrisés) ; mixité fonctionnelle (des logements mais aussi des emplois) ; alimentation des bâtiments par un réseau de chaleur lui-même alimenté par une énergie renouvelable (chaudière à bois, géothermie, récupération de la chaleur des stations de traitement des déchets…) ; équipements de proximité qui favorisent une vraie vie de quartier…

Ginko remplit-il toutes ces conditions ? En bonne part. Ce qui donne lieu à interrogation, c'est la densité des constructions, la hauteur des bâtiments, la qualité des logements. Quand je longe le quartier, pour aller au palais des congrès, j'éprouve des sentiments partagés. Toutes les terrasses qui donnent sur le lac jouissent évidemment d'un point de vue exceptionnel. C'est moins vrai à l'intérieur où les vis-à-vis sont parfois trop rapprochés. Je me souviens de cette interpellation d'un Bordelais de la ville de pierre : « Mais pourquoi construisez-vous des tours à Ginko ? » J'ai voulu en avoir le cœur net. Je suis allé compter le nombre d'étages. Maximum constaté : sept ! Pour les Bordelais pure laine, un immeuble de sept étages est une tour. On mesure le défi que constitue la densification.

Il y a quelques mois, le balcon d'un appartement s'est effondré. Inadmissible, bien sûr, et j'ai exigé du promoteur des explications et des réparations sur l'ensemble du programme. Mais de là à réclamer l'arrêt de tous les chantiers bordelais, comme l'a fait le conseiller général socialiste du coin, il y a toute la marge entre le sérieux et le ridicule.

Pour rester sérieux, j'ai déclenché dans l'ensemble du quartier une enquête de satisfaction auprès de chacun des résidents ; les résultats sont mitigés, comme il se doit. Le journal *Sud Ouest* a de son côté interrogé quelques habitants ; le témoignage de Jeanne, bénévole dans un centre d'animation, me semble bien résumer la situation :

« Je suis l'une des premières habitantes du quartier [...]. Ce qui m'a attirée ici, c'est l'aspect écologique des appartements qui sont très bien isolés. Je cherchais aussi une vie de quartier différente, offerte par la configuration de Ginko où il n'y pas de voitures, on y déambule à pied. Au début, quand nous étions peu, entre 700 et 1 000 habitants, j'étais plutôt satisfaite. Aujourd'hui la densification est telle que le "vivre-ensemble" est plus compliqué. Il faudrait par exemple réagir quand il y a des incivilités, au niveau de la propreté par exemple, que les gens ne jettent pas leurs ordures n'importe comment. Mais je reste optimiste ! Sur le plan architectural, c'est un quartier qui me plaît, tous les immeubles sont différents, les allées sont très agréables, il y a ce qu'il faut, mais il manque le "vivre-ensemble", faire en sorte que l'écologie ne soit pas un vain mot, que ce soit dans la vie des gens ! »

Elle a raison. J'ose ajouter que la municipalité ne peut pas tout, elle peut créer des conditions favorables, mais, au bout du compte, la vie des gens, ce sont « les gens » qui la font...

Pour en revenir au déplorable incident du balcon, j'ai obtenu des constructeurs la signature d'une charte du « bien construire » qui permettra à la métropole de décerner un label aux plus vertueux... et de le retirer à ceux qui se relâcheraient.

Le nouveau quartier des Bassins à flot répond à la même nécessité de densifier la ville. Plusieurs milliers de logements y sortent de terre. La hauteur des immeubles reste modérée, du moins à mon sens. L'architecture n'échappe pas aux effets de mode : des bardages métalliques y recouvrent de nombreux bâtiments ; leur couleur est souvent grise, et tire parfois sur le noir. Mais les appartements et leurs terrasses généreuses profitent des vues dégagées sur les vastes bassins en eau ; des sentes plantées convergent vers ces bassins et font entrer la nature au cœur des constructions ; les nombreux équipements culturels (Cité du vin, musée de la Mer, base sous-marine, complexe cinématographique) et la grande halle des produits du terroir ménagent de belles respirations dans le tissu urbain. En bref, j'estime que ce nouveau quartier, une fois achevé, sera une réussite. Une ligne de tramway le relie d'ores et déjà au centre-ville ; un réseau de chaleur alimenté par la station de traitement des eaux voisine alimente les bâtiments dont les performances énergétiques sont en outre conformes aux normes les plus récentes. Bref, ce sera aussi un écoquartier.

Dans les quinze prochaines années, d'autres quartiers encore vont sortir de terre, sur les deux rives du fleuve. Ce sont des territoires d'innovation, on y trouvera par exemple les premières tours à ossature bois de l'agglomération, et même de France. Mais l'enjeu majeur, c'est d'y faire naître de vrais quartiers de ville, où la mixité sociale ne se résume pas à des ratios de logements mais s'exprime dans une authentique convivialité au quotidien. Et cela ne se décrète pas. C'est une alchimie qui naît dans les espaces publics – la place du quartier et ses commerces – et les équipements de proximité, culturels ou sportifs. C'est, en fin de compte, l'œuvre des habitants eux-mêmes. D'où le soutien que nous apportons au réseau des nombreuses associations qui peuvent, mieux que les services de nos administrations, tisser ce fameux lien social à la recherche duquel nous sommes tous.

Défi passionnant, exigeant, travail sur le temps long : on ne « fait » pas la ville à coups de délibérations municipales ou métropolitaines ; c'est la ville qui se fait sur elle-même avec ses habitants. Il faut leur faire confiance, tout en créant les conditions pour que la somme des intérêts particuliers tende le plus souvent possible vers l'intérêt général.

Pourquoi le taire ? Ce n'est pas toujours facile. Je suis frappé par le contraste des mouvements de société auxquels nous assistons : d'un côté l'extraordinaire vitalité de l'engagement associatif qui se nourrit en grande part de la disponibilité des bénévoles et de leur générosité ; mais de l'autre la montée de l'individualisme, au sens strict de l'égoïsme individuel, mais aussi de celui des petits groupes de pression. « Pas dans mon jardin », on connaît le slogan. Ou bien encore : « Ma rue est à moi ! je la veux paisible, et peu me chaut l'impact de ce que je demande sur la circulation des rues voisines ! »

Au décideur public, dès lors, de chercher à concilier l'inconciliable. Je veux ici remercier mes collègues élus municipaux du temps, de l'énergie, de la patience qu'ils mettent au service de leurs concitoyens. Pour eux, la « démocratie participative » n'est pas, tous les jours, un chemin de roses. Le discrédit qui frappe « les politiques » est en l'espèce bien peu mérité. Mais nous aimons ce que nous faisons. Rien ne nous oblige à continuer. Nous continuons. Le bonheur de servir, ça existe !

Discours sur la nouvelle société

Le 16 septembre 1969, Jacques Chaban-Delmas, Premier ministre, prononçait à la tribune de l'Assemblée nationale un discours qui a marqué les esprits et qui fait encore référence dans l'imaginaire politique : le discours sur « la nouvelle société ». On le cite souvent. J'ai voulu le relire.

Ce qui frappe d'abord, c'est l'actualité du constat : Chaban décrit « une société bloquée » qui souffre de trois maux : « la faiblesse de notre base industrielle [qui] handicape tout notre développement économique » ; « un État tentaculaire et inefficace » et des entreprises « accablées par une réglementation proliférante » ; « le conservatisme de nos structures sociales », l'insuffisance du dialogue social, l'importance « des forces de résistance au changement » dans un pays qui reste « un pays de castes ». Voilà un diagnostic qu'on pourrait croire tiré d'un discours de… 2018.

Bien sûr, les temps ont changé. L'obsession des gouvernements de l'époque était de juguler l'inflation. Aujourd'hui, c'est le risque de déflation qui nous hante. Et puis l'on chercherait en vain dans le texte de 1969 la moindre référence à la transition énergétique ou à la transformation numérique. Ces questions n'étaient pas à l'ordre du jour, ni dans l'agenda des gouvernants ni sur celui des citoyens.

Pourtant, cette relecture est pleine d'enseignements. J'en retiendrai au moins trois. D'abord la place centrale que Chaban assigne à l'éducation et à la formation, la priorité qu'il veut donner notamment à l'enseignement technique et professionnel, à l'apprentissage, à l'orientation des jeunes. Je retrouve bien des points communs avec ce que j'ai appelé, dans mon livre *Mes chemins pour l'école*, la mère des réformes. Ensuite, la volonté de redéfinir le rôle de l'État qui « doit s'en tenir à faire son métier et à ne pas chercher à faire celui des autres ». D'où le formidable besoin de liberté et d'autonomie ; il cite les collectivités locales, les universités, les entreprises nationalisées. En ce domaine, des progrès réels ont été accomplis, mais beaucoup reste à faire pour mettre en œuvre le plan de réorganisation des administrations centrales qu'annonçait Chaban. Il ne prononce pas le mot de « simplification » qui est devenu à la fois une incantation et une profonde aspiration de tous ceux qui veulent agir dans notre société. Troisième enseignement enfin : le souci de Chaban de mettre sur le même plan que le développement de la compétitivité nationale le « rajeunissement des structures sociales » qui, à ses yeux, implique la transformation des relations professionnelles et la reconnaissance pleine et entière du fait syndical, « l'un des fondements de la participation » ; la revalorisation de la condition ouvrière et la redéfinition de la solidarité. On sent la patte de Jacques Delors qui prit une part active à la rédaction du discours.

Au-delà des mesures techniques qui ne brillaient pas toutes par leur audace, c'est le souffle qu'a fait passer Chaban qui est resté dans les esprits :

« Cette société nouvelle, quant à moi, je la vois comme une société prospère, jeune, généreuse et libérée ». Après un constat lucide, voire sévère, c'était un message de confiance et d'optimisme qu'il adressait au peuple français. On raconte à Bordeaux qu'il terminait ses discours par le même appel qui était presque une injonction : « Soyez heureux ! » L'identité heureuse, déjà…

Cela n'a pas plu à tout le monde. L'Élysée tord le nez, si l'on peut dire. Autour de Georges Pompidou, qui s'efforce, seize mois après Mai 68, de calmer le jeu, on s'alarme de tant d'activisme et de tant d'audace. Le bât blesse surtout à propos du chapitre « information ». Le Premier ministre y consacre un long développement. Et il parle d'autonomie, et même d'indépendance. Certes, il concède que « l'ORTF doit conserver son caractère de service public ». Mais « ses directeurs, ajoute-t-il, seront nommés pour une durée déterminée selon les normes de la profession et ne seront révocables que pour faute professionnelle grave, après avis du conseil d'administration ». Panique à bord du camp conservateur qui n'est pas prêt à se priver d'une télé aux ordres.

Ce conflit, on le sait, sera l'une des raisons de la disgrâce de Chaban. Il fait sourire aujourd'hui. L'environnement médiatique s'est modifié du tout au tout : multiplication des chaînes de TV et des stations de radio privées, mais surtout irruption dans le paysage des réseaux sociaux dont la puissance vient en bonne part de la réactivité instantanée… et de l'anonymat qui autorise toutes les violences et tous les mensonges. La campagne présidentielle de 2017 a montré jusqu'où pouvait aller la pression médiatique dans le dérèglement du système démocratique (voir l'entrée « Partage »). J'ai conscience, en écrivant cela, du risque que je prends. La solidarité dans le déni de responsabilité est l'une des constantes du système. Le critiquer, c'est s'exposer à une volée de bois vert. Mais je me sens si libre…

Libre de dire que la dérision systématique que le monde politique doit subir chaque matin et chaque soir sur les ondes et les réseaux se complait souvent dans le caniveau. Elle n'est bien souvent ni intelligente ni même drôle. Mais elle incite le public au dénigrement et à la méchanceté qui finissent par pourrir notre « vivre-ensemble ».

Cela dit, la cause est perdue. Comme l'écrit Jean-Claude Guillebaud dans son dernier livre *La foi qui reste*, les railleurs ont pris le pouvoir médiatique. « Un parti pris de rigolade colonise la plupart des radios et des télévisions. » Il s'en indigne quand la cible est la religion, à commencer par la religion chrétienne. J'éprouve le même sentiment de révolte quand, matin, midi et soir, de petits maîtres traînent dans la boue la politique et les politiques. Guillebaud cite de fortes phrases d'Albert Camus dans un entretien à la revue *Caliban*… en 1951 :

« À une ou deux exceptions près, le ricanement, la gouaille et le scandale forment le fond de notre presse. À la place de nos directeurs de journaux, je ne m'en féliciterais pas. Tout ce qui dégrade la culture raccourcit les chemins qui mènent à la servitude. Une société qui supporte d'être distraite par une presse déshonorée et par un millier d'amuseurs cyniques, décorés du nom d'artistes, court à l'esclavage malgré les protestations de ceux-là mêmes qui contribuent à sa dégradation » (cité par Jean-Claude Guillebaud in *La foi qui reste*, L'iconoclaste, 2017, p. 46).

D. durable

D. comme développement durable. C'est, nous le savons, l'un des trois ou quatre défis majeurs que l'humanité doit relever en ce siècle.

Il est vrai que l'adjectif « durable » commence à s'user tant on le met à toutes les sauces. Et pourtant il dit bien ce qu'il veut dire : « On ne peut pas continuer ainsi, cela ne peut pas durer. » Les Anglo-saxons utilisent le mot *sustainable* pour signifier la même chose : notre modèle de développement n'est plus « soutenable » notre planète ne peut plus en soutenir les effets.

Si l'on met à part quelques obscurantistes, dont l'un d'eux, hélas ! préside aux destinées de la première puissance économique du monde, la cause est entendue. 15 000 scientifiques de très haut niveau viennent de nouveau de lancer un « appel à l'humanité » pour qu'elle se donne les moyens d'arrêter la course au désastre.

Les bonnes volontés existent, les déclarations emphatiques succèdent aux discours enflammés, et l'on signe même d'ambitieux accords internationaux comme celui de la COP21 à Paris. C'était en 2015, déjà !

Et pendant ce temps-là, que se passe-t-il sur le terrain ?

Au niveau international, voire national, pas grand-chose. Le fameux « fonds vert » qui doit aider les pays moins développés à relever le défi est loin d'avoir recueilli les 100 milliards de dollars par an tant de fois promis. On sait d'ores et déjà que le plafond des 2 °C de réchauffement climatique à ne pas dépasser ne sera pas tenu.

En revanche, au niveau local, ça foisonne.

Le président des États-Unis est climatosceptique, mais pas le gouverneur de Californie ni les maires de très nombreuses villes américaines.

En France aussi ça bouge sur le terrain et, vous me voyez venir, Bordeaux prend toute sa part.

En juillet 2017, la ville et sa métropole se sont dotées d'un nouveau « plan d'action pour un territoire durable à haute qualité de vie » qui prolonge l'action entreprise depuis plus de quinze ans et qui s'articule autour de trois axes : la transition énergétique ; la protection et la valorisation des espaces naturels et agricoles ; l'instauration d'une solidarité durable comme fondement d'un bien-être partagé.

Au-delà des mots, voici des actions concrètes, en vrac :

— De 2007 à 2016, baisse de la consommation d'énergie : moins 36 % dans les bâtiments municipaux ; moins 35 % pour l'éclairage public.

— Dans la même période, baisse de la consommation d'eau de 81 % dans les parcs et jardins de la ville et élimination des produits phytosanitaires.

— Réseaux de chaleur alimentés par des énergies renouvelables dans les nouveaux quartiers (géothermie, bois énergie, énergie solaire…) : 2,2 kilomètres en service en 2010 ; 14,7 kilomètres en 2016 ; progression de 72 % de la chaleur livrée.

— Encouragement à la rénovation thermique des bâtiments par la création d'un site, Marenov.bordeaux-metropole.fr, et la réalisation d'une thermographie aérienne permettant à chaque propriétaire de prendre conscience et connaissance des fuites d'énergie dans ses bâtiments.

— Part modale du vélo dans les déplacements en cœur de ville : 15 % = sixième ville cyclable du monde selon un classement danois.

— Lancement d'une quatrième ligne de tramway et d'un premier bus à haut niveau de service, je l'espère électrique.

— Poursuite de la végétalisation des rues et du développement de l'agriculture urbaine.

— 29 % de produits bio dans les cantines en 2016 (24 % en 2015).

— Premier quartier « zéro mégots » grâce à l'installation de bornes spécialisées et à une collecte systématique (durée de vie d'un mégot dans la nature : douze ans).

— Concours « Familles à énergie positive » : économies moyennes réalisées par de simples changements de comportements : moins 9 % pour l'énergie, moins 14 % pour l'eau (jusqu'à moins 25 % pour le lauréat !).

— JDD ou « Juniors du développement durable » : 8 000 enfants bénéficiaires des actions pédagogiques organisées par la métropole avec 124 enseignants.

Liste non exhaustive !

Mes opposants du parti EELV (Europe Écologie Les Verts) proclament que c'est très insuffisant. Ils n'ont pas entièrement tort. Mais je soutiens que nous sommes sur la bonne voie et que nous continuons d'avancer…

À preuve, une belle innovation bordelaise qui prospère grâce à la ténacité d'un de mes équipiers à la mairie, le jeune Marc Lafosse. SEENEOH… le sigle de l'opération reste encore mystérieux pour moi. Alors je décline : « Site expérimental estuarien national pour l'essai et l'optimisation d'hydroliennes ». Pour faire plus simple, il s'agit de tester, dans le fleuve, des sortes d'éoliennes subaquatiques, des turbines qui produisent de l'électricité grâce à l'énergie des forts courants de la Garonne qui s'accélèrent autour des piles du pont de pierre. Les deux premières hydroliennes ont été installées par les sociétés HydroQuest, française, et DesignPro, irlandaise ; elles sont connectées au réseau électrique de la ville. Le projet est soutenu par le PIA (programme des investissements d'avenir), au titre des instituts pour la transition énergétique, ainsi que par de nombreux partenaires publics et privés. Si l'expérimentation est concluante, il y aura là une source d'énergie propre, inépuisable et prédictible, au gré des marées.

E

Eau

Quand j'ai lancé l'idée d'une fête du Vin dans les rues de Bordeaux, j'ai choisi d'en faire une biennale. Très vite, la question s'est posée de savoir comment animer la ville entre deux fêtes du Vin. Avec un brin de provocation, j'ai suggéré qu'on alterne le vin… et l'eau. C'est ainsi qu'est née la fête du Fleuve. C'est-à-dire une fête de l'Eau qui n'ose pas dire son nom. Et pourtant ! Comme l'écrit joliment Pierre Veilletet à la première ligne de son merveilleux petit livre *Bords d'eaux*, « nous découlons ». À Bordeaux, « nous sommes de toutes parts entourés par les eaux ». Et il ajoute, dans son ouvrage consacré au vin, *Le Vin. Leçon de choses* : « Bordeaux est doublement baptisé, par l'eau et par le vin. »

Fleuve et rivières d'abord.

La Garonne, bien sûr. Large, puissante, majestueuse. Est-ce vraiment un fleuve ? Ou une mer ? N'appelait-on pas son estuaire, ou le fleuve lui-même, « la mer » de Garonne ? Nous parlons toujours du « port » de la

Lune. Mais nous pensons moins à un port fluvial qu'à un port atlantique, le premier de France en son âge d'or au XVIIIe siècle. J'aime les gravures de l'époque qui montrent le port couvert de voiles et de mâts ; à la fin du XIXe encore, le méandre qui s'arrondit du pont de pierre jusqu'à l'entrée des bassins à flot accueille une dense flottille de bateaux (affiche de Fred Hugo d'Alesi publiée dans *Sud Ouest* le 27 juillet 2017).

Un fleuve se franchit. On ne compte pas les ponts sur la Seine à Paris. À Bordeaux, c'est la mer, donc pas de ponts jusqu'au début du XIXe siècle (voir l'entrée « Ponts »). On passe en gabare. Il y a peu à faire sur la rive droite qui ne s'urbanisera vraiment qu'au XIXe siècle. Jusque-là, l'essentiel du trafic est une navigation entre le « haut pays » et l'Océan. En 1214, le roi Plantagenêt accorde en effet à la ville « le privilège des vins de Bordeaux » : les vins venus de l'amont, Moissac, Cahors, Bergerac et autres régions d'Aquitaine doivent attendre que la récolte bordelaise soit vendue avant de pouvoir descendre la Garonne. Destination : l'Angleterre, les villes de la Hanse ou la Galice, au nord de l'Espagne.

Aujourd'hui, notre port n'est plus que l'ombre de lui-même ; rares sont les caisses de vin qui prennent le large de ses quais en direction du vaste monde, Europe, Amérique, ou Asie. On les transporte par route jusqu'au port… du Havre !

La couleur du fleuve peut surprendre le visiteur qui le soupçonnera volontiers de charrier de dangereuses pollutions. Tel n'est pas vraiment le cas. En fait, il est chargé d'abondantes alluvions arrachées aux pentes des Pyrénées. « L'eau de Garonne, écrit Pierre Veilletet, est grasse, un peu espagnole [?], tirant sur le jaune. » Je la trouve, pour ma part, franchement ocre et pour tout dire invitant peu à la baignade. On la traverse pourtant à la nage, lors d'une compétition annuelle qui attire de nombreux sportifs, y compris des membres de mon conseil municipal. Je donne le départ, j'accueille les champions à l'arrivée, je ne me suis pas décidé à me jeter à l'eau. L'une des difficultés de la course tient justement à ce que, la tête dans l'eau, on n'y voit pas à un mètre, même avec de bonnes lunettes. Mais le danger vient surtout des courants qui sont puissants. Les horaires de la course sont fixés en fonction de ceux de la marée, pour que les nageurs ne s'épuisent pas à contre-courant. Car la marée remonte jusque dans la ville. Michelangelo Pistoletto, qui animait en 2013 Evento 2 (voir cette entrée), s'était installé avec sa femme dans un appartement libre de la caserne de la Benauge avec vue imprenable sur la Garonne. Lors d'un dîner sur place où nous dégustions de délicieux plats italiens préparés par son épouse, il me fit part de leur perplexité : la veille, en prenant leur petit déjeuner, ils avaient constaté que l'eau du fleuve s'écoulait normalement vers ce qu'on leur avait désigné comme l'aval. Surprise dans l'après-midi : le flux s'était inversé et se dirigeait vers l'amont, ce qui ne manqua pas de les désorienter.

Explication : la marée, bien sûr, qui remonte loin à l'intérieur des terres. D'où le phénomène du mascaret (voir cette entrée). On l'observe aux embouchures de plusieurs grands fleuves lors des fortes marées qui refoulent le flux normal des eaux et créent ainsi une vague plus ou moins haute. Pour le plus grand bonheur des surfeurs sur la Dordogne jusqu'à Libourne ou presque, sur la Garonne jusqu'à Langon et Saint-Macaire, à plusieurs dizaines de kilomètres de Bordeaux. Récemment, à Saint-Pardon, 150 surfeurs couraient, devant 2 000 spectateurs, une vague qui avance à 10-20 kilomètres/heure et peut atteindre, par gros coefficients, entre 1,5 et 3 mètres de haut. Selon certains documents, le mot de « mascaret » serait un emprunt au gascon, d'un adjectif signifiant « tâcheté »... comme la face d'un bœuf tâcheté de noir, de blanc et de gris. Comparaison du phénomène naturel avec le flot ondulant d'un troupeau se déplaçant... selon Wikipédia !

Bords d'eaux de Garonne, donc. Mais la vérité historique oblige à dire que le premier port de Bordeaux ne fut pas en Garonne. Au Ier siècle de notre ère, c'est dans le delta marécageux que formaient deux affluents de la Garonne, la Devèze et le Peugue, que les Romains creusèrent un port digne de ce nom. On est sous l'actuelle église Saint-Pierre.

La Devèze prend sa source à Mérignac et paresse sur plus de 10 kilomètres jusqu'à Bordeaux où elle entre le long du mur sud du cimetière de la Chartreuse, avant de se jeter dans le Peugue à l'intersection du cours d'Albret et de la rue des Frères-Bonie. Quant au Peugue (du latin *pelagus*, « la mer »), il arrive de Pessac et reçoit deux affluents, le Bras du Peugue et les Ontines. Aujourd'hui canalisés et souterrains, le Peugue et la Devèze coulent sous le cours Alsace-Lorraine en direction de la Garonne. Ce qui confirme que, à Bordeaux, « nous découlons ». Pour notre plus grand bien sans doute. Ausone chante ainsi la Devèze :

« Bonjour, divinité gardienne de notre ville, que l'on boit pour notre santé, nommée par les Celtes Divona, une fontaine devenue divine. »

Avec le temps, les choses se gâtèrent, et la divine fontaine ressembla davantage à un égout que la ville enterra. Il nous reste de jolis noms de rues, Devèze ou Devise.

La Garonne, la Devèze et le Peugue, mais aussi une centaine de cours d'eau, de plus ou moins grande importance, traversent le territoire de l'agglomération. Dans un très savant livre sur « la naissance et l'implantation de Bordeaux », l'architecte Guy Dupuis les recense méthodiquement. Certains d'entre eux portent le joli nom gascon de « jalle », par exemple la Jalle de Saint-Médard, la Jalle de Blanquefort qui alimentent le marais de Bruges et l'estuaire. Il y a aussi les « crastes », mot gascon de nouveau, qui désigne des fossés d'écoulement des eaux. À ne pas confondre avec les « esteys », ou « ruisseaux », toujours en gascon, soumis au régime des marées, et donc à sec à marée basse.

Si vous ajoutez les sources, nombreuses, à commencer par Divona, et les marais, omniprésents, vous pouvez dire, sans exagération, que Bordeaux est une éponge.

L'eau n'est pas toujours la bienvenue. Au début des années 1960, Jacques Chaban-Delmas décida d'assécher l'immense marécage de 1 200 hectares, lieu de prédilection des canards sauvages mais aussi des moustiques, qui dégageait ses odeurs pestilentielles sur le nord de la ville. Chantier titanesque confié à l'architecte Xavier Arsène-Henry, brillant lauréat du Grand Prix de Rome 1950 ! Son projet était ambitieux et complexe : secteurs boisés séparant des secteurs urbanisés, golf, parc des expositions, palais des congrès, zone hôtelière, logements sociaux, centre commercial… en trente ans, l'entreprise fut cependant menée à bien. Parfois, on en retient surtout le creusement du lac artificiel de 160 hectares qui nécessita l'extraction de 19 millions de mètres cubes de matériaux divers qui servirent à surélever le site environnant. C'est une des grandes réalisations de Chaban. Le secteur est toujours en devenir, et j'y développe de nombreux projets (quartier Ginko, grand stade, quartier de la Jallère, parcours ludique et sportif…).

L'altitude du tiers de la surface de l'agglomération bordelaise est inférieure à celle de la Garonne à marée haute. C'est dire que l'eau, à Bordeaux, c'est aussi l'eau des inondations.

Certains terrains, exploités ou non, sont habituellement inondés ou gorgés d'eau, douce, salée ou saumâtre, de façon permanente ou temporaire ; ils recèlent une végétation de plantes hydrophiles et sont le sanctuaire de 25 % de la biodiversité. C'est la définition réglementaire des « zones humides » qui ne cessent de se dégrader, malgré la protection dont elles font l'objet aux termes de nombreux textes internationaux, européens ou français. Dans l'instruction des permis de construire, nous devons être particulièrement vigilants pour garantir la préservation de ces zones ou exiger la compensation des surfaces qui peuvent être, sous certaines conditions, ouvertes à l'urbanisation.

Mais les inondations peuvent prendre des formes plus violentes quand les causes s'additionnent : fortes marées et vents puissants provoquant l'élévation du niveau de la Garonne, à quoi s'ajoutent les fortes précipitations d'amont qui gonflent le fleuve. Dans ces circonstances, hélas récurrentes, des quartiers entiers de Bordeaux, en rive droite à la Bastide ou en rive gauche à Paludate, peuvent être inondés. C'est aussi le cas de plusieurs communes le long de la Garonne. Sans remonter à 1930, « la crue du siècle », j'ai dû faire face, avec les équipes de la ville et de la communauté urbaine, aux inondations de 1995, 1998 et surtout 1999, marquées par un incident à la centrale nucléaire de Braud et Saint-Louis dont la digue de protection avait été submergée, ou encore la tempête Xynthia qui dévasta non seulement la Vendée, les Charentes mais aussi la Gironde, Bordeaux et la presqu'île d'Ambès.

L'État, confronté aux conséquences désastreuses d'une urbanisation parfois désordonnée, a donc multiplié ses exigences. C'était nécessaire. Mais la mise en œuvre des PAPI (programmes d'actions de prévention des inondations) préparés par les collectivités territoriales, conditionnée par l'adoption des PPRI (plans de prévention du risque inondation) qui relèvent de la responsabilité de l'État, est devenue un parcours du combattant épuisant… et coûteux. Bordeaux Métropole, désormais compétente en la matière, a dû s'engager dans un programme de restauration des digues et d'entretien des ouvrages qui va atteindre plusieurs millions d'euros. Tout cela prend du temps, et il en résulte de grands retards dans le lancement d'opérations de construction de logements ou de locaux d'activité qu'attendent avec impatience les nouveaux Bordelais. La parade est parfois de construire sur pilotis, ce qui met nos architectes en défi d'imagination.

Et puis l'eau, enfin, vient du ciel. J'ai cessé de brocarder mes amis normands et bretons. Je suis bien obligé de constater, statistiques en main, que le climat bordelais est aussi pluvieux que le leur.

Un autre grand chantier de Chaban, dans les années 1980, a consisté à doter la ville d'un réseau moderne d'assainissement et de collecte des eaux pluviales. Des kilomètres de canalisations ont été construits, plus de 100 stations de pompage, près de 70 bassins d'étalement, d'énormes capacités de stockage souterrain qui permettent de réguler l'écoulement des eaux. Et un système automatique de gestion des eaux pluviales, Ramsès, dont nous sommes très fiers. Il permet en temps réel de coordonner les informations et de déclencher les opérations de stockage ainsi que le contrôle des stations d'épuration. La tâche n'est pas terminée, et j'ai dû lancer la construction de deux grands réservoirs sous les places Nansouty et Dormoy. J'admire la patience des riverains dont la vie quotidienne est évidemment perturbée par ces trop longs chantiers. Mais le principe de précaution oblige…

Pour en finir avec l'eau, portons le regard plus loin, jusque dans les immenses étendues marécageuses qui cernaient l'agglomération bordelaise, du Médoc aux Landes, de Soulac à Hossegor.

Pierre Veilletet rend un hommage mérité à l'ingénieur des Ponts et Chaussées Jules Chambrelent qui, fort du soutien de Napoléon III et grâce à la loi de juin 1857 qui prescrivit l'assainissement de la lande et la plantation des pins maritimes, mobilisa des milliers d'ouvriers pour assécher des terres fétides et aménager 1 million d'hectares de forêt.

Petite parenthèse : j'ai grandi au cœur de ma forêt landaise où l'on récoltait encore la résine. Le résinier saignait le tronc du pin d'un coup de hapchot, la précieuse sève était recueillie dans de petits pots de terre cuite et transformée en colophane et essence de térébenthine par 200 usines disséminées sur le territoire. Dans les années 1960, on comptait jusqu'à 30 000 gemmeurs dans tout le département. La concurrence portugaise et chinoise a tué notre gemmage qui procurait un complément de revenu bien utile à nos agriculteurs. Depuis quelques années, des initiatives de relance de la gemme se multiplient dans les Landes et aussi en Gironde. Mais les coûts de production dépassent largement ceux des concurrents chinois ou brésiliens. C'est donc la course à la compétitivité. Finis, les vieux pots en terre qui sont devenus des articles pour touristes, place aux « *bags in box* », dit *Sud Ouest*, fermés hermétiquement, qui empêchent l'évaporation et évitent les impuretés. Finie, du même coup, l'odeur entêtante qui embaumait nos promenades. Je la retrouve dans les « pignes » enrobées de résine qui font d'excellents allume-feu, recherche de nouveaux débouchés oblige.

Foin de la nostalgie, l'eau de nos fleuves nous ouvre aujourd'hui de nouvelles perspectives : la croisière fluviale redonne vie à la Garonne et à la Dordogne, j'ai des projets pour faire de l'île d'Arcins un lieu de promenade ouvert aux amoureux d'une nature presque vierge. Et l'eau profonde est aussi source de vie : plusieurs quartiers de Bordeaux jouissent de l'énergie renouvelable de la géothermie qui les réchauffe à prix modéré.

Bordeaux continue donc à fêter l'eau… avec néanmoins une appréhension qui n'est encore que latente : si le réchauffement climatique amène une montée des eaux océanes de l'ordre de 1 mètre, comme certains scientifiques ne l'excluent pas, Bord'eaux sera… sous l'eau !

Ellul, Jacques

En 2000, le conseil municipal de Bordeaux a donné le nom de Jacques Ellul à une voie nouvelle qui venait d'être créée devant l'Institut de journalisme Bordeaux Aquitaine (IJBA), dans le quartier de Sainte-Croix.

Un collège de la rive droite, à la Bastide, porte aussi le nom de Jacques Ellul, tout comme une médiathèque à Pessac. Je ne suis pas sûr que ces hommages posthumes soient à la mesure de la personnalité de cet homme très exceptionnel qui a traversé le siècle dernier, de 1912 à 1994.

Né à Bordeaux, mort à Pessac, scolarisé à Bordeaux, puis professeur à notre faculté de droit et à l'Institut d'études politiques où il a formé des générations d'étudiants, Jacques Ellul a évidemment toute sa place dans l'héritage intellectuel de notre ville. Mais le rayonnement de son œuvre et de sa pensée va bien au-delà des frontières de Bordeaux, et son actualité en fait un acteur incontournable des grands débats du XXIe siècle.

Je me suis demandé, non sans quelque inquiétude, comment parler en quelques lignes d'un tel monument. Je crains que son nom n'évoque rien de très précis dans l'esprit de la majorité de nos contemporains, y compris à Bordeaux. Et le souvenir de mes propres lectures s'est estompé.

Alors, le plus facile, c'est de parcourir l'article très long et très documenté que Wikipédia lui consacre. Il met bien en évidence l'extraordinaire richesse de la vie d'Ellul, « historien, sociologue, philosophe et théologien ». Engagé en Espagne pendant la guerre civile, révoqué par Vichy, résistant dès 1940, reconnu « Juste parmi les nations » à Yad Vashem en 2001 pour l'aide qu'il apporta aux juifs pendant la guerre… il a mis en pratique ses convictions les plus profondes qu'il résume ainsi : « Rien de ce que j'ai fait, vécu, pensé ne se comprend si on ne le réfère pas à la liberté. »

Écrivain prolifique, auteur d'une soixantaine d'ouvrages dont la plupart ont été traduits à l'étranger, il invente dès les années 1930 une formule dont le succès ne se dément pas aujourd'hui : « Penser globalement, agir localement. » Beaucoup le considèrent comme le père de l'écologie politique.

Converti au protestantisme à l'âge de 18 ans, il se définit comme anarchiste chrétien, commentateur des textes bibliques mais aussi analyste critique de l'Église contemporaine.

Pour en savoir plus, le mieux serait de plonger dans ses livres, à commencer peut-être par *La Technique ou l'Enjeu du siècle*, publié en 1954, qui pose les fondements de son analyse de la société contemporaine. Devant la complexité de l'ouvrage et l'ampleur de la tâche, j'avoue avoir hésité.

Alors, pour retrouver Jacques Ellul, j'ai préféré un livre plus accessible, publié en 2008 aux éditions de la Table ronde, sous le titre : *Ellul par lui-même.* Il s'agit des entretiens qu'Ellul a eus en 1979 avec un étudiant canadien, Willem H. Vanderburg, diffusés à l'époque sur la radio canadienne CBC, puis édités en langue anglaise en 1981 et une seconde fois en 2004. La version française de 2008 est présentée par Michel Hourcade, Jean-Pierre Jézéquel et Gérard Paul qui me l'ont aimablement dédicacée. Willem Vanderburg en signe la postface qui commence en ces termes :

« Pourquoi lire Jacques Ellul ? Je répondrais que je ne connais aucune analyse qui explique aussi bien les réussites, les échecs, et les défis que nous avons vécus dans nos sociétés pendant la seconde moitié du XXe siècle que celle de Jacques Ellul. En plus cette analyse continue à prévoir l'évolution de notre civilisation au début du XXIe siècle. »

Dans ces entretiens, Ellul nous parle de lui, de son enfance pauvre, de ses études brillantes, de sa lecture de Marx qui est pour lui une sorte de révélation : « J'ai lu ce livre [*Le Capital*] et eu l'impression de tout comprendre, de savoir enfin pourquoi mon père était chômeur, pourquoi nous étions dans la misère, pourquoi nous n'arrivions pas à en émerger. » Mais il nous parle de son rejet rapide du communisme, se « rendant compte que c'était un système totalitaire ». Et en même temps, de sa conversion au protestantisme que ne contrarie pas un père pourtant très voltairien. De sa double fidélité au *Capital* et à la Bible, avec cette affirmation qui peut en déranger certains : « Je ne voyais pas pourquoi ce que

Marx disait de la société, ce qu'il m'expliquait de l'économie et de l'injustice, j'aurais dû l'abandonner parce que je devenais chrétien. »

Chez cet « anarchiste chrétien » qui ne se dit pas marxiste, il y aura toujours cette volonté « de mettre constamment face à face et en contact l'une avec l'autre l'exigence de Marx et l'exigence de la Bible ».

Pour la suite, du « personnalisme à la Résistance », du retour à Bordeaux au professorat et à l'écriture, du double engagement pour la prévention de la délinquance des jeunes inadaptés sociaux et pour l'écologie… je renvoie au livre.

Je veux seulement m'attarder sur ce qui est l'apport le plus original de Jacques Ellul et qui nous concerne aujourd'hui plus que jamais : à savoir l'importance, dans la société, de la technique « qui devient progressivement le facteur le plus décisif pour expliquer l'ensemble des phénomènes de notre temps ».

D'abord, une petite précision sémantique qui réjouit le puriste :

« Lorsque j'emploie le mot "technique", souligne Ellul, je n'entends pas exactement la même chose que "technologie". Je sais qu'habituellement on confond les deux choses. Étymologiquement, "technologie" veut dire "le discours sur la technique". Quand je parle de technique, je parle du phénomène technique, de la réalité de la technique. »

Le débat est clos aujourd'hui : l'inflation langagière aidant, il n'y a plus de techniques mais uniquement des technologies (TIC), de même qu'il n'y a plus de problèmes mais toujours des problématiques, plus de danger mais partout des dangerosités, et que tous les changements sont systémiques. Petite coquetterie de ma part, je le concède.

Revenons à l'essentiel. Ellul donne en fait une définition très large de ce qu'il entend par technique. Pour lui, « la mentalité technicienne », c'est, érigé en dogme, « le souci de rationalité et d'efficacité ». Willem Vanderburg, son interlocuteur, a bien compris la signification de *La Technique ou l'Enjeu du siècle* qu'il résume ainsi : « Ce livre de Jacques Ellul m'a expliqué que mon cerveau, ma profession et toute la société contemporaine étaient possédés par la recherche des méthodes les plus efficaces possible. Nous sommes tellement habitués à la valeur de l'efficacité qu'il est très difficile de comprendre que cette valeur est le contraire de toutes les valeurs de toute autre civilisation. »

Dès lors, et c'est Ellul lui-même qui reprend ici la parole, « la technique conduit à deux conséquences : la suppression du sujet, et la suppression du sens [...]. La technique, c'est le développement extrême des moyens. Tout, dans le développement technique, est moyen, et uniquement moyen, et les finalités ont pratiquement disparu. La technique ne se développe pas en vue d'atteindre quelque chose, mais parce que le monde des moyens s'est développé ».

Mutatis mutandis, n'en sommes-nous pas exactement à ce point aujourd'hui face à l'explosion des technologies de l'information et de la communication ? Certes ces technologies sont porteuses de sens et de progrès pour la personne humaine, notamment en matière de santé. Mais est-il exagéré de dire qu'elles suivent leur logique propre de développement et que la question de savoir si elles sont au service de l'homme ou l'inverse se pose avec acuité ? « Suppression du sujet », dit Ellul. Si nous ne maîtrisons pas les formes que peut prendre demain l'intelligence artificielle, sommes-nous à l'abri du risque de voir non pas naître une humanité augmentée mais déchoir une humanité dénaturée ?

Jacques Ellul peut nous aider dans la recherche d'une réponse adaptée. Il s'empresse de déclarer qu'il ne s'agit pas de sa part « d'un rejet de la technique, certainement pas d'un anti-technicisme ». La bonne attitude, à ses yeux, doit être « iconoclaste » : « Cela veut dire qu'il faut détruire le caractère divinisé, religieux de la technique. Si l'on ramène la technique à quelques objets qui peuvent être utiles [...], si l'on n'a pas peur de la technique, si on la traite comme une chose parmi d'autres [...], nous détruirons ainsi le pouvoir que la technique a sur l'homme. »

Le chrétien qu'est très profondément Jacques Ellul s'exprime alors avec force : « Les chrétiens sont appelés à être des porteurs de liberté dans cette société où le conditionnement technique est de plus en plus rigoureux, de plus en plus déterminant pour l'homme. [...] Il est fondamental que l'homme puisse retrouver une possibilité de décision. »

Ce message ne s'adresse-t-il pas finalement à tous les hommes, à tous ceux qui croient au ciel comme à tous ceux qui n'y croient pas, mais qui croient tous à la liberté ?

Il faut relire Jacques Ellul.

Emplois

J'ai le sentiment que le nom de Bordeaux est le plus souvent associé aux mots de patrimoine, d'harmonie urbaine, de beauté architecturale, de qualité de vie. « Ah ! Bordeaux, quelle belle ville ! »

Loin de moi l'idée de le contester ou de le regretter. Mais il m'arrive d'ajouter : « Oui ! Mais à Bordeaux, on travaille aussi ! »

Dans une agglomération aussi attractive, en croissance démographique régulière, l'une des préoccupations principales des responsables de la cité, c'est de créer les conditions pour que des emplois en nombre suffisant soient proposés aux nouveaux arrivants et à leurs conjoints, sans oublier les « déjà-là », et notamment les jeunes.

On pense d'abord aux métiers du vin. À raison car la viticulture pèse lourd dans l'économie girondine (voir l'entrée « Vin (2) : vin et négoce »).

Mais à Bordeaux, il n'y a pas que le vin !

Le secteur aéronautique et spatial mérite un coup de projecteur. Si je dis « aéronautique », on me répond la plupart du temps : « Toulouse. » En effet. Mais j'ajoute : « Bordeaux, aussi. »

Je ne retracerai pas ici la longue histoire de l'aviation en Gironde. Depuis le premier vol, en 1910, d'un pilote suisse, Eugène Ruchonnet, qui décolla de la plaine de Beau-Désert pour survoler Bordeaux… et se crasha, hélas ! deux ans plus tard dans le ciel de l'Oise. En passant par l'exploit de Maryse Bastié qui, en novembre 1925, une semaine après avoir obtenu son brevet de pilote sur la station de Bordeaux-Teynac, fit passer son avion, un Caudron G.3, sous les câbles du pont transbordeur de la ville. C'est en 1939 que l'industrie aéronautique prit vraiment son essor sur notre territoire : un jeune ingénieur, Marcel Bloch, crée en effet, en novembre de cette année, avec une petite équipe, une usine à Talence pour y fabriquer le fuselage de son MB.175. La guerre interrompt la production de Bordeaux Aéronautique, mais, dès son retour de Buchenwald, fin avril 1945, Marcel Bloch qui allait, en 1949, devenir Marcel Dassault, relance les activités du site de Talence. Deux ans plus tard, il signe avec l'armée de l'air le marché du MD.315 Flamant ; l'entreprise doit s'étendre et se déplace alors sur le site de Mérignac, à proximité immédiate des pistes de l'aéroport, où elle n'a cessé de se développer depuis lors. Aujourd'hui, les établissements Marcel Dassault de Mérignac et de Martignas-sur-Jalle, à quelques kilomètres de distance, constituent le socle de notre pôle aéronautique.

Ce pôle, aéronautique et spatial à la fois, est moins connu que le toulousain car ses activités relèvent en partie du secteur de la défense et se prêtent moins à une forte visibilité médiatique. Pourtant, ses grandes entreprises ont une activité duale, civile autant que militaire, à commencer par Dassault qui assemble ici ses avions militaires, aujourd'hui le Rafale, mais aussi ses avions d'affaires, toute la gamme des Falcon.

Thalès vient d'investir 200 millions d'euros sur le site que nous dénommons désormais l'Aéroparc. Son « campus » accueille 2 600 salariés dont 75 % d'ingénieurs et de cadres ; la technologie des radars en est le phare et l'innovation la ligne stratégique ; un espace de 1 500 mètres carrés lui est exclusivement dédié qui, selon son responsable, « réunit des équipes multidisciplinaires, des salariés du militaire et du civil, qui imaginent et conçoivent ensemble les produits, systèmes et services de demain ».

ArianeGroup, issu du rapprochement d'Airbus et de Safran, emploie quant à lui plus de 3 000 personnes sur les sites du Haillan et de Saint-Médard-en-Jalles, toujours dans la métropole bordelaise, où l'entreprise assure la maîtrise d'œuvre des lanceurs européens Ariane 5 et 6, et des missiles de la composante océanique de notre force de dissuasion.

À 25 kilomètres de Bordeaux, le laser mégajoule du Commissariat à l'énergie atomique permet de recréer les conditions de température et de pression de l'explosion atomique, ce qui, depuis la fin de tout essai hors laboratoire décidée en 1995 par Jacques Chirac et mon gouvernement, est le seul moyen de vérifier le niveau de performance de nos armements nucléaires.

Bordeaux est aussi devenu un pôle d'excellence pour la maintenance des aéronefs, qu'ils soient militaires avec le transfert de la SIMMAD (Structure intégrée du maintien en condition opérationnelle des matériels aéronautiques du ministère de la Défense) ou civils, avec Dassault qui a délocalisé à Mérignac la maintenance de ses Falcon, ou les deux avec Sabena Technics, poids lourd du secteur. Je suis toujours surpris d'entendre que, sur la durée de vie d'un avion, le budget consacré à sa maintenance est plus élevé que celui de l'acquisition initiale.

Il faut ajouter à ces « grands comptes », comme on dit, un réseau de plus de 300 PMI sous-traitantes qui portent à 20 000 les emplois du secteur.

Toutes ces entreprises ont des besoins de recrutement de personnel qualifié en forte croissance. La région y a opportunément répondu en créant un centre de formation à Latresne, près de Bordeaux, l'Aérocampus qui forme des techniciens de l'aéronautique avec un tel succès qu'il cherche maintenant à s'étendre. Dans cette perspective, je suis prêt à aider l'ambitieux projet Tarmaq qui, sur 9,5 hectares de la zone aéroportuaire, se propose de valoriser la filière aéronautique et spatiale auprès de tous les publics ; outre un nouveau centre de formation, on y trouverait des espaces de démonstration haut de gamme pour les industriels mais aussi des activités plus ludiques, telles que l'exposition d'une partie de la belle collection d'avions du Conservatoire de l'air et de l'espace. Comme toujours, les porteurs de projet communiquent aux « décideurs » publics, dont je suis, la chaleur de leur enthousiasme… qui commence à tiédir lorsqu'on parle budget et financement. Nos collectivités sont enjointes de réduire leurs dépenses, mais sont quotidiennement sollicitées pour « aider » toutes sortes d'initiatives souvent séduisantes.

Les filières numériques sont un autre gisement d'emplois pour l'agglomération. Bordeaux a reçu le label « FrenchTech » qui a le mérite de fédérer les très nombreuses entreprises du secteur, 2 500 selon le recensement officiel, start-up ou leaders confirmés comme Cdiscount (voir l'entrée « Jour ordinaire à Bordeaux »). Elles sont regroupées sur une sorte « d'arc numérique » qui se déploie du quartier des bassins à flot *via* le centre-ville jusqu'à la Cité numérique à Bègles. En forçant un peu le trait, je compare cette Cité à la Station F de Xavier Niel à Paris ; l'objectif en tout cas est le même : accueillir dans un ambitieux incubateur les entreprises qui démarrent et ont besoin d'être accompagnées sur leur chemin de croissance.

Il se crée beaucoup de nouvelles entreprises à Bordeaux, plus de 10 000 chaque année dans la période récente, ce qui est l'un des taux les plus élevés de France, hors région parisienne. Notre attractivité, on le voit, n'est pas que résidentielle, elle est aussi économique et en tous domaines. À ceux que j'ai cités il faut ajouter le tourisme sous toutes ses formes, vitivinicole, fluvial, de loisirs ou d'affaires. La rénovation en cours de notre parc des expositions, l'un des plus vastes de France, nous permettra de relever le gant d'une concurrence de plus en plus âpre entre métropoles européennes.

Je ne voudrais pas oublier le commerce et l'artisanat qui procurent 15 % des emplois de la métropole, non plus que l'économie sociale et solidaire qui y contribue pour 10 %.

Au total, le chômage reflue dans l'agglomération, lentement mais sûrement. Comme partout en France, me dira-t-on. Sans doute, mais la région Nouvelle-Aquitaine est une des plus créatives du pays. Cela dit, nous avons encore bien des efforts à faire. Je pense notamment à ce qu'on appelle pudiquement « l'emploi du conjoint » qui est le plus souvent celui de la conjointe. Dans le couple, quand l'homme est affecté à Bordeaux, la femme doit souvent chercher du travail, et c'est parfois la galère. C'est pourquoi nous multiplions les initiatives, tel l'accueil, pendant la « Semaine des droits des femmes », du salon « Profession'L » consacré à la reconversion professionnelle des femmes. Au cours de la dernière édition de ce salon, Laure Adler a présenté son dernier livre : *Dictionnaire intime des femmes*.

Mon équipe municipale est particulièrement engagée dans l'aide aux publics « les plus éloignés de l'emploi », comme on dit, qui sont pour le plus grand nombre des jeunes en difficulté ; nous mobilisons pour cela le dispositif de nos « missions locales », et de notre « maison de l'emploi » créée il y a plusieurs années à l'initiative de Jean-Louis Borloo, alors ministre délégué à la Ville, puis ministre de l'Emploi. C'était une belle idée venue de Paris, et les villes, dont Bordeaux, ont répondu présentes. Mais l'État, au fil des ans, finance de moins en moins. À la collectivité locale, comme souvent, de prendre le relais. Nous le faisons aussi en inscrivant des clauses sociales dans les marchés publics : 209 000 heures d'insertion ont ainsi été proposées à plus de 750 bénéficiaires l'an dernier, soit huit fois plus qu'en 2010.

À l'horizon 2030, l'objectif de Bordeaux Métropole est de créer 100 000 emplois privés salariés supplémentaires. Est-ce réaliste ? Certains en doutent. C'est à coup sûr ambitieux, mais faisable si le rythme actuel des créations se maintient sur la durée. Et c'est bien la question : se maintiendra-t-il ?

Que va devenir le marché de l'emploi dans les prochaines décennies ? Nul ne peut le dire avec certitude. Pour les uns, les effets conjugués de la révolution numérique et des progrès de la robotique vont détruire massivement les emplois d'aujourd'hui, cols blancs et cols bleus confondus ; le processus est en route, c'est vrai. Pour d'autres, des gisements d'emplois nouveaux existent et, comme par le passé, la destruction sera créatrice. Je ne suis pas sûr que la référence au passé soit en l'espèce convaincante, tant les transformations actuelles sont inédites. Mais je veux l'espérer de toutes mes forces car je ne peux me résoudre à imaginer un monde d'oisiveté dans lequel la subsistance de chaque individu serait assurée par un revenu minimum distribué par Big Brother. Je caricature sans doute les projets de « revenu de base universel ». Mais je demande vraiment à être rassuré !

Épicuriales

Chaque année, depuis vingt-trois ans, les Épicuriales s'installent au mois de juin sur les allées de Tourny, au cœur de Bordeaux. Deux rangées de stands accueillent des bars et des restaurants qui proposent les cuisines – et les boissons – du monde. L'initiative en revient aux commerçants

du centre-ville, et plus précisément à l'association qui les fédère : la Ronde des Quartiers. Pendant une dizaine de jours, les Bordelais, les Girondins, les touristes viennent en masse faire la fête. Le jour de l'inauguration, le rituel est invariable : le maire et ses adjoints plus particulièrement concernés, en charge du commerce ou du tourisme, déambulent dans les allées en compagnie des organisateurs, saluent un par un les restaurateurs, et croisent les promeneurs réjouis avant de rejoindre le podium pour les discours d'usage. Je célèbre alors les vertus du commerce de proximité qui anime les rues de la ville, crée des emplois, et contribue au bien-être des habitants, notamment des personnes âgées isolées dont c'est souvent le seul lieu de rencontre et de conversation.

J'ai pourtant été tenté, sinon de supprimer, du moins de « recadrer » la manifestation. Elle a suscité en effet bien des oppositions : celle des riverains gênés par le bruit tard dans la nuit ; celle des restaurateurs sédentaires qui craignaient une concurrence déloyale ; celle du grand public choqué par les nuisances de tous ordres, et notamment les entorses à la propreté. J'ai tenté de déplacer cette véritable institution dans un autre lieu, au voisinage moins sensible, par exemple la place des Quinconces ou les quais. Mais la Ronde des Quartiers a fait preuve d'une résistance polie et… farouche. Ses responsables m'ont expliqué que tout déplacement serait vécu par eux comme un exil et signerait l'arrêt de mort de leur chef-d'œuvre. Que la tradition était trop ancrée dans l'esprit du public pour changer les habitudes. Que seuls les allées et leurs tilleuls offraient la centralité et en même temps l'intimité qui conditionnaient le succès de l'événement… Bref, j'ai cédé. En posant quelques conditions : raccourcissement de la durée (d'un jour…), abaissement du niveau de la musique, extinction des feux à minuit-1 heure du matin, montée en gamme de la restauration, pas de vente de vin sans repas et exclusion des alcools durs, amélioration drastique de la propreté et du respect de l'environnement. J'ai, « en gros », obtenu satisfaction. Les Épicuriales accueillent même désormais un restaurant gastronomique où se succèdent les chefs étoilés de la région : les Étoiles d'Épicure. La Ronde des Quartiers prend chaque année à sa charge une action humanitaire, en contrepoint du caractère commercial de la manifestation. Et quand je vais passer un moment sur les allées, ou y dîner un soir avec ma femme et des amis, je suis frappé par l'ambiance qui y règne : bon enfant, populaire au meilleur sens du terme, « intergénérationnelle », comme on dit dans les rapports administratifs. Tous les âges. Des familles entières. Tous les milieux car les prix sont abordables. Et bien sûr une quantité extraordinaire de jeunes. J'aime qu'ils m'interpellent, qu'ils m'invitent à partager un verre, qu'ils me demandent un selfie. Il est vrai que le vin rosé coule à flots. Que l'enseignement d'Épicure qui prône la recherche de la tranquillité de l'âme plus que la fuite dans la jouissance effrénée est un peu perdu de vue. Mais bon ! Ne jouons pas les rabat-joie. La ville et la vie, c'est aussi la fête. Bordeaux a retrouvé le plaisir de vivre dans la rue, en terrasse, dans l'espace public où s'épanouit la vraie mixité, pas celle des statistiques administratives, mais celle des moments d'émotion et de plaisir partagé. Alors, vive Épicure à la sauce bordelaise et les Épicuriales !

Escargot

À Bordeaux, il n'est bon escargot que de Caudéran.

Pour en parler, je cèderai volontiers la plume à Jean-Marie Planes.

Je cite souvent le nom de cette personnalité bordelaise dans ce dictionnaire. C'est qu'il est fou amoureux de Bordeaux et qu'il en parle et en écrit avec une connaissance intime, un brin nostalgique parfois, pleine d'humour souvent.

En 1996, il a publié, aux éditions Confluences, un livre savoureux, au titre surprenant : *Une ville bâtie en l'air*, qu'il signe : Planes, bordelais, professeur et critique littéraire. J'en citerai volontiers tous les chapitres, notamment celui qu'il consacre à nos visiteurs du XIXe siècle : Théophile Gautier, Victor Hugo, Flora Tristan, Hippolyte Taine ou Stendhal.

Mais revenons à « L'escargot de Caudéran », chapitre sous-titré de manière provocatrice : « Sur un dégoût ancien ».

Caudéran est cette commune de l'agglomération bordelaise devenue, en 1965, quartier de Bordeaux grâce à l'entregent de Chaban qui y cherchait sans doute un réservoir de voix et organisa habilement sa fusion avec la commune de Bordeaux. Caudéran vote toujours à droite. Mais ce n'est pas son seul mérite. On y jouit d'une belle qualité de vie, elle attire les nouveaux arrivants, et le projet urbain que ses habitants ont fait leur est ambitieux : « Caudéran, ville verte. »

Et puis, il y a les escargots à la caudéranaise.

Jean-Marie Planes raconte :

La tradition remonte au carnaval des temps anciens où, « avant le jeûne du carême, il fallait trouver un aliment, à la fois maigre et un peu banal, procurant une délectation qui vaille la peine d'être recherchée. L'escargot de Caudéran fit l'affaire jusqu'en 1914.

» La concurrence, la désaffection pour les réjouissances du passé, la piété on veut croire, les désherbants surtout, eurent raison des agapes du mercredi des Cendres ».

Et Planes poursuit :

« J'ai grandi à Caudéran. Les escargots qui avaient survécu étaient des "cagouilles", bêtes de conséquence, robustes, à la coquille bien tournée, au teint rougeâtre et florissant. Rien à voir avec les "petits gris" charentais.

» Le temps passa. La vie me fit avaler bien des couleuvres. Mais je n'avais jamais goûté aux escargots.

» Un soir de mars 1993, une aimable biologiste de l'INRA assura, tardivement, mon éducation [...].

» Tout bête d'avoir tant attendu, il fallut en convenir : c'est exquis. »

Suit la recette, précieusement conservée :

« Ramasser soi-même les escargots (se méfier des dealers), les nourrir de farine pendant plusieurs jours. Ne pas s'impressionner des sécrétions abondantes, blanchâtres, pâteuses, visqueuses qui s'ensuivent. Et puis soigner le court-bouillon (n'utiliser que du vin blanc) dans lequel on les plongera au dernier moment, après les avoir fait cuire avec de l'ail et du jambon. »

J'essaie de ne jamais manquer à l'invitation que me lancent chaque année les amis de Caudéran à l'occasion de la fête de l'Escargot. Je dois avouer que, dans les premiers temps, j'eus du mal à oublier les gros blancs de Bourgogne *Helix pomatia*, dont l'intérêt principal, il faut bien le dire, vient du beurre persillé qui les accompagne. Je m'y suis fait. J'ai pris goût à la recette caudéranaise qui, malgré le ralliement tardif de Jean-Marie Planes, n'a pas encore atteint la réputation des meilleures productions de la gastronomie aquitaine.

Esclavage

Le 10 mai 2008, j'ai eu la chance et le bonheur d'accueillir à Bordeaux Michaëlle Jean, gouverneure générale du Canada. J'avais fait sa connaissance à Ottawa, en 2005, lors de mon séjour nord-américain. J'avais tout de suite éprouvé pour elle estime et amitié.

Ce sont les célébrations du 400e anniversaire de la ville de Québec qui la conduisirent, en 2008, en France, à Paris, à La Rochelle et enfin à Bordeaux.

Sa visite dans notre ville était placée sous le signe de la diversité et de l'intégration. À pied, nous avons traversé le quartier Saint-Michel jusqu'au centre d'animation où nous attendaient les représentants de nombreuses associations. Tous admirèrent la simplicité et la capacité d'écoute d'une personnalité qui avait rang de chef d'État. Nous lançâmes l'idée de jumeler Saint-Michel de Bordeaux et son quartier homonyme à Montréal. Mais l'image qui reste la plus fortement gravée dans ma mémoire, c'est celle de la cérémonie sur le quai des Chartrons où les pouvoirs publics, préfet en tête, commémoraient, en ce 10 mai, l'abolition de l'esclavage. J'entends encore la voix de Michaëlle s'élever, claire malgré l'émotion, de la tribune qu'entourait une petite foule attentive :

« Moi, arrière-arrière-arrière… petite-fille d'esclaves, je suis venue saluer la mémoire des millions d'Africaines et d'Africains », victimes « d'un des crimes les plus barbares contre le genre humain ». J'ai oublié de signaler que Michaëlle est née en Haïti. Elle prononçait cette phrase terrible du quai des Chartrons d'où partirent pendant plus de deux siècles des cargaisons d'esclaves en direction des Antilles. Nous dévoilâmes avec elle une plaque qui porte l'inscription suivante :

« À la fin du XVIIe siècle, de ce lieu est parti le premier navire armé dans le port de Bordeaux pour la traite des Noirs. Plusieurs centaines d'expéditions s'ensuivirent jusqu'au XIXe siècle. La ville de Bordeaux honore la mémoire des esclaves africains déportés aux Antilles au mépris de toute humanité. »

Oui, Bordeaux fut un grand port négrier, et sa prospérité au XVIIIe siècle vint en grande partie de la traite et du commerce triangulaire.

Deux édits pris en Conseil du roi en 1715 et 1717 désignèrent le port de Bordeaux comme point de départ du négoce vers les îles et autorisèrent « la traite des nègres » en Afrique. Dès 1671, des comptoirs avaient été ouverts dans les colonies d'Amérique. Cent ans plus tard, Bordeaux concentrait 40 % du commerce extérieur de la France ; en 1785, c'était le troisième port négrier de France (derrière Nantes et La Rochelle) ; à la veille de la Révolution, il devint le premier port de France, on le surnomme alors « l'entrepôt de l'Europe ».

On estime à 4 000 le nombre de Noirs et de gens de couleur qui vivent à Bordeaux au XVIIIe siècle ; il s'agit pour l'essentiel « de domestiques suivant leur maître, d'esclaves envoyés apprendre un métier ou d'enfants métis venus parfaire leur formation ». Dans le dernier quart du siècle, les autorités veulent limiter cet afflux et organisent des recensements obligatoires, créent une police particulière et ouvrent « un dépôt des Noirs », c'est-à-dire une prison spécialisée.

Je ne retracerai pas ici les durs combats menés tout au long du siècle des Lumières qui aboutirent au décret du 16 pluviôse an II (4 février 1794) par lequel la Convention abolit l'esclavage qualifié de « crime de lèse-humanité ».

Les négriers qui se sont si massivement enrichis ne renoncent pas pour autant ; le conseil du commerce de Bordeaux proclame qu'il est nécessaire de continuer la traite ; Bonaparte, premier consul, est sensible à leurs arguments et, par une loi du 20 mai 1802, maintient l'esclavage « dans les colonies restituées à la France », la même année, par le traité d'Amiens. Ce texte laisse en fait toute latitude au rétablissement général de l'esclavage. Dans la foulée, plus de 200 navires reprennent le commerce triangulaire et, de 1802 à 1804, Bordeaux devient le premier port négrier de France, devant Nantes.

Au total, « sur une durée d'environ un siècle et demi (du dernier tiers du XVIIe au premier tiers du XIXe siècle), des dizaines de milliers de marins, armateurs, investisseurs, marchands, artisans, fabricants ont participé à la préparation d'environ 500 expéditions négrières bordelaises qui ont [...] enlevé à l'Afrique entre 130 000 et 150 000 de ses habitants » (Éric Saugera, *Bordeaux, port négrier*, Karthala, 2002, p. 23).

Il fallut attendre 1848 et le décret du 27 avril pris sous l'impulsion de Victor Schoelcher pour que l'esclavage soit définitivement aboli dans notre pays. 250 000 esclaves furent alors émancipés.

On retrouve des traces de ce terrible passé dans le patrimoine bordelais. Parmi les plus visibles sont peut-être certains mascarons qui ornent nos immeubles. « Ainsi un visage africain portant des boucles d'oreille est sculpté sur une façade de la rue d'Aviau à proximité du jardin public. Le visage d'une femme qu'on suppose noire est reproduit sur les façades du pavillon central de la place de la Bourse, rue Fernand-Philippart. » J'ai vu, dans certains salons, des porte-cendriers en forme de silhouettes portant livrée, visage noir et lèvres épaisses, serviteurs muets.

Longtemps, Bordeaux eut la mémoire oublieuse. Selon mes sources, peut-être incomplètes, il faut attendre 1995 pour que soit publié un ouvrage qui tente de faire la lumière sur cette période honteuse de notre histoire : c'est en 1995 en effet que Éric Saugera publie son *Bordeaux, port négrier, chronologie, économie, idéologie, XVIIe-XIXe siècles*. On y trouve tous les chiffres et toutes les analyses utiles au devoir de mémoire.

Des associations militent dans Bordeaux pour que notre ville regarde son passé en face et instruise ses jeunes générations de la vérité historique, sans en cacher aucun aspect. Elles ont raison. C'est pourquoi, en 2005, alors que j'étais au Québec, Hugues Martin, maire de Bordeaux, instaura le « Comité de réflexion et de propositions sur la traite des Noirs à Bordeaux », dont il confia la présidence à Denis Tillinac. Ce comité fit un travail de mémoire utile et véridique. Hugues Martin fit ensuite installer le buste de Toussaint Louverture sur le quai de Queyries, face au port de la Lune.

Sur le socle de la statue est gravée cette phrase du général dont le fils vécut à Bordeaux :

« En me renversant, on n'a abattu à Saint-Domingue que le tronc de l'arbre de la liberté des Noirs. Il repoussera par ses racines parce qu'elles sont nombreuses et profondes. »

De retour à Bordeaux, je décidai, dans l'esprit des préconisations du « comité Tillinac », de prendre d'autres initiatives. J'ai parlé de la plaque apposée sur le quai des Chartrons. Mais surtout je demandai au conservateur du musée d'Aquitaine d'installer plusieurs salles permanentes consacrées au XVIIIe siècle et montrant de manière aussi frappante que possible la réalité de la traite. Les visiteurs y viennent en grand nombre, et les enseignants de Bordeaux y conduisent leurs élèves par centaines. Les vidéos historiques et le mur d'images de la dernière salle qui montre les visages de Bordelais d'aujourd'hui issus de la diversité s'imprimeront durablement dans leur esprit.

Plusieurs associations, et notamment Diverscités de Karfa Diallo qui a boudé la cérémonie du 10 mai 2008, demandent qu'un monument soit érigé à la mémoire des esclaves. Il faudra le faire. Il demande aussi que le conseil municipal débaptise les rues « dont le nom honore des personnalités qui se sont enrichies grâce à la traite des Noirs ». Je m'y suis opposé et continuerait à le faire. D'abord parce que certaines des personnalités concernées appartiennent certes à des familles d'armateurs qui ont pratiqué la traite mais ont exercé les fonctions qui leur valent une reconnaissance publique bien après l'abolition de l'esclavage.

Et puis j'ai en tête la conférence de Pierre Nora lors de la célébration du 300e anniversaire de notre Académie des sciences… consacrée aux limites de la repentance et des lois mémorielles. Le même Pierre Nora a prononcé, dans une interview qu'il a donnée aux *Échos* le 1er juillet 2007, cette phrase qui mérite réflexion : « L'histoire rassemble, la mémoire divise. » Pour bien comprendre, j'ai repris son texte en détail : « Porter sur le passé un jugement lié à des critères moraux actuels qui n'existaient pas à l'époque entraîne un péché d'anachronisme absolu. Prenons la question de la traite des Noirs. Si on n'explique pas ce qu'a été dans l'Occident l'évolution de l'image du Noir et qu'on y applique le jugement des droits de l'homme d'aujourd'hui, il est évident qu'on aboutit à une incompréhension absolue de ce qu'ont été la situation historique et son évolution. Si l'on n'apprend la colonisation tout entière qu'en termes de péché, de repentance et de culpabilisation, on aboutit de proche en proche à un risque de culpabilisation totale de l'histoire qui ne mériterait pas d'être apprise puisqu'elle ne serait qu'un cimetière de mauvaise conscience. »

Dire les choses, ne pas occulter la vérité, assumer pleinement notre histoire comme nous le faisons au musée d'Aquitaine ou dans les visites guidées que conduit l'association Mémoire et partages dans les rues du centre-ville de Bordeaux, sur les traces de la traite des Noirs et de nos relations passées avec l'Afrique… j'y suis pleinement favorable. En revanche, stigmatiser un nom de famille en risquant d'englober dans l'opprobre ceux qui le portent de nos jours, ou bien tenter d'effacer l'histoire en détruisant des mascarons sur les façades de nos hôtels particuliers, c'est tomber dans le piège de l'anachronisme absolu que dénonce Pierre Nora.

D'autant qu'il a existé jusque dans ce siècle et qu'il existe encore aujourd'hui dans certaines régions du monde une traite aussi infâme que celle qui a jadis sévi en Occident. La combattre devrait aussi mobiliser nos énergies.

Le 30 janvier 2006, le président Chirac a annoncé qu'il retenait la date du 10 mai pour commémorer en France métropolitaine l'abolition de l'esclavage. Après avoir dénoncé « une abomination perpétrée, pendant plusieurs siècles, par les Européens à travers un inqualifiable commerce entre l'Afrique, les Amériques et les îles de l'océan Indien », il conclut son discours en ces termes : « Le combat contre l'asservissement est un combat d'aujourd'hui.

[...] Le travail forcé existe, sous une forme ou sous une autre, sur presque tous les continents : selon les Nations unies, plus de 20 millions de personnes en sont victimes. Comment tolérer que, en ce début du XXIe siècle, il y ait, dans le monde, des familles "enchaînées", génération après génération, dans la servitude pour dettes ? Que tant d'enfants travaillent, et souvent dans des conditions épouvantables ? Que tant de jeunes filles soient vendues par leur famille, pour devenir des domestiques sans salaire ou être livrées à la prostitution ? »

Et Jacques Chirac conclut : « La tâche reste immense : la France est et doit être au premier rang dans ce combat. »

Onze ans plus tard, en 2017 encore, on a pu voir des vidéos de ventes d'esclaves sur des scènes libyennes. Et les passeurs qui exploitent, dans des conditions inhumaines, les malheureux qui tentent d'immigrer en Europe pratiquent eux aussi une forme d'esclavage.

L'indignation, un jour, ne suffira plus à endiguer la révolte des opprimés.

Evento

En lançant, en 2009, l'événement baptisé Evento, mon idée était de donner carte blanche à un artiste pour qu'il installe dans la ville, dans la rue, au milieu du peuple bordelais, des œuvres contemporaines.

J'y étais encouragé par le succès de deux événements retentissants : l'exposition de l'artiste sénégalais Ousmane Sow sur les quais en 2000, et, quelques années plus tard, en 2007, l'installation de douze œuvres monumentales de Bernar Venet sur les deux rives de la Garonne. Les Bordelais s'étaient montrés enthousiastes et en redemandaient.

Pour Evento 1, sur les conseils de mon équipe culturelle, je choisis Didier Faustino que, à vrai dire, je connaissais peu. Architecte et artiste, il avait pourtant assis sa notoriété sur ses travaux présentés à Venise (biennale d'architecture de 2000), à Paris, à New York ou à Londres. Il me proposa le thème de « L'intime collectif », oxymore qu'il développait avec force de conviction. Il installa donc dans divers lieux de la ville des œuvres d'une grande diversité d'inspiration qu'il voulut mettre en résonance avec la fête foraine qui, comme d'habitude à pareille époque, occupait la place des Quinconces. Son choix, je m'y attendais, ne fit pas l'unanimité. Mais les Bordelais plébiscitèrent deux créations. D'abord la passerelle de Tadashi Kawamata, plasticien japonais, qui relia audacieusement le quai des Quinconces et la berge du fleuve en construisant, au-dessus du boulevard, une passerelle en bois (des Landes, si je me souviens bien). Elle était accessible au public qui vint en masse se faire peur jusqu'au surplomb sur la Garonne. La promenade fut si populaire que je décidai de maintenir la passerelle plusieurs mois après la fin d'Evento jusqu'à ce que mes services de sécurité me conseillent de la faire démonter.

Deuxième fait marquant de cette première édition d'Evento : l'installation d'Amos Gitaï dans la base sous-marine. Le grand cinéaste israélien fit projeter sur les murs des alvéoles de la base plusieurs séquences de ses films. Le choc était saisissant ; je conserve le souvenir de la vague puissante d'images et de sons qui submergeait le visiteur.

Au total, la manifestation eut un succès mitigé. Les esprits chagrins critiquèrent son coût (4,2 millions dont 3 de subventions municipales) et son caractère artificiel, plaqué, sans véritable adhésion populaire. Mon équipe et moi-même constatâmes avec satisfaction qu'elle avait néanmoins attiré 200 000 à 300 000 visiteurs.

Il est vrai que la communication n'avait pas été tout à fait à la hauteur et qu'aucun rendez-vous festif n'était venu ponctuer l'exposition des œuvres.

Il est vrai aussi que la relation entre le « grand public » et la création contemporaine est complexe ; l'adhésion aux œuvres n'est pas toujours spontanée. J'en ai fait l'expérience au fil du temps. Je me suis naturellement interdit d'imposer mes goûts. J'ai constitué une commission d'experts, présidée par le Bordelais Alfred Pacquement, longtemps directeur du Musée national d'art moderne du Centre Pompidou.

Ses choix ont reçu des accueils contrastés.

Un exemple heureux : le *Lion* bleu de Xavier Veilhan installé au cœur de la place Stalingrad ; les Bordelais l'ont adopté, la Bastide en est fière, et il ne viendrait à l'esprit de personne de le déménager.

Un contre-exemple : la *Maison aux personnages* de Ilya et Emilia Kabakov, posée au centre de la place Amélie-Raba-Léon, lieu très fréquenté, à l'entrée de ce que nous appelons le « tripode », navire amiral de notre CHU. Elle suscite au pis l'incompréhension (« Pourquoi n'y loge-t-on pas des SDF ? », m'a-t-on demandé un jour…), au mieux l'indifférence. Je reconnais que nous n'avons rien fait pour provoquer la curiosité des passants, pas même une signalétique visible.

Je décidai pourtant de poursuivre et, pour l'édition 2011 d'Evento, je fis confiance à Michelangelo Pistoletto, grande figure italienne de l'arte povera. Je voulus établir avec l'artiste une relation plus personnelle et j'allai donc lui rendre visite dans son fief de Biella, au cœur du Piémont italien. À la fin des années 1990, il y a installé, dans une usine désaffectée, sa « Cittadellarte », où il avait regroupé quelques-unes de ses œuvres majeures, et où il accueillait de jeunes artistes qu'il faisait réfléchir sur les changements tectoniques de nos sociétés. Réfléchir et agir : « Les artistes ne sont pas là pour décorer des murs, nous sommes des artivistes », m'expliquèrent-ils fièrement en me présentant le produit de leur travail, par exemple des tissus écodurables ou des matériaux d'isolation fabriqués à base de la paille de riz abondante dans la plaine voisine du Pô.

Je tombai sous le charme de ce vieux monsieur à l'élégance surannée, qui parlait un joli français d'une voix lente et douce. Je lui expliquai ce que j'attendais de lui, et qui différait sensiblement du cahier des charges d'Evento 1. Cette fois, plutôt que de « parachuter » dans l'espace bordelais des objets venus d'ailleurs, je souhaitais que soit réalisé un travail en profondeur avec les acteurs de la société bordelaise, dans la diversité de ses quartiers. M. Pistoletto accrocha tout de suite et s'engagea à venir s'immerger dans la réalité du terrain bordelais. Ce qu'il fit pendant des mois avec son équipe. Sous son impulsion, Evento 2, que j'inaugurai en compagnie de Frédéric Mitterrand, alors ministre de la Culture et de la Communication, fut marqué par quelques temps forts, exactement dans l'esprit de ce que nous avions voulu : l'immersion dans la vie de nos quartiers. Place André-Meunier, autour de la « cabane à gratter », lieu de convivialité pour des publics dont la vie quotidienne en manque, hélas ! souvent ; dans la halle des Douves en pleins travaux ; ou encore dans le quartier du Grand Parc… dans tous ces lieux peu fréquentés par les touristes, les « vrais » habitants, appelés par les très nombreuses associations qui maillent la ville, vécurent d'intenses moments d'échange et de réflexion sur la ville et son avenir, dans la perspective de ce que M. Pistoletto appelait une « ré-évolution urbaine ».

Ce qui manqua de nouveau fut un grand rassemblement populaire et festif. La prestation de l'« artiste » italien Pippo Delbono sur la place de la Comédie devait en tenir lieu. Le public vint au rendez-vous. J'assistai, navré, à plus d'une heure de vagissements inarticulés dudit « artiste », qui tinrent lieu de « performance ».

Malgré cet incident, Evento 2 a atteint pour moi ses objectifs, et j'en sus gré à Michelangelo Pistoletto. Je fus heureux de retrouver, en 2013, quelques-unes de ses œuvres exposées dans les salles du Louvre, dans le cadre de la manifestation « Année 1, le paradis sur terre ».

Il revint à Bordeaux en 2017, dans le quartier du Grand Parc, à l'invitation du collectif d'associations qui, au fil des années, avaient gardé vivant le souvenir du travail accompli en commun. Le chantier de la salle des fêtes, attendu depuis si longtemps, était enfin en cours ; il revêtait, aux yeux des habitants, une portée symbolique : au-delà de la rénovation d'un bâtiment dégradé, celle de l'édification d'un lieu de vie où construire la cohésion tant recherchée. M. Pistoletto me rendit visite à la mairie. Je constatai que le temps qui passe n'avait pas amoindri sa créativité. Il me développa l'une de ses idées chères : passer de la démoCRATIE (en grec, « le peuple au pouvoir ») à la démoPRAXIE (« le peuple en action »). Il met là le doigt sur l'un des enjeux fondamentaux du gouvernement de nos sociétés hyperdéveloppées : comment régénérer la démocratie représentative qui s'essouffle par l'épanouissement d'une démocratie participative ou quotidienne à laquelle aspirent les citoyens d'aujourd'hui ? Mais c'est un autre débat.

Durant notre entretien, je proposai à M. Pistoletto la présidence d'honneur du conseil d'administration de la salle des fêtes du Grand Parc où siègeront, aux côtés des élus municipaux, les responsables associatifs. Il accepta. J'y vis un signe : celui de l'empreinte profonde qu'avait laissée Evento 2 dans la vie de la cité.

F

Féminisme

Bordeaux tient toute sa place dans le mouvement historique d'émancipation de la femme.

Je pense notamment à Flora Tristan ou à Rosa Bonheur (voir ces entrées).

Je ne veux pas oublier une authentique Bordelaise qui a donné son nom à une rue de la ville et à l'une de ses maisons de retraite : la « résidence autonomie », comme nous disons désormais, Manon Cormier, sise dans la rue du même nom.

Madeleine Cormier, dite Manon Cormier, est née en 1896 dans une famille bourgeoise et républicaine ; son père, Jules Cormier, est maire de Bassens, près Bordeaux, de 1922 à 1925. Manon, brillante lycéenne, est une des toutes premières femmes à entrer à la faculté de droit de Bordeaux et à y obtenir sa licence.

Le Cercle Sud-Ouest des idées a récemment retracé sa carrière dont je reproduis les grandes étapes :

— En 1924, elle devient présidente fondatrice de la section girondine de la Ligue française pour le droit des femmes, puis, dès 1928, membre du comité central de la ligue nationale qui milite pour le droit de vote des Françaises.

— Elle ne se contente pas de s'exprimer avec talent dans de nombreuses conférences ; elle passe à l'acte :

« Lors des dernières élections municipales, raconte-t-elle, [...] nous avons organisé à Bordeaux un vote fictif qui, malgré une publicité très imparfaite [...], nous a permis de recueillir plus de 6 000 bulletins dans lesquels les signataires affirmaient leur désir de voter.

» Partout, les femmes sont nombreuses qui désirent voter [...]. Il faut bien que l'on sache par conséquent que cette prétendue indifférence des Françaises en face de la situation humiliante qui leur est créée du fait qu'elles sont à l'heure actuelle presque les seules entre toutes les femmes des pays civilisés à n'être pas encore les égales politiques des hommes est une pure légende. »

Et d'ajouter que les femmes de province militent pour ce droit avec autant de ferveur que les Parisiennes...

— Devenue avocate, elle plaide pour le droit au travail et pour le principe : « à travail égal, salaire égal », inscrit dans le traité de Versailles et voté à l'unanimité par la CGT lors de son congrès de septembre 1935. Ce principe, dit-elle, « est bien loin d'avoir été mis en pratique dans le commerce et l'industrie privée [...]. Cet état de choses est injuste ».

— En 1934, elle est récompensée par le prix de l'Académie nationale des sciences, belles-lettres et arts de Bordeaux, et crée en 1938 le club Soroptimist, qui signifie « le meilleur pour les femmes », et qui regroupe plusieurs Bordelaises ayant un emploi rémunéré. « L'identité heureuse » avant la lettre...

— En 1940, elle quitte Bordeaux pour Paris où elle devient sous-directrice au ministère du Ravitaillement.

Elle entre rapidement en résistance, en relation avec le réseau FTPF du Sud-Ouest.

— Le 30 septembre 1943, elle est arrêtée par la Gestapo ; emprisonnée et interrogée jusqu'en mars 1944, elle est déportée à Ravensbrück, d'où elle sera rapatriée en mars 1945. Mais tellement épuisée par d'épouvantables conditions de détention qu'elle s'éteint à l'hôpital Boucicaut à Paris le 25 mai 1945.

Quelques semaines à peine après sa disparition, les Françaises exerceront pour la première fois leur droit de vote lors des élections municipales d'avril 1945.

La nation l'a honorée en inscrivant son nom au Panthéon parmi les écrivains « morts pour la France ».

Elle a bien mérité de la cause des femmes.

Je passe un instant des grands combats de portée universelle aux modestes actions de terrain : depuis 2014, la loi fait obligation aux collectivités locales de plus de 20 000 habitants de présenter chaque année, au moment du vote de leur budget, un rapport sur l'égalité réelle entre femmes et hommes au sein de la commune et sur les politiques menées pour améliorer la situation.

À Bordeaux, j'ai chargé l'un de mes adjoints de cette responsabilité. Il s'en acquitte avec l'aide d'une conseillère municipale déléguée, et tous deux mettent beaucoup de cœur à l'ouvrage. Nous sommes plutôt bons. C'est ainsi que, dans la municipalité, c'est-à-dire l'exécutif qui entoure le maire, il y a stricte parité entre adjointes et adjoints. Et les adjointes ont des « portefeuilles » stratégiques : le développement économique, l'urbanisme opérationnel, l'éducation, les sports, la nature et les espaces verts... ainsi que la charge de quartiers importants. Dans l'administration, une mission égalité, dotée d'un budget propre, a pour tâche de mettre en œuvre les politiques de promotion de l'égalité et de lutte contre les discriminations entre femmes et hommes ; sa directrice anime une petite équipe de quatre collaboratrices particulièrement enthousiastes. Elles s'appuient sur plusieurs instances de dialogue et de concertation : l'Observatoire bordelais de l'égalité, qui regroupe des chercheurs, des personnalités qualifiées, des responsables associatifs, des élus, des fonctionnaires ; le Cobade (Comité bordelais de veille et d'action contre les discriminations et pour l'égalité), qui accompagne dans leurs démarches les personnes victimes de discrimination ; ou encore le comité de veille et de lutte contre le sexisme qui a élaboré un guide « Ensemble contre le sexisme », destiné aux professionnels socio-éducatifs au travail dans nos quartiers. À ce dispositif s'ajoutent des manifestations périodiques, telle la « Quinzaine de l'égalité, de la diversité et de la citoyenneté », qui rencontre un succès grandissant, ou plusieurs initiatives pour mobiliser contre la violence faite aux femmes, par exemple « La Poutine de Janine », qui met en scène des histoires de femmes immigrées racontées par la compagnie Tombés du Ciel.

Le conseil municipal a adopté en juin 2017 un plan de prévention et de lutte contre les discriminations (PPLCD), issu d'états généraux de l'égalité et de la laïcité qui avaient rassemblé des centaines de participants et qui avaient mis en évidence un fort sentiment de discrimination dans la population : plus de 50 % des répondants déclaraient avoir été victimes ou témoins d'actes de discrimination, et ce pourcentage atteignait 69 % chez les femmes. Les domaines les plus souvent cités étaient l'accès aux espaces publics (58 %), l'emploi (33 %), le logement (24 %). Le PPLCD (je sacrifie à la manie des acronymes…) fixe des objectifs précis et propose des actions cohérentes pour faire reculer ce fléau. Je fais de la lutte contre les violences faites aux femmes, ce scandale insupportable, une priorité absolue. Nous nous appuyons sur de remarquables associations comme Promofemmes et Remue Méninges ; nous organisons des « marches exploratoires », dans les zones anxiogènes des quartiers sensibles qui relèvent de la « politique de la ville ».

Où en sommes-nous ? J'ai dit que nous étions bons. Mais pas encore très bons, et nous avons encore du chemin à faire pour obtenir les labels AFNOR « Égalité professionnelle entre les femmes et les hommes » et « Diversité ».

Pour m'en tenir à la sphère municipale, je constate que, sur un effectif global de 2 356 femmes et 1 028 hommes en 2016, il subsiste de fortes disparités : 75 % de femmes travaillent en CDD, contre 25 % des hommes ; la répartition des agents entre les filières est fortement « sexuée » :

on trouve 98 % de femmes dans le secteur médico-social, et 57 % d'hommes dans les métiers du sport ; les effectifs de la catégorie C de la fonction publique (agents d'exécution) sont féminins à 71 %, mais le pourcentage atteint il est vrai 63 % dans la catégorie A (cadres). Dans l'encadrement supérieur, nous sommes proches de la parité et meilleurs que la moyenne nationale. Enfin, et c'est sans doute le plus préoccupant, s'agissant du salaire mensuel brut moyen, il subsiste un écart défavorable aux femmes de 17 % dans la catégorie A+, et de 10 % dans la catégorie C. Si l'on prend le salaire mensuel brut médian toutes catégories confondues, l'écart est de 16,5 % au détriment des femmes.

La direction des ressources humaines est évidemment en mesure « d'expliquer » ces différences en invoquant la nature des tâches ou le déroulement des carrières. Explication n'est pas justification, il faut continuer le combat.

Lors du salon « Profession'L » (voir l'entrée « Emplois »), une intervenante a proclamé avec ardeur : « Le XXIe siècle sera féminin. » Laure Adler, qui participait à la table ronde, a déclaré : « Le combat pour l'égalité, nous le mènerons ensemble, femmes et hommes réunis. » J'ai préféré.

Femmes (de Bordeaux)

En mars-avril 1838, Stendhal s'est arrêté longuement à Bordeaux ; il a beaucoup écrit sur la ville, son histoire, ses monuments, sa vie sociale. Et ses femmes. Je ne résiste pas au plaisir de citer ce qu'il en dit :

« Ce qui frappe le plus le voyageur qui arrive de Paris, c'est la finesse des traits, et surtout la beauté des sourcils des femmes de Bordeaux.

» À Paris, on trouve trop souvent des traits communs et lourds qui quelquefois expriment des pensées très fines. Ici la finesse est naturelle ; les physionomies ont l'air délicat et fier sans le vouloir. Comme en Italie les femmes ont, sans le vouloir, ce "beau sérieux" dont il serait si doux de les faire sortir.

» J'ai été saisi par cette idée hier au sortir des vêpres, vers les 3 heures ; je me promenais par hasard sur la belle place du Théâtre qu'on appelle les "allées de Tourny" et me suis trouvé justement au débouché de la rue qui conduit à la place du Chapelet au moment où tout le monde sortait de l'église à la mode. Beauté idéale, "à la Schidone", de la jeune fille qui vend des oranges et des bouquets de violettes au coin de cette rue ; sa coquetterie admirable, c'est-à-dire ressemblant parfaitement à un simple mouvement de vanité et d'amitié envers un rustre de sa connaissance qui passait devant elle sans lui parler. »

Et le voyageur poursuit sa quête, sinon sa drague (mais il a 55 ans, ce qui, pour l'époque…) :

« Je soupçonne qu'il y a de l'amour à Bordeaux et l'amour enseigne sur-le-champ tout le prix de la pudeur. […] Ici les filles du peuple ont la tête coiffée d'un mouchoir. »

Suit une curieuse analyse morphologique :

« Les formes annoncent évidemment les métis provenant de la race ibère mêlée à la race gaël. Quelques figures allongées, mais surtout ce me semble dans les classes aisées, montrent le mélange de la race ibère avec la race kimri (?). »

Et tant pis pour les Parisiennes :

« Jamais de ces figures chargées de chair, trop fréquentes à Paris, jamais de ces grosses pommettes séparées par un nez écrasé. »

Les Bordelais ne bénéficient pas des mêmes louanges :

« Les hommes sont sensiblement plus petits à Bordeaux qu'à Paris. » (Que dire alors des Landais !)

Ils n'en sont pas moins portés sur le sexe :

« Beaucoup d'hommes mariés ont des maîtresses et vont chez elles de 7 à 9 heures. Ces demoiselles habitent des petites maisons à un seul étage, ou même n'ayant qu'un rez-de-chaussée [nos échoppes]. »

Stendhal va jusqu'à donner les tarifs. Mais l'argent n'est pas l'essentiel :

« Les demoiselles sont beaucoup plus heureuses que les femmes mariées ; elles passent tous les jours deux heures avec l'homme qui les préfère. »

Quant aux jeunes gens, « ils vivent entre eux et n'ont absolument aucune relation avec les femmes honnêtes ».

Mais il y a aussi de grandes passions. « On m'assure, poursuit Stendhal, que chaque année une ou deux jolies femmes se font enlever au sortir de la messe. Ces enlèvements sont dans le genre anglais [*sic*] ; l'amant quitte tout pour aller vivre avec la femme qu'il préfère ; en général, on se rend à Paris. » Autre temps, autres mœurs : aujourd'hui, sans doute peut-on rester à Bordeaux…

Théophile Gautier a partagé la fascination de Stendhal pour les Bordelaises, ou du moins celles qu'il croisait dans nos rues. Voici ce qu'il en dit :

« Ce qui anime la ville, ce sont les grisettes et les femmes du peuple, elles sont réellement très jolies : presque toutes ont le nez droit, les joues sans pommettes, des grands yeux noirs dans un ovale pâle d'un effet charmant. Leur coiffure est très originale ; elle se compose d'un madras de couleurs éclatantes, posé à la façon des créoles, très en arrière, et contenant les cheveux qui tombent assez bas sur la nuque ; le reste de l'ajustement consiste en un grand châle droit qui va jusqu'aux talons, et une robe d'Indienne à longs plis. Ces femmes ont la démarche alerte et vive, la taille souple et cambrée, naturellement fine. [...] Avec leur amphore sur la tête, leur costume à plis droits, on les prendrait pour des filles grecques et des princesses Nausicaa allant à la fontaine. »

Même jugement chez Victor Hugo. Il prévient le « touriste », comme on ne disait pas alors : « Vous aimerez Bordeaux, même vous qui ne buvez que de l'eau et qui ne regardez pas les jolies filles [...]. Dieu les a faites belles, cela ne leur suffit pas, elles se font jolies. »

La convergence de ces témoignages ne peut laisser aucun doute : la beauté des Bordelaises, il y a deux siècles, était inégalable. Je n'ai pas trouvé chez les écrivains contemporains de texte qui permette d'actualiser ce palmarès. Peut-être chez Sollers ? Mais il n'est pas besoin de confirmation littéraire ; la réalité saute aux yeux de tout observateur de bonne foi : oui, je le dis, au risque de me faire taxer de démagogie, les Bordelaises sont belles !

Frugès

En juillet 2016, l'Unesco a classé au patrimoine mondial, pour « leur valeur universelle exceptionnelle », la Cité Frugès de Pessac, près de Bordeaux, ainsi que six autres œuvres majeures de Le Corbusier.

La construction des cinquante et une maisons de cette cité-jardin est le fruit de la rencontre de deux hommes : Henry Frugès, industriel du sucre girondin, grand amateur d'art, et Charles-Édouard Jeanneret-Gris, dit Le Corbusier, architecte, urbaniste et designer.

Frugès a lu *Vers une architecture* que Le Corbusier vient de publier en 1923. Patron « social », il se préoccupe du bien-être de ses ouvriers et veut favoriser l'accès à la propriété des classes « laborieuses ». Il s'entiche des idées de Le Corbusier et l'invite à venir les mettre en œuvre sur son terroir girondin, d'abord à Lège, où il possède une usine, puis, sur une plus grande échelle, à Pessac, où il acquiert, en pleine forêt, mais à 2 kilomètres seulement du centre-ville, plusieurs hectares pour y construite 150 à 200 villas. Le terrain est proche de la ligne de chemin de fer, ce qui, aux yeux de l'industriel, est signe de modernité. Mais la ville toute voisine, qui accueille un sanatorium réputé, jouit aussi d'un bon air pur.

Finalement, c'est un ensemble de cinquante et une villas seulement qui sortira de terre, de six types différents : les « gratte-ciel », composés de deux maisons accolées dos à dos sur deux niveaux et surmontées d'un toit-terrasse ; les « quinconces », qui bénéficient d'un jardin suspendu ; les « zig-zag », regroupements de trois maisons orientées différemment ; les sept « arcades », reliées entre elles par de monumentales… arcades ; les « jumelles qui se tournent le dos » ; et la « maison isolée », dont les étages ne sont accessibles que par un escalier extérieur.

Pour bien comprendre, il faut aller voir. Il faut déambuler dans les allées de ce quartier très original, qui n'est plus tout à fait à la campagne mais qui, après un siècle ou presque, a conservé sa personnalité. C'est ce que j'ai fait sous la conduite du maire de Pessac et du médiateur du patrimoine en charge du site.

La première impression, outre celle de calme et de paix qui se dégage des rues, il est vrai quasi désertes en fin de matinée, c'est le choc de la couleur. Initialement, les maisons devaient être toutes blanches, comme les morceaux du sucre Frugès. Mais, très vite, Le Corbusier, qui est aussi peintre, fait le choix, unique dans sa carrière, de la polychromie « apporteuse d'espace et ouvreuse de perspectives », dit-il. Aujourd'hui, le bleu outremer clair, le vert pâle, le terre de Sienne et le blanc alternent sur les façades. On pense un instant à Venise et Burano, en moins pimpant…

Puis c'est la simplicité, la sobriété des formes qui frappent. Le médiateur m'explique que Le Corbusier a voulu faire de la Cité un laboratoire des principes qu'il formalisera un peu plus tard en cinq points : la construction sur pilotis qui permet au jardin de passer sous le bâtiment ; le toit-terrasse ou le toit-jardin excluant le toit en pente ; le plan libre que permettent l'absence de murs porteurs et le recours à un système de poteaux-dalles en acier ou en béton ; les fenêtres en bandeaux, sans linteau ; la façade libre comme une peau mince.

Dès l'origine, les logements sont proposés à la vente, dans l'esprit de ce que nous appellerions aujourd'hui l'accession sociale à la propriété ; il faut donc tenir les prix et construire à l'économie, ce qui n'empêche pas de doter ces logements d'un confort dont ne jouissent pas toujours les maisons bourgeoises de l'époque ; la salle de douche et le chauffage central sont encore un luxe.

Nous nous attardons sur les toits-terrasses. D'un coup d'œil, on y embrasse le panorama complet de la Cité ; la végétation est omniprésente, sur les toits, dans les jardins jouxtant astucieusement chaque maison, dans les rues… Nos aménageurs modernes devraient s'en inspirer davantage.

Globalement, le bâti a bien résisté aux outrages du temps ; certaines maisons sont encore occupées par la même famille ; quatre seulement ont été acquises par un bailleur social, Aquitanis ; la ville de Pessac possède une maison « gratte-ciel » dont elle a fait un chantier de rénovation expérimental exemplaire. Car, malgré la bonne conservation générale, le quartier a besoin d'une rénovation d'ensemble. Il est classé en zone de protection du patrimoine architectural, urbain et paysager. Vingt-cinq maisons sur cinquante (une maison a été détruite par un bombardement des Alliés durant la Seconde Guerre mondiale) ont déjà été réhabilitées. La ville de Pessac, en partenariat avec Bordeaux Métropole, la région et l'État, a élaboré un plan de gestion pour mettre en valeur les espaces extérieurs et promouvoir l'attractivité touristique du site.

La Cité Frugès devient ainsi l'une des pépites de notre territoire. Un public de plus en plus nombreux vient la découvrir.

Mais ce sont d'abord ses habitants qui la feront vivre et en assureront la pérennité. Nous devons avoir à cœur de préserver leur qualité de vie. L'un d'entre eux, rencontré sur le pas de sa porte, me confie son bonheur de vivre là, dans la maison qu'il a reçue de ses parents. Je complète son témoignage par celui du nouveau propriétaire d'une maison « gratte-ciel », qui déclare : « C'est une nouvelle façon de voir les choses et de vivre. C'est une philosophie de vie dictée par la qualité spéciale de la maison [...]. La gestion des vis-à-vis est extraordinaire, tout a été vraiment bien pensé et conçu, les nuisances sont limitées au maximum. Le paysage est le seul panorama, on a une vue sur la Cité depuis la terrasse, ce qui nous procure une vision de la plastique de l'ensemble, c'est superbe. »

Bel hommage à Le Corbusier. Tout est dit, mieux que dans une communication savante.

G

Gauffre

Avec deux « f ». Il ne s'agit donc pas ici de ce mets de pâte légère qu'on fait cuire, selon le dictionnaire, entre deux plaques métalliques avant de le saupoudrer de sucre, mais de Jean-Pierre Gauffre, journaliste, chroniqueur et humoriste qu'on peut entendre sur France Bleu Gironde et lire dans les colonnes de *Bordeaux Mag*.

Le premier texte que je lis quand je reçois les épreuves de notre magazine municipal, c'est le « billet d'humeur » que nous avons pris le risque de lui confier. J'aime bien son humour, un peu anar, gentiment irrespectueux mais jamais agressif. J'ai bien aimé aussi le *Petit Dictionnaire absurde et impertinent de Bordeaux et de la Gironde* qu'il a publié en 2013 aux éditions Féret. Avec sa permission, j'en reproduis ici quelques entrées que j'ai trouvées particulièrement savoureuses :

— Bassin d'Arcachon : vaste maison de retraite à ciel ouvert, jouissant d'une vue époustouflante.

— Bazas : chef-lieu de canton du Sud-Gironde, siège d'une fameuse gay pride annuelle réservée aux bovins.

— Capucins : ventre replet de Bordeaux, à la limite de l'indigestion ; si l'on veut éviter de passer pour un Bordelais fraîchement arrivé, il faut impérativement parler des Capus.

— Caudéran : Neuilly bordelais, territoire de la tribu des Cheveux bleus, ceux qui forcent parfois un peu sur la teinture.

— Chapon fin : grotte de Lourdes de la gastronomie bordelaise.

— Delaunay (Michèle) : héroïne socialiste, geek et gérontophile.

— Feltesse (Vincent) : actuel président de la CUB [écrit en 2013, pour rappel], et potentiel futur maire de Bordeaux, mais on ne sait pas en quelle année.

— Lamproie : cauchemar de la cuisinière.

— Miroir d'eau : piscine municipale où tout le monde a pied.

— Pin : arbre qui tombe quand le vent souffle.

— Poche : sac en papier ou en plastique (en bordeluche).

— Pont de pierre : pont qui n'a pas de nom.

— Rousset (Alain) : homme politique girondin, toujours pas ministre alors qu'il le mériterait tellement.

— Toulouse : c'est où, ça ?

— Utopia : ancienne église, au cœur de Bordeaux, transformée en garage puis en cinéma, qui programme les films que *Télérama* adore. L'Utopia est spécialisé dans les cycles sur le cinéma moldave des années 1935 à 1938, le cinéma muet guatémaltèque d'avant l'invention de la caméra et les chefs-d'œuvre des metteurs en scène tibétains unijambistes.

Fin de citation.

Pas méchant, non ? Il me fait sourire, et marrer même, par exemple à la rubrique « Juppé (Alain) : le meilleur entre nous, d'entre eux, d'entre tous. Le meilleur, quoi ». Il est vraiment bien, ce Gauffre !

Grand escalier

Quand les guides de l'office du tourisme accompagnent les groupes de visiteurs dans les salons du palais Rohan, notre hôtel de ville, j'observe qu'ils s'attardent souvent au pied du grand escalier qui conduit aux bureaux du premier étage, dont celui du maire. Ils ont raison car c'est, à mes yeux, l'endroit le plus remarquable du bâtiment et l'un des chefs-d'œuvre de la stéréotomie bordelaise, c'est-à-dire de l'art de tailler et d'assembler les pierres, afin d'édifier des voûtes, des encorbellements, des trompes, des volées d'escalier. C'est un art, et c'est d'abord une technique qui consiste à découper la pierre en volumes de différentes tailles, de sorte qu'ils forment un ensemble qui tient debout par la pression que chaque élément exerce sur ses voisins. Il y faut le travail de l'architecte, du calepineur, dessinateur spécialisé qui transforme les dessins de l'architecte en plans d'exécution, de l'appareilleur, qui réalise des panneaux servant enfin à la taille proprement dite. (On parle aussi de stéréotomie du bois.)

Jacques Chaban-Delmas avait l'habitude de gravir les marches de cet escalier quatre à quatre. Je les monte et les descends plusieurs fois par jour avec la concentration qu'appelle la solennité du lieu. Je me souviens que le palais fut, à l'origine, la demeure du cardinal Mériadec de Rohan, archevêque de Bordeaux, avant de devenir l'hôtel du département à la Révolution, puis la mairie au XIXe siècle.

J'y ai éprouvé, au fil du temps, des sentiments contrastés, du souci parfois en remuant dans ma tête des arbitrages difficiles, de la joie ou de la tristesse, selon les circonstances.

J'associe volontiers son grand escalier au souvenir des soirées électorales, nombreuses, que j'y ai vécues : à la montée, le dimanche soir vers 19 heures dans l'attente des résultats ; à la descente, vers 22 heures pour aller cueillir, dans la salle de presse aménagée au rez-de-chaussée, les lauriers de la victoire… ou souffrir les affres de l'échec.

Le scénario est invariable chaque dimanche d'élection. J'arrive à la mairie en fin de journée après avoir accompli la longue tournée de tous les bureaux de vote de la commune ; je monte le grand escalier désert ; je traverse le bureau de mon directeur de cabinet où mes collaborateurs sont installés devant les écrans des ordinateurs censés collecter les résultats ; je m'enferme dans mon bureau, devant la télévision, et je commence à zapper de chaîne en chaîne, à la recherche des premiers commentaires. À 20 heures, la tendance nationale s'affiche. Commence alors mon calvaire. En vingt-cinq ans, je n'ai jamais pu obtenir que soit mise en place la collecte des résultats de quelques bureaux tests qui me permettrait de me faire une idée, fût-elle imprécise, de mes chances ou de mes risques. Je fais des va-et-vient entre les bureaux, je tourne comme un lion en cage, je m'emporte contre mon directeur de cabinet, j'interpelle les élus que ronge, à des degrés divers, la même impatience. Mais je dois attendre les environs de 22 heures pour être fixé et rédiger la déclaration à la presse qui m'attend au rez-de-chaussée, donc. Je reprends alors, dans le sens de la descente, le grand escalier et sa volée stéréotomique.

De 1995 à 2014, à l'occasion d'élections municipales ou législatives, ce fut à sept reprises pour savourer le bonheur de la victoire. Ce bonheur fut à son comble en 2014 lorsque, après une campagne longue et intense, j'obtins mon meilleur score municipal dès le premier tour. Isabelle partageait ma joie. Mes colistiers exultaient. Moments inoubliables.

Inoubliable aussi le souvenir de la défaite, celle de 2007 quand, contre toute attente, je perdis l'élection législative face à la candidate socialiste, Michèle Delaunay. Au soir du premier tour où j'arrivai largement en tête, mon directeur de cabinet de l'époque, Gilles Boyer, me déclara d'un ton péremptoire : « C'est imperdable ! » Je perdis, de peu, mais je perdis. Fut-ce la conséquence des déclarations intempestives de certains candidats de la majorité sortante qui annoncèrent entre les deux tours l'augmentation de la « TVA sociale » ? Peut-être. François Fillon, tout nouveau Premier ministre, m'avait aimablement téléphoné pour me dire que, dans les derniers sondages, l'UMP reculait de quelques points. Ceux qui me manquèrent sans doute. Mais, plus profondément, je crois qu'une partie de mon électorat ne comprit pas et n'accepta pas que je sollicite un mandat de député en laissant entendre que je l'abandonnerais immédiatement pour rester au gouvernement au poste que m'avait confié le président de la République, le super-ministère de l'Écologie. Déjà les temps changeaient. En tout cas, je tins parole : battu, je quittai l'équipe gouvernementale. Je ne sais plus s'il y eut des exceptions. C'est ainsi que je fus le moins durable des ministres du Développement durable.

Deuxième descente… aux Enfers (enfin, n'exagérons rien). Cette fois ce ne fut pas à l'occasion d'une élection locale mais au terme de la primaire de la droite et du centre qui précéda l'élection présidentielle de 2017.

Je ne vais pas refaire l'histoire de cette compétition, ici, dans ce dictionnaire… amoureux (voir toutefois l'entrée « Stefanini, Patrick »). Je revis seulement, l'espace de quelques lignes, la matinée du 6 mars qui suivit la manifestation de soutien à François Fillon au Trocadéro. Dans la nuit, j'avais pris la décision irrévocable de ne pas revenir dans la course et j'avais concocté dans ma tête le texte de ma déclaration. En arrivant de bonne heure dans mon bureau à la mairie, je trouvai dans mon antichambre Gilles Boyer et Benoist Apparu qui venaient de parcourir en voiture les 600 kilomètres qui séparent Paris et Bordeaux pour m'adjurer d'attendre encore un peu avant de rien annoncer. Je les reçus calmement mais fermement et, sans attendre, le cœur serré, je me dirigeai vers… le grand escalier et la salle de presse où je confirmai mon retrait définitif.

Ma vie politique m'a apporté de grands bonheurs et quelques épreuves. Mais c'est Bordeaux qui m'a donné mon plein épanouissement.

Grand Théâtre

Les Bordelais en sont très fiers. À juste titre. Pendant les Journées du patrimoine, c'est l'un des monuments de Bordeaux le plus visité.

Stendhal, on le sait, aime Bordeaux qui est, à ses yeux et « sans contredit, la plus belle ville de France ». Mais il dit pis que pendre de notre théâtre : « Douze colonnes corinthiennes, grêles et malheureuses de leur position [?], soutiennent un énorme entablement surchargé de douze statues ridicules. Dès qu'on s'éloigne un peu, on aperçoit un vilain toit, énorme et lourd. Cela est plus grand mais est peut-être aussi laid que l'Odéon de Paris. Au total cet édifice, isolé entre une place et trois rues, est horriblement lourd. »

J'abrège. Le reste est de la même veine.

On se doute que je ne partage en rien ce jugement. Et j'appelle à la rescousse Schopenhauer qui, lors de son passage à Bordeaux en 1803, à l'occasion du carnaval, avait porté fort heureusement un autre regard sur notre Grand Théâtre : « L'entrée de ce bâtiment somptueux étonne, et plus encore en ce jour de fête. De chaque côté de la porte, à l'intérieur, il y a deux escaliers de pierre très beaux, menant à une galerie magnifique, soutenue par des colonnes précieuses, chefs-d'œuvre de l'architecture. Le parvis, les escaliers, la galerie sont illuminés par des éclairages multicolores et remplis par la foule colorée des masques. »

La visite cependant ne tourne pas à notre avantage car Schopenhauer préfère, on le sait, la fréquentation de l'aristocratie des Chartrons à celle des gens du peuple ; sa réaction est savoureuse, et je ne résiste pas au plaisir de la citer *in extenso* : « Comme le prix des entrées était beaucoup trop bas, il en résulta un inévitable brassage des couches de la société, ce qui se décelait surtout à la présence d'une très forte odeur d'ail qui, dans ces régions, est l'apanage des gens du peuple. Cela est fort désagréable, surtout pour l'étranger. » Et vlan !

J'aime m'asseoir à la terrasse de la brasserie qui, sur la place de la Comédie, fait face au Grand Théâtre. La circulation automobile s'est tarie depuis que le tramway traverse la place. Sans caténaires disgracieuses, puisqu'il est ici alimenté par le sol. Vers la place convergent de belles rues de la ville : la rue Sainte-Catherine, piétonne sur plus d'un kilomètre à l'initiative de Jacques Chaban-Delmas, toujours noire de monde ; le cours du Chapeau rouge, plus récemment rendu aux piétons, planté de beaux arbres, ouvrant la perspective sur le palais de la Bourse, sûrement l'un de nos aménagements de voirie les plus réussis. De l'autre côté la rue Esprit-des-Lois, l'une des rares voies dans une ville française à porter le nom d'une œuvre littéraire ; la percée vers la place des Quinconces et son monument aux Girondins, les allées de Tourny enfin.

La place est toujours animée. Les marches du Grand Théâtre servent de bancs aux flâneurs… ou de tremplins aux fous de skate. Les terrasses de café prospèrent. On se hâte, aux heures ouvrables, vers les commerces ou les bureaux. La ville vit ici intensément. Certains soirs de fête, on projette sur les façades ravalées des images colorées qui font « son et lumière ». L'opéra a eu l'idée d'installer un grand écran pour retransmettre en direct un spectacle de ballet qui se donnait à l'intérieur. L'assistance était nombreuse, mélangée, jeune, décontractée, assise à même le sol, heureuse de partager un moment de beauté. La ville vit ici joyeusement.

L'envie me prend souvent de gravir les marches, d'entrer dans le vestibule qui est peut-être la grande beauté de l'édifice, chef-d'œuvre d'élégance, de lumière, de pureté. J'aime aussi la grande salle, toute bleue et or, rénovée avec un goût exact. J'y ai vécu des moments d'opéra très jouissifs, en écoutant par exemple Cecilia Bartoli sous le regard adorateur de Philippe Sollers (voir l'entrée « Osons, osez »). Il existe au-dessus de cette salle un vaste espace sous la charpente. J'ai voulu le restaurer pour l'offrir aux répétitions du ballet. Las ! L'architecte s'est planté. Le plancher vibre sous les pas des danseurs. Le grand lustre, en dessous, frémit… et les responsables de la sécurité aussi. La salle sert maintenant d'atelier aux couturières, moins remuantes.

Je rends donc grâce au duc de Richelieu, gouverneur de Guyenne, d'avoir chargé, vers les années 1775, son architecte Victor Louis de bâtir un nouveau théâtre (l'ancienne salle de spectacle venait de brûler), sur un terrain offert par le roi Louis XV. Et pour contrebattre la méchante charge de l'auteur du *Journal de voyage de Bordeaux à Valence*, j'ajoute l'éloge d'un défenseur de Victor Louis : « La colonnade de façade supporte un bel entablement à modillons et une balustrade surélevée qui porte, sur ses dés, douze statues de déesses et de muses dans le prolongement des colonnes. »

Selon les experts en franc-maçonnerie, ces douze colonnes symboliseraient la somme des côtés du triangle sacré ; les rosaces à cinq pétales du plafond du vestibule évoquent les rosicruciens, tandis que le triangle de Dieu surplombe le grand escalier.

De fait, l'architecte Victor Louis, tout comme son commanditaire, le maréchal duc de Richelieu, appartenait à la franc-maçonnerie, et l'ensemble du bâtiment obéit à la symbolique maçonnique et à l'utilisation systématique du nombre d'or.

Donc, outre sa beauté, notre Grand Théâtre est aussi un chef-d'œuvre de perfection géométrique. Bordeaux a réglé son compte avec Stendhal !

Grottes

J'éprouve toujours le même sentiment de surprise quand j'entre au Chapon fin. Je suis pourtant, sinon un habitué, du moins un fidèle client de ce prestigieux restaurant de Bordeaux. Mais l'extraordinaire décor de rocaille, dû à l'architecte Cyprien-Alfred Duprat qui rénova en 1900 l'établissement ouvert en 1825, me coupe toujours le souffle. Je ne partage évidemment pas la description féroce qu'en donne François Mauriac dans son roman *Préséances* (1921) : « Des grottes ridicules, d'où l'eau de la ville ruisselle pour l'hygiène de quelques poissons rouges, n'empêchent pas qu'on y suffoque. À peine cinq ou six tables occupées, mais par des gens venus là ainsi que dans une maison close, en vue d'une jouissance précise. »

Les Bordelais mettront du temps avant de pardonner cette charge dépitée de Mauriac contre une « aristocratie du bouchon » qui ne lui ouvrait pas les bras. Charge injuste au demeurant. La table est excellente ; elle a longtemps été trois fois étoilée. La cave est « historique ». Mais j'aime aussi le décor qui, contrairement à ce que dit Mauriac, atténue le bruit, ménage des espaces discrets, voire intimes, crée une ambiance de tranquillité élégante. De nombreuses têtes couronnées ont fréquenté assidûment les lieux : le roi d'Espagne Alphonse XIII, celui du Portugal Manuel II, le sultan du Maroc, la reine Ranavolo de Madagascar, le prince de Galles, futur Édouard VII ; mais aussi des artistes comme Sarah Bernhardt ou Toulouse-Lautrec, des politiques comme Clemenceau ou Aristide Briand, qui appréciait, dit-on, la lamproie au vin rouge.

Les témoignages de l'art nouveau ne sont pas légion à Bordeaux. Sur les quais, au rez-de-chaussée d'un des immeubles de l'architecte Gabriel, le Bar Castan, ouvert en 1890 par Jean-René Castan, ex-capitaine de corvette et négociant en épices, puis soigneusement restauré en 2005, tranche avec les lignes classiques du XVIIIe en raison de son impressionnante marquise en vitrail polychrome qu'aucun Architecte des bâtiments de France n'autoriserait aujourd'hui. « En poussant la porte, décrit un guide touristique, on entre dans une grotte où s'épanouit un imposant palmier, où se déroulent des fresques et des mosaïques de fleurs, des treilles, des frises de coquillages, une profusion qui fait tourner la tête. »

Les étudiants y viennent nombreux. Ce n'est pas la profusion de rocailles qui leur fait parfois tourner la tête… J'aime m'asseoir à la terrasse, le long du quai de la Douane, pour regarder « passer les gens ».

Guignol

Si je vous dis : « Guignol », vous me répondrez peut-être : « Lyon ». C'est en effet un Lyonnais qui, au début du XIXe siècle, créa la première marionnette à gaine de France, un canut du nom de Laurent Mourguet. Ouvrier de la soie, souvent « sans le sou », il était aussi un grand cœur qui, avec gentillesse, menait combat contre l'injustice à Lyon bien sûr, mais aussi à travers la France entière avec sa troupe essentiellement constituée de ses enfants. C'est au hasard de ses tournées qu'il aurait rencontré Étienne-Paul-Jean Guérin auquel il communiqua sa passion. En 1853 naît ainsi à Bordeaux le Guignol Guérin qui, aujourd'hui encore, fait la joie des enfants… et des adultes. Quand j'habitais tout près du jardin public, j'accompagnais souvent ma petite Clara dans les gradins du petit théâtre de plein air où officiait la famille Guérin. Je m'émerveillais de constater qu'elle se laissait pleinement prendre au jeu, qu'elle s'époumonait à prévenir Guignol de l'arrivée menaçante du gendarme. Il est vrai que les tablettes et les jeux vidéo n'avaient pas encore envahi nos foyers.

Mais, vingt ans après, les « castelets » du jardin public et du parc Bordelais attirent toujours petits et grands. Le « castelet », petit château, est tout simplement le décor qui cache le marionnettiste et sert de scène aux marionnettes.

C'est une belle histoire, celle d'une famille habitée par l'amour du théâtre.

Le fondateur, Étienne-Paul-Jean Guérin, crée, en même temps que son Guignol, le théâtre Saint-Antoine, qu'il monte sur la place des Quinconces. Il y présente un spectacle en trois tableaux : une parodie du *Malade imaginaire* ; du music-hall avec clowns, acrobates, jongleurs, et marionnettes ; et une *Tentation de Saint-Antoine* dans laquelle il n'hésite pas à faire monter sur scène un vrai petit cochon savant en chair et en os.

En 1869, son fils André-Paul-Julien lui succède ; en 1910, c'est le tour de Joseph-Paul, qui monte son « castelet » sur toutes les places de Bordeaux, mais aussi dans le jardin du casino mauresque d'Arcachon à Royan, et jusqu'en croisière sur des paquebots de luxe.

La dynastie continue avec le Grand Sympathique au cœur d'or, Alexandre-Olivier-Fernand, qui reprend la direction de l'entreprise en 1926, jusqu'à sa mort. Mais la famille ne renonce pas : sa veuve Simone continue avec ses trois fils, Patrick, Philippe et André. Le 20 octobre 1982, Chaban leur décerne la « médaille d'argent » de la ville et, le 29 mai 1985, Jack Lang, ministre de la Culture, les nomme « chevaliers des arts et des lettres ».

Désormais, c'est la sixième génération qui est aux commandes. André raconte : « Mon père ne nous a jamais forcés. En 1970, à sa mort, j'ai rejoint mes frères Patrick, aujourd'hui disparu, et Philippe avec qui nous partageons les spectacles. Mon neveu David et mon fils Alexandre assurent déjà la succession. » Il ajoute : « Les enfants aiment qu'on leur parle comme à des adultes, sans les bêtifier. C'est un divertissement à la portée de tout le monde où il faut juste savoir quand il faut plaisanter. Guignol n'est pas un anarchiste. Il a l'injustice en horreur et ne supporte pas les crétins. » Vaste programme… qui attire les plus grands : Jean-Louis Barrault est venu saluer la famille, Jacques Dufilho confiait que c'était le Guignol Guérin qui lui avait donné le virus du spectacle. Les Bordelais Obispo, Lama, Palmade, Suffran étaient, enfants, des spectateurs assidus.

En novembre 2017, la famille Guérin a tenu à fêter les 165 ans de son aventure. Au théâtre L'Inox, entre la place de la Bourse et celle du Parlement, en plein centre de Bordeaux, elle a exposé une partie de sa collection de marionnettes, d'accessoires et de décors, et donné plusieurs spectacles dans la pure tradition de Guignol. David Guérin rêve d'avenir. Il mûrit le projet d'une salle dédiée à Guignol, « qui jouerait pour le jeune public en journée avant d'enchaîner pour les adultes le soir ; en invitant d'autres théâtres de marionnettes ou des compagnies de théâtre dans cette veine, comme ce qui se fait à Lyon ». Belle idée. Alors pourquoi abandonner « Les Guignols à l'info » ?

I

Iturria

Difficile de rendre hommage, dans un dictionnaire, au talent d'un dessinateur.

Pendant quarante ans, chaque jour, les lecteurs de *Sud Ouest* ont attendu le dessin d'Iturria qui, selon son éditeur, « décortiquait avec finesse et humour l'actualité du vaste monde ».

J'ai sous les yeux l'ouvrage, publié en 2015, qui regroupe une sélection de 110 de ses dessins basques. À la question : « Pourquoi 110 ? », il répond joliment : « Mitterrand avait bien fait 110 propositions ».

La dédicace qu'il m'en a faite est évidemment un dessin : une montagne, un village accroché à son flanc, on reconnaît des maisons basques et, curieusement, au pied, de petits bateaux en papier façon cocottes, sur l'Adour sans doute. Signé : « Agur Jaunak, Agur Terdi », invitation au chant.

Dans l'interview qui ouvre le recueil, Iturria parle avec passion de « son » pays basque :

« Mon père est né à Sare. Il a quitté sa famille pour être placé dans une ferme à 11 ans. Ma mère est née à Iholdy qu'elle a quitté à 14 ans. Ces deux "exilés" se sont rencontrés plus tard à Bordeaux et c'est là que je suis né. Je suis donc un Basque de la diaspora, de cette huitième province qui recouvre le monde entier et je me sens appartenir à cette "nation" et cette "patrie" si particulières [*natio*, la naissance, c'est la mère et la patrie, la terre des pères]. Chez moi, à Bordeaux, ça respirait le Pays basque, pelote, danse ; j'ai le souvenir du départ des terre-neuvas au son des txistus [flûte à bec à trois trous]. Ma mère avait dit à mon père : "Pour s'en sortir, il faut qu'on ouvre un petit bar." Ce bar est devenu la première halte des pêcheurs qui rentraient de la campagne de thons à Dakar et dont l'avion se posait à Bordeaux-Mérignac… Là se tenaient aussi les concours de "mus" [jeu de cartes traditionnel] ; les chants faisaient trembler les murs une partie de la nuit. »

Un peu plus loin, il dit son regret de ne pas parler basque et son « grand remords de ne pas avoir eu la force de l'apprendre ». Il n'en a pas moins milité pour la cause, pour la création d'un département basque notamment, ce qui l'a mis en difficulté avec la direction de *Sud Ouest*. Mais la rédaction du journal a fait une pétition en sa faveur qui a obtenu les voix de 280 journalistes sur 300. Score soviétique, constate-t-il lui-même.

Inutile de dire que je ne suis pas sur la ligne autonomiste. Mais j'apprécie la lucidité et le courage d'Iturria : « J'ai toujours pensé, précise-t-il, que rien ne pouvait justifier le terrorisme aveugle, celui des purs qui épurent avant de trouver plus purs qu'eux. Je l'ai dessiné avec la violence que je ressentais. Bien sûr, je savais que ces dessins étaient mal reçus par une partie de la société basque qui – c'est pour moi un mystère – acceptait ce terrorisme [...]. J'ai toujours considéré d'un œil curieux l'ETA, ce mélange de marxisme et de catholicisme voulant établir une espèce d'Albanie à la Enver Hodja, sur le flanc de l'Europe. » Lucidité de la pensée et courage de l'expression qui ont heureusement triomphé. L'ETA vient d'annoncer sa dissolution.

La Maison basque de Bordeaux, 7 rue du Palais-de-l'Ombrière, Bordaleko Euskal Etxea, au cœur historique de la ville, est forte de 700 adhérents ; elle propose de nombreuses activités : cours de langue, chants, recettes de cuisine, pratiques sportives ; c'est « un lieu de solidarité et de transmission des valeurs basques, d'une culture et d'une identité forte ». Je me rends volontiers à l'invitation de l'association et des bénévoles qui l'animent, et, quand je le peux, à leur messe chantée en l'église Saint-Pierre. C'est une belle communauté, paisible, soudée et ouverte. La ville lui a confié le soin d'animer la fête du Fleuve en 2017. Musique, chant, danses, rock, paquito géant, gastronomie, cidrerie... la « basque attitude » a enchanté nos quais.

Isabelle m'entraîne souvent entendre sa chorale basque favorite, Anaïki, à Saint-Pée-sur-Nivelle, mais aussi à Paris en l'église Saint-Louis-en-l'Île. Qui peut rester insensible à la profondeur de ces voix qui disent leur amour du pays et leur foi immémoriale ?

N.B. : Le paquito est un jeu sportif qui se déroule ainsi : plusieurs personnes s'assoient par terre l'une derrière l'autre ; au rythme de la banda, les participants assis font des mouvements d'avant en arrière avec leurs bras levés ; alors une personne se jette sur ses camarades qui la portent jusqu'au bout de la file. J'ai pratiqué le paquito pour le plus grand mal de mes vertèbres lombaires (tout dépend du poids de la personne transportée…).

N.B. *bis* : Banda, selon le dictionnaire : la « banda est une fanfare ambulatoire qui, dans le sud-ouest de la France, a pour rôle d'animer les défilés de rue lors des ferias ». Exemple à Bordeaux : la banda les Sans Soucis.

J

Jammes, Francis

Lit-on encore Francis Jammes ? Si je l'ai jamais fait, ma mémoire me trahit…

Pourtant le poète figure en bonne place dans le livre très érudit que Xavier Darcos a consacré à *La Poésie française* (éditions Eyrolles, 2012). Sous la rubrique « Les petits maîtres dits fantaisistes », en compagnie de Paul-Jean Toulet ou de Georges Fourest, Jammes est présenté comme le poète du naturisme pour qui « le poème est une image d'Épinal […], un dessin primitif, un calque ingénu […]. Il cherche les mots qui saisissent la force touchante des éléments primordiaux : le pain, l'eau, les fruits, les objets domestiques… »

Quel lien avec Bordeaux ?

Depuis 1954, une voie du quartier Claveau porte le nom du poète. Elle est assez confidentielle. En 1960, la bibliothèque municipale lui consacra une importante exposition dont le souvenir aurait pu se perdre si François Mauriac ne lui avait pas donné une superbe préface. J'en cite les premières lignes :

« Longtemps avant de l'avoir connu, j'étais uni par les racines au poète que ma jeunesse a le plus aimé. Je ne suis pas né en Béarn, Francis Jammes n'était pas bordelais. Les sucs de la même terre pourtant nous ont nourris tous les deux. Quand, dans ma chambre de la rue Rolland à Bordeaux, je découvris pour la première fois, grâce à l'anthologie de Van Bever et Léautaud, les vers d'un certain Francis Jammes dont le nom même m'était inconnu, j'étais bien loin d'imaginer que ce poète pût avoir quelque lien avec ma ville natale. J'ai longtemps ignoré que Francis Jammes, enfant et adolescent, y avait vécu, qu'il y avait été au lycée un cancre rêveur. Je le découvris à mesure que je découvrais sa poésie. »

Jammes a, en effet, vécu huit ans dans notre ville. Il y arrive, de sa Bigorre natale, en 1880, à peine âgé de 11 ans, quand son père, receveur de l'enregistrement, est nommé à Bordeaux et installe sa famille au 196, cours des Fossés (actuellement 15, cours Pasteur). Elle y résidera jusqu'à la mort de M. Jammes en décembre 1888 ; Mme Jammes retournera alors à Orthez avec ses enfants, au cœur de ce Béarn où le poète, de tempérament sédentaire, passera le restant de ses jours.

Pour tout savoir sur le séjour de Jammes à Bordeaux, il faut lire le livre de Jacques Le Gall publié aux éditions Le Festin en 2016. Dans ces *Promenades bordelaises*, on découvre les maisons où vécut le poète, celle du cours des Fossés décrite en détail, puis celle du quartier des Capucins dans une rue dont Jammes ne donne pas le nom ; ses condisciples au lycée qu'il exècre, ses premières émotions amoureuses, la mort du père, les amis qui marquèrent sa vie, au premier rang desquels le professeur de botanique

Armand Clavaud qui lui transmit des connaissances botaniques approfondies et lui fit aussi découvrir la peinture d'Odilon Redon.

Jammes a beaucoup écrit sur la ville dont il trace un portrait très personnel. Selon Jacques Le Gall, « le plan du Bordeaux de Jammes fait apparaître trois points sensibilisés » : d'abord le quartier Saint-Michel ; ensuite les quais et le port ; enfin le jardin botanique, celui de la fin du XIXe siècle installé dans le jardin public.

Tout n'est pas dithyrambe sous la plume de Jammes ! C'est ainsi qu'il compare la colonne des Girondins « à des tripes à la mode de Caen, entassées comme Pélion sur Ossa [*sic*] ».

La foire des Quinconces est, à ses yeux, « un monument de la bêtise » dont il conviendra plus tard qu'il « ne manquait pas de grandeur ».

Mais il termine un « Conte de Noël » par cette invocation :

« Bordeaux, ô mon navire ! ton vrai port est aux cieux
[...]
Arbore ton pavillon. Laisse ta voile se gonfler comme une grande bourrasque de neige de Noël [...]
Je t'aime Bordeaux. »

L'adolescent Jammes aime « cette ville maritime qu'emplissait le noir gémissement des navires ». Il aime la Garonne dont :

« La majesté toujours nous paraît immobile,
Comme le ciel d'en bas qui partage la ville,
D'où partent des sifflets et des mugissements. Au-dessus de ce fleuve, on voit couler le vent,

Car il fait palpiter les signaux maritimes
Que les forêts de mâts arborent à leurs cimes. »

Il aime « une Burdigala qui est faite d'ombre, dont les maisons en des ruelles étroites présentent leurs balcons de fer bombés comme des galères et tout pavoisés de fleurs. Surtout au clair de lune, cette cité antique ressort, se détache nettement de la ville moderne. Çà et là une tour, une porte de l'enceinte, puissamment postées, une église immémoriale, et, à la base de la ville, ce fleuve commercial, ce quai tout plein d'odeurs salubres, de volières criardes et bariolées, de bouges marins, suspects et naïfs. C'est plutôt vers ces quartiers anciens, obscurs et poétiques, en des venelles qui arboraient de singuliers drapeaux, des bouées, des toiles à voile, des vêtements huilés, des poulies et des câbles, que nous portions nos pas, mon père, ma mère, ma sœur et moi, aux jours que le bureau de l'enregistrement, le train de maison et les classes nous laissaient quelque loisir ».

Il aime par-dessus tout le jardin botanique, ce « doux lieu » au cœur de la ville auquel, longtemps après son départ de Bordeaux, il dédie ce poème :

« Ô Tournefort, Linné et Laurent de Jussieu
Dont les ombres m'accompagnaient dans ce doux lieu
Où flottaient les parfums de vos défuntes flores,
Quarante ans ont passé !
Pourtant j'évoque encore
L'ombellifère épaisse et souvent en sueur,
La solanée en pipe où s'enivre un fumeur,
La papavéracée, ou Parque de la Chine,
La rosacée au simple type : l'églantine,

Et tant d'autres sur terre, ou dans l'eau des bassins
Où végètent dorés, noirs et blancs, des cyprins. »

J'aimerais, si nous avions le temps de flâner, inviter mon lecteur à une longue promenade dans le Bordeaux d'antan, sous le regard que porte Jammes sur ses années de jeunesse :

« J'ai habité Bordeaux et maintenant vieux pâtre
Qui vit de solitude et ne quitte plus l'âtre
J'évoque en son honneur ce que j'ai admiré :
Le port et ses brouillards perchés sur les agrès
Comme de grands oiseaux migrateurs en automne
Et la fumée pareille à la barbe d'un faune. »

Avec lui nous découvririons la Grosse-Cloche, « ô maternelle reine » et son chant grave ; « la Porte-de-Cailhau et l'active Rousselle » ; le quai de Bourgogne et son millier de drapeaux ; « le svelte Saint-Michel, à la flèche d'Archange » ; « les chantiers frappant du fer », à la Bastide ; le jardin public, « là où la botanique a tout étiqueté » ; « Pey-Berland avec sa Vierge qui domine » ; « Notre-Dame ou Saint-Seurin toute voisine, / De cette foire aux fleurs sur les allées Damour ».

Bref, Bordeaux ni tout à fait le même ni tout à fait un autre. Je n'ai pas connu ce Bordeaux-là, pas plus que la grande majorité des Bordelais d'aujourd'hui dont plus de 50 000 sont arrivés chez nous depuis moins de cinq ans. Et pourtant cette ville vit toujours en nous, pas seulement par ses monuments, toujours présents, mais par le souvenir, imprécis certes mais pénétrant dans les labyrinthes du vieux Bordeaux où l'on retrouve au détour d'une rue une entreprise qui fabrique toujours des cordes, ficelles et filets de marin, en l'espèce la corderie Larrieu, rue Sainte-Colombe. Nostalgie de la « forêt des mâts » sur le port de la Lune que ravive la fête du Fleuve ou la fête du Vin. Tout Bordelais amoureux de sa ville porte en lui quelque « horizon chimérique ».

Francis Jammes a donné au long poème où j'ai puisé ces vers un titre tout simple : « Pour François Mauriac ».

Le « vieux pâtre » d'Orthez s'attira l'admiration de nombreux écrivains parmi ceux que Michel Suffran a pu appeler « la génération perdue » décimée par la guerre : Jean de La Ville de Mirmont, ou André Lafon par exemple, disparus en 1914 et 1915. Mais aussi ceux qui survécurent : Jean Balde et, au premier rang, François Mauriac.

L'amitié entre Jammes et Mauriac fut durable, profonde, intime, nourrie par une foi partagée. Mauriac termine en ces termes sa préface à l'exposition de 1960 :

« Tout ce que les choses et les êtres autour de moi recélaient d'éternité, Francis Jammes me le faisait voir, toucher, respirer. De là peut-être est venue mon indifférence aux voyages. Toute la beauté du monde a tenu désormais pour moi à ce miracle quotidien entre le jardin, la maison et l'étable. Quand Jammes écrivait "le silence des prairies" ou "la torpeur des vignes" ou "les enfants qui jouaient à tuer les lilas", je voyais ma vigne, ma prairie, je reconnaissais cet enfant. Quand il écrivait : "Souviens-toi de la Vierge, à l'angle du quartier, / Sa ceinture était bleue et ses deux mains brisées…", je me souvenais de l'avoir vue dans la brume de la rentrée, quand je me hâtais vers la rue du Mirail où était mon école… »

Comment dès lors ne pas accueillir favorablement ce souhait de Jacques Le Gall : « La capitale aquitaine ajoutera-t-elle, fût-ce en un tout peu plus petit, un J majuscule aux "trois M" qui désignent et associent les trois gloires littéraires les mieux… aimées ? » ?

Signe encourageant : au premier trimestre 2018, notre bibliothèque municipale a rendu un nouvel hommage au poète à l'occasion du 150e anniversaire de sa naissance, en mobilisant pour la première fois, je crois, depuis 1960, les ressources de nos collections patrimoniales et contemporaines.

J'ai écrit naguère un livre sur Montesquieu que j'ai intitulé : *Montesquieu le moderne*.

Le même qualificatif ne conviendrait-il pas à Francis Jammes ? Son intimité, sa symbiose avec la nature, ses plantes et ses êtres vivants, son goût de la simplicité, son appel à la sobriété, tout devrait en faire le poète préféré des écolos de tous bords, dont je suis. Je vais relire, ou lire « Jammes le Moderne ».

Pour les fans en puissance, voici l'adresse du blog Francis-jammes.pireneas.fr où l'on trouve de nombreux textes de témoignage et d'hommage au poète.

Jour ordinaire à Bordeaux

Un mardi de décembre dans la décennie.

6 h 30 : mon réveil se déclenche comme tous les matins de la semaine ; du fond de mon lit, j'écoute les infos : attentat de New York, sommet climat à Paris, procès de Georges Tron, grève dans les transports… J'aime bien la concision de France Info ; ou bien France Culture, qui fait une large place à l'actualité internationale.

8 h : cinq minutes de marche jusqu'à mon bureau. Le luxe ! Mon premier geste : ouvrir les pages de *Sud Ouest*. Et chaque fois, la même question : qu'ont-ils encore découvert qui cloche à Bordeaux ? Aujourd'hui : le quartier des « Chartrons, refuge rêvé des Parisiens » [*sic*] ; « crise aux Girondins » ; « Sport/Santé : faut-il craindre les terrains artificiels ? » J'ai pris la mauvaise habitude de m'en tenir à la lecture des titres qui pourtant disent souvent le contraire de ce qui est écrit dans l'article.

8 h 30 : premier rendez-vous avec le patron français de Deezer, plate-forme d'écoute de musique en ligne. Cette entreprise, créée par deux Français et qui fête son dixième anniversaire, propose 43 millions de titres en streaming ; sa croissance est spectaculaire ; elle envisage

d'installer des bureaux en province et hésite entre Nantes et Bordeaux. Je déploie tout mon charme et tous mes arguments pour la convaincre de la supériorité de l'offre bordelaise. Le président de notre agence de développement Invest in Bordeaux vient en renfort et met en avant nos atouts : attractivité économique, richesse de l'écosystème numérique, accessibilité par le TGV (mais aussi par la voie des airs), excellence universitaire, qualité de vie, sécurité, etc. On se quitte avec force congratulations. Décision dans les prochains mois. Suspense. (Depuis, Deezer a choisi Bordeaux.)

9 h 30 : en route pour Cestas, à une vingtaine de kilomètres au sud de Bordeaux. Trafic fluide. Mais si, mais si !

Je suis invité par le président de Cdiscount, géant français de l'e-commerce dont le siège est à Bordeaux, à visiter le gigantesque entrepôt (plus de 100 000 mètres carrés) à partir duquel ils livrent leurs clients.

« Aujourd'hui, me dit mon hôte, on livre le jour même. De Cestas sur Bordeaux, mais également de Cestas sur Paris en utilisant la LGV : les Parisiens qui commandent avant midi voient leurs produits sortir de l'entrepôt à 14 h. Ces derniers prennent le TGV de 16 h 02 et ils arrivent à 18 h à Montparnasse. Et entre 19 h et 22 h, Chronopost livre nos produits. On est assez fiers de la mécanique car on travaille avec deux grands groupes français, la SNCF et La Poste. »

La concurrence est rude, celle d'Amazon notamment. D'où la nécessité d'innover sans cesse.

On me présente deux nouveautés : une machine 3 D qui, en temps réel, calibre exactement l'emballage aux dimensions de l'objet à expédier. Ce qui permet de réduire de 30 % la quantité de carton utilisée. Et puis une flotte de robots qui vont chercher les bacs de produits (de petites dimensions pour l'instant) sur des étagères de stockage qui peuvent atteindre 10 mètres de haut, et les apportent devant l'opérateur qui prépare la commande. Fascinant ! Le système a été inventé par la start-up Exotec Solutions, 100 % française.

Cdiscount n'a pas pour autant supprimé des emplois. Au contraire. Pour la préparation des fêtes de fin d'année, l'entreprise a même triplé ses effectifs. « Le jour du Black Friday, nous avons fait 43 millions d'euros de chiffre d'affaires, soit + 80 % par rapport à 2016. Nous avons eu 7,5 millions de visiteurs sur notre site dans la journée. »

Prochaine étape pour ce leader du e-commerce non alimentaire en France qui a réalisé 3 milliards d'euros de chiffres d'affaires en 2016 : la livraison par drones. Fierté bordelaise.

11 h : retour à Bordeaux chez le propriétaire d'une échoppe en cours de rénovation. Le but de ma visite est de présenter à la presse la plate-forme « Ma Rénov » que Bordeaux Métropole vient de mettre en ligne pour aider les habitants à réaliser des travaux d'isolation dans leur logement.

Sur un stock de 350 000 logements dans l'agglomération, 60 % datent d'avant 1974, année de la parution des premières normes énergétiques, et sont de véritables passoires. Dans le cadre de son « plan climat-air-énergie territorial », Bordeaux Métropole réalise une thermographie aérienne infrarouge du bâti de ses vingt-huit communes, qui va permettre de faire apparaître les déperditions de chaleur par les toitures des bâtiments. Ces déperditions peuvent atteindre jusqu'à 30 % de la consommation d'énergie. L'étape suivante consiste à inciter les occupants à faire des travaux d'isolation. Ça coûte cher, et le retour sur investissement prend plusieurs années. Il existe de nombreuses aides. Mais, comme souvent, c'est un maquis. Il faut aussi trouver les bons professionnels. D'où l'idée de cette plate-forme, « Ma Rénov », qui, avec l'aide de l'Ademe (Agence de l'environnement et de la maîtrise de l'énergie), rassemble toutes les informations nécessaires.

L'échoppe qui nous accueille mérite d'être citée en exemple de rénovation efficace.

12 h : à la mairie, point de presse avec le préfet pour présenter le nouveau centre de vidéoprotection urbaine de la ville.

Pendant des années, l'installation de caméras de vidéosurveillance dans les points sensibles a fait l'objet de débats vifs au sein du conseil municipal. Mon opposition s'insurgeait contre le caractère prétendument liberticide de ce dispositif et mettait en cause son efficacité. Aujourd'hui, la cause est entendue. Nous avons même du mal à satisfaire la demande ! La procédure est très encadrée : je dois solliciter une autorisation préfectorale, donnée après avis d'une commission présidée par un magistrat de l'ordre judiciaire. Il y a aujourd'hui 105 caméras dans la ville, soit 1 pour 2 500 habitants. C'est modeste par rapport à Nice (1 pour 300) ou Paris (1 pour 850). Mais c'est efficace : sur réquisition judiciaire, nous transmettons les images aux enquêteurs qui peuvent ainsi identifier des délinquants… ou mettre hors de cause des personnes injustement soupçonnées. Il fallait moderniser nos installations. Désormais nous disposons d'un mur d'images de dix-huit écrans LCD contre sept auparavant. Je suis impressionné par la qualité des images. Le préfet et moi nous réjouissons de l'excellente coopération entre la police nationale et la police municipale pour assurer la sécurité de nos concitoyens.

13 h : déjeuner à la mairie avec les partenaires d'Agora.

Notre biennale d'architecture et de design ne peut se tenir qu'avec le concours de nombreux partenaires, publics (tous nos établissements culturels se mobilisent) et privés (nombre d'entreprises apportent leur contribution). L'objet du déjeuner est de les remercier, ce qu'on oublie souvent de faire en France. Et puis aussi, pour moi, d'aller de table en table discuter des projets culturels des uns et des autres. Moment d'échange et de détente.

14 h 30 : passage à mon bureau pour prendre connaissance du courrier et passer quelques coups de fil.

15 h : comité de pilotage de l'opération de rénovation du quartier Claveau.

On dit COPIL pour simplifier. Il y a aussi des COPRO (comités de projet), des COSTRAT (comités stratégiques), des COTECH (comités techniques), des CODIR (comités de direction), etc. En d'autres temps, le gouvernement de la France a souffert de polysynodie. Aujourd'hui, les élus doivent gérer la réunionite aigüe qui mite leur agenda.

La Cité Claveau, au nord de la ville, compte 428 logements sociaux, construits dans les années 1950. C'est un quartier relativement tranquille. La population y est stable. Les bailleurs sociaux, l'office HLM Aquitanis, en l'espèce, ont engagé la réhabilitation des bâtiments. Mais l'entretien des espaces publics, le stationnement, les réseaux d'évacuation des eaux laissent à désirer et nécessitent une intervention coordonnée. Un plan de rénovation a été élaboré, concerté avec les habitants, et finalement adopté dans le consensus. Il faut maintenant en suivre la mise en œuvre ; c'est l'ordre du jour du COPIL qui réunit une trentaine de personnes. Je distribue la parole, je pose des questions, je fais la synthèse des décisions à prendre. J'aime bien jouer ce rôle d'animateur. Il m'arrive parfois de bousculer des participants que je trouve mollassons. Nos services sont, dans l'ensemble, réactifs. Mais le poids des procédures, la complexité et l'instabilité des règlementations paralysent ou retardent l'action.

17 h : dans les salons du palais Rohan, remise de l'insigne de grand officier de la Légion d'honneur au général Roger Bart, en présence de sa femme et d'un petit groupe d'amis.

Le récipiendaire a 96 ans. Bon pied, bon œil. Je retrace, comme le veut l'usage, les grandes étapes de sa carrière, en Algérie, en Indochine, en France. Sa réponse est bien tournée.

Je suis toujours surpris de constater l'émotion qui se dégage de ces cérémonies, même chez les vieux briscards. La simplicité n'exclut pas la solennité.

17 h 45 : inauguration de la crèche « La cabane de Gustave », à la Bastide, en rive droite. Je m'efforce d'arriver à l'heure dans les manifestations publiques. Je n'évite pas toujours le « quart d'heure bordelais » de retard. C'est le cas aujourd'hui. J'ai dû faire un détour par le pont Saint-Jean puisque le pont de pierre reste fermé à la circulation des voitures particulières. Cette décision suscite l'enthousiasme des cyclistes qui franchissent le pont par milliers ; elle provoque l'ire de certains commerçants qui se disent « impactés ».

Le cérémonial d'inauguration d'une crèche est immuable : visite des locaux sous la conduite de la directrice, en compagnie de l'architecte qui vante la qualité de son travail, le plus souvent à raison ; puis les discours : le responsable de l'association quand il s'agit d'une crèche associative, le représentant du conseil départemental en charge de la PMI (protection maternelle et infantile), le président de la caisse d'allocations familiales de la Gironde qui cofinance, puis le maire.

Le protocole me fait parler en dernier. Tout a déjà été dit et répété. Les enfants et même les parents en ont marre et s'agitent. Mais il faut y passer. C'est pour moi l'occasion de rappeler tout ce que la ville fait pour l'accueil des tout petits et des familles. La presse reprend rarement…

18 h 30 : pose de la première pierre du futur pont Simone-Veil.

Il fait un temps de gueux. Pluie ininterrompue, vent, température hivernale. Mais il y a du monde sur le quai. Il faut dire que la construction de ce pont qui va boucler le circuit des boulevards entre rive gauche et rive droite est très attendue. Je rappelle dans mon discours qu'on en parle depuis presque… vingt ans. Une concertation très approfondie a permis d'associer les riverains à la définition du projet. Lenteur des réalisations publiques… L'urbanisme est un travail de temps long. J'essaie de faire rêver en décrivant le futur ouvrage, long de 549 mètres et large de 44 mètres. Il accueillera deux fois deux voies de véhicules automobiles, deux voies réservées aux transports en commun, une large piste cyclable bidirectionnelle, et des espaces pour des activités festives.

Le clou de l'événement, c'est la projection d'un faisceau laser sur la Garonne. Nous avons tous envie de marcher sur l'eau. (Cela hélas ! attendra… La construction du pont a pris, depuis, plusieurs mois de retard.)

20 h : au Grand Théâtre, spectacle donné en l'honneur du directeur du ballet de notre Opéra qui prend sa retraite. Dans mon énième discours de la journée, je retrace les étapes de la brillante carrière de Charles Jude : premier danseur à l'Opéra de Paris en 1975, danseur étoile deux ans plus tard, il rencontre Rudolf Noureev qui lui apprend le métier de chorégraphe. Il danse avec le Royal Ballet de Londres, le ballet de l'Opéra de Vienne, avec celui de la Scala, à Rome, Naples, Berlin, Stockholm, New York… Il prend la direction du ballet de notre Opéra en 1996 et en fait le meilleur ballet néoclassique de France après Paris. Ses créations enchantent notre public : *Casse-Noisette*, *Gisèle*, *Coppélia*, *La Belle au bois dormant*, *Le Lac des cygnes*, *Don Quichotte…* Ce soir, c'est *Don Quichotte.* Je m'en veux toujours de ne pas aller plus souvent voir des spectacles de danse. J'y trouve une forme de paix, même quand la chorégraphie est violente. La grâce, la beauté des corps me donnent du plaisir. Je me souviens de mon premier choc, c'était au Bolchoï à Moscou, Maia Plissetskaïa dansait… J'étais fasciné par l'ondulation de ses bras. J'avais… 16 ans.

23 h : je me glisse avec délice dans mon lit. Je laisse de côté les dossiers à lire pour le lendemain. Je préfère un ou deux chapitres de *L'Histoire mondiale de la France* dont j'achève enfin la lecture commencée l'été dernier.

Tous les élus vous le diront : le mandat le plus passionnant, le plus attachant, dans la sphère politique, c'est celui de maire. Il est vrai qu'un maire, dans sa ville, n'a guère le temps de s'ennuyer.

Mais plus que l'intensité du travail, c'est le bonheur qui compte. Bonheur de faire. Bonheur de la proximité.

Un parlementaire n'a qu'une influence limitée sur le contenu des lois que le gouvernement qu'il soutient lui demande de voter. D'où le désenchantement des nouveaux députés de La République en marche. Et quand il est dans l'opposition, ses amendements sont rarement retenus. Les ministres passent, les administrations durent. Et ainsi de suite. Un maire lui, si le temps lui est donné, voit sortir de terre les projets qu'il a lancés : une crèche, ou même un pont. C'est pourquoi la question du nombre de mandats successifs doit être traitée avec pragmatisme.

Et puis les élus locaux vivent quotidiennement au milieu de leurs concitoyens. Les conseils de quartier sont, de ce point de vue, un exercice qui demande patience et sang-froid. Comme je le dis souvent à mes Bordelais, tout ce qui va bien dans le quartier est acquis et donc tu. Les doléances en revanche viennent en abondance. Mais c'est la règle du jeu, et c'est ce qui permet d'avancer.

J'aime citer cette phrase de Montesquieu : « Pour faire de grandes choses, il ne faut pas être un si grand génie ; il ne faut pas être au-dessus des hommes ; il faut être avec eux. »

K

Kauffmann, Jean-Paul

Jean-Paul Kauffmann a toute sa place dans ce dictionnaire, tant il a bien parlé de notre vin. Son *Voyage à Bordeaux* date de 1989, un an après sa libération des geôles terroristes au Liban. C'est un livre subtil, où l'on peut lire que « la nuance infinie de ses crus, leur tonalité apparentent le bordeaux à l'art de la peinture. On y trouve tous les genres. L'aquarelle, la fresque, la miniature ».

D'abord sensible, comme Pierre Veilletet, à la forme de la bouteille bordelaise (« ce ventre sans embonpoint, ce col rigide me paraissait une garantie de probité »), il confie que le bordeaux fut ensuite pour lui « un long cheminement », voire « un voyage initiatique ». Car « le bordeaux est un vin qui s'apprend, on n'est pas immédiatement en complicité avec lui. Mais derrière ce vin parfois impénétrable se cachent un style, une composition, une harmonie d'exception ». Longtemps rédacteur en chef de *L'Amateur de bordeaux*, JPK a continué à beaucoup écrire sur notre vin (et aussi sur le champagne).

Mais c'est d'un autre de ses livres que je voudrais parler ici : *La Maison du retour*, achevé en octobre 2006 et paru début 2007.

J'ai du mal à dépouiller le Landais qui vit en moi et j'aime retrouver, à chaque page de ce livre, mes Landes natales et l'empreinte qu'elles ont laissée en moi.

Sur la quatrième de couverture, l'éditeur résume bien la démarche de l'auteur :

« Détenu au Liban pendant trois ans, le narrateur choisit après sa libération de s'installer au cœur de la forêt landaise. Deux maçons taciturnes restaurent la maison. Il campe au milieu du chantier, rééduquant ses cinq sens au contact de la nature. Il va devenir prisonnier de la demeure dans la clairière et prendre de plus en plus de goût à cette dépendance. Dans cette parenthèse qui sépare la fin de l'épreuve du retour au monde des vivants, il écrit ce livre de la délectation où les odeurs, les visions et les rumeurs du monde sont nommées comme au premier jour. »

Les odeurs d'abord, omniprésentes, véritable « ivresse olfactive », selon l'auteur (p. 195)...

« J'aime respirer l'odeur des aiguilles de pin. Elles cassent comme du verre sous les pas et répandent une odeur brève, grillée » (p. 95). Première bouffée de souvenirs pour moi.

« L'air exhale une subtile odeur de tourbe et de compote. Les notes spongieuses et acides proviennent des débris de feuilles mortes, pâte légère noircie par la fermentation » (p. 108). J'avais oublié la compote. J'ajouterais peut-être, c'est l'automne, la senteur un peu fade des champignons. Chaque Landais qui se respecte protège jalousement le territoire secret où il sait que prospèrent les cèpes.

« Autour de 4 h de l'après-midi, la chaleur assène aux Tilleuls [c'est le nom de la maison] ses coups les plus sévères. Il me plaît alors de sortir quelques instants pour sentir l'odeur des bruyères et de la brande chauffée à blanc » (p. 234). Je revis la touffeur des étés montois, dans la ville tapie au fond d'une cuvette entourée de pins. Nous aussi, sur les instances de ma mère, nous « cabanions ». J'avoue que je ne connaissais pas l'expression que Kauffmann définit ainsi : « habitude gasconne qui consiste à fermer les volets à l'espagnolette, les deux battants restant légèrement entrouverts pour laisser pénétrer un peu de lumière. L'intérieur plongé dans la pénombre est presque froid » (p. 227). Nous « cabanions » donc sans le savoir. C'était même un sujet de discorde avec les membres de la famille venue du Nord, « les pièces rapportées » par mariage, qui se précipitaient pour ouvrir en grand fenêtres et volets, et ruinaient d'un coup les patients efforts des gens du cru pour garder la fraîcheur.

Les odeurs, et les bruits…

Ceux de la « multitude d'oiseaux » qui peuplent la clairière devant les Tilleuls. JPK énumère : « mésanges, rouges-queues, et surtout pics-verts et pics épeiches qui tambourinent sur les troncs… Je préfère pour ma part, ajoute-t-il, les merles. Je ne me lasse pas d'observer leur vol plané et leurs facéties. Je m'imagine que cet oiseau est toujours de bonne humeur » (p. 210).

Un autre bruit « landais » était plus familier au petit Montois que j'étais : celui des avions de la base aérienne 118 qui viennent aussi troubler la sérénité de JPK et la bonne humeur des merles au plus profond de la Haute Lande : « À midi, deux escadrilles de Mirage survolent les Tilleuls à basse altitude, laissant dans leur sillage un violent bruit de soufflerie comme l'éjection enflammée d'un immense chalumeau » (p. 212), (voir aussi p. 153). La population montoise et landaise supporte plus ou moins patiemment cette nuisance ; il est vrai que la base, avec ses 3 000 militaires d'active, apporte une contribution essentielle à l'économie locale.

J'ai parlé de « clairière » pour désigner le lieu où se trouve « la maison du retour ». Sacrilège ! Ce n'est évidemment pas une clairière mais un « airial » !

C'est une des originalités du paysage landais que JPK définit avec d'autant plus de précision que sa science est récente :

« Rustique en même temps que très sophistiquée, cette surface qui entoure la maison obéit à un algorithme très strict. À l'origine, c'est une clairière. L'espace ne doit jamais être clôturé. Les limites ne sont visibles que par un changement progressif de la végétation. Tapissé d'un solide gazon, l'airial est planté de nombreuses essences, à l'exception du pin nourricier. L'étendue a beau être agrémentée d'une pelouse et plantée de grands arbres, elle ne saurait être qualifiée ni de parc qui s'attache à une certaine majesté ni de jardin qui est généralement clos. L'airial joue pourtant sur l'ambiguïté des deux dénominations. C'est l'une des dernières survivances d'une civilisation rurale autrefois très réglée » (p. 82).

L'écomusée de Marquèze, au cœur de la Haute Lande, sur la commune de Sabres, conserve un bel airial en témoignage de cette civilisation en voie de disparition. L'airial est devenu une curiosité touristique ou l'agrément d'une résidence secondaire loin du monde et du bruit. Comme JPK, « j'ignorais que le pluriel d'airial fût airiaux » (p. 180).

Comme lui, j'aime ma forêt landaise qu'il décrit avec tant de justesse :

« Cette forêt dégagée, tout en raideur, encochée de champs de maïs, ne paraît jamais bien profonde, mais ce n'est qu'une apparence. Elle paraît accessible, immédiatement lisible. Ces traits tirés à l'infini, ces chemins à perte de vue paraissent rectilignes, ouverts alors que rien n'est plus sinueux, plus secret que cet alignement de pins compact et inépuisable. »

Je redécouvre « mon » pin en lisant la description qu'il en fait :

« Cet arbre qui perd très tôt ses branches basses trompe bien son monde. On croit qu'il se tient droit mais c'est une illusion : le tronc est presque toujours arqué, légèrement tors [...]. Le pin est l'arbre de l'élévation et du dépassement. Une forme de transcendance obtenue non par la rectitude mais par la courbure. Sa fausse verticalité maintient en suspension le paysage. [...] Il donne même à l'espace landais une légèreté exceptionnelle. Quelque chose d'aisé et d'aérien » (p. 230).

Bien des notations de JPK ont pour moi toute la saveur du vécu, par exemple ce qu'il dit du pollen de pin, « un de ces signes qui ponctuent le printemps et étonnent par leur surgissement comme s'ils revêtaient un caractère imprévu et unique ». Après tant d'années, j'éprouve toujours la même surprise quand, arrivant dans notre maison d'Hossegor, je laisse l'empreinte de mes pas sur la fine poussière jaune qui recouvre la terrasse. Pollen de pin.

JPK est un observateur subtil ; c'est aussi un convive gourmand. Nouvelle complicité entre nous : la dégustation de l'ortolan. Je n'ai pas un mot à changer au récit qu'il en donne :

« La fourchette et le couteau sont bannis. [...] Il faut saisir l'oiseau par le bec avec les doigts. Je fais rouler mon premier ortolan dans la bouche. La tentation est grande de mâcher à peine en l'aspirant la chair dense et moelleuse car elle fond sous le palais. [...] Un goût plein de noisette, gras et fumé, truffé et fruité à la fois. La chair de l'ortolan qui se fluidifie dans la bouche souligne l'impression de dodu et de gras, en même temps la peau croustillante donne une sensation tactile qui l'apparente au maigre, au sec, au non-épais.

» L'ortolan possède en Gascogne une valeur particulière. Ce passereau est si rare qu'il n'est dégusté qu'entre amis “sous la serviette” » (p. 134).

Pour la recette, voir l'entrée « Petits oiseaux ».

Merci en tout cas à JPK d'avoir rendu justice, dans ce livre que j'ai lu avec délectation, à mes Landes tant décriées. L'un de ses personnages, amoureux (en l'espèce amoureuse) de son pays, proclame avec fierté : « Nous sommes un territoire à part. Notre contrée ne se livre pas d'emblée. Elle exige un apprentissage, une éducation. »

J'ose poursuivre la citation : « Nous sommes coincés entre la morgue bordelaise et ces mauvais coucheurs de Basques. [...] Nous sommes le pays qui n'existe pas » (p. 131).

Pas étonnant, dans ces conditions, que les voyageurs pressés et superficiels qui les ont traversées sans s'y arrêter n'y aient rien compris. Les descriptions apocalyptiques qu'ils en donnent ne manquent pas. Ainsi, on lit dans *Le Voyage en France* de Jean Goulemot, Paul Lidsky et Didier Masseau, publié dans la collection « Bouquins » (Robert Laffont) :

« Passé l'Adour [...], le paysage change complètement d'aspect. Là commencent les plaines sablonneuses connues sous le nom de Grandes Landes. On raconte traditionnellement dans cette région qu'autrefois le pays était couvert par la mer. Aujourd'hui elle a été remplacée par les broussailles et les arbustes, qu'interrompt de temps en temps un bref espace cultivé et entouré de haies de grande altitude. Ce pays est aride à l'extrême et singulièrement monotone. [...] Il n'offre aucune variété et il n'y a pour distraire le voyageur que quelque lointaine et misérable ferme, la masure sinistre d'un berger qu'on voit un peu plus loin marcher sur des échasses, occupé à regrouper son troupeau ou à tricoter des bas, ou à se livrer à des occupations compatibles avec sa position. »

Théophile Gautier dans son poème « Le pin des Landes », dont la récitation était pour nous un point de passage obligé dès nos petites classes montoises, n'est pas plus tendre :

« On ne voit en passant par les Landes désertes,
Vrai Sahara français, poudré de sable blanc,
Surgir de l'herbe sèche et des flaques d'eaux vertes
D'autre arbre que le pin avec sa plaie au flanc. »

Ladite plaie est celle infligée par le résinier et son hapchot, l'outil à bec recourbé qui permet d'entailler l'écorce et de rafraîchir la care de l'arbre (voir l'entrée « Eau »).

Dans son récit de voyage sur le chemin de l'Espagne, Théophile Gautier en rajoute :

« Au sortir de Bordeaux, les landes recommencent plus tristes, plus décharnées et plus mornes, s'il est possible ; des bruyères, des genêts et des *pinadas* (forêts de pins) ; de loin en loin quelque fauve berger accroupi [*sic*], gardant des troupeaux de moutons noirs. Quelques cahutes dans le goût des wigwams des Indiens : c'est un spectacle fort lugubre et fort peu récréatif. »

Et, pour couronner le tout :

« On dirait une forêt injustement égorgée qui lève les bras au ciel pour lui demander justice. »

Victor Hugo n'est pas plus tendre :

« Les Landes, de Bazas à Mont-de-Marsan, ne sont autre chose qu'une interminable forêt de pins, semée çà et là de grands chênes et coupée d'immenses clairières que couvrent à perte de vue les landes vertes, les genêts jaunes et les bruyères violettes. [...] Quelques chaumières basses [...] apparaissent çà et là, puis on ne les voit plus, et l'on ne rencontre plus rien au bord de la route que la hutte d'un cantonnier et, par instants, un large cercle de gazon brûlé et de cendre noire indiquant la place d'un feu nocturne. »

La cause est entendue : à en croire ces distingués voyageurs, mes ancêtres vivaient au désert, « accroupis » dans des huttes ou des wigwams de sauvage. Ce mépris a de quoi humilier et nourrir un irrédentisme landais contre l'ignorance parisienne…

Je n'entrerai pas ici dans la polémique qui sévit encore à propos de l'apparition du pin dans le Sahara… français. La thèse généralement admise, c'est qu'elle date du Second Empire et notamment de la loi de juin 1857 qui planifie l'assainissement de la lande et sa plantation en pins maritimes.

Je rapporte l'hommage mérité que Pierre Veilletet rend à l'ingénieur Jules Chambrelent qui sut convaincre Napoléon III de se lancer dans un véritable « western à la française », en colonisant des terres « fétides » mais aussi en développant un réseau de chemin de fer qui faciliterait ultérieurement le transport et la commercialisation du bois et des produits résineux.

Thèse contestée par Jacques Sargos dans son très beau livre *Histoire de la forêt landaise. Du désert à l'âge d'or*. Pour ce Landais passionné, c'est dès le XVIIIe siècle et plus particulièrement sous l'influence des physiocrates qu'on a commencé à fixer les dunes et à semer des pins pour pouvoir les gemmer (c'est-à-dire en recueillir la sève, la précieuse résine). Il concède que la puissance publique centralisatrice et autoritaire du Second Empire n'a fait qu'en accélérer la propagation.

Comme souvent, la vérité est à mi-chemin…

Ce qui me réjouit en tout cas, c'est que, au cœur de mes Landes natales, JPK peu à peu s'est reconstruit. « Je suis comme un plongeur qui remonte par paliers », confie-t-il au fil de son livre (p. 111).

Et pour finir :

« Cette maison m'a-t-elle guéri ? Je pense qu'elle m'a simplement décontaminé, débarrassé de mauvais ferments tels que le ressentiment, la soif de vengeance, la passivité, le goût de la dévastation, sans parler de cet esprit de lassitude qui a envahi le siècle. Cette maison m'a défripé le cerveau » (chap. 37).

L

La Ville de Mirmont, Jean de

Je réponds ce matin à la lettre que m'a adressée, il y a plus d'un mois, Michel Suffran pour me demander d'honorer la mémoire de Jean de La Ville de Mirmont en lui dédiant un monument commémoratif, « une composition sculpturale moins figurative qu'allégorique : par exemple un envol d'oiseaux de mer [les pétrels qu'il a chantés] à partir de livres éployés ».

Je sais que Suffran a publié, chez Seghers, en 1968, un *Jean de La Ville de Mirmont*, précédé d'un avant-propos de Mauriac, et, plus de vingt ans plus tard, les œuvres complètes du poète.

Je connais certes le nom de cet écrivain bordelais, mais très peu sa vie et son œuvre. Or, en même temps que la lettre de Suffran, je reçois le dernier « roman » de Jérôme Garcin, *Bleus Horizons*, aimablement dédicacé « à la mémoire de l'enfant éternel » de notre ville.

J'ai lu d'une traite ce que Suffran définit comme « non point une biographie mais une semi-fiction autour de la personne » de Jean de La Ville de Mirmont.

Étrange destin que celui de ce fils d'un notable bordelais latiniste éminent, qu'une forte myopie empêche d'entrer, comme il en rêvait, à Santé navale et qui, pour assurer son indépendance à Paris, se retrouve rond-de-cuir dans les services de la préfecture de la Seine. Il tire de cette expérience un court récit, *Les Dimanches de Jean Dézert*. Il décrit ainsi son héros : « Ce jeune homme, appelons-le Jean Dézert, à moins de le bousculer au passage, vous ne le distingueriez pas de la foule, tant il est vêtu d'incolore [...]. Lorsqu'il résolut de se suicider, il choisit un dimanche afin de ne pas manquer son bureau. »

C'est un autre visage de La Ville de Mirmont qui fascine, celui de l'admirateur passionné de Baudelaire et de Francis Jammes, celui du poète de « L'horizon chimérique », de l'homme tourmenté de « grands départs inassouvis ». Jérôme Garcin nous parle d'un être ardent qui part à la guerre dans une sorte d'exaltation patriotique : « Le garçon que je rencontrai pour la première fois était heureux et si plein d'idéal qu'on l'eût dit inconscient du danger. Il ressemblait plus à un chevalier des croisades qu'à un soldat et attribuait à la protection de Dieu son invincibilité. »

Protection illusoire, hélas ! puisque le 28 novembre 1914, à Verneuil-en-Champagne sur le chemin des Dames, il est fauché par un obus allemand, à l'âge de 27 ans.

Jérôme Garcin fait dire à Louis, le narrateur de son roman :

« Le 27 novembre au soir, le froid était tel que l'affreux remugle de la charogne [dans la tranchée] avait disparu [...]. Accroupi devant un petit brasero autour duquel rôdaient de gros rats, il me récita l'un de ses poèmes, qui s'intitule "L'horizon chimérique" et dont je me rappelle très bien les premiers vers :

"Je suis né dans un port et depuis mon enfance
J'ai vu passer par là des pays bien divers.
Attentif à la brise et toujours en partance,
Mon cœur n'a jamais pris le chemin de la mer..." »

Et puis, deux pages plus loin, le récit de la mort :

« Je suis retourné à l'autre bout de la tranchée et j'ai entendu, dans mon dos, une énorme explosion qui m'a jeté face la première dans la boue. On aurait dit une soufflerie d'orgue descendue d'un ciel sans dieu. J'ai compris aussitôt. L'obus, un Minenwerfer, était tombé droit sur Jean, comme si, dans sa trajectoire assassine, il ne visait que lui et l'avait désigné, comme s'il m'avait frôlé sans me voir et m'avait méprisé. J'ai couru vers le monticule informe d'où montait une épaisse fumée ocre. Avec des pelles et des pioches, on a creusé, fouillé, retourné la terre, indifférents aux tirs allemands, qui avaient redoublé. Et on a arraché le corps de Jean au bourbier. On s'attendait à le trouver broyé. Or, il était entier et, le croirez-vous, debout. »

Il faut lire ce beau livre qui raconte le long combat opiniâtre de Louis pour faire éditer les œuvres de Jean. J'en ai retenu la rencontre avec Mauriac, à Malagar :

« Immobile, les mains fines posées sur la pierre grise du muret tavelé de mousse beige, François Mauriac m'écoutait en scrutant droit le grand ciel d'Aquitaine où planaient bas d'acrobatiques escadrilles de palombes. Il observa un long silence tandis qu'au loin des vendangeuses en sarrau chantaient des mélodies inconnues de moi, qui montaient des règes. Alors seulement, sans que jamais son regard ne quittât l'azur, il voulut bien se souvenir de Jean : "Il avait la grâce, oui, la grâce", me répéta-t-il comme si cela suffisait à tout expliquer. Et aussi : "Je l'aimais d'une amitié qui va au-delà de l'amitié. Tout le reste n'a guère d'importance." »

Dans le livre que Michel Suffran a consacré à la « génération perdue », ces écrivains de Bordeaux et de la Gironde du début du XXe siècle, décimés par la guerre, François Mauriac évoque plus longuement son amitié avec Jean de La Ville, « ce garçon bordelais qui s'asseyait sur les mêmes bancs que [lui] à la faculté ». Il y parle de « la tendresse infinie qu'il avait vouée à sa mère [...]. Jean croyait en Dieu parce que sa mère priait Dieu ». Il revient sur leur passion partagée pour la poésie : « De Ronsard et de Du Bellay à Baudelaire, à Rimbaud et à Jammes, nous descendions, jeunes bateaux ivres, le fleuve français. » Avec son sens unique de la formule qui vise juste, Mauriac résume bien le drame intérieur de son ami : « Voyageur immobile, corsaire condamné à ne pas courir les mers. »

Je n'ai pas tout à fait répondu à la demande de Michel Suffran : il n'y a pas dans Bordeaux de grande composition sculpturale à la mémoire du poète. J'ai préféré donner son nom à la belle bibliothèque nouvellement installée au cœur du quartier de Saint-Augustin. Et j'ai fait inscrire sur les quais de notre port quelques vers tirés de « L'horizon chimérique », ce « coquillage où gronde un océan : l'œuvre de Jean de La Ville qui ne naîtra jamais », selon Mauriac.

De nouveau je me laisse embarquer :

« Je suis né dans un port et depuis mon enfance
J'ai vu passer par là des pays bien divers.
Attentif à la brise et toujours en partance,
Mon cœur n'a jamais pris le chemin de la mer.

Je connais tous les noms des agrès et des mâts,
La nostalgie et les jurons des capitaines,
Le tonnage et le fret des vaisseaux qui reviennent
Et le sort des vaisseaux qui ne reviendront pas.

Je présume le temps qu'il fera dès l'aurore,
La vitesse du vent et l'orage certain ;
Car mon âme est un peu celle des sémaphores,
Des balises, leurs sœurs, et des phares éteints.

Les ports ont un parfum dangereux pour les hommes
Et si mon cœur est faible et las devant l'effort,
S'il préfère dormir dans de lointains arômes,
Mon Dieu, vous le vouliez, je suis né dans un port ».

À ma connaissance, il n'existe pas d'aussi beau poème inspiré par le port de Bordeaux et son grand large.

Labyrinthes et perspectives

Un urbaniste m'a dit un jour : « Bordeaux est une ville de perspectives et de labyrinthes. » Ce résumé de la physionomie de la ville me semble très juste.

Perspectives : le fleuve bien sûr, naguère dénommé la « mer » de Garonne, immense, qui ouvre Bordeaux sur la Gironde et le plus vaste estuaire de France, au-delà sur l'Océan. Nous avons retrouvé le chemin des quais, sur les deux rives, et, comme Jean de La Ville de Mirmont, nous y rêvons de grands départs.

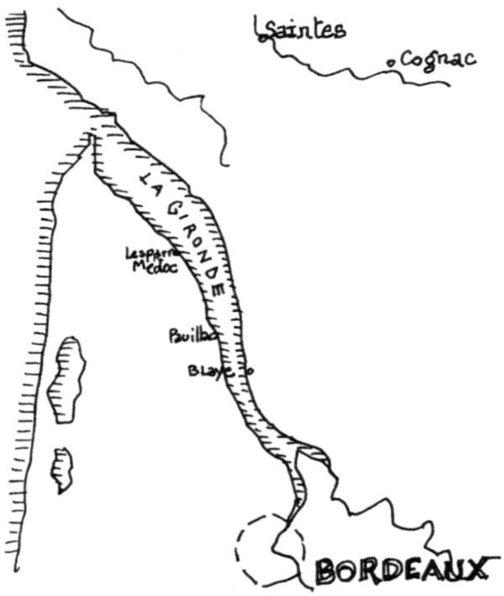

Perspectives des boulevards, ouverts de 1853 à 1902, qui redéfinirent alors les limites de la ville et permirent de réorganiser la ceinture de l'octroi. La prochaine étape de l'embellissement de Bordeaux sera peut-être, dans la ou les décennies qui viennent, la rénovation de ces boulevards et de leurs barrières. Pourraient y circuler un tramway ou un bus à haut niveau de service (ou, qui sait ? un transport aérien…), des vélos en toute sécurité, des piétons qui traverseraient une circulation apaisée pour aller, sans rupture, de nos quartiers centraux vers ceux de nos communes riveraines, Bègles, Talence, Le Bouscat… Nos fameuses « barrières » dont le nom ne serait plus qu'une survivance historique seraient alors devenues autant de passerelles, de traits d'union dans un tissu urbain enfin recousu. Il faudra, pour donner corps à ce projet, un urbaniste aussi sensible que Michel Corajoud, l'auteur de la transfiguration de nos quais.

Perspectives sur le grand paysage de la métropole bordelaise dont les coteaux de Garonne bornent en rive droite l'horizon. Déjà Stendhal s'émerveillait de « cette admirable colline de Lormont qui se compose de mamelons successifs dont les crêtes sont couronnées de maisons de campagne et de grands arbres ». Les maisons de campagne ont cédé la place aux immeubles. Mais sur 12 kilomètres, le parc des Coteaux déploie aujourd'hui ses 400 hectares, de Bassens et Lormont à Floirac ; du parc de l'Ermitage au domaine de la Burthe, en passant par le parc du Cypressat à Cenon. De là-haut, la perspective s'inverse, et c'est sur Bordeaux que s'offrent des panoramas exceptionnels : à Bouliac, du promontoire de l'église romane Saint-Siméon ; à Cenon, du parc Palmer et du site de la Buttinière ; à Lormont, du château du Prince noir où l'on peut, en prime, s'asseoir à l'une des meilleures tables de la région. Il faut monter sur les coteaux pour embrasser d'un regard le port de la Lune et Bordeaux. J'y ai joué naguère mon Rastignac…

Perspective encore… ou peut-être déchirure, selon Jean-Marie Planes, qui a écrit, à son propos, un joli texte plein de tendresse et de nostalgie : la place des Quinconces (voir l'entrée « Quinconces »).

Perspectives plus modestes créées dans la ville médiévale par un préfet de choc : Georges Eugène Haussmann.

Existe-t-il, comme on le dit parfois, un Bordeaux haussmannien ? Ce qui est sûr, c'est que l'homme est girondin de cœur. Il a épousé en 1838 Octavie de Laharpe, fille d'un viticulteur de Cestas ; il achète une propriété viticole à Canéjan, le château de Rouillac ; en poste à Paris, il fait souvent l'aller-retour à Bordeaux pour y rejoindre sa femme qui réside en Gironde ; son arrière-petite-fille est aujourd'hui viticultrice dans le Bordelais et produit un vin qui porte le nom d'Haussmann. De Blaye où il était sous-préfet, après être passé dans le Var et dans l'Yonne, il arrive en 1852 à Bordeaux où il vient d'être nommé préfet de Gironde. Il n'y reste qu'un an et demi, assez pour se faire détester des monarchistes légitimistes comme des républicains. C'est qu'il a la poigne dure et épure sans faiblesse les ennemis du nouvel empire. Le duc de Persigny, l'un des plus ardents partisans de Louis-Napoléon Bonaparte, le décrit ainsi dans ses mémoires : « Un vigoureux athlète, à l'échine robuste, à l'encolure grossière, plein d'audace et d'habileté. » A-t-il eu le temps d'imprimer sa marque sur l'urbanisme bordelais comme il allait le faire sur le visage de Paris ? On lui doit le dégagement de la place Pey-Berland qu'il débarrasse de son fatras médiéval ; il fait percer la rue Vital-Carles et ouvre ainsi la perspective sur la cathédrale Saint-André ; il trace aussi le cours Alsace-Lorraine, tout droit vers les quais. Oserais-je dire qu'il a préparé le terrain à l'arrivée du tramway dont les lignes actuelles empruntent ces deux voies ? Si l'on ajoute les travaux d'amélioration de l'éclairage public et de l'adduction d'eau et la création de plusieurs bureaux de bienfaisance, son bilan n'est pas si mince, en si peu de temps.

Mais il faut aussi, pour bien connaître et sentir Bordeaux, se perdre dans les labyrinthes de son centre historique.

Marcher, en prenant son temps – et pourquoi pas ? sous le crachin d'une fin d'après-midi de novembre –, de la place Renaudel, devant l'église Sainte-Croix, jusqu'à la basilique Saint-Michel par la rue Camille-Sauvageau. Ou bien rue Carpenteyre (en gascon, *lo carpentèir*, c'est « le charpentier »), où In Cité réalise un ambitieux programme de rénovation qui a permis de créer des logements au confort moderne et de réaménager complètement le petit théâtre de L'Œil-La Lucarne. Un peu plus loin, au n° 34 de la rue de la Fusterie, je m'arrête devant un magnifique balcon, parfaite illustration de l'art de la stéréotomie. J'admire ses ferronneries, mais aussi l'escalier intérieur en colimaçon, les planchers et les plafonds d'époque, les cheminées… La restauration de l'immeuble est exemplaire du travail accompli dans le centre historique de la ville, toujours par In Cité, société d'économie mixte d'aménagement dont la ville est le principal actionnaire. Trois logements sociaux ont été aménagés dans l'immeuble, ainsi qu'une place de stationnement, des locaux communs pour les poubelles, les vélos, les poussettes. La mission d'In Cité est difficile : respecter le patrimoine dans le cadre des règles du secteur sauvegardé, l'un des plus étendus de France, et en même temps offrir des logements qui répondent aux attentes des habitants du XXIe siècle en termes de confort, de lumière, d'espace. Sans chasser les populations installées ni provoquer la « gentrification » redoutée, régulièrement annoncée et non advenue.

Continuer à marcher, en coupant le cours Victor-Hugo, rue Neuve ou rue de la Rousselle vers la place du Palais. Marcher, une fois franchi le cours Alsace-Lorraine, rue des Bahutiers ou rue des Argentiers en direction de l'église Saint-Pierre. Marcher jusqu'à la place du Parlement et quitter le labyrinthe du vieux Bordeaux pour déboucher sur la somptueuse perspective classique de la place de la Bourse. Tout au long de ce parcours, il y a mille occasions de s'arrêter pour admirer nos monuments : églises, portes d'enceinte, hôtels et palais. Mais on peut aussi, pour une fois, les oublier, se concentrer peut-être, comme Jean-Pierre Xiradakis nous y invite, sur les odeurs de la ville, odeur de pierre, de salpêtre, de granit sous les pieds, de bois, de moisissure, d'urine, hélas ! Peu de chimie au total : les voitures ne pénètrent ici que par dérogation, pour permettre aux riverains de rejoindre leur garage. La plupart des maisons ont été, au fil des ans, ravalées. On en trouve encore de ce vilain noir de suie qui enchantait certains esthètes. Et l'on trouve aussi des logements insalubres, de l'habitat indigne. Il faut résister à la poésie des ruines. C'est un travail de dentelle car l'objectif est exigeant : préserver, transmettre le patrimoine et, « en même temps », offrir aux habitants une qualité de vie équivalente à celle qu'on trouve dans les autres quartiers de la ville. Il faut du temps, beaucoup de temps pour conseiller les propriétaires et parfois les inviter fermement à réaliser les travaux indispensables ; pour acheter les bâtiments les plus délabrés, remembrer des appartements naguère découpés en minuscules « studios », créer des puits de lumière, faire entrer le soleil dans des cours aveugles, construire du logement social pour préserver la mixité.

Dans ce travail de rénovation, je m'efforce de ne pas oublier les exhortations de Victor Hugo qui visite notre ville en 1843 :

« M. de Tourny, l'intendant de 1743, qui a commencé la destruction du vieux Bordeaux et la construction du nouveau, a-t-il été utile ou funeste à la ville ? se demande-t-il [...]. On lui a élevé une statue, il y a la rue de Tourny, le quai Tourny, le cours Tourny, c'est fort bien. Mais en admettant qu'il ait si grandement servi la cité, est-ce une raison pour que Bordeaux se présente au monde comme n'ayant jamais eu que M. de Tourny ?

» [...] Rien de plus funeste et de plus amoindrissant que les grandes démolitions. Qui démolit sa maison démolit sa famille ; qui démolit sa ville, démolit sa patrie ; qui détruit sa demeure détruit son nom. C'est le vieil honneur qui est dans ces vieilles pierres. »

J'invite tous les aménageurs, promoteurs, architectes… à méditer avec moi l'avertissement du prestigieux visiteur :

« On ne peut se dissimuler que la manie des rues "bien percées", comme on dit, et des constructions de "bon goût" gagne chaque jour du terrain et va effaçant du sol la vieille cité historique. En d'autres termes, le Bordeaux-Versailles tend à dévorer le Bordeaux-Anvers.

» Que les Bordelais y prennent garde ! Anvers, à tout prendre, est plus intéressant pour l'art, l'histoire et le passé que Versailles. Versailles ne représente qu'un homme et un règne ; Anvers représente tout un peuple et plusieurs siècles. Maintenez donc l'équilibre entre les deux cités, mettez le holà entre Anvers et Versailles ; embellissez la ville nouvelle, conservez la ville ancienne. Vous avez eu une histoire, vous avez été une nation, souvenez-vous-en, soyez-en fiers. »

L'avertissement reste d'actualité. Mais, quand je déambule dans notre ville, je me dis que, au total, au fil des décennies, les Bordelais n'ont pas failli.

Laffon de Ladebat, André-Daniel

Le 26 août 1788, André-Daniel Laffon de Ladebat prononce devant l'Académie royale des sciences, belles-lettres et arts de Bordeaux un discours « sur la nécessité et les moyens de détruire l'esclavage dans les colonies ». Nous, Bordelais du XXIe siècle qui peinons à trouver la bonne manière d'assumer le passé de notre ville négrière, devrions relire ce discours avec attention. Ses paroles sont fortes :

« Montesquieu a consacré un livre entier de *L'Esprit des lois* à traiter des esclaves et des affranchis. Il a prouvé combien l'esclavage est contraire aux principes de la morale naturelle. Plusieurs auteurs ont peint avec énergie les horreurs de l'esclavage et les détails affreux du commerce des Nègres. Une société nombreuse s'est formée pour anéantir ce commerce et cet esclavage. Des habitants éclairés et sensibles désirent un changement. L'opinion publique s'unit enfin aux vœux de l'humanité et de la justice : mais l'intérêt particulier s'agite et les combat encore. Six millions de Nègres portent, de nos jours, les chaînes des nations de l'Europe. Il faut donc de nouveaux efforts pour affranchir ces infortunés. »

Il renchérit : « Nous avons dépeuplé et avili l'Afrique. L'Amérique dévastée a plié sous le joug de notre tyrannie. Nous y avons établi l'esclavage que la religion proscrivait dans nos climats. [...] Nos colonies sont encore fondées sur cet abus criminel. Des terres où la nature réunit toutes les richesses de la fécondité sont sillonnées par des esclaves qu'on arrache à leur patrie et qu'on charge de chaînes pour augmenter nos richesses. »

Il s'efforce d'évaluer l'ampleur du crime : « Le commerce des hommes fut favorisé par toutes les nations commerçantes, comme une nouvelle source de richesses publiques. Près de 6 millions d'esclaves africains peuplent aujourd'hui les champs de l'Amérique ; plus des cent mille infortunés sont enlevés chaque année à l'Afrique, pour soutenir cette population. »

Sa condamnation est sans appel : « Réduire un homme à la condition d'esclave est donc, après le meurtre, le plus violent des attentats. » Et de citer Rousseau : « Les mots esclavage et droit sont contradictoires : ils s'excluent mutuellement. »

La docte Académie fut, dit-on, médusée. C'est que l'orateur n'est pas n'importe qui : il est le fils de Jacques-Alexandre Laffon de Ladebat, banquier et armateur dont la fortune a été largement acquise grâce à la traite négrière. Tout comme celle d'une bonne partie de l'auditoire. Néanmoins, quelques semaines plus tard, les registres en font foi, « l'Académie extraordinairement assemblée pour délibérer la demande qui lui a été faite par M. de Ladebat de vouloir bien lui permettre de faire imprimer, sous son privilège, le discours sur "la nécessité...", la compagnie lui a unanimement accordé cette permission ».

Signe qu'à Bordeaux même les esprits sont mûrs. Un an plus tard, en mai 1789, André-Daniel, bien qu'appartenant à la noblesse, est désigné par le tiers état pour siéger aux états généraux. Et le 13 août de la même année, en tant que « commissaire-député par les citoyens de la Guyenne », il dédie son discours de Bordeaux à l'Assemblée nationale constituante.

Il est vrai que, le texte, quand on le lit jusqu'au bout, est d'une prudence toute girondine. Il ne s'agit pas pour son auteur de brûler les étapes. Il ne sous-estime pas « les dangers d'un affranchissement subit ». Il veut convaincre les propriétaires que leur intérêt bien compris est de s'engager dans « un affranchissement successif » de leurs esclaves et de « préparer la liberté qu'on doit leur donner un jour ». Il multiplie les arguments : « Le prix des esclaves a doublé dans nos colonies depuis vingt ans… Le commerce des esclaves nuit à la navigation… Le travail des esclaves n'est pas aussi productif que celui de l'homme libre… » Il faut donc y aller par paliers « sans alarmer l'intérêt particulier, et en évitant les dangers d'une révolution trop rapide ». Les esclaves commenceraient par obtenir le statut de « serf ouvrier » et seraient ensuite affranchis « en payant une somme égale à la valeur représentative du travail que la loi leur imposerait ».

Cette prudence ne diminue en rien à mes yeux le courage d'André-Daniel Laffon de Ladebat qui, en rupture avec son milieu social, s'affiche comme résolument abolitionniste.

Une fois lancé en politique, il connaîtra une carrière très mouvementée. Il siège à l'Assemblée législative dans le groupe modéré des Feuillants. Lors de l'assaut des Tuileries le 10 août 1792, il prend la défense du roi et de la famille royale, ce qui lui vaut d'être emprisonné. Relâché par la Convention, il est de nouveau arrêté sous la Terreur et échappe de justesse à la guillotine. Le Directoire l'arrête avec d'autres députés modérés et royalistes et le déporte sans jugement en Guyane où il est détenu pendant plus de deux ans dans des conditions détestables. En 1800, il rentre en France, gracié par le premier consul qui, pourtant, se méfie de lui. Écœuré, il quitte la vie politique pour se consacrer à des activités philanthropiques au sein de la Société protestante de prévoyance et de secours et du Comité pour l'abolition de la traite des Noirs et de l'esclavage.

Il résume ainsi sa vie politique : « Dans la monarchie arbitraire, l'anarchie jacobine, la confusion directoriale et le despotisme militaire, je n'ai vu que le mépris du peuple. »

Il meurt à près de 83 ans. Guizot prononce son éloge funèbre. Il repose au Père-Lachaise avec son épouse et certains de ses enfants.

La ville de Bordeaux offrit à sa famille une médaille qui porte l'inscription suivante : « Au député honoré deux fois des suffrages de ses concitoyens, qui défendit avec courage les lois et les libertés, proscrit le 18 fructidor an V, homme de bien qui consacra sa vie à l'utilité publique, aux progrès de la religion, de la morale et des Lumières. »

Dans le travail de mémoire que nous menons sur cette période de notre histoire, il doit avoir toute sa place.

Lamproie

C'est un assez vilain animal. Je n'ai pas dit poisson. Je trouve, dans les très savants actes du colloque organisé en avril 2000, à Sainte-Terre, par l'université de la lamproie, les précisions suivantes : « Les lamproies constituent le groupe le plus primitif des vertébrés existants. Elles sont caractérisées par l'absence de mâchoires et ne sont donc pas des poissons. Elles n'ont pas de nageoires paires ni de colonne vertébrale osseuse et leur peau est sans écaille. [...] Le disque buccal [...] est adapté à la succion. La disposition, le nombre et la taille des dents permettent de distinguer les espèces entre elles. »

L'aire de distribution géographique des lamproies est antitropicale. Elles affectionnent les zones fraîches, l'hémisphère Nord abritant la famille des *Petromyzonidae* et l'hémisphère Sud celle des *Geotriidae* et des *Mordaciidae*.

Il existe, semble-t-il, deux périodes annuelles de migration, l'une hivernale, l'autre de fin avril à la mi-juin. Les déplacements sont nocturnes. On pêche au filet, ou à la « bourgne », nasse en osier dont la conception remonte à l'époque romaine. Des engins en matière plastique remplacent peu à peu la bourgne traditionnelle.

Conclusion des spécialistes : « Les lamproies sont vraiment très différentes des poissons ! Malgré une vue basse et un intellect limité, leur vitalité est étonnante et elles prennent plaisir à narguer le biologiste. »

Bref, la lamproie a une sale gueule, elle n'inspire pas vraiment la sympathie.

Pourquoi dès lors suscite-t-elle un tel intérêt ?

C'est la question que je me suis posée quand je me suis rendu à Sainte-Terre, à l'invitation de son maire, pour y être intronisé dans la Confrérie de la lamproie.

Sainte-Terre est un charmant village de 1700 habitants en bord de Dordogne, à quelques kilomètres de Saint-Émilion. Il tire son nom de la paroisse médiévale dont l'église aurait été construite, si l'on en croit le site Internet de la mairie, sur un peu de terre rapportée pieusement de Palestine au retour de la première croisade.

Longtemps ses habitants ont vécu de la pêche des poissons migrateurs : aloses, anguilles, civelles (voir l'entrée « Pibales ») qui remontent la rivière.

En 1990, le maire Guy Marty, « pour sortir Sainte-Terre de l'anonymat », décida de proclamer sa commune « capitale mondiale de la lamproie ». Il est vrai que l'endroit est idéal pour pêcher l'animal car « ce serait à ce niveau qu'il serait au mieux de sa forme dans la remontée de la rivière ».

En juillet 1996 naît la Confrérie de la lamproie dont la mission est de faire connaître la capitale mondiale ; d'organiser des chapitres où l'on intronise, où l'on déguste et où l'on danse ; de contribuer aussi à « la protection des rivières et du milieu naturel aquatique pour que les lamproies y soient abondantes ».

Dès mon arrivée à Sainte-Terre, je fus séduit par l'ambiance à la fois simple et festive. Quelle ne fut pas ma surprise d'être d'abord présenté à une délégation d'universitaires québécois en mission dans la région ! Ils m'expliquèrent que le système nerveux de la lamproie, tout primitif qu'il soit, présente des parentés avec le nôtre et livre en tout cas d'utiles enseignements sur l'anatomie humaine. J'ai lu en effet, dans les actes du colloque cités plus haut, que Sigmund Freud, du temps où il était encore jeune et talentueux chercheur en physiologie, « rencontra la lamproie. [...] Son travail scientifique qui s'étala sur trois années, consistait à observer les fins prolongements issus des cellules nerveuses de la moelle épinière [de l'animal] et à prouver qu'ils participaient à la formation des racines dorsales des nerfs rachidiens ». Et d'ajouter : « C'est là que Sigmund démontra son ingéniosité et son talent pour la chirurgie fine. »

Les chercheurs québécois d'aujourd'hui ont pris le relais, sans affection particulière, il faut le préciser, pour la lamproie dont l'introduction dans les Grands Lacs entre 1934 et 1940 a été une catastrophe écologique. La prolifération de l'espèce a en effet échappé à tout contrôle, ce qui a provoqué la disparition des stocks d'autres poissons exploités à haute valeur commerciale. Il aura fallu engager des dizaines de millions de dollars pour rétablir dans les années 1980 la santé des pêcheries et assurer une gestion efficace. D'où la réflexion désabusée des défenseurs aquitains de la lamproie : « Le contraste entre l'importance que représente cette espèce sur la Dordogne, que ce soit au niveau culturel ou économique, et le traitement que l'on réserve à cette espèce "nuisible" dans les Grands Lacs est tout à fait renversant. »

Il va de soi que ce ne sont pas les développements de la recherche neurologique qui attirent les foules à Sainte-Terre. C'est bel et bien la gourmandise ! Car, pour nous Aquitains (et seulement pour nous ?), la lamproie à la bordelaise est un petit trésor gastronomique… et même un plat de luxe dont la recette est familialement et amoureusement transmise. Une de mes vieilles amies bordelaises m'invite périodiquement à en déguster chez elle quelques bocaux ; je n'ose pas refuser la dernière portion dont elle remplit mon assiette : « Allez, monsieur le maire, encore un peu ! », tant elle met dans son geste de conviction affectueuse : « C'est moi qui l'ai préparée, vous savez. Bientôt, je n'aurai plus la force. Alors profitez-en ! ». Je profite, car j'adore. Et comme j'ai du mal à faire partager mon enthousiasme, je me promets d'apprendre pour maintenir la tradition. Sans jamais passer à l'acte car la recette est longue et difficile.

Voici celle de Jean-Marie Pontalier trouvée sur le site Journal des femmes :

Pour 6 personnes

1 lamproie vivante (il faut déjà la trouver sur le marché !!!)
8 beaux poireaux
2 litres de vin rouge (médoc, saint-émilion ou graves, bien sûr)
1 gros oignon
2 clous de girofle
2 gousses d'ail
4 cuillères rases de farine
thym, laurier, 4 épices
1 à 2 carrés de chocolat
2 échalotes
2 tranches de jambon de Bayonne
5 cl d'Armagnac
Compter 600 minutes au total !!!!

(Je passe sur la préparation des poireaux et de leur sauce.)

Pendre la lamproie vivante par la tête sur une esse et inciser la queue, après avoir pris soin de disposer au-dessous un plat creux contenant un bon verre de vin (afin d'éviter la coagulation du sang). La maintenir vigoureusement (elle doit se débattre...) le temps nécessaire pour qu'elle se vide totalement (au moins 2 heures !)

Ébouillanter quelques secondes. Racler le mucus au couteau. Ne pas peler. Enlever soigneusement tête, branchies, œufs.

Couper en tronçons. Mettre à mariner au moins 2 heures (marinade = sang + vin + fines herbes).

Mettre en bocaux et stériliser pendant 3 heures.

Conserver au moins 10 mois.

Déguster avec les poireaux et des pommes vapeur.

Ouf ! Mais vous m'en direz des nouvelles !

Il est probable que les amateurs de lamproie seront la prochaine cible des défenseurs du bien-être animal. En Suisse, ils viennent d'obtenir une votation qui protège les homards de la cruauté des cuisiniers qui les tranchaient vivants. Demain viendra le tour des huîtres...

Larralde, Christiane

Je rencontre parfois Christiane Larralde place Pey-Berland, sur le chemin de la mairie. Elle fait « son jogging » quotidien, 6 à 8 kilomètres de marche dans les rues du centre-ville. Une précision : elle a fêté ses 100 ans le 1er avril 2015.

Le docteur Christiane Larralde est un personnage. Médecin gynécologue-obstétricien, elle a exercé son métier à l'hôpital Saint-André de Bordeaux jusqu'à 65 ans, âge auquel l'administration l'a mise à la retraite. « J'étais une jeune fille pleine d'énergie, confie-t-elle dans une savoureuse interview à *Sud Ouest* le 27 mars 2013. J'ai donc continué mon métier ici à mon cabinet. Et lorsque j'ai cessé à 80 ans, j'ai suivi une formation pour être astrologue, ma seconde passion après mon métier. J'ai arrêté l'astrologie à 95 ans. »

La ville de Bordeaux lui doit reconnaissance, bien sûr pour les soins qu'elle a dispensés à tant de générations de mamans et de bébés, mais aussi pour la générosité dont elle a fait preuve envers la commune. Je me souviens très bien de la séance du conseil municipal où j'ai proposé à mon conseil d'accepter le don de 300 000 euros qu'elle se proposait de faire à la ville, sur ses ressources personnelles, pour contribuer à la création d'une crèche municipale. Elle était dans les tribunes du public et suivait attentivement les débats. La délibération fut évidemment votée à l'unanimité, et l'assemblée salua sa présence d'une salve d'applaudissements. Elle ne cachait pas sa satisfaction. « Ce don me rend heureuse », déclara-t-elle à la presse. Et elle expliqua : « Il y a dans notre société trop d'égoïsme et de chacun pour soi, mon geste de don à la crèche de Bordeaux [...] est un devoir moral qui m'apporte de la joie car la générosité nous valorise et nous rend heureux. »

Le 29 juin, nous inaugurâmes la crèche, rue Albert-Thomas, qui porte désormais le nom du docteur Larralde. Elle accueille soixante berceaux et une belle équipe de professionnels diplômés. Pendant mon discours, je proposai à Christiane Larralde, que nous avions bien sûr invitée, de s'asseoir sur un fauteuil que j'avais fait approcher. Ce qu'elle refusa vigoureusement : je la sentais quasiment offensée. Puis je lui passai la parole. Sans une note, elle nous expliqua les raisons de son geste, le sens de sa carrière de médecin, son attachement à Bordeaux. Le tout d'une voix forte et sans la moindre hésitation. Ma surprise fut à son comble quand elle nous récita de chic un long poème de Sully Prudhomme, « Le vase brisé » :

> « Le vase où meurt cette verveine
> D'un coup d'éventail fut fêlé ;
> Le coup dut l'effleurer à peine :
> Aucun bruit ne l'a révélé.
> [...]
> Toujours intact aux yeux du monde,
> Il sent croître et pleurer tout bas
> Sa blessure fine et profonde ;
> Il est brisé, n'y touchez pas. »

Quand je lui fis part de mon admiration, elle me confia que sa deuxième potion magique, après le « jogging », c'était la lecture. Des poètes mais aussi des philosophes.

L'humour, voire l'autodérision lui permettent de garder la forme, intellectuelle et physique. Elle reçoit les journalistes de *Sud Ouest* habillée « tendance » d'un gilet léopard cintré à la taille, et se questionne sur l'utilité d'une coloration capillaire « châtaigne, pour un coup de jeune ». Et d'ajouter : « Taille mannequin 14 ans comme à 20 ans. Pas de varice, pas d'arthrose, la grâce divine. » Un peu cabotine pour finir : « Maintenant, quand je vais me promener ou faire mes courses, tout le monde m'arrête dans la rue. »

Pour ma part, je ne manque jamais de lui faire la bise. Voilà une belle personne qui donne confiance dans la nature humaine !

Les 3 M

Dans la plupart des allocutions officielles à Bordeaux, il est de bon ton de citer Montaigne, Montesquieu, parfois Mauriac, le plus souvent les 3 m. Les Bordelais sont fiers de leurs grandes gloires littéraires. Pour les deux premiers ils ont dressé deux statues monumentales qui se font face sur la place des Quinconces. Commandées par la ville en 1834 à Dominique Fortuné Maggesi qui les sculpta dans le marbre blanc de Carrare, elles furent inaugurées le 5 septembre 1858. Comme les élus de Bordeaux l'avaient souhaité, Montaigne est revêtu de sa robe de maire, Montesquieu de son costume officiel de président à mortier du parlement de Bordeaux. On ne peut rien rêver de plus solennel. Le temps et les pigeons les avaient noircies. Je les ai fait ravaler en 2009. On m'a suggéré de les transférer dans un site plus visible. Je les trouve à la mesure de la place des Quinconces, immense. J'aime leur face-à-face apparemment muet. Que se disent-ils tout au long des jours et des nuits ? Se parlent-ils de leur ville, de leurs vies, de leurs œuvres, de leur gloire ?

Quant à Mauriac, son buste par Zadkine accueille les promeneurs du jardin public. L'un d'entre eux, irrespectueux ou trop admiratif, le vola en 1993. On le retrouva deux ans plus tard. L'original, en plâtre, est conservé au musée d'Aquitaine. L'œuvre du jardin public est une copie fidèle exécutée par Susse Frères en 1995.

Bordeaux les aime. Ont-ils aimé Bordeaux ? Je me suis souvent interrogé.

Pour Montaigne, il y a la question de la peste. À l'été 1585, une terrible épidémie se déclare dans la ville et va décimer 14 000 personnes en quelques mois. Montaigne achève son deuxième mandat de maire (fin juillet 1585). Il est absent de la ville, il n'y revient pas, pas même pour la cérémonie d'intronisation de son successeur, il regagne son château, le refuge de sa « librairie », à la frontière du Bordelais et du Périgord, et confie dans une lettre que c'est par peur de la contagion…

Il est vrai qu'il avait manifesté très peu d'enthousiasme pour cette charge. Voici ce qu'il écrit au moment de sa première élection en 1581 : « Messieurs de Bordeaux m'élurent maire de leur ville alors que j'étais éloigné de France et encore plus éloigné d'une telle pensée. Je refusai mais on m'apprit que j'avais tort, l'ordre du roi intervenant aussi dans l'affaire. » Il fallut en effet l'amicale pression… voire l'injonction d'Henri III pour le convaincre d'accepter.

Cela dit, il mit beaucoup de cœur à la tâche et, dans une période dramatiquement troublée par les affrontements sanglants entre catholiques et protestants, face à un parlement divisé, il n'eut de cesse d'œuvrer pour la tolérance et le bien public, pour une paix qui restait insaisissable, pour le salut d'un royaume déchiré entre les partisans d'Henri III et ceux d'Henri de Navarre. Dans l'immense littérature consacrée à Montaigne, je choisis volontiers le livre tonique de Jean Lacouture, *Montaigne à cheval*, qui nous montre l'auteur des *Essais* sous un jour inhabituel, non pas celui du sage enfermé dans sa bibliothèque, mais celui du négociateur sillonnant les routes de France et de Navarre – c'est le cas de le dire – pour mener à bien de périlleuses négociations entre les deux camps antagonistes. Sans doute les bourgeois bordelais lui en surent-ils gré puisqu'ils le réélirent en 1583 pour un second mandat. La ville fut d'ailleurs la première à prendre position pour l'accession d'Henri de Navarre au trône de France.

Et puis, comment en vouloir à un homme qui a écrit aussi joliment sur le vin ? Qu'on en juge :

« Les désagréments de la vieillesse, qui appellent soutien et réparation, pourraient avec raison éveiller en moi l'envie de boire, car c'est ainsi dire le dernier plaisir dont le cours des ans nous prive. La chaleur naturelle, disent les bons compagnons, gagne d'abord les pieds : cela correspond à l'enfance. De là elle monte jusqu'au milieu du corps, où elle se fixe longtemps, et elle y produit, selon moi, les seuls véritables plaisirs que procure le corps : les autres voluptés ne sont rien en comparaison. Sur la fin, comme une vapeur qui monte et s'exhale, elle parvient au gosier, où elle fait sa dernière pause. » Loin de moi l'idée de réduire la sagesse de Montaigne à quelques propos gaillards. Encore que l'homme fut chaud lapin, si l'on en croit Jean Lacouture. Sans complexe en tout cas pour parler des choses du sexe : « Qu'a donc fait aux hommes l'acte sexuel, qui est si naturel, si nécessaire et si juste, pour que nous n'osions pas en parler sans honte ? » Et de confier, dans la foulée : « Vénus et Bacchus s'entendent à merveille, à ce que dit le proverbe. Mais chez moi, Vénus est bien plus vive quand je suis sobre. »

On a tant écrit sur Montaigne que je ne me lancerai pas dans l'entreprise aventureuse de nouveaux commentaires. A-t-il aimé Bordeaux ? Jean-Marie Planes se le demande. Il s'indigne même que « Bordeaux soit quasiment ignorée des *Essais* ». Il se reprend vite en affirmant que « gascon, périgourdin, aquitain, bordelais [...], Montaigne est bien sûr un universel ». Me voilà rassuré. Les *Essais* peuvent rester en permanence sur ma table de nuit. Et j'ai félicité le jury de notre prix Montaigne, présidé par Alain Duhamel, d'avoir distingué en 2018 le beau livre d'Arlette Jouanna pour qui Montaigne n'est « ni le vestige d'un passé révolu ni le prédicateur d'un individualisme hédoniste, mais tout simplement notre contemporain ».

Le cas Montesquieu est sans doute le plus simple. Vivant à La Brède plus souvent qu'à Bordeaux, il ne semble avoir éprouvé pour la ville ni attachement affectif ni sévérité mauriacienne avant l'heure. Pourtant Bordeaux, de son temps, vit son âge d'or. Pardon de me citer :

« Quand Montesquieu arrive, le 5 décembre 1713, dans sa ville (presque) natale, la capitale de la Guyenne n'a pas changé [...] depuis le Moyen Âge ! Enfermé dans ses murailles médiévales, Bordeaux conserve l'aspect et la configuration qu'il avait durant les trois longs siècles de l'occupation anglaise. La ville tourne le dos au fleuve ; elle laisse "hors les murs" les quartiers de la Chartreuse, les faubourgs de Saint-Seurin, des Chartrons et de Saint-Michel. Elle ne communique avec l'extérieur que par de lourdes portes enchâssées dans de sévères remparts. Saint-Simon, incorrigible nostalgique de l'âge féodal, est séduit par la cité qu'il compare à Constantinople.

» Quand Montesquieu, au terme de son périple à travers l'Europe, rentre à Bordeaux en 1731, la ville est en chantier. Accompagnant en quelque sorte sa vie d'adulte, deux grands intendants, Boucher et Tourny, transforment la cité médiévale en une magnifique ville de pierre blonde, moderne et harmonieuse. Cassant les murailles, perçant de larges avenues pour relier la vieille ville à ses faubourgs, ouvrant le décor urbain sur la Garonne en édifiant, par exemple, la belle place Royale, Boucher et Tourny impriment à Bordeaux un nouvel air, "l'air italien" qui séduira de nombreux visiteurs. [...]

» Une ville qui s'embellit, mais qui vit aussi un âge d'or économique. Sous Louis XIV, Bordeaux, avec ses 45 000 habitants, ne se distinguait guère de Toulouse ou de Nantes, loin derrière Paris, Lyon, Marseille, Lille et même Rouen. En 1790, avec 110 000 habitants, il devient la troisième ville du royaume. Ce formidable essor économique, essentiellement fondé sur le commerce, n'a pu manquer d'influencer Montesquieu et de renforcer sa conviction que le libre échange [« le doux commerce »] a un rôle bienfaisant et civilisateur. [...]

» Montesquieu commence sa vie d'homme dans les habits d'un notable bordelais pur jus. À 16 ans, il s'inscrit à la faculté de droit de Bordeaux ; très vite il est reçu avocat ; de 1713 à 1716 – il a à peine plus de 20 ans –, il hérite du château et des terres de famille, il devient baron de La Brède, puis conseiller au parlement de Guyenne ; il se marie ; il a un fils ; il est élu à l'Académie royale des sciences, belles-lettres et arts créée à Bordeaux par lettres patentes de Louis XIV… Bref, sa carrière bordelaise est bien partie. »

Mais ce Bordelais aime Paris. C'est à Paris qu'il trouve la gloire littéraire. Le succès des *Lettres persanes*, en 1721, est foudroyant. Voltaire lui-même, qui a pourtant la dent dure, écrit que « la France fut d'abord ivre des *Lettres persanes* ». Ce triomphe, qui lui vaut aussi beaucoup d'ennemis, à la cour comme à l'Église, le conduit non sans mal à l'Académie, française cette fois. Il devient la coqueluche des salons où sa conversation fait merveille… Il ne cessera de les fréquenter et d'y exercer ses talents de séducteur. Jusqu'à la fin de sa vie, il continuera d'aller et venir de La Brède à Paris. C'est à Paris qu'il meurt en 1755.

Est-ce à dire qu'il fut perdu pour Bordeaux ? Certes non. Après son « grand tour » d'Europe, c'est dans son château bordelais qu'il s'installe, « le plus beau lieu champêtre que je connaisse », confie-t-il. Et c'est à La Brède que, pendant dix années, il s'attelle à son grand œuvre, « le fruit des réflexions de toute une vie », l'*Esprit des lois*, dont la rédaction lui demande un travail acharné au cœur de la bibliothèque qu'on visite encore aujourd'hui.

Ce qui ne l'empêche pas de mener de front d'autres tâches : l'embellissement du château et surtout de son parc ; la mise en valeur de son vignoble qu'il gère en commerçant avisé.

Comme Montaigne, Montesquieu exprime et façonne à la fois ce que le tempérament bordelais peut avoir de plus attachant : une tendance naturelle à la mesure et à la tolérance, ce qu'on appellerait aujourd'hui des relations sociales apaisées, l'esprit de modération qui l'éloigne de toute forme d'extrémisme, et même de l'excès de vertu : « Qui le dirait ! La vertu même a besoin de limites. » C'est l'anti-Saint-Just ! Éloge de la modération qui peut apparaître manquer d'ambition, défense du juste milieu souvent qualifié de « marais » en politique. C'est tout le contraire pour Montesquieu : la pente naturelle va vers l'exagération, la modération est une discipline : « Ce qui fait que la plupart des gouvernements de la terre sont despotiques, c'est qu'un pareil gouvernement saute aux yeux. [...] Comme il ne faut que des passions violentes pour l'établir, tout le monde est bon pour cela. Mais pour établir un gouvernement modéré, il faut combiner les puissances, les tempérer, les faire agir. »

L'homme qui a écrit : « Hommes modestes, venez que je vous embrasse : vous faites la douceur et le charme de la vie », un tel homme mérite que son œuvre continue à servir à l'éducation des générations.

Le soir de la première de *Thérèse Desqueyroux* dans la grande salle de l'UGC, les Bordelais se pressaient en masse. Le film de Claude Miller, son dernier film, est lent et oppressant, comme la forêt landaise au mois d'août. J'ai retrouvé les odeurs de résine et de bruyère de mon enfance, ma « madeleine » à moi. Audrey Tautou reste impénétrable dans son enfermement. J'ai surtout aimé Gilles Lellouche, puissamment vulgaire, non point sot ni totalement insensible, mais rustre et prisonnier de son milieu. Il y a trop longtemps que j'ai lu le roman de Mauriac pour apprécier la fidélité ou les trahisons de son adaptation cinématographique. Ce qui est sûr, c'est qu'on y retrouve la peinture féroce d'une bourgeoisie terrienne obnubilée par l'argent. Quand les pins brûlent, ce n'est pas la nature qui souffre ni même les vies humaines qui sont menacées, c'est la fortune accumulée au long des générations et au gré des mariages arrangés qui part en fumée.

Mauriac a écrit des phrases terribles sur Bordeaux. Par exemple : « Les mêmes campagnes où je reviens aujourd'hui ne sauraient donc éveiller en moi, comme fait Bordeaux, les sentiments d'un homme qui revoit la prison où, pendant des années, il étouffa » (p. 31).

Ou bien encore : « Impossible de revivre dans cette ville : toutes les rues sont bloquées par mes chagrins d'enfant, par les souvenirs de mes joies pires que ceux de mes tristesses : musée funèbre de mon existence révolue ! L'île du jardin public me paraît à la fois sinistre et ridicule, comme les paysages que des coiffeurs romantiques composaient avec les cheveux des personnes mortes [!] » (p. 33).

C'est dans la campagne girondine, ses landes et ses vignobles, qu'il trouvait sa volupté, avec « ces étés implacables, cette forêt crépitante de cigales sous un ciel d'airain que parfois ternissait l'immense voile de soufre des incendies ; alors les tocsins haletants arrachaient les bourgs à leur torpeur » (p. 35). Claude Miller a bien rendu ces sensations.

Je tire ces phrases d'un petit ouvrage intitulé *Bordeaux par François Mauriac*, paru en 1926 dans la collection « Portrait de la France ». Mauriac y consomme son divorce avec la ville de son enfance qui fit de lui « une mule aux yeux crevés pour moudre son grain ». Violence mauriacienne ! Et, en même temps, il scelle la réconciliation : « Fils ingrat ? Mais qui n'a senti tout l'amour dont débordent ces pages, en dépit de leur amertume ? Si nous fûmes, mes amis et moi, si pressés de fuir notre ville, c'est que nous l'emportions avec nous. Nous la traitons durement, comme une part de notre âme : chacun a le droit de ne pas s'épargner. Nous aimons notre ville comme nous-mêmes, nous la haïssons comme nous-mêmes. » Et, plus loin : « N'espère pas que je me laisse oublier, me souffle Bordeaux. Plus tu vivras d'une vie différente de celle que je te dispensais, plus je prendrai en toi de relief, et n'espère pas que tel être qui t'occupe aujourd'hui pénètre jamais dans tes livres sans passer par moi » (p. 68).

Bordeaux a pardonné. La région Aquitaine a racheté Malagar, le domaine familial tant aimé, qui fut pour Mauriac le lieu privilégié de l'écriture. On y célèbre chaque année « Les vendanges de Malagar », rendez-vous des admirateurs de l'écrivain, proches ou lointains. Le prix François-Mauriac est attribué chaque année dans l'hôtel de région. Jacques Rigaud a longtemps présidé le jury, comme il a présidé le jury du prix Montaigne décerné par la ville de Bordeaux.

Bordeaux est bien fière de ses 3 M !

LGV

Lorsque nous nous installâmes à Bordeaux en 1994, je promis à Isabelle que, avant dix ans, il faudrait deux heures de train à peine pour rejoindre Paris. La ligne à grande vitesse Paris-Bordeaux, qui porte le joli nom d'Océane, a été inaugurée le 1er juillet… 2017, avec un léger retard de treize ans !

Il est vrai que l'entreprise a été quasiment pharaonique, l'un des plus grands chantiers de travaux publics d'Europe : 302 kilomètres de ligne nouvelle, 1 360 kilomètres de rails, 500 ouvrages d'art, 113 communes traversées dans 6 départements, 3 500 hectares de nature réaménagés…

Il fallut une volonté politique tenace pour surmonter tous les obstacles, et notamment celui du financement. Près de 8 milliards au total, apportés par le concessionnaire LISEA dans le cadre d'un partenariat public-privé (3,8 milliards), l'État et l'Union européenne (1,5 milliard), SNCF Réseau (1 milliard) et un groupement assez invraisemblable de collectivités locales (1,5 milliard) : 5 régions, 19 départements, 34 intercommunalités dont la communauté urbaine de Bordeaux (CUB, comme on l'appelait à l'époque) que les gouvernements successifs eurent bien du mal à mettre d'accord. Mme Ségolène Royal, qui présidait le conseil régional de Poitou-Charentes, refusa obstinément de participer. C'est l'engagement personnel de Jean-Pierre Raffarin, alors Premier ministre, qui permit de donner l'impulsion décisive, lors du comité interministériel d'aménagement et de développement du territoire (CIADT) du 18 décembre 2003.

Le jour de l'inauguration (1er juillet 2017), la fête fut à la hauteur de l'événement : ministres, préfets, présidents des collectivités locales, patrons de la SNCF et des entreprises, etc., tout le monde y alla de son intervention, interview ou discours. Le parcours dans la gare, sous la magnifique verrière entièrement rénovée, nous avait mis en condition joyeuse. Petit bémol cependant : Nicolas Hulot fit au micro l'éloge de la lenteur… et des transports « du quotidien ». Message parfaitement coordonné avec celui que tint l'après-midi même à Rennes le président de la République en inaugurant la LGV bretonne. En substance : les LGV, c'est du luxe, revenons à la raison, rénovons les installations existantes qui ont été mal entretenues, priorité aux TER. Consternation à Bordeaux où nous étions un certain nombre à attendre un signal positif en faveur du prolongement de la ligne à grande vitesse jusqu'à Toulouse d'un côté et jusqu'à la frontière espagnole de l'autre, ce qu'on appelle le GPSO, le Grand Projet ferrovière du Sud-Ouest. Le maire de Toulouse qui avait fait le déplacement, le président du conseil régional d'Aquitaine notamment faisaient grise mine.

Je continue moi aussi à militer pour la poursuite du GPSO.

Je connais les arguments de ceux qui le combattent : son coût est exorbitant, et notre pays a d'autres priorités ; le tracé soulève des polémiques insurmontables sur les dommages environnementaux que causeront les travaux et le passage de la ligne ; et puis le gain de temps n'en vaut pas la chandelle.

Il y a une part de vérité dans ces arguments. Mais, en contrepoint, les avantages me semblent prépondérants.

Partout, l'arrivée de la grande vitesse a donné un coup d'accélérateur spectaculaire au développement économique et social des territoires, jadis à Lyon ou Lille, naguère à Marseille ou Strasbourg. On le ressent déjà à Bordeaux où nous avons anticipé depuis 10 ans en mettant en œuvre une opération d'intérêt national dénommée Euratlantique qui transforme d'ores et déjà la ville avec l'émergence de deux nouveaux quartiers qui seront reliés par un nouveau pont, d'un centre d'affaires, de nouveaux équipements publics à vocation culturelle… au total, 2 500 000 mètres carrés de surface de plancher. Une nouvelle ville au cœur d'une métropole européenne dont l'attractivité bénéficie à l'ensemble du territoire girondin et aquitain. Encore faut-il, pour tirer tout le parti d'une telle révolution, que Bordeaux ne reste pas un terminus mais s'affirme comme une étape essentielle sur l'axe atlantique Nord-Sud européen. Ce qui devrait justifier la mobilisation de fonds européens plus importants.

Les Verts militent désormais contre la grande vitesse et empêchent le conseil régional d'Aquitaine de délibérer malgré l'engagement de son président, ce que j'ai du mal à comprendre. Le train n'émet pas de gaz à effet de serre. La construction de la nouvelle ligne libère des sillons sur l'ancienne, ce qui devrait permettre d'augmenter le trafic de fret et le ferroutage… si la SNCF se décide un jour à développer ces modes de transport pour les marchandises. La rocade de Bordeaux est déjà saturée par les murs de camions qui circulent du nord ou de l'est de l'Europe vers la péninsule ibérique et retour. La construction d'infrastructures routières n'irait pas dans le sens de nos politiques régionale et métropolitaine de développement durable.

Certes la rénovation des lignes anciennes est nécessaire pour améliorer le trafic des trains express régionaux qui transportent quotidiennement nos concitoyens des banlieues vers les centres urbains ou de banlieue à banlieue. C'est vrai dans l'agglomération bordelaise comme dans beaucoup d'autres, et j'essaie de convaincre le conseil régional d'Aquitaine de réactiver la ligne de chemin de fer de ceinture qui doit desserrer la pression sur un réseau de tramway encore trop concentrique afin de créer un véritable RER métropolitain.

Faut-il pour autant afficher l'arrêt de tout nouveau projet de grande vitesse ? Je ne le pense pas. Quand on connaît le temps nécessaire à la réalisation de telles infrastructures, qui se compte en décennies, on se convainc aisément qu'il faut poursuivre, fût-ce à petite vitesse, les études et les acquisitions foncières. C'est ce que nous demandons au sud de Bordeaux.

En attendant, ne boudons pas notre plaisir. Tout récemment, j'ai pris l'Océane à la gare Saint-Jean à 7 h 34 ; à 10 h j'étais dans la cour des Invalides pour l'hommage national à Simone Veil. J'ai repris le train à la gare Montparnasse à 12 h 50, et j'étais à 15 h 15 sur le parvis de la Cité du vin pour accueillir le prince Albert de Monaco en visite officielle à Bordeaux. Entre temps j'ai travaillé sur ma tablette connectée en wi-fi tout en me restaurant d'une (frugale) collation que j'avais commandée en ligne au bar du train. Je ne suis pas le seul : le trafic Paris-Bordeaux-Paris a augmenté de 70 % depuis la mise en service de la nouvelle ligne.

Pour que notre bonheur soit complet, j'espère que la SNCF renouera vraiment avec sa tradition de ponctualité, trop souvent mise à mal. Et que sa politique tarifaire deviendra lisible pour le citoyen lambda.

Lune(s)

J'ai résumé le second projet urbain de Bordeaux, celui des années 2000, dans une formule audacieuse qui n'a pourtant pas suscité de quolibets : du croissant de lune à la pleine lune.

Le croissant de lune, c'est le méandre de la Garonne qui abrite le port de la Lune, sur la rive gauche, duquel s'est bâtie la ville antique, médiévale, classique. Les armes de Bordeaux, dans leur version contemporaine, entrecroisent trois croissants de lune (voir l'entrée « Armoiries »). Ce Bordeaux-là se concentrait sur son cœur historique, dense et peu étendu. L'activité commerciale était même plus ramassée encore sur ce que nous appelions le « triangle », allées de Tourny, cours de l'Intendance, place de la Comédie… Le Bordeaux de 2030, vaisseau amiral de la métropole européenne, va changer de physionomie. Son centre va se dilater vers de nouveaux espaces qui n'auront plus rien de périphérique : en amont Bordeaux-Euratlantique, l'une des plus importantes opérations d'aménagement de France, hors la région parisienne, avec ses nouveaux quartiers qui accompagneront, de part et d'autre du fleuve, le développement de la gare Saint-Jean, au cœur de sa toile de lignes de chemin de fer à grande vitesse ; en aval, de part et d'autre du pont Chaban, le quartier Ginko, celui des bassins à flot, et la plaine rive droite irriguée par une nouvelle ligne de tramway qui desservira les quartiers de Brazza et de Bastide-Niel, jusqu'à l'autre pont que nous nommerons donc Simone-Veil. Je vois s'arrondir… la pleine lune. Elle se dessine déjà vers l'aval. Quand, il y a dix ans, j'ai demandé à Cap Sciences, ce très créatif centre régional de diffusion scientifique, de quitter son vieux hangar face à la place de la Bourse pour s'installer dans un bâtiment flambant neuf sur ce qui était alors le « bout » des quais, son très dynamique directeur, Bernard Alaux, s'est plaint amèrement : « Vous m'exilez hors de Bordeaux ! » Aujourd'hui, la foule qui fréquente les quais pousse jusqu'au pont Chaban ; le chiffre d'affaires des restaurants et des boutiques installés dans les hangars et qui ont un peu galéré, c'est vrai, dans un premier temps, connaît une croissance qu'ils n'attendaient plus. La Cité du vin a attiré, pour sa première année de fonctionnement, plus de 450 000 visiteurs. La grande halle des produits du terroir aquitain s'est ouverte telle que je l'imaginais, et le musée de la Mer et de la Marine suivra… La centralité bordelaise explose ! La pleine lune se lève.

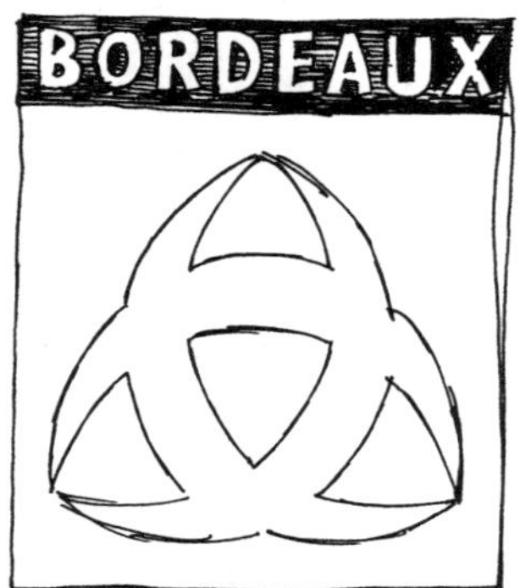

M

Magnétique/Magnetic, Bordeaux

Pendant des années, j'ai cherché un slogan à accoler au nom de Bordeaux pour mieux faire la promotion de la ville à l'extérieur de son territoire, en France, en Europe et dans le monde. « Marketing territorial », disent les spécialistes. On m'objectait que le nom de Bordeaux se suffisait à lui-même, que la notoriété de la ville était déjà quasiment universelle, ce que j'avais pu vérifier dans mes pérégrinations à travers la planète lorsque j'étais ministre des Affaires étrangères. C'est une grande chance de porter le nom d'un vignoble célébrissime. Pourtant, je conservais un sentiment d'insatisfaction, voire de frustration quand je constatais le succès de marques comme « The Big Apple » pour désigner New York, ou de « Montpellier la surdouée », ou de « Only Lyon ». La vertu principale de ces signatures était qu'elles avaient été adoptées par tous les acteurs locaux, ville, intercommunalité, département, région, chambre de commerce, etc. Ce qui leur conférait une force de frappe d'une grande puissance. Alors que, chez nous, chacun y allait de sa petite phrase. Je décidai donc de me lancer dans la recherche du slogan fédérateur, d'autant que je voulais faire du développement du tourisme l'un des axes majeurs de notre stratégie économique. La cible était aussi celle des entreprises que nous voulions attirer sur notre territoire.

Ce ne fut pas une mince affaire. La politique s'en mêla. Je sentis que, du côté du conseil régional ou de ce qu'on appelait encore le conseil général, l'idée de mettre le nom de Bordeaux en exergue ne soulevait qu'un enthousiasme limité. On me parlait de l'Aquitaine ou de la Gironde, je me sentais bien sûr pleinement aquitain et girondin, mais la puissance de feu de ces mots sur la scène internationale me paraissait modeste. Notre agence de développement (BGI) regroupait la ville, la communauté urbaine (qui n'était pas encore Bordeaux Métropole), le département, la région, la chambre de commerce et d'industrie. Mais, faute de consensus et de réelle volonté, elle ne parvenait pas à répondre à la commande que je lui avais passée. Je finis par convaincre le président de la CUB, Vincent Feltesse, de prouver le mouvement en marchant et de se mettre au travail avec moi. Il eut l'idée de nous réunir à dîner dans le restaurant d'un grand hôtel parisien (loin des oreilles indiscrètes ?), en compagnie de notre ami commun, Erik Orsenna. Ce fut un beau moment de gourmandise (Thierry Marx était aux fourneaux), de convivialité et de créativité. D'emblée, une évidence s'imposa : le nom porteur était Bordeaux ; il fallait le mettre en première ligne. À partir de là, l'imagination des convives se donna libre cours. Erik Orsenna émit une sorte de hoquet d'admiration : « OH ! Bordeaux ». Nous eûmes droit à « Bôrdeaux » (« Bôôôrdeaux à l'oral), ou bien « Bordeaux, tout simplement ». En vérité, une fois l'euphorie gastronomique dissipée, il ne resta rien de vraiment convaincant.

De guerre lasse, je demandai à mes équipes de me faire une proposition. Leur gamberge aboutit à « Osez Bordeaux ! », illustré par le dessin très épuré de la future Cité du vin. Le message se voulait le suivant : « En fait, vous ne connaissez pas bien Bordeaux. Pour vous, Bordeaux, c'est le vin. Point. C'est vrai, mais pas que... C'est aussi une ville au fort potentiel industriel (aéronautique, espace...), tertiaire, numérique, etc. C'est une ville où l'on travaille, où la qualité de vie (et la proximité du bassin d'Arcachon) ne contrarie pas l'ardeur au travail mais la stimule ! Venez donc découvrir Bordeaux. Passez outre les idées reçues. Vous serez séduits ! » L'idée me parut astucieuse.

Nous commençâmes à signer tous nos documents de communication par cet appel : « Osez Bordeaux ».

Ce ne fut pas un grand succès. Le message était sans doute trop compliqué ; la communication au second degré à l'intention du grand public, ça marche rarement. Le dessin qui illustrait la phrase n'évoquait rien à l'esprit de ceux qui n'avaient pas vu la maquette de la Cité du vin. Comme l'initiative avait été lancée par la ville, les autres partenaires ne s'engagèrent pas vraiment dans ce qui devait être une démarche collective. Fidèle à mes convictions (ou faut-il dire obsessions ?), j'avais exigé qu'on n'utilise pas du jargon anglais ou franglais. Encore faut-il pouvoir traduire facilement en anglais ce que nous exprimons dans notre langue, *a fortiori* quand la cible est internationale (ce qui n'est pas le cas, soit dit en passant, des réclames des firmes automobiles sur nos chaînes de télévision nationales). Or la traduction de « Osez

Bordeaux », en anglais, ne fonctionnait pas. Bref, le slogan ne s'imposa pas. Il fallut reprendre le travail de zéro.

C'est la tâche que je confiai à la « mission attractivité » lancée par Bordeaux Métropole, la CCIB, et notre agence de développement BGI. Je passe sur les mois de remue-méninges pilotés par Virginie Calmels, avec l'aide d'une de ces agences de communication dont la valeur ajoutée m'a souvent semblé inversement proportionnelle à la hauteur des tarifs. En l'espèce, ce ne fut pas inutile.

On vint me livrer le résultat : c'était « Bordeaux magnétique », ou « Magnetic Bordeaux » à l'export. Ma première réaction fut de surprise et même de léger scepticisme. Trop disruptif, comme il est de bon ton de dire aujourd'hui ? On m'expliqua que l'attractivité de Bordeaux, confirmée dans tous les palmarès internationaux, devait agir comme un aimant (*magnet*) sur les investisseurs et les touristes. C'était en effet un mot simple, facile à traduire, et surprenant, de nature à attirer l'attention et même la curiosité. Je me laissai convaincre. C'est ainsi que Bordeaux est devenu magnétique.

Maison cantonale

Un nom assez peu poétique pour un bâtiment d'une certaine manière unique à Bordeaux. La superbe revue *Le Festin*, qui se voue à la défense du patrimoine et de la culture en Aquitaine, lui a consacré (numéro d'automne 2013) un savant article qui la présente comme « un bijou » d'architecture.

C'est au début du siècle dernier, en 1903 pour être précis, que la municipalité bordelaise de l'époque conçut le projet de doter le quartier de la Bastide d'un équipement public digne de son développement. L'aménagement de la rive droite n'avait pas été, comme on sait, une priorité pour les édiles bordelais. Mais, le temps passant et l'urbanisation aidant, il fallait se rendre à l'évidence : le quartier, érigé en canton depuis 1888, avait besoin d'une « maison » qui puisse accueillir un commissariat de police, le prétoire de la justice de paix, une bibliothèque, une salle de conférences et un bureau municipal. Un premier projet n'aboutit pas. Ce n'est que dix ans plus tard, en 1913, qu'un nouvel architecte fut désigné en la personne de Cyprien Alfred-Duprat, forte personnalité qui a marqué l'architecture et l'urbanisme bordelais. On lui doit notamment un ensemble d'hôtels particuliers rue du Bocage, ou le décor du Chapon fin (voir l'entrée « Grottes »). Son travail, selon *Le Festin*, voulait « rompre avec la routine des traditions locales et imposer des formules contemporaines ». La guerre retarda le lancement du projet qui ne fut terminé qu'en 1925-1926.

Un clin d'œil d'expert : le budget initial fut largement explosé, et il fallut au total plus de vingt ans pour mener à bien l'opération. L'urbanisme était déjà à cette époque une affaire de temps long. Mais le résultat est à la hauteur de l'ambition.

Je ne reproduirai pas ici la description que *Le Festin* donne en détail, tant des formes extérieures que de l'aménagement intérieur de ce chef-d'œuvre de l'art nouveau. Quelques notations seulement : « Dès l'abord, la Maison cantonale étonne extérieurement, par des matériaux inhabituels dans la région : l'alliance de la brique et de la pierre la plus blanche, les petites tuiles plates des énormes toitures, des bandeaux de grès turquoise, l'or de la mosaïque au-dessus des portes d'entrée forment une polychromie très vive qui tranche presque crûment sur la grisaille des maisons environnantes. »

Ou bien encore : « À l'intérieur, une même fantaisie décorative enrichit en contrepoint les lignes générales. Les chapiteaux du vestibule sont fleuris de roses, ceux de la salle des fêtes portent sur chacune de leurs huit faces des têtes d'oiseau : chouette, canard, canari et perruche… »

J'espère ainsi exciter la curiosité des visiteurs, y compris des Bordelais et des habitants de l'agglomération dont je ne suis pas sûr qu'ils connaissent tous ce « bijou ».

Le Festin conclut en ces termes : « Il s'agit donc d'un édifice extrêmement précieux, puisque, outre ses qualités intrinsèques, il est l'exemple, quasi unique à Bordeaux, de la grande révolution architecturale de l'art nouveau. Ce beau monument a fait fort heureusement l'objet d'une rénovation qui lui a rendu son éclat. »

La Maison cantonale dont les Bastidiens sont très fiers reste un lieu public très fréquenté. Jusqu'à une date récente, elle était le siège de la mairie de quartier. Sa salle des fêtes accueille de nombreuses réunions : conseils de quartier, conférences, spectacles, et même meetings politiques pendant les campagnes électorales, de droite comme de gauche.

Elle mérite de figurer au programme de la visite de Bordeaux.

Mascaret

J'ai donné ma description du mascaret (voir l'entrée « Eau »). Voici celle que Jean-Bernard Richard donne de ce qu'il appelle « une curiosité naturelle du département de la Dordogne » :

« Sur les bords de la Dordogne, auprès du bec d'Ambès, on voit quelquefois, et surtout en été, un phénomène que La Condamine a observé à l'embouchure du fleuve des Amazones, Mennel à celle du Gange et d'autres voyageurs dans le Sénégal, au Mississippi et auprès des îles Orcades. Ce phénomène se présente sous la forme d'un monticule d'eau de la grosseur d'une tonne, et souvent même de la hauteur d'une petite maison. Rien n'est si curieux que de voir ce monticule, qu'on appelle “mascaret”, et en termes vulgaires “le rat d'eau”, s'élever, s'allonger d'avant en arrière, rouler sur la côte, la remonter et la parcourir avec une rapidité extraordinaire et un bruit épouvantable. Il est fâcheux que, tout en admirant ce phénomène, on soit dans le cas de redouter les désastres qu'il entraîne après lui. Les arbres qu'il rencontre sur son passage sont déracinés, les barques coulées à fond, les digues détruites, et les pierres lancées à une distance considérable. Les hommes et les animaux, tout fuit à son approche ; les oies et les canards se cachent parmi les roseaux : les quadrupèdes qui paissent sur le bord de la rivière s'en éloignent avec tous les symptômes de l'effroi. Le mascaret parcourt ordinairement une distance de 8 lieues, prises de l'embouchure de la rivière ; quelquefois il en quitte les bords pour voguer en quelque sorte sur elle-même. La ville de

Libourne se ressent toujours de sa visite par le désordre qu'il jette dans sa rade : on assure, et il est effectivement probable, que la marée est la première cause de ce phénomène. Lorsqu'elle est forte, les bateliers ne doutent pas de l'arrivée du mascaret et prennent aussitôt toutes les précautions nécessaires pour se préserver des dangers auxquels ils seraient infailliblement exposés s'ils ne se mettaient sur leurs gardes. »

La lecture de ce texte m'a laissé perplexe. Je confirme d'abord que le bec d'Ambès et la ville de Libourne sont situés sur le territoire du département de la Gironde et non sur celui de la Dordogne. Mais surtout, ce que j'ai entendu dire et vu moi-même du mascaret est bien éloigné du spectacle de désolation qu'on nous décrit ici. C'est bien au contraire une atmosphère de fête qui règne au milieu des spectateurs ravis et des surfeurs enthousiastes. Voici donc, pour une fois, l'exemple d'un phénomène climatique qui s'est adouci avec le temps.

Mascaron

« Ornement représentant généralement une figure humaine parfois effrayante dont la fonction était à l'origine d'éloigner les mauvais esprits afin qu'ils ne pénètrent pas dans la demeure. »

Telle est la définition qu'on donne habituellement du mascaron.

Je n'entrerai pas dans le débat sur la différence entre le masque qui représenterait des divinités et autres visages nobles et respectables et le mascaron qui ferait plutôt dans la fantaisie, voire le ridicule. De l'italien *mascharone*, venant lui-même de l'arabe *mascara*, « bouffonnerie ». « Étymologie discutable », reconnaît Wikipédia.

Masque ou mascaron, on les trouve sur la clef de voûte des fenêtres et des portes, sur les linteaux ou sur les fontaines. La tradition en remonte à l'Antiquité grecque et latine. Mais la mode en vint d'Italie en France avec la Renaissance.

À Bordeaux, les premiers apparaissent au XVIe siècle. Mais c'est au XVIIIe qu'ils font fureur. Sous l'impulsion de l'intendant Tourny, les architectes du palais de la Bourse (Ange-Jacques Gabriel) et des immeubles des quais (André Portier) en couvrent les façades : Neptune, Bacchus voisinent avec les animaux fantastiques, les visages du carnaval, les anges et les faunes, les symboles maçonniques, chrétiens et juifs, les visages de marchands étrangers… Au total, plus de 3 000 sculptures qui animent la rigueur géométrique de notre architecture classique. On y revient au milieu du XIXe siècle au moment des grands travaux haussmanniens, par exemple cours Alsace-Lorraine et jusqu'à la Seconde Guerre mondiale. Puis la pratique disparaît définitivement. Dommage ! Quel architecte contemporain osera renouer ce fil d'histoire ?

Quelques-uns de ces mascarons ont fait scandale parce qu'ils représentent des visages africains, héritages du temps de la traite négrière. Des visiteurs de notre office du tourisme en ont même demandé la destruction. Comme si l'on pouvait effacer l'histoire en martelant les œuvres d'art qu'elle nous a léguées ! Il est vrai qu'on ne s'en est pas privé à la Révolution sur les façades des églises. Mais je pensais que nous étions vaccinés contre cette forme d'extrémisme de la repentance. Il y a d'autres façons d'assumer notre histoire (voir l'entrée « Esclavage »).

Les Bordelais d'aujourd'hui regardent de nouveau les mascarons de nos façades comme un trésor de leur patrimoine. Michel Suffran décrit Bordeaux comme « une ville entière de masques, un théâtre chimérique ». Ce qui lui inspire, comme souvent, des pensées moroses : « Ce ne sont là, après tout, que des masques sculptés à notre prétendue ressemblance, mais empruntant la grâce souriante des nymphes et la majesté rituelle des puissants, des glorieux et des dieux. Ils flottent au-dessus de nous. Ils ne sont pas réellement nos semblables, nous les besogneux, les vulnérables, les provisoires. Les passants. »

Dans une approche plus festive, le sculpteur Fredange vient de s'associer avec le maître chocolatier Luc Dorin pour reproduire les mascarons… en carrés de chocolat disposés dans de jolis coffrets thématiques : Mythologie, Masques, ou Fantaisies. Nous pourrons ainsi croquer un Faune, un Lion amusé, un Monstre à corne de bélier, un

Homme feuillu, une Belle Inconnue ou un Amérindien, sans oublier bien sûr Bacchus, Cérès, Éole, ou Flore, toutes divinités bienveillantes.

À Bordeaux, nous savons conjuguer les plaisirs, l'émotion artistique et le péché de gourmandise.

Métro

« À Bordeaux, la bataille fait rage entre métro et tram », titrait récemment *Sud Ouest*.

Les médias adorent les marronniers... Cela fait des décennies que le cœur des Bordelais, ou du moins des « décideurs », balance entre métro et tramway.

C'est d'abord le tram qui s'est imposé. La première ligne fut inaugurée en 1880, par le maire de l'époque, Albert Brandenburg. En 1946, le réseau comportait trente-huit lignes sur 200 kilomètres et transportait 160 000 passagers par jour. Ce fut au commencement un tram hippomobile, tracté par plus d'un millier de chevaux. Mais à Bordeaux on aime l'innovation, au point d'inventer dès cette époque un système d'alimentation électrique par le sol (APS). Petite différence avec notre APS actuelle : le principe de précaution n'était pas encore inscrit dans la Constitution, et la sécurité était rudimentaire ; le câble à haute tension, posé dans un caniveau central, était alimenté en permanence, et les accidents provoqués par une utilisation intempestive de parapluies, cannes ou roues de vélo n'étaient pas rares.

Je suis toujours ébahi quand je retrouve de vieilles cartes postales où l'on voit le tram d'alors circuler dans des endroits impossibles, du moins si l'on compare avec le réseau actuel. Il irriguait tout le territoire de ce qui n'était pas encore la CUB, très au-delà en tout cas du centre ancien.

Et puis vint l'automobile et, à Bordeaux comme ailleurs, il fallut dégager l'espace public pour lui permettre de s'y épanouir. La dernière ligne de notre tram historique fut supprimée en 1958.

C'est dans les années 1980-1990 que « la bataille fit rage ». Chaban voulait un métro, un métro léger, on appelait cela le VAL, mais un métro souterrain. C'était à ses yeux le seul mode de transport collectif digne d'une grande métropole. Je ne rappellerai pas ici toutes les controverses que le projet souleva : trop cher pour une agglomération peu dense, difficile à creuser dans un sol fragile, inapte à desservir les hauteurs des coteaux sur la rive droite... Bref, Chaban ne parvint pas à réunir une majorité au sein du conseil de la communauté et le projet fut... enterré. Quand il me passa le relais, il me demanda de repartir au combat. Si je le lui ai promis, je confesse que je n'ai pas tenu ma promesse. Je me rendis vite compte que, pour les raisons inverses à celles qui avaient motivé l'abandon du métro, c'était la solution d'un transport moderne en surface qui convenait le mieux à notre territoire. Et puis il fallait foncer car Bordeaux avait pris beaucoup de retard, et la congestion, déjà, guettait la ville.

L'aventure de la construction de nos trois lignes de tram fut exaltante. Certes les difficultés furent nombreuses. Il me faudrait un autre dictionnaire pour en faire le récit, et les entrées seraient celles-ci : concertation, contestation, associations, tracés, sécurité, recours contentieux, inauguration, pannes… La ville fut mise sens dessus dessous pendant plusieurs années. Mais la population bordelaise était en attente ; elle le manifesta en venant en foule sur les quais quand on y exposa la maquette de la première rame dessinée par les talentueux architectes bordelais Jean-Philippe Lanoire et Sophie Courrian, associés au cabinet parisien Absolut Design ; elle fit preuve d'une infinie patience pour supporter les travaux qui éventrèrent le centre-ville. Pour me rassurer, je me faisais répéter le test du chauffeur de taxi : « Temps 1 : la mairie nous em…, c'est le b…, on ne peut plus circuler ; temps 2 : cela dit, il fallait bien faire quelque chose après tant d'années de tergiversations ; temps 3 : et puis, quand ce sera fini, ce sera super ! »

C'est super. Les usagers plébiscitent notre tram. Il est beau. Il est pratique. Son réseau continue à s'étendre et sera bientôt l'un des plus développés de notre pays. Il a transporté durant l'année 2017 près de 100 millions de passagers. On n'imagine pas ce que serait sans lui le fonctionnement de l'agglomération.

Problème : il est victime de son succès. Aux heures de pointe et sur plusieurs trajets, il est saturé. Les étudiants notamment qui se rendent sur le campus de Talence-Gradignan doivent souvent laisser passer deux rames avant d'y accéder. Et puis la métropole continue à grandir. D'où le « coup » de ce jeune enseignant-chercheur, Mickaël Baubonne, qui jette un pavé dans la mare en relançant l'idée d'un métro.

Au risque de surprendre, je réponds : « Pourquoi pas ? »

Après tout, des villes comparables à la nôtre se sont dotées à la fois d'un tramway et d'un métro : Lyon,

Toulouse, Rennes, sans parler de Paris qui court dans une autre catégorie.

Alors parlons-en. À condition d'ouvrir largement le débat et d'explorer toutes les pistes, de laisser toute la place à l'innovation et à l'imagination. Liaisons souterraines, mais pourquoi pas aériennes ? Sans parler de taxis volants, on voit se construire des téléphériques qui répondent à des besoins urbains spécifiques, par exemple à Brest. Véhicules autonomes mis en libre-service auprès des usagers. Électrification systématique des bus, y compris par alimentation en hydrogène. Développement des dessertes ferroviaires pour tendre vers un véritable RER métropolitain. Création de lignes de cars express comme il en existe déjà dans plusieurs agglomérations, dont la parisienne. Développement massif des modes doux : le vélo, en offrant aux cyclistes de véritables autoroutes (véloroutes…) dédiées qui facilitent les déplacements sur des dizaines de kilomètres comme dans les pays nordiques, sur des vélos électriques de préférence… Sans négliger les trottinettes, elles aussi électriques, dont le succès me fascine. J'en oublie. Ce qui est sûr, c'est que Bordeaux, comme toutes nos grandes métropoles, va devoir vivre une nouvelle révolution de la mobilité dans les deux ou trois décennies qui viennent pour concilier une croissance continue, la qualité de vie des habitants qui n'en peuvent plus de passer des heures dans les embouteillages, et la préservation de leur santé en réduisant l'empreinte carbone des déplacements, premier secteur émetteur de gaz à effet de serre avec celui de l'habitat.

L'un de mes objectifs en lançant l'opération « Bordeaux Métropole 2050 » est justement de mobiliser les intelligences et les énergies pour trouver les bonnes réponses à ce défi des nouvelles mobilités. Je suis sûr qu'il en sortira des idées et des projets excitants. Après, il faudra passer à l'acte. Pourquoi pas sur nos boulevards qui constituent aujourd'hui l'un des axes de circulation majeurs où la marge d'embellissement et d'amélioration de la qualité de vie est grande ?

J'ai signé récemment l'appel lancé de Montréal par plusieurs grandes villes du monde qui s'engagent « à accroître leurs efforts pour lutter contre les dérèglements climatiques par une politique volontariste en matière de mobilité urbaine ». L'humanité connaît en effet une période unique de son histoire que les spécialistes nomment la transition urbaine : la population urbaine mondiale va doubler, de 3 milliards en 2000 à 6 milliards en 2050. La quasi-totalité de cette croissance se produira dans les pays en développement, dont notamment 1 milliard en Afrique subsaharienne. C'est un immense défi. Si nous voulons le maîtriser, commençons par être exemplaires chez nous pour faire profiter nos partenaires de nos expériences réussies.

Miss Fanny

Mardi 28 novembre 2017, Miss Fanny a retrouvé sa place dans le hall d'entrée de l'hôtel de Lisleferme au jardin public. Elle y vivait sa deuxième vie depuis 1892, jusqu'à ce que les travaux de rénovation du muséum d'histoire naturelle installé dans l'hôtel nécessitent son déménagement provisoire dans le centre de conservation des collections aménagé dans le quartier de Bordeaux maritime.

Il est temps de faire les présentations : Miss Fanny est l'éléphante d'Asie naturalisée qui est, depuis plus d'un siècle, la mascotte de notre muséum. Après l'accrochage de la baleine bleue, c'est le deuxième grand mammifère à réintégrer les lieux.

La première vie de Fanny n'a pas été heureuse. Elle s'est passée dans une cage, l'hiver à Marmande, au printemps à Bordeaux, où elle était exposée aux yeux des visiteurs place des Quinconces. Elle y mourut en mars 1892. Achetée par le professeur Fallot, alors conservateur du muséum, elle fut transportée dans un centre d'équarrissage à Eysines où elle subit un lourd traitement ; des charpentiers construisirent une structure de bois à ses mensurations, qui fut habillée de toile et de plâtre avant d'être recouverte de la peau de l'animal. Elle fut installée en mai 1892 au pied de l'escalier d'entrée du muséum où elle accueillait les visiteurs ; elle ne passait pas inaperçue : longueur : 3,75 mètres ; largeur : 1,35 mètre, hauteur : 3,30 mètres. Pour son centenaire, en 1993, on la restaura et lui fit une grande fête.

Les Bordelais comme les touristes passaient trop souvent sans s'arrêter devant notre muséum d'histoire naturelle dont les installations, il est vrai, méritaient une complète rénovation.

Il m'a fallu du temps, et la patience de la conservatrice, Nathalie Mémoire, pour mener à bien cette rénovation. Au total, dix ans, peut-être. Nouvel exemple du besoin de longévité des équipes municipales… C'est que le musée n'occupe pas n'importe quel bâtiment ! Ce bel hôtel particulier a été édifié dans les années 1780 par

Richard-François Bonfin, architecte de la ville, pour Nicolas de Lisleferme, avocat au parlement de Bordeaux, jurisconsulte, poète et ami des arts. Le bâtiment porte toujours son nom. Sa construction, à l'intérieur de ce qui était encore le jardin royal, aujourd'hui jardin public, a nécessité une autorisation spéciale du conseil des jurats bordelais. M. de Lisleferme était un notable puissant, et les jurats s'exécutèrent de bonne grâce.

En 1857, la ville acheta l'hôtel pour y installer un cabinet d'histoire naturelle. L'année suivante, le jardin botanique fut transféré à proximité.

C'est dire qu'il nous fallut toutes les bénédictions de l'architecte des bâtiments de France pour moderniser ce bâtiment classé et aménager ses abords. Nous y parvînmes au prix d'adaptations successives, qui prirent du temps.

Mais l'écrin achevé est magnifique ; les collections y sont superbement mises en valeur. Il faut dire qu'elles sont en elles-mêmes d'une exceptionnelle richesse. Elles couvrent toutes les disciplines des sciences de la vie et de la terre : zoologie, ostéologie, paléontologie, géologie... En zoologie par exemple, on trouve des spécimens naturalisés du monde entier de mammifères, oiseaux, reptiles, poissons, cœlentérés, mollusques, coquillages, crustacés et insectes. L'inventaire de ces milliers de pièces a été un labeur de bénédictin. La faune américaine et la faune océanienne sont particulièrement bien représentées. Ainsi que la faune régionale : ours, loup, oiseaux du littoral atlantique, rapaces pyrénéens, poissons de nos côtes et de nos rivières...

L'université Victor-Segalen, quand Bordeaux 2 n'avait pas encore rejoint l'université de Bordeaux, a mis en dépôt au muséum la collection de son laboratoire de parasitologie tropicale, plusieurs centaines de récipients contenant des reptiles, des amphibiens, des arthropodes, des arachnides, des myriapodes… ici encore, poésie des mots !

Notre muséum est en quelque sorte un temple de la biodiversité. Quelle chance, pour les élèves, étudiants, curieux de toutes générations, que de pouvoir accéder à de tels gisements de connaissance ! Et quel message adressé à tous les êtres humains qui doivent prendre conscience du risque d'une nouvelle et désastreuse extinction des espèces ! Certains animaux dont des spécimens naturalisés sont exposés au muséum sont en voie de disparition ou ont déjà disparu, tels le loup de Tasmanie ou la tortue des Seychelles. Il est urgent de nous réveiller.

Mollat

Si je cherchais aujourd'hui, à Bordeaux, le Bordelais-type, le Bordelais par excellence, le Bordelais avec un grand B, je le trouverais sans aucun doute en la personne de Denis Mollat.

Le CV d'abord : Denis est né à Bordeaux (enfin, à Talence…) ; il a étudié à Bordeaux au lycée Montaigne puis à l'université ; il vit à Bordeaux ; il travaille à Bordeaux…

Mais surtout, les traits de caractère : cultivé sans ostentation, entreprenant ou entrepreneur sans modération, *startupper* sans hésitation, citoyen engagé sans complication, bon vivant avec délectation… Tout cela mérite naturellement quelques explications.

Comme il le dit avec humour : « J'exerce un métier que je n'ai pas appris ; et j'ai appris un métier que je n'exerce pas. » En 1982, au terme de ses études, c'est en effet un diplôme de docteur en médecine qu'il a en poche. Pourtant, à la même date, il rejoint l'entreprise familiale dont son père va lui passer les commandes : la librairie Mollat, institution centenaire, fondée en 1896 par l'arrière-grand-père Albert venu du Cantal, installée en 1928 rue Porte-Dijeaux à l'emplacement de la maison bordelaise de Montesquieu, continuée par ses fils Jean et Albert en 1949, puis leurs enfants dont William, père de Denis.

Dans le très brillant discours qu'il a prononcé en lui remettant les insignes d'officier de la Légion d'honneur en novembre 2017, Jean-Christophe Rufin a décrit Denis Mollat comme le représentant éminent d'une « espèce cavernicole ». « Le Mollat, dit-il, ne migre pas, il creuse, et à partir d'une galerie principale, rue Vital-Carles, il a creusé un véritable empire. » Au fil des années, la librairie Mollat n'a en effet pas cessé de s'étendre au cœur de l'hypercentre bordelais où elle occupe aujourd'hui 1 hectare. Ce fut un lent travail d'acquisition des immeubles limitrophes qu'on pourrait assimiler à une méthodique opération de sape du voisinage. Sans intention hostile naturellement, et avec la bénédiction générale. En chef d'entreprise avisé, Denis Mollat a été un fervent défenseur du tramway dont la ligne A amène les très nombreux usagers aux portes de son domaine.

Denis Mollat a ainsi construit la première librairie familiale et indépendante de France, avec ses quinze espaces de vente, ses 180 000 références sur 18 kilomètres de rayonnages, ses 3,5 tonnes d'ouvrages livrés en moyenne tous les jours, ses 2 millions de volumes vendus à l'année… Première en chiffre d'affaires et titres en rayons. Mais c'est aussi Mollat Musique, et des salles de conférences dont la toute nouvelle Station Ausone qui peut accueillir, dans ses 300 places confortables, conférences, expositions, concerts servis par des équipements technologiques de pointe.

Pendant des années, quand j'empruntais la rue de la Vieille-Tour qui relie la rue Porte-Dijeaux et le cours de l'Intendance, je m'arrêtais devant l'immeuble menaçant ruine, étayé par un massif échafaudage de bois, qui en était la verrue. Quand le litige qui bloquait toute rénovation fut tranché et que j'appris la venue de Mollat dans le secteur, ce fut pour moi un grand soulagement. Enfin cette rue allait revivre. C'est ce qui, en très peu de temps, advint. On peut désormais y déguster d'excellents expressos et de divines pâtisseries en attendant d'entrer dans la Station Ausone où tout auteur digne de ce nom vient présenter son dernier livre.

On va chez Mollat pour acheter des livres, cela va de soi, et l'on y trouve tous les livres. Mais on y va aussi pour traverser les rayons, musarder, retrouver des amis, discuter avec l'un des cinquante-cinq libraires spécialisés... Il paraît même que l'office du tourisme a inscrit la librairie dans le parcours de découverte qu'elle propose aux visiteurs.

Denis est aussi un geek qui a très tôt compris que sa librairie ne pouvait être absente du Net. Il réalise aujourd'hui un pourcentage significatif de son chiffre d'affaires sur son site Mollat.com, ce qui n'a pas échappé à Jean-Christophe Rufin : « À un moment où nous nous questionnons tous sur les relations entre le livre, l'écrit et les nouvelles technologies, qui pour beaucoup sont vues comme des ennemies, comme des dangers, [...] par la familiarité que vous avez avec ces activités, vous avez fait la synthèse des deux et vous nous avez montré, démontré, prouvé que le livre n'était pas l'ennemi de ces technologies et qu'elles ne l'étaient pas du livre et qu'on pouvait marier ces différentes approches. »

Jamais à court d'audace, Denis Mollat s'est lancé dans l'édition. Son catalogue comporte plus de quarante titres, sur l'histoire de Bordeaux, sans oublier son vignoble (*Les Grands Bordeaux de 1899 à nos jours*, par Franck Dubourdieu). Ou bien encore ses grands hommes : on lui doit un fac-similé de *L'Esprit des lois*, et même une édition bilingue des œuvres d'Ausone. C'est au traducteur d'Ausone, Bernard Combeaud, qu'il a confié une nouvelle édition des *Essais*, en coopération avec Robert Laffont et sa collection « Bouquins ». L'idée est née d'un constat cruel : « Les Anglais, les Espagnols et les Japonais, même, peuvent lire les *Essais* dans des versions récentes qui leur restituent le jaillissement de la pensée de Montaigne dans la fraîcheur d'une langue d'aujourd'hui [...]. Les Français n'y ont pas droit parce qu'il est de règle qu'on ne traduise pas de l'ancien français au français moderne. En quoi l'on a raison. Toutefois, le livre tombe des mains de la plupart. » Il est gênant de l'avouer, c'est pourtant vrai. Combeaud nous a rassurés : il ne s'agira pas d'une version « modernisée » et moins encore « traduite en français moderne », mais simplement d'un texte de « lecture aisée pour le "suffisant" lecteur d'aujourd'hui ». Gageons que le pari sera tenu.

On ne compte plus les responsabilités que Denis Mollat exerce à la chambre de commerce, au conseil économique, social et environnemental régional, à l'Académie des vins de Bordeaux, etc. Je lui ai confié la présidence du conseil de développement durable de Bordeaux Métropole qu'il anime avec la créativité qu'on lui connaît. J'allais oublier les fonctions auxquelles il est très attaché de consul honoraire du Mexique, qui lui a valu d'être fait chevalier de l'ordre de l'Aigle aztèque.

Mais on n'aurait pas une image exacte de Denis Mollat si l'on oubliait un trait fondamental de sa personnalité : c'est un hédoniste qui aime la vie, la bonne chère et le bon vin. Sa cave est célèbre à Bordeaux, et c'est un moment jouissif que de rejoindre les auteurs qu'il reçoit dans sa librairie, après leur conférence, autour de la table de sa charmante maison bordelaise, au cœur de la ville. C'est l'assurance d'une conversation brillante soutenue par de prestigieux millésimes.

Je suis heureux que le nom de Mollat figure sur la liste de mes conseillers municipaux : Constance Mollat, l'épouse de Denis, qui, elle, a persévéré dans l'exercice de la médecine et pratique son art d'endocrinologue et diététicienne au CHU, apporte à l'équipe son talent et sa gentillesse.

Momies de Saint-Michel

Le quartier Saint-Michel ne ressemble à aucun autre.

Quand je dis que Bordeaux n'est pas – seulement – une ville bourgeoise, principalement peuplée de riches propriétaires viticulteurs et que j'évoque sa diversité, Saint-Michel me vient aussitôt à l'esprit.

Diversité qui puise d'abord ses racines dans l'histoire du port de Bordeaux. Sur le site de l'office du tourisme de la ville, Pierre Coudroy de Lille la fait revivre en quelques lignes :

« Les gabares à fond plat chargées des cargaisons de bois du Quercy, du Rouergue ou de Gascogne jetaient l'ancre, débarquaient du bois qui alimentaient les ateliers des charpentiers de la rue Carpenteyre, des tonneliers de la rue de la Fusterie. Le fer était travaillé par les forgerons et les armuriers de la rue des Faures. Le sel, entreposé quai des Salinières, servait aux sécheries de poisson et de viande établies rue de la Rousselle. »

Artisans, matelots de tous pays, portefaix, badauds, bourgeois se côtoyaient, se disputaient. Les regrattières, marchandes des quatre-saisons, vous interpellaient au passage dans leur langue pleine de saveur mais redoutable.

On chantait, on jouait aux cartes, on buvait dans les nombreux cabarets qui servaient « à pot et à pinte ».

Le port n'est plus dans les murs. Mais les rues ont gardé leur nom. Elles sont étroites, et leurs façades ne sont pas toutes ravalées. J'aime y flâner, même sous la pluie ; la circulation automobile y est rare, les voix portent dans le silence. « Bordeaux, ville de perspectives et de labyrinthes » (voir cette entrée) : ici, le tracé des rues est, en effet, labyrinthique.

Elles débouchent sur le vaste espace de la place Saint-Michel où trônent l'imposante basilique du même nom et sa flèche. La construction de l'édifice remonte au XIVe siècle et s'échelonna sur près de deux cents ans. Il accueillait dans son immense nef les pèlerins de Saint-Jacques, en route sur l'un des nombreux chemins qui convergeaient vers les Pyrénées et le Camino francés.

La basilique Saint-Michel partage avec la cathédrale Saint-André la particularité d'être dotée d'un clocher indépendant de l'église elle-même. Sa hauteur de 114 mètres

fait de ce campanile le deuxième plus haut de France. Achevé le jour de la Saint-Michel (29 septembre) 1492, il fut partiellement détruit en 1660 par un tremblement de terre, puis sa flèche totalement mise à bas par une terrible tornade en 1768. Au début du siècle suivant, on installa sur les ruines de la tour une station de télégraphe « Chappe ». Ce n'est qu'en 1861 que Paul Abadie, architecte du Sacré-Cœur de Paris et de quelques monuments bordelais, lança les travaux de restauration qui durèrent huit ans. Aujourd'hui, la flèche, élégamment mise en lumière, domine le paysage nocturne bordelais ; sa restauration sera demain l'un de nos grands chantiers patrimoniaux.

La tradition chrétienne voulait qu'on enterrât les morts autour de l'église du village ou du quartier, dans des cimetières paroissiaux, comme les brebis rassemblées autour du bon pasteur. Ces cimetières font souvent encore le charme de nos campagnes. Mais en ville, dès le siècle des Lumières, les hygiénistes firent prévaloir, avant l'heure, le principe de précaution et, par crainte des épidémies, décidèrent de réformer les pratiques funéraires. C'est ainsi qu'à Bordeaux les cimetières paroissiaux fermèrent progressivement leurs portes et furent remplacés par un vaste cimetière général, aménagé à l'emplacement du couvent des Chartreux, confisqué par la Révolution : le cimetière de la Chartreuse. En 1796, le terrain autour de la basilique Saint-Michel fut ainsi débarrassé de ses cadavres, et c'est sans doute à cette occasion que furent exhumés environ soixante-dix corps momifiés dont la conservation excellente reste un mystère. Nulle trace d'embaumement. On attribue souvent ce petit miracle à l'absence d'humidité et à la composition du sol riche en carbonate de calcium. Les momies furent adossées contre le mur de la crypte et offertes à la curiosité publique. Les visiteurs les plus illustres firent le déplacement. Ainsi Gustave Flaubert, en 1840, que le spectacle amusa : « [J'] avoue que je me suis assez diverti à contempler les grimaces de tous ces cadavres [...], dont les uns ont l'air de pleurer, les autres de sourire [...]. »

Victor Hugo, de passage à Bordeaux en 1844, lui, ne s'amuse pas du tout : « Je regardai avec une sorte de vertige cette ronde qui m'environnait, immobile et convulsive à la fois. [...] Les corps noirâtres et nus s'enfonçaient et se perdaient dans la nuit ; mais je voyais distinctement saillir hors de l'ombre et se pencher en quelque sorte vers moi, pressées les unes contre les autres, une foule de têtes sinistres et terribles qui semblaient m'appeler avec des bouches toutes grandes ouvertes, mais sans voix, et qui me regardaient avec des orbites sans yeux. »

La même année, Théophile Gautier trouve les corps carrément menaçants : « Ils sont dignes de figurer au sabbat de Brocken avec les sorcières de Faust. On dirait que ces momies sont irritées d'avoir été tirées de leurs tombes et troublées dans leur sommeil par la curiosité profane. »

La menace fit long feu : les momies furent victimes de la pollution, des champignons, des manipulations répétées, des actes de vandalisme, si bien qu'on décida, en 1979, de les retirer de la crypte et de les laisser trouver le repos éternel dans un ossuaire du cimetière de la Chartreuse.

L'histoire continue à figurer dans de nombreux guides touristiques, et les demandes de visite affluaient à l'office du tourisme. L'idée vint à ses responsables de fabriquer une vidéo et de la projeter sur les murs de la crypte, désormais vide de tout occupant. Je donnai mon accord, et l'animation fut présentée à la presse le 22 mai 2013. Le résultat est fort réussi : on a retrouvé, par chance, des images assez nettes des corps momifiés tels qu'ils étaient présentés au public, et surtout l'enregistrement du commentaire de la visite par un guide des années 1950 (Octave Lalanne) ; l'accent et le texte sont savoureux. En défilant devant les corps, il explique, sans ponctuation :

« Il y a cent soixante-quatre ans qu'ils sont ici conservés par la terre calcaire sans bandes ni bandelettes c'est naturel

un homme l'œil dans les orbites les veines sur les mains le squelette et la peau devenue complètement cuir (toc, toc) [*sic*]

une famille que l'on suppose être empoisonnée par des champignons de six personnes une deux trois quatre cinq six vu la contraction du visage l'on voit qu'ils ont souffert qu'ils sont morts d'une mort violente ce qui existe chez les enfants c'est le cartilage des oreilles

une perruque c'est une fausse perruque c'est un homme qui portait une fausse perruque

un portefaix dans un pari qu'il aurait fait de porter un poids au-dessus de ses forces il gagna son pari et il se tua il a son cuir presque aussi épais qu'un cuir de bœuf une négresse les lèvres proéminentes le front fuyant c'est bien le trait du mort

les quelques corps que nous traversons sont sans aucun intérêt c'est-à-dire plus ou moins conservés

un jeune homme que l'on suppose qu'il fut enterré vivant d'une crise de catalepsie

ici par terre un restant d'un tout petit enfant.

un homme qui a conservé sa langue
une femme que l'on suppose qu'elle est morte nourrice vu la souplesse des seins qui n'existe pas chez une autre femme elle a même conservé toutes ses dents »

J'ai fait retirer la phrase sur la négresse qui a choqué une personne de couleur présente à la première projection.

La visite vaut le détour, y compris bien sûr celle de la basilique. Il n'y a plus de prêtre affecté au sanctuaire, mais les bénévoles d'une association d'amoureux de Saint-Michel vous guideront.

Morue

Dans *Le Monde* du 3 août 2011, sous la plume de Jean-Claude Ribaut, je trouve de précieuses explications sur la morue : « Pitance de carême, appelée “bœuf du pauvre”, longtemps méprisée ; aux Antilles, elle apportait des protéines aux esclaves. »

L'auteur précise : « Morue, bacalao, morue fraîche, cabillaud, morue verte… c'est la confusion. »

Je retiens que cabillaud et morue, c'est la même chose, sauf que « le premier est un produit frais ou congelé, tandis que la morue est salée et séchée ». Il ne faut pas confondre toutefois la « morue verte », salée à bord par les pêcheurs, qui ne peut se conserver que quelques mois, et la morue sèche, salée puis séchée à terre, de façon à pouvoir supporter les chaleurs des pays méridionaux comme l'Espagne et le Portugal où il s'en fait une grande consommation.

Pourquoi cet intérêt pour la morue ? C'est que, pendant des siècles, Bordeaux a été un marché national de la morue. Je m'inspire ici d'un savant article de François Taillefer, publié dans la *Revue géographique des Pyrénées et du Sud-Ouest*… en 1942.

Dès le XVIe siècle, selon cet article, l'activité commerciale du port de Bordeaux a attiré les pêcheurs basques et bretons, « sûrs d'y trouver un débouché pour leur cargaison et toutes facilités pour s'y avitailler ». Au XVIIIe siècle, les morutiers hollandais, hanséates, danois, anglais, retour de six mois de campagne à Terre-Neuve au large de la côte canadienne, une des plus riches zones de pêche du monde, débarquent leur capture à Bordeaux. À la fin du siècle, on commence à sécher la morue dans les ports français, notamment à Bègles près Bordeaux où « des milliers de morues, exposées au soleil et au vent sur des "étendoirs", imprègnent l'atmosphère d'une odeur âcre de sel et de marée, empêchant alentour, dit-on, la dégustation du vin ». En 1907, Bordeaux, supplantant Fécamp, reçoit 70 % de la morue de pêche française, possède trente des trente-sept sécheries installées en France et « fixe en maître le prix sur le marché national ».

Les temps ont changé. Il n'existait plus que trois sécheries en 1999, et une seule en 2018, Sar'Océan, qui fête ses 175 ans. Aujourd'hui « les Sécheries » sont le nom d'un écoquartier, « projet urbain singulier et innovant », selon le promoteur, qui intègre les logements au sein d'un parc de 9 hectares.

Autre réminiscence du temps passé : en 1989, Noël Mamère, maire de Bègles, lance ou relance dans sa ville la fête à la Morue ; fin mai, pendant trois jours, on y déguste l'omelette béglaise, « une morue pochée, émiettée, colorée à la poêle, puis ajoutée aux œufs battus avec un peu d'aneth ». Les Béglais, les Bordelais, les touristes viennent nombreux.

J'ai le souvenir, un peu vague je le concède, de mon intronisation dans la Confrérie de la morue, sur les quais de Bordeaux, où, revêtu d'un ciré de pêcheur, j'avais été adoubé d'un coup de queue de morue séchée, plutôt coriace ; le cérémonial comportait aussi la dégustation obligatoire d'une rasade d'huile de foie de morue, ce fortifiant qu'on administrait jadis aux enfants en croissance ; j'en garde le goût à vrai dire… écœurant. Mais, ce jour-là, je m'étais engagé à me comporter en propagandiste de la morue… ce dont je m'acquitte aujourd'hui.

Sous l'effet de la surpêche, le cabillaud, qui est en outre le mets de prédilection des phoques, se fait rare. Il devient un poisson de luxe qu'on accommode selon d'innombrables recettes (l'imagination portugaise en ce domaine, y compris dans plusieurs bonnes tables bordelaises, est infinie).

François Taillefer prête à Curnonsky, après cinq plats de morue sans doute copieusement arrosés, cette phrase définitive : « *Ave Cesar, moruturi te salutant !* »

N

Notre-Dame du Lac

C'est la première église construite à Bordeaux depuis quarante ans. Elle se trouve au cœur du nouveau quartier Ginko où viennent d'être livrés, au bord du lac de Bordeaux, près de 3 000 nouveaux logements. Le nom de Ginko a été choisi par l'aménageur en accord avec la mairie ; le *Ginkgo biloba* est l'arbre qui, traversant les millénaires, a résisté à la bombe atomique d'Hiroshima. Nous y avons vu le symbole de notre volonté d'édifier un écoquartier, conforme aux meilleures normes d'un développement durable : respect de la mixité sociale avec un tiers de logements locatifs sociaux ; recherche de la mixité fonctionnelle entre habitat et emploi ; desserte par le tramway et priorité donnée aux mobilités douces (vélo, marche à pied) ; raccordement à un réseau de chaleur alimenté par une énergie renouvelable, en l'occurrence une chaudière à bois ; constructions à énergie positive ; équipements de proximité favorisant la cohésion sociale (un gymnase par exemple et un centre social) ; présence de la nature, canaux et espaces verts… La réalisation n'est pas parfaite mais, selon une enquête récente, près des trois quarts des nouveaux habitants du quartier se disent satisfaits d'y vivre. Lorsque l'opération sera achevée – il reste plusieurs centaines de logements et de nombreux espaces commerciaux à construire –, j'ai confiance que ce pourcentage peut encore s'améliorer.

L'Église catholique a voulu implanter un lieu de culte au sein de ce nouveau quartier et a trouvé les fonds pour en financer la construction. La jeune architecte qu'elle a choisie a fait un excellent travail : l'aspect extérieur du bâtiment est sobre, mais sa présence marque le lieu ; à l'intérieur, tout est simplicité et harmonie. Les habitants du secteur sont venus nombreux pour la cérémonie de consécration présidée par le cardinal archevêque de Bordeaux. La liturgie, fidèle à la tradition, ne manque pas de solennité : l'évêque frappe de sa crosse trois coups sur la porte d'entrée qui s'ouvre alors devant lui ; il emplit les fonts baptismaux d'eau bénite et en asperge les murs et les fidèles ; il encense l'autel, fait d'un très beau bloc de béton brut, il y répand l'huile sainte et y scelle une relique, en l'espèce celle de saint Simon Stock. Je ne connaissais pas, je l'avoue, l'existence de ce saint ; c'est pourtant lui qui, en mourant en 1265 à Bordeaux, plus que centenaire, légua les dernières paroles du « Je vous salue Marie » : « Sainte Marie, mère de Dieu, priez pour nous pauvres pécheurs maintenant et à l'heure de notre mort. »

Mgr Ricard a souhaité que, une fois la messe terminée, je dise un mot à l'assistance. Je m'exprime au nom de mes collègues élus qui m'entourent nombreux. Au-delà des remerciements de circonstance, j'en profite pour rappeler le sens qu'il faut donner selon moi au principe républicain de laïcité : la loi fondatrice de 1905 a instauré la séparation des églises et de l'État, chacun restant dans son ordre : le spirituel pour celles-là, le temporel pour celui-ci ; dans le même temps, la République garantit à chacun de ses citoyens la liberté de religion, c'est-à-dire la liberté de choisir sa religion – ou aucune – et la liberté de la pratiquer dès lors que cette pratique respecte les lois en vigueur (voir l'entrée « Partage »).

Dans son homélie, le cardinal a rappelé que les églises catholiques sont ouvertes aux croyants mais aussi aux non-croyants ou aux fidèles d'autres religions. J'observe la présence dans l'assistance de concitoyens musulmans bien connus dans le quartier. J'appelle à la poursuite du dialogue interreligieux qui est vivant dans notre ville. Je souhaite que Notre-Dame du Lac accueille les cérémonies religieuses de la paroisse, cela va de soi, mais qu'elle soit aussi, pour tous ceux qui sont en recherche, un lieu de répit, de méditation, d'apaisement dans le tumulte de la ville et les turbulences du monde.

À la sortie, sur le parvis, on sent que la foule est heureuse.

Une nouvelle église, une nouvelle mosquée ? Sujet explosif. Il n'y a pas de « grande mosquée » à Bordeaux. Seulement quelques salles de prière trop exiguës pour accueillir tous les fidèles. Que faire ? Si l'on veut appliquer le principe de laïcité dans un esprit de cohérence et d'égalité, il faut permettre à nos compatriotes musulmans de pratiquer leur culte. À la condition expresse que cette pratique s'exprime dans le strict respect des lois de la République et de la séparation des religions et de l'État. C'est ici que naît la suspicion. Est-on sûr que certaines mosquées ne deviendront pas des lieux d'endoctrinement au salafisme et au rejet de nos valeurs ?

C'est un des grands défis auxquels nous devrons répondre dès que possible, si nous voulons apaiser la société française. La Fondation pour l'innovation politique dirigée par Dominique Reynié a publié, en janvier 2018, une étude intitulée : « Libérer l'islam de l'islamisme ». J'y trouve beaucoup d'idées intéressantes, par exemple l'adoption solennelle d'une charte « manifestant la reconnaissance et l'acceptation des valeurs de la République et du cadre laïc » défini par nos lois, ou la création d'une faculté de théologie musulmane pour la formation des imams français, ou la construction de structures cultuelles à taille humaine plutôt que de « mosquées cathédrales » qui constituent souvent « de puissants outils entre les mains des islamistes ». Nous ne pourrons pas faire longtemps l'économie d'une vraie réflexion et d'un vrai débat que les responsables politiques préfèrent pour l'instant éluder, tant il déchaîne les passions.

Nuit, Conseil de la

J'ai installé en 2018, sur une proposition de mon adjointe Alexandra Siarri, un « conseil de la nuit » à Bordeaux. On peut trouver l'initiative étrange... encore qu'elle ne soit pas sans exemple dans d'autres villes françaises ou européennes.

Mon objectif, au départ, était de trouver le moyen de réconcilier ceux qui, dans nos murs, veulent dormir la nuit – ce qui me semble légitime – et ceux qui veulent faire la fête – sur la tête desquels je n'ai évidemment pas l'intention d'imposer un bonnet de nuit. Délicate entreprise.

Il y a, dans l'agglomération bordelaise, environ 90 000 étudiants, sur une population totale de 750 000 habitants. C'est considérable. C'est une grande chance. Ils donnent du tonus à la ville. Tonus diurne et tonus nocturne. D'où naissent quelques frictions. D'autant que l'animation nocturne est décuplée par la consommation excessive d'alcool, qui n'est pas du seul fait des jeunes, je le précise ; toutes les générations cèdent, hélas ! à la tentation.

Depuis plusieurs années, nous déployons de grands efforts pour traiter ce fléau de la suralcoolisation. Nous avons lancé le programme « Festiv'attitude » qui combine des actions de prévention, de médiation et d'accompagnement : équipes mobiles « Tendances alternatives festives » connues sous le nom de TAF qui effectuent des maraudes nocturnes dans les lieux les plus chauds ; installation de bornes éthylotest dans les établissements de nuit volontaires pour permettre aux personnes qui le souhaitent de « s'autoévaluer » sur leur degré d'alcoolisation et leur capacité à reprendre le volant ; formation du personnel des boîtes de nuit sur les questions de consommation d'alcool et de produits stupéfiants ; charte des soirées étudiantes en partenariat avec les associations et les services préfectoraux ; animations de prévention dans les espaces publics (siestes musicales, concerts muets...). Sur la ligne B du tramway qui dessert le campus, des responsables de l'association Allez les filles organisent le jeudi soir (jour de prédilection des sorties étudiantes) de 21 heures à 1 heure du matin le « Soul Tram » au cours duquel ils délivrent, en musique, des messages de prévention et de modération aux jeunes qui repartent vers leur logement. Selon le site web de la ville, « l'accompagnement musical permet de faire baisser les tensions éventuelles ou les atmosphères électriques sur les fêtards alcoolisés ». À tout cela vient de s'ajouter un dispositif mobile, le Hangover Café, un véhicule aménagé, animé par des professionnels du Comité d'étude et d'information sur les drogues et les addictions (CEID Addictions) qui vont à la rencontre des personnes en difficulté. Le docteur Delile, qui dirige le CEID Addictions, et ses équipes font un travail admirable.

Est-ce utile ? Est-ce suffisant ? Il faut à tous ceux qui s'engagent dans ces multiples actions une bonne dose de persévérance. Il leur faut sans cesse remonter le rocher de Sisyphe.

Quand je rencontre des jeunes, autour du miroir d'eau par exemple, ou leurs associations, je leur pose naïvement la même question : « Mais quel est donc l'intérêt de chercher à tomber le plus vite possible dans le coma éthylique ? Quel plaisir y trouve-t-on ? Boire avec modération pour partager des moments de gaieté avec des copains, soit. Mais s'abrutir dans l'alcool, en s'exposant à toutes sortes de risques ? »

Question qui ne reçoit jamais de vraie réponse. Effet d'entraînement ou de bravade pour faire comme les autres ou mieux que les autres, sans doute. Symptôme d'un mal-être plus profond ? C'est ce que diagnostiquent bien des psychologues et sociologues. Une simple municipalité n'a pas, à elle seule, le remède. Nous ne baissons pas les bras pour autant.

La transformation des quartiers de Bordeaux engagée depuis deux décennies et qui se poursuit à bon rythme nous fait obligation d'adapter les politiques que nous mettons en œuvre. Traditionnellement, l'animation nocturne se concentrait sur le quartier de Paludate ; les boîtes y étaient nombreuses, elles accueillaient en fin de semaine des foules de plusieurs milliers de personnes ; on m'affirmait que l'une d'entre elles était même la plus grande d'Europe (en termes de superficie). Avec la police nationale et l'ensemble de nos moyens de prévention et d'accompagnement, nous « gérions », toujours sur le fil du rasoir, mais sans trop de drames. Avec le grand chamboulement de Bordeaux-Euratlantique et du secteur de la ZAC Saint-Jean-Belcier, des boîtes ont fermé, les plus « coopératives » avec les pouvoirs publics sont restées, d'autres ont migré. Le quartier des Bassins à flot, lui aussi en pleine rénovation, en a attiré plusieurs. Si bien qu'il nous faut désormais agir sur plusieurs fronts. Nous constatons aussi que les festivités se déroulent de plus en plus souvent dans des appartements où se regroupent des populations bien trop nombreuses au mètre carré disponible. D'où des conflits de voisinage difficiles à anticiper et à apaiser.

En réfléchissant avec mes adjoints à la manière de garder le contrôle de la situation, nous nous sommes rendu compte que la vie de la ville la nuit soulevait bien d'autres questions que celle de la cohabitation entre dormeurs et fêtards.

Il existe une riche économie de la nuit, beaucoup de gens travaillent la nuit, de nombreuses entreprises développent une activité nocturne ; il est intéressant pour la municipalité de mieux connaître cette réalité et de faciliter, voire de favoriser le développement des activités nocturnes qui le méritent.

Les conditions de la mobilité nocturne, la possibilité de se déplacer en sécurité la nuit, y compris quand on ne peut utiliser son véhicule personnel, doivent aussi être mieux prises en considération. On nous demande par exemple de prolonger au-delà de 1 heure du matin la circulation du tramway ; pour des raisons techniques (maintenance des rames), ce n'est pas possible ; mais le réseau de bus ou la mise en place de taxis collectifs pourraient être une solution.

Certains publics sont plus vulnérables la nuit et doivent être mieux protégés dans leurs déplacements par exemple, je pense aux femmes qui travaillent dans nos hôpitaux ou autres lieux. Il y a une errance de la nuit, voulue ou subie, qu'il faut tenter de mieux prendre en charge.

Cette liste n'est pas complète.

C'est pour embrasser l'ensemble de ces problèmes que j'ai créé le conseil de la nuit, donc, qui regroupe les élus concernés, les services administratifs de la ville, de sa métropole et de l'État, les nombreuses associations d'ores et déjà engagées, des experts aussi dont l'apport sera précieux.

Ses membres se sont répartis en plusieurs commissions de travail. J'ai insisté pour que leurs propositions soient aussi opérationnelles que possible.

0

Osons, osez

Quand j'ai lancé la marque « Osez Bordeaux » (voir l'entrée « Magnétique/Magnetic, Bordeaux »), j'ai demandé à quelques amoureux de la ville d'écrire un court texte pour expliquer leurs raisons. En voici quelques-uns qui composent un portrait véridique de notre ville :

D'abord Pierre Arditi, qui prête aussi sa voix et son visage à l'une des vidéos de la Cité du vin :

« Le Bordeaux que j'ai connu dans les années 1970 était sombre, fermé, inquiétant parfois, et pourtant, si toute une partie d'elle-même était enfouie dans "l'obscur", la ville disait à qui voulait tendre l'oreille et regarder autrement, la ville disait qu'il y avait là, caché au cœur de ses entrailles, un trésor !

» Quarante ans plus tard, le trésor est là qui apparaît enfin, et ce trésor, c'est Bordeaux, Ville lumière, l'une des plus belles façades XVIIIe d'Europe, baignée par ce fleuve Garonne que l'on avait perdu de vue et qui rappelle que

Bordeaux, entièrement tourné vers son vin, a aussi de l'eau qui coule dans ses veines. »

Denis Dubourdieu, le célèbre œnologue, qui nous a quittés trop tôt :

« Aucun couple de ville et d'un vin éponyme n'est comparable à celui de Bordeaux et de ses grands crus [...].

» Envié, critiqué, partout copié, le vin de Bordeaux reste inimitable. Que sa couleur soit "bordeaux" ou dorée, qu'il soit jeune ou vieux, qu'il procède des graves de la rive gauche, des argiles et des calcaires de la rive droite ou des brumes de sauternes, son goût associe profondeur et légèreté, force et délicatesse, équilibre et finesse. Sa complexité est un antidote à la lassitude. »

Jean-Claude Guillebaud, grand voyageur, qui avoue, en appelant à la rescousse Lacouture et Sollers, « c'est surtout en la quittant qu'on apprend à aimer cette ville » :

« Lorsque nous y vivions jadis, nous étions plus sévères ou plus myopes. De Bordeaux nous connaissions surtout ces rideaux de pluie, ce campus frigorifié, ce quant-à-soi vaguement maussade d'une cité où les gens, disait François Mauriac, "seraient plus drôles s'ils avaient moins peur d'être vulgaires". Nous gardions surtout à l'esprit ces façades noirâtres du port de la Lune, ces entrepôts déglingués et ces – trop rares – bateaux exilés derrière les grilles des quais et les hangars de béton.

» Aujourd'hui, à chaque retour vers les Quinconces ou le cours de l'Intendance, la même allégresse nous saisit. Récurée, ravalée, bichonnée, la ville a rajeuni. »

Je ne me lasse pas de la répétition de ces témoignages sur le Bordeaux « d'avant » et le Bordeaux « d'après ». Il ne faut pas bouder son plaisir…

Thierry Marx, chef de cuisine comme il se présente, fait chorus :

> « Bordeaux la jolie ville, ah ! le charmant pays !
> J'ai quitté cette ville pour aller à Paris.
> Le devoir nous engage d'y revenir un jour.

Les Compagnons du devoir chantaient cette chanson quand ils étaient sur le trimard et qu'ils devaient quitter cette ville en faisant le serment d'y revenir un jour.

[…]

> Ceux qui l'avaient baptisée la "belle endormie" se sont trompés !
> Elle est pleine d'énergie et continuera à nous faire rêver. »

Erik Orsenna connaît bien Bordeaux, et en attend beaucoup, la preuve :

« Que faire de Bordeaux ?

» On peut se satisfaire de la rente, du cadeau des dieux et du travail des générations passées.

» La rente de la beauté.

» La rente de la vigne.

» La rente d'un doux climat.

» Et puis un beau jour, l'envie peut vous venir de vous secouer.

[...]

» Alors vous regardez votre ville d'un autre œil, moins quotidien, moins conjugal, limite égrillard.

» Et vous vous dites : et si Bordeaux osait ? Osait être Bordeaux, c'est-à-dire tout Bordeaux, c'est-à-dire plus que Bordeaux. »

Jean-Marie Planes, auquel j'ai prêté la nostalgie de la « ville de suie », attribue la paternité de cette formule à Jean Lacouture, et rend justice aux Bordelais :

« Les Bordelais n'ont pas bonne presse [...]. Société hiérarchisée, milieux fermés, anglomanie, conformisme, hermétisme absolu aux choses de la culture et de l'art, repli frileux sur des fortunes transmises selon les conciliabules et les conflits accoutumés. Tout, dans ces clichés, qu'on appliquerait sans modification à Lyon ou Lille, est faux. Tout, dans l'histoire de Bordeaux, établit cette fausseté.

» Oser accueillir, Bordeaux l'a fait, et l'on n'observe pas qu'elle y renonce.

» L'audace ? Les corsaires, les fils de famille qui partent pour ces îles “où furent des parents”, les aventuriers de tout poil, les marins, les armateurs, les compagnies transatlantiques, les premiers toqués d'expériences aérostatiques qui affolent les oiseaux du jardin public, les aviateurs intrépides [...] ont-ils manqué d'audace ? Ils sont, direz-vous, une minorité ? Ils ont osé pour mille. »

Philippe Sollers bien sûr, Talençais de naissance :

« Je revois Bordeaux au milieu du siècle dernier, je marche dans ses rues sombres, tout à l'air fermé, replié, hostile, pas d'avenir, oubli du passé. Les quais sont inaccessibles, le port asphyxié, les souvenirs de l'occupation nazie sont encore à vif dans les mémoires. Le terrible XIXe siècle a frappé Bordeaux, et n'en finit pas de s'achever.

» Regardez la ville aujourd'hui, nettoyée, blonde, ouverte. Regardez la place de la Bourse où figurait autrefois la statue du roi bien-aimé de la région, Louis XV, oui, Louis XV lui-même, dont on n'ose toujours pas remettre la figure en place, de peur de faire “Restauration”. Quelle drôle de frilosité réactionnaire ! »

Je sais que cette pique m'est destinée... J'assume. C'est vrai, je n'ai pas osé !

Autre coup de griffe : Sollers constate qu'il aura fallu deux siècles pour apposer une plaque là où Hölderlin a vécu en 1802 : « deux siècles pour retrouver la mémoire ».

Mais Sollers poursuit sa déambulation dans la ville :

« La colonne des Girondins est bien là. Tout à l'heure, au Grand Théâtre, une Italienne de génie, Cecilia Bartoli, chantera de nouveau Mozart. »

Je me souviens du visage extatique du spectateur Sollers tout au long de ce concert auquel j'assistais. Mais je ne connaissais pas la suite, révélée dans le texte de Sollers paru aussi dans *Fugues*, chez Gallimard :

« Après quoi on ira boire avec elle, tel margaux, telle année, mais restons discrets. »

Jacques Weber commence son témoignage en écrivant : « Je ne connais pas bien Bordeaux. »

C'est peut-être pourquoi il jette sur la ville un œil différent. J'aime sa superbe description de notre « quai des sports » et de ses équipements sportifs :

« J'aperçus plusieurs terrains de basket, handball, skate. Je m'approchais et vis des grilles hautes mais maillées et édifiées de telle façon qu'elles n'emprisonnaient que les ballons égarés. Derrière, des jeunes gens de tous horizons y jouaient. Des tee-shirts rouges, verts, violets, des baskets dorées, d'autres carmin, un jogging, un short long, un rasta, un roux, des bruns, des Noirs, des Blancs, des rouges de sueur, des corps trempés, des peaux ébènes, brillantes, des gestes souples et précis, des muscles tendus, noués et longs… des visages crispés, hilares, furibards, en alerte, fauves et rapaces, des Michel-Ange, des Maillol et Botero, un sein bien sage qui s'évade presque d'un maillot trop vaste, une épaule qui se tord, se gonfle et lance les bras comme un trait de Matisse. Tout et tous étaient beaux, dansaient le ballet de la vie. Je collais mon regard à la grille comme le docteur écoute le cœur. Celui-ci était énergique, jeune et libre. La ville rendait ses quais aux plus beaux horizons ; ces gestes, cette danse, ces bousculades étaient ceux de la grâce, de la rébellion et de la résistance ; le "Je me bats" de Cyrano, le "J'écris ton nom : Liberté" d'Éluard. Oui la Gironde pouvait couler paisible, rejoindre le Nil et Héraclite ? Quelque chose s'était passé, de beau, de libre. »

Alors, Bordeaux, ville conservatrice et fermée ?

Je laisserai les derniers mots de ce petit recueil à la gloire de Bordeaux publié en 2013 aux éditions Elytis à un brillant économiste bordelais, Philippe Dessertine, qui nous exhorte à oser :

« Bordeaux a besoin de tout, des gens, des jeunes, des projets, des capitaux, de l'énergie, de la culture.

» Ici le grand large est à portée de fleuve ; même les ponts ne barrent pas l'horizon ; ils peuvent s'élever vers le ciel pour laisser passer les grands voiliers ; ou les accueillir à leur retour.

» Osons Bordeaux ! »

P

Partage

Il y a quelques années, m'inspirant d'une initiative prise à Marseille, j'ai créé Bordeaux Partage. C'est une rencontre informelle, une ou deux fois par an, entre les chefs des différentes religions et spiritualités de la ville. À mon invitation, l'archevêque catholique, le pasteur (une pasteure en l'occurrence) qui représente les protestants, le rabbin de la Grande Synagogue, le recteur de la mosquée, un prélat orthodoxe, la représentante des bouddhistes se réunissent à la mairie, sans véritable ordre du jour, pour mieux se connaître d'abord, pour se tenir prêts ensuite à réagir ensemble en cas de tempête.

Je m'attendais à quelques critiques des laïcs purs et durs. « Mais que vient faire la mairie dans le dialogue interreligieux ? C'est un mélange des genres condamnable, c'est une entorse à la laïcité, etc. » Il n'en fut rien. Bien au contraire, quand Bordeaux Partage organisa des conférences ouvertes au public sur des thèmes d'intérêt général (« Que pensent les religions de la croissance économique ? » ; ou bien : « Qu'ont-elles à dire à la jeunesse de France ? » ; ou bien : « Quelle place font-elles à la femme ? »), l'assistance fut nombreuse, bienveillante, intéressée. Je suis reconnaissant aux autorités religieuses d'avoir parfaitement joué le jeu, sans tentation de prosélytisme, dans le respect de l'autre.

Des tempêtes, il y en eut. Pire que des tempêtes, des tragédies. Je pense bien sûr à l'attaque terroriste contre le siège de *Charlie Hebdo* et aux victimes qu'elle fit ainsi qu'à celles de l'HyperCacher ; au massacre du Bataclan, puis de Nice ; à l'assassinat du père Jacques Hamel en son église de Saint-Étienne-du-Rouvray. La liste n'est pas exhaustive, hélas ! mais tous ces drames sont profondément inscrits dans nos mémoires et dans nos cœurs. Chaque fois, Bordeaux Partage joua son rôle : ensemble nous appelâmes la population de Bordeaux au sang-froid, à la dignité, à la solidarité. Nous nous retrouvâmes à la tête des mêmes défilés qui nous conduisirent de la mosquée de la rue Jules-Guesde à la cathédrale Saint-André en passant par la Grande Synagogue et le temple de la rue du Hâ pour finir dans la cour de l'hôtel de ville. La prise de position rapide, consensuelle des autorités politiques et religieuses de la ville a contribué, j'en suis sûr, à prévenir les tensions, voire les violences.

J'estime que nous sommes, en agissant ainsi, en pleine conformité avec ce qu'est pour moi la laïcité. Je ne referai pas l'histoire des conflits qui ont trouvé l'apaisement dans la loi de 1905 de séparation des Églises et de l'État. Conflit, pour parler vrai, entre la République et l'Église catholique qui a mis du temps à accepter la démocratie, c'est-à-dire à reconnaître que le pouvoir politique tire sa légitimité du peuple et non de Dieu. Mais cette histoire-là est derrière nous.

Aujourd'hui, la laïcité est pour moi une valeur à deux faces : d'un côté la liberté de religion, principe constitutionnel en vertu duquel la République reconnaît et garantit le droit de chaque citoyen à embrasser et à pratiquer la religion de son choix… ou aucune. De l'autre, la séparation de l'ordre du temporel et de l'ordre du spirituel, c'est-à-dire l'interdiction faite aux religions de prétendre imposer leurs lois à la société civile (qui en l'espèce mérite bien son nom) et l'obligation faite aux religions de respecter strictement les lois de la République.

Cette conception de la laïcité ne pose plus problème ni avec l'Église catholique ni avec les Églises protestantes ni avec la religion juive. On prie pour la République française et pour ses dirigeants dans les synagogues.

La question brûlante qu'on ne peut éluder est évidemment de savoir s'il en est de même avec l'islam. Si, par construction, par définition, par nature, cette religion est compatible ou pas avec la République. Débat vital pour l'avenir de notre communauté nationale.

Pour avoir répondu « oui » à cette question – oui, l'islam, sous certaines conditions, peut avoir sa place dans la République française –, j'ai été la cible, sur les réseaux sociaux, d'une virulente campagne qui a été jusqu'à m'accuser de conversion à l'islam et à me baptiser (si l'on peut dire…) du prénom d'Ali. ALI JUPPÉ ! L'invention me paraissait si rocambolesque que je n'y ai pas vraiment prêté attention ni répondu. Mal m'en a pris. La calomnie m'a coûté pas mal de voix. Sur quoi se fondait-elle ? D'abord sur la prétendue existence à Bordeaux d'une gigantesque mosquée, la plus grande de France. Fantasme bien sûr. Il n'existe dans ma ville que quelques modestes salles de prière, insuffisantes – je le relève – pour la pratique sereine de ce culte. Il faudra trouver des solutions acceptables par tous. Nous en sommes encore au temps du dialogue.

Deuxième argument utilisé contre moi par la fachosphère : mes relations avec l'imam Tareq Oubrou, accusé d'appartenance aux Frères musulmans et donc de complicité avec l'islam radical.

Je connais bien Tareq Oubrou. J'ai lié avec lui et sa famille, sa femme et ses enfants, des relations d'estime. Je suis préoccupé par sa sécurité depuis qu'il est l'objet d'une fatwa de mort lancée par Daesh. J'ai écouté ses discours, j'ai lu ses livres, notamment le dernier intitulé *La Féministe et l'Imam*, dialogue entre lui et Marie-Françoise Colombani. Les questions que lui pose cette dernière sont sans complaisance. Il explique le chemin qu'il a parcouru et la distance qu'il a prise avec les Frères musulmans. « J'ai profondément changé », reconnaît-il. Il parle de la femme et de la religion musulmane, il répète « qu'affirmer que dans le Coran il existerait un verset qui obligerait la femme musulmane, quelle que soit sa culture d'origine, à se couvrir la tête est faux ». Il dit pourquoi le port de la burqa le choque : « Ce vêtement est une offense à une culture qui considère que dissimuler son visage est un acte incivil et grossier et, en plus, il introduit dans le culte musulman une pratique qui relève uniquement d'une culture païenne préislamique. »

Il explique le sens de son travail de théologien : « Il s'agit de traduire l'islam, en tant que religion, dans la culture occidentale, notamment française. Dans les faits, cela passe progressivement à travers la langue française que l'on emploie dans les prêches du vendredi... » Il a contribué à la création à Bordeaux du CAPRI, le Centre d'action et de prévention contre la radicalisation des individus. Bref, il se rattache à ce mouvement de responsables musulmans qui veulent s'éloigner d'une lecture et d'une pratique strictement littérales de leur religion pour la rendre compatible avec le contexte des sociétés contemporaines où elle est pratiquée.

Faut-il le croire ?

Rejeter sans autre forme de procès des personnalités de cette stature, c'est se condamner à stigmatiser l'islam en tant que tel et accroître le risque d'une mortelle fracture au sein de la nation française qui compte plusieurs millions de citoyens musulmans.

Certes la vigilance s'impose. Il faut juger aux actes. Je ne suis pas prêt à faire confiance à un Tariq Ramadan qui ose affirmer que l'excision des filles et des femmes doit faire l'objet d'un débat entre musulmans. On ne débat pas de ce qui est une mutilation, formellement interdite par la loi française.

Mais je vais continuer à réunir Bordeaux Partage pour apporter une pierre, soit-elle modeste, au dialogue interreligieux. Fidèle à la vertu de modération qui est dans ses gènes, Bordeaux doit donner l'exemple d'une totale détermination dans la lutte contre la radicalisation des esprits, et *a fortiori* contre le terrorisme, et dans le même temps d'un encouragement résolu à tous les hommes de bonne volonté, sans discrimination. Dans l'affrontement planétaire entre l'islam des ténèbres, c'est-à-dire l'obscurantisme et le fanatisme dont la forme extrême est le terrorisme, et l'islam des Lumières, celui de la raison, de la tolérance, et du respect d'autrui, c'est aux tenants de ce dernier que nous devons apporter notre soutien.

À Bordeaux, nous appelons bien sûr Montaigne à la rescousse. Pris dans la tourmente des guerres de Religion, il ne dévia pas de sa route : « Je ne partage point cette erreur commune de juger d'un autre d'après ce que je suis. Je conçois aisément qu'il y a des qualités différentes des miennes. Je conçois et crois mille bonnes manières de vivre opposées ; au contraire du commun des hommes, j'admets en nous plus facilement la différence que la ressemblance. »

Je trouve dans ces phrases une forme de définition de « l'esprit bordelais » qu'a récemment encore illustré l'un de nos concitoyens, le cardinal Tauran. Fidèle à ses racines bordelaises,

Mgr Tauran s'est aussi dévoué aux plus hautes tâches au sein de la curie romaine. Il a ainsi dirigé pendant des années la prestigieuse diplomatie vaticane et fut à ce titre, pour le ministre des Affaires étrangères que j'étais à la même époque, un interlocuteur subtil et bienveillant à la fois. Il a patiemment œuvré à entretenir le dialogue interreligieux, notamment entre l'Église catholique et l'Islam, y compris dans des moments de grande tension. Il vient de nous quitter. Il est bon que Bordeaux garde son souvenir.

Pélicans noirs

Je me flatte d'être chevalier de l'ordre du Pélican noir...

La confrérie des Pélicans noirs est née en avril 1999 à Bordeaux. Elle a pour objet « de regrouper des amateurs véritables de l'œuvre d'Hergé et de veiller surtout au respect de l'intégrité territoriale de la Syldavie », ce petit État d'Europe orientale qui se compose de deux grandes vallées, celles du fleuve Wladir et de son affluent le Moltus, lesquels se rejoignent à Klow, la capitale. Le nombre des membres de l'association est limité à vingt-quatre, autant que d'albums de *Tintin*. Chaque Pélican doit choisir son album de référence. Et tous ont l'obligation de faire allusion à l'œuvre d'Hergé dans leurs interventions publiques.

Quand les hauts dignitaires de l'association me proposèrent en avril 2000 d'en devenir membre d'honneur, j'acceptai avec empressement. D'un coup, je revivais les délectables heures de lecture de *Tintin* qui ont ravi mon enfance, mon adolescence et au-delà. Je m'étais toujours considéré comme un tintinophile convaincu. Je devenais ainsi tintinophile militant et m'engageais à soutenir les initiatives de mes compères Pélicans.

Pour rendre compte de notre action au service de la cause, je ne peux mieux faire que citer le blog de l'association :

« Le 1er avril 2000, la Castafiore se produisait à l'Opéra de Bordeaux en présence du roi de Syldavie, Muskar XII, et de la reine, arrivés tous les deux par avion spécial dans l'après-midi à l'aéroport de Bordeaux-Mérignac sur lequel flottait fièrement le drapeau du royaume de Syldavie.

» Ils seront reçus en “grande pompe” à la mairie de Bordeaux par le maire de la ville qui assistera avec son épouse au concert à l'Opéra. Après l'hymne syldave interprété par les chœurs et l'Orchestre national de Bordeaux Aquitaine, devant une salle debout, les 1 553 personnes présentes applaudiront la prestation convaincante de Michèle Lagrange et d'un Capitaine Haddock chantant “Le soleil a rendez-vous avec la lune”.

» Devant Sa Majesté Muskar XII, roi de Syldavie, en uniforme de gala, tenant le fameux sceptre royal d'Ottokar IV, la diva fut parfaite, les figurants plus tintinesques que nature et, lorsque retentit enfin l'air des “Bijoux” du *Faust* de Gounod – “Ah ! je ris…” –, le triomphe fut grandiose. La télévision française retransmettra ce concert. »

Je cite toujours le blog : « Le concert fut suivi d'un dîner de gala présidé par le maire de Bordeaux dans le salon d'honneur de la chambre de commerce. Parmi les nombreux invités, on remarquera Fanny, la veuve d'Hergé, et son mari Nick Rodwell, Michel Serres, philosophe, académicien et grand ami du créateur de *Tintin*, tous les Pélicans noirs et de nombreux représentants d'autres associations tintinophiles de France avec lesquelles les Pélicans noirs entretiennent de très bonnes relations. Muskar XII dans son discours annoncera la candidature officielle de son pays à l'Union européenne. Auparavant, le roi de Syldavie et le maire de Bordeaux ont inauguré deux expositions organisées par la Fondation Hergé. L'une, à la salle capitulaire Mably en plein centre de Bordeaux, était consacrée au « Monde de Tintin » à travers les personnages dessinés, leurs terrains d'aventures et les objets du mythe. L'autre, au musée d'Aquitaine, évoquant les relations d'Hergé avec l'art majuscule, « Hergé et l'Alph-art », révélait le rôle quasi médiumnique du dessinateur de *Tintin* dans l'éperdu questionnement de l'art contemporain. »

Autre initiative notoire des Pélicans noirs de Bordeaux : l'inauguration, par le maire de Bordeaux et le président de l'association Jérôme Dufort, le 16 octobre 2010, de l'esplanade du Professeur-Tournesol sur les quais de Garonne, entre Cap Sciences et le Hangar 19, en présence du roi Muskar XII et de l'ambassadrice du maharadjah de Gopal. C'est un cas unique en Europe où est attribué à un espace public le nom d'un personnage de fiction. Le Professeur Tryphon Tournesol, bien qu'atteint d'une surdité légendaire, est un savant de renommée mondiale. On peut noter parmi ses très nombreuses inventions : la machine à brosser les vêtements, le lit-placard, le bathyscaphe en forme de requin, le premier char lunaire, les patins à roulettes à moteur et à roues directionnelles, le

Supercolor-Tryphonar, téléviseur couleur à écran géant ou encore la rose Bianca.

Dans un registre moins humoristique, je n'aurai garde d'oublier la généreuse intervention des Pélicans noirs au CHU de Bordeaux où deux salles de soins accueillant des enfants atteints de maladies graves ont été décorées d'objets venus de l'univers de *Tintin* et dotées d'une collection complète des albums ainsi que d'un lecteur de DVD. L'implication de toute l'équipe soignante a fait chaud au cœur des tintinophiles et surtout des enfants.

Ma qualité de chevalier de l'ordre du Pélican noir n'est pas passée inaperçue de nos amis belges : lors de la manifestation « Eat ! Brussels, drink ! Bordeaux », en septembre 2017, le bourgmestre m'a remis une superbe maquette de la célébrissime fusée d'*Objectif Lune*, l'album prémonitoire publié en 1953. Je l'ai installée en bonne place dans mon bureau à la mairie. On n'échappe pas à son destin.

Petits oiseaux

Je ne suis pas chasseur. Mon père ne l'était pas. Ce sont des passions qui se transmettent de génération en génération. Mais pour le peu que j'en connaisse, j'aime bien l'atmosphère de la chasse. J'aimerais parcourir les sous-bois de ma forêt landaise, un fusil sur l'épaule, sans l'intention de m'en servir. Je me contente de fréquenter les rendez-vous de chasse, c'est-à-dire, chez nous, les palombières. Des amis m'invitent chaque année à les y rejoindre. Comme ils me savent gourmand, c'est généralement à l'heure du déjeuner. La cuisine et la « salle à manger », que la palombière soit tout à fait modeste ou plus confortablement aménagée, sont le centre névralgique du lieu. De là part le réseau des galeries, étayées de branchages et couvertes de fougères, qui permettent de s'approcher des aires dégagées où tout l'art des chasseurs consiste à faire poser les vols de palombes sur lesquelles sera déclenché le filet. On tire aussi les oiseaux au fusil, du poste de guet où se succèdent les vrais chasseurs, pas ceux du dimanche, mais ceux qui font retraite une ou des semaines entières, dans le refuge qu'ils ont amoureusement préparé quand vient la saison, bien avant que le premier vol ne soit attendu.

Le silence est de règle dans toute l'enceinte. On laisse la voiture au large. On s'approche avec précaution. À l'entrée du sanctuaire, un sifflet pend à un arbre. On donne un coup. On attend la réponse qui vous autorise à avancer. Imaginez qu'un vol se soit posé et qu'une présence humaine intempestive le fasse fuir ! J'adore suivre, courbé en deux dans les couloirs surbaissés, les passionnés de cette chasse traditionnelle, avec leur bonne tête de paysans landais, même quand ils ont quitté la terre depuis longtemps, experts en roucoulades propres à abuser des palombes au QI peu développé.

Et puis c'est le moment du repas. Traditionnellement, les femmes s'activent au fourneau, les hommes s'attablent et attendent qu'elles viennent les servir. Il est rare qu'elles osent s'asseoir avec eux. Le machisme résiste en nos provinces. Les vieilles recettes aussi. La garbure d'abord, qu'on ne peut vraiment qualifier de potage. Ce mot évoque, que la soupe soit passée ou non, un liquide plutôt léger pour ouvrir l'appétit. La garbure, qu'elle soit landaise – la meilleure évidemment – béarnaise ou basque, tient au corps. Des légumes bien sûr, chou, poireaux, carottes et haricots blancs, tarbais de préférence, tout cela en abondance, et puis le confit, aile, cuisse ou cou, qui ajoute le liant de la graisse de canard. On m'a souvent appris que la bonne garbure est celle où la cuillère tient debout. À la fin, on peut faire « chabrot », c'est-à-dire mélanger un peu de vin rouge au fond de l'assiette. Je n'en raffole pas, mais je maintiens la tradition.

Le repas le plus fou que j'aie fait en palombière remonte au temps où j'étais à Matignon. Je m'étais quasiment enfui de Paris et des palais nationaux pour rejoindre quelques amis fidèles qui m'avaient concocté un menu délirant : outre la garbure, la sauce de ris de veau fut suivie d'une succession improbable de volatiles de toutes tailles, de la pintade à la palombe (grillée au feu de bois par mon cousin Claude Darroze, restaurateur à Langon – voir l'entrée « Darroze »), de l'alouette… à l'ortolan qui n'était pas encore classé parmi les espèces protégées.

Ah ! l'ortolan ! C'est une passion qui ne sévit quasiment plus que dans mes Landes natales. Mais quelle passion ! Encore aujourd'hui, nombreux sont les amoureux de ce subtil volatile qui se damneraient, ou braveraient au moins les foudres de la justice plutôt que de renoncer à le chasser, à l'engraisser, pour enfin le laisser fondre dans leur bouche.

Emberiza hortulana, le bruant ortolan, est un petit oiseau de moins de 20 centimètres, mais un grand migrateur qui peut parcourir des milliers de kilomètres de la Scandinavie au sud de l'Espagne. En chemin, il survole… la forêt landaise où des « appelants » postés par mes coreligionnaires l'attirent dans des pièges dénommés matoles. Une fois capturé, il est mis à l'engraissement.

Dans *Cuisine landaise* (voir l'entrée « Rivoyre, Christine de »), voici la description du sort qui lui est alors réservé :

« Sitôt pris, il est mis en "galère". C'est une petite boîte qui ne contient qu'un oiseau. Elle est carrée et percée, du même côté, de deux trous. L'un de ces trous s'ouvre sur un baquet d'eau, l'autre sur une auge de mil. Au-dedans de la galère, la nuit. Attiré par la lumière, croyant pouvoir s'enfuir, l'oiseau passe sa tête dans chacun des trous et boit et mange à l'excès. Il engraisse à vive allure. Quinze à vingt jours de cette cure de suralimentation, et on le délivre. Courte joie, on lui plonge la tête dans un verre d'armagnac. L'ortolan étouffe. Cherchant à respirer, il avale une gorgée d'armagnac et, ivre, expire. »

Pratique barbare, j'en conviens. Interdite absolument depuis 1999 car l'espèce est menacée. Ce que contestent les Landais. La polémique n'en finit pas entre écolos (Allain Bougrain-Dubourg en tête, avec qui j'avais pourtant sympathisé au moment du lancement du Grenelle de l'environnement) et chasseurs soutenus par la quasi-totalité des responsables politiques locaux. Lesquels invoquent la protection posthume de François Mitterrand, grand amateur et grand pratiquant, dans son domaine de Latche. Je suis, quant à moi, déchiré ! Comment rester insensible aux arguments des défenseurs de la biodiversité ? Mais d'un autre côté, comment résister au plaisir unique, d'autant plus bouleversant qu'il est interdit, que procurent la dégustation d'un ortolan et le rite qui l'accompagne ?

L'oiseau a été plumé mais non vidé. Il est entier, avec tête, bec et pattes. On le dépose dans une cassolette, sans aucun adjuvant selon la recette paternelle : on met à four chaud. Le temps de cuisson est bref, sept à huit minutes dans les règles de l'art, en fait un peu plus. J'attends toujours que la graisse commence à chanter. Car l'ortolan après gavage est une boule de graisse, d'une finesse incomparable. Quand la graisse fond et « chante », c'est le moment. Les puristes introduisent l'oiseau tout entier dans leur bouche. Il est brûlant. Les mimiques du dégustateur ne sont pas belles à voir. D'où le rite de la serviette : tout Landais qui se respecte, au moment de la dégustation, se couvre le chef d'une large serviette, officiellement pour conserver tous les arômes, en fait pour dissimuler un visage souvent congestionné et une bouche parfois dégoulinante… Le sacrilège suprême, c'est de découper la bête à la pointe du couteau. On perd alors le subtil mélange des arômes : la graisse qui fond, le fiel qui lui donne une pointe d'amertume, les os si fragiles qui craquent sous la dent… Un de mes amis casse un œuf dans ce qu'il reste de graisse chaude au fond de la cassolette. On peut aussi saucer avec du pain. Sublime !

Pour en savoir plus sur la dégustation, voir l'entrée « Kauffmann, Jean-Paul ».

Faut-il définitivement renoncer à ce plaisir qui rend égal aux dieux ? Où faut-il encore espérer que l'interdiction de la chasse permette la reconstitution de réserves abondantes ? Certains persévèrent et bravent les foudres de la loi. Il est vrai qu'il n'est pas seulement question de plaisir des sens. Il y a pas mal d'argent en jeu : le prix de chaque petite bête peut atteindre 200 à 300 euros/pièce. Trafic juteux, lui aussi.

Voici la recette de Paul Saint-Martin, tirée du livre de cuisine culte de ma mère, édité par Jean Lacoste (1964) :

« Prenez une coquille Saint-Jacques, grosse comme une noisette de graisse d'oie, posez votre ortolan l'estomac dessus, la tête en bas, le bec levé ; salez, passez-le au four ou bien encore sur la braise, faites rôtir très doucement ; à moitié cuisson tournez-le, le dos en l'air, la tête au haut de la coquille, salez légèrement ; cinq minutes après l'ortolan est cuit, servez bouillant dans la coquille. Il faut que le plat soit très chaud car l'ortolan doit rissoler lorsqu'on le présente. »

Phare de Cordouan

J'ai mis plus de quinze ans à réaliser mon projet de visite au phare de Cordouan. Chaque été, des amis m'exhortaient : « Tu n'as pas encore pris le temps ! » Et puis, en août 2012, avec Isabelle, nous nous sommes jetés à l'eau. Sur la vedette rapide de « Gens d'estuaire » où nous a accueillis Philippe Lacour, amoureux passionné du fleuve.

Dès la sortie de Bordeaux, une fois passé le port de Bassens, trois couleurs dominent : le vert des berges et des îles, l'argile brune de la Garonne, et, ce jour-là, le bleu brouillé du ciel. Le paysage s'élargit, la Dordogne apporte ses eaux, le bec d'Ambès s'éloigne, la Gironde s'offre en majesté. Nous sommes d'abord tombés sous le charme de fort Paté, notre première halte. Avec le fort Médoc et la citadelle de Blaye, tous classés par l'Unesco au patrimoine mondial, c'est le dispositif militaire construit par Vauban dans l'estuaire de la Gironde pour protéger le port de Bordeaux… et tout autant pour dissuader la ville de se vendre à l'Anglais ou à l'Espagnol. Le photographe Franck Lechenet lui trouve une forme d'œuf. L'enceinte de pierre est énorme. Elle est surplombée d'une jolie maison où résidait la petite garnison. Le pique-nique entre les murs, sur l'herbe folle, dans le silence absolu, est un moment délicieux.

Le bateau est rapide. Néanmoins, il faut encore une heure pour atteindre le port du Verdon. Au loin – la Gironde fait ici plus de 10 kilomètres de large –, on devine Royan. Il faut changer d'embarcation et prendre le bateau de promenade qui peut sortir en mer. Ce jour-là, la houle est forte. Je m'installe dans la cabine du pilote qui manœuvre sans cesse pour prendre au mieux les vagues. Il nous faut une petite heure pour approcher du phare que protège un banc de sable. Nouveau transbordement, cette fois sur une barge à fond plat qui nous permet d'accoster au plus près.

L'ouvrage est superbe, « phare des rois » ou « roi des phares », « Versailles de la mer », aussi.

Son histoire est longue et riche, depuis le Moyen Âge. C'est à la fin du XVIe siècle, au moment où Montaigne est maire de Bordeaux, que le gouverneur de Guyenne lance la construction d'un nouvel ouvrage qui sera terminé en 1611, puis partiellement détruit par une tempête en 1645, et reconstruit sur de nouveaux plans.

Nous sommes guidés dans la visite par le « dernier gardien » d'État, qui a cessé sa mission en juin 2012. Jean-Paul Eymond a raconté sa vie de gardien de phare dans un joli livre, *Les 301 Marches de Cordouan*, tout vibrant d'émotion. « Pendant trente-cinq ans, j'ai assisté, depuis ce phare magnifique, aux spectacles époustouflants des levers et des couchers de soleil, quand le soleil emplit l'eau et le ciel de couleurs que seuls les marins ont le privilège de voir… Quatorze jours au phare, une semaine à terre, une semaine au phare, une semaine à terre… » Drôle de vie, dit-il, dont il aimerait faire partager la nostalgie, « à l'occasion de rencontres éphémères ou pendant des soirées où les hommes ont tendance à refaire le monde alors qu'il est si beau ».

Aujourd'hui, le phare est entièrement automatisé. Une présence humaine est maintenue par le syndicat mixte pour le développement durable de l'estuaire de la Gironde (SMIDDEST).

L'escalade est fatigante. J'avais oublié le nombre de marches. Le livre de Jean-Paul Eymond m'a rafraîchi la mémoire : 301. Pendant la visite, le « dernier gardien » a mis tant d'amour dans ses commentaires que j'en ai négligé l'essoufflement. Il explique le fonctionnement des poulies qui permettaient jadis de monter le combustible nécessaire à l'alimentation de la lanterne. La chapelle, au deuxième étage, surprend par ses dimensions. Ce qui frappe le plus, c'est sans doute, tout en haut, la chambre de quart, au beau parquet de chêne, avec deux lits étroits pour les gardiens. Nid d'aigle.

La mer a baissé. Le banc de sable est à découvert. Il faut marcher. La femme du « dernier gardien » me raconte que, après la visite, on organise pour les touristes qui savent prendre leur temps de sympathiques sardinades. Isabelle et moi sommes tentés.

La navigation de retour est moins chahutée.

Nous reprenons la vedette. Les averses s'éloignent. Les jeux de lumière du jour qui commence à tomber sur l'onde large nous fascinent. Vers 19 h, nous accostons sur la petite île de Patiras où nous allons passer la nuit, seuls ou presque. L'immense baie vitrée de la grande salle où nous dînons fend les eaux de l'estuaire comme la proue d'un navire. Moment de paix et d'amour rare.

Le lendemain, après être passés sous le pont d'Aquitaine, soudain le choc : le nouveau pont qui porte maintenant le nom de Jacques Chaban-Delmas nous ouvre, telle une porte monumentale, l'accès au port de la Lune. Magique.

Pibal

C'est le nom que Philippe Starck a donné au vélo qu'il a spécialement dessiné pour la ville de Bordeaux. Quand il est venu le présenter à la presse, la cour du palais Rohan a été envahie d'une meute de photographes et de cameramen plus nombreux que je n'en avais jamais vus à Bordeaux ! Le star-système, comme on dit, est stupéfiant ! On se serait cru devant le tapis rouge du festival de Cannes. Il est vrai que le vélo est innovant. Petite touche créative : une plate-forme entre les deux roues permet d'utiliser le vélo comme une trottinette quand on est obligé d'en descendre, par exemple dans une rue piétonne.

Un journaliste interroge Philippe Starck : « Pourquoi Pibal ? »

Réponse de l'artiste : « Vous savez que la pibale, très recherchée en Aquitaine, est l'alevin de l'anguille, laquelle se déplace en ondulant dans l'eau. J'imagine mon vélo se faufilant ainsi dans la foule bordelaise... »

N.B. : Quelques années plus tard : la technique n'a pas suivi l'artistique ! Le constructeur ne peut pas garantir la solidité ni la stabilité de l'innovante plate-forme. Je ne prends pas le risque. Le Pibal finit au musée.

Pibales

Gourmandise aquitaine. Pibales chez nous, civelles en bon français, paraît-il. Noms régionaux désignant l'alevin de l'anguille européenne.

Elles naissent dans la mer des Sargasses, et les courants les portent jusqu'à l'embouchure de nos fleuves. En Gironde, bien sûr. Elles arrivent encore transparentes, quelques centimètres de long, toutes graciles. Nos pêcheurs les convoitent, pour les cuisiner à leur manière, et les recettes sont nombreuses. Je les aime « à l'espagnole », ébouillantées puis revenues en petites cassolettes de terre cuite, encore frémissantes d'huile d'olive, d'ail et de piment rouge, grasses et molles. Rares sont les restaurants qui en servent, car elles se vendent à prix d'or à nos voisins espagnols ou aux lointains Japonais qui en raffolent.

Notre chef gascon, Alain Dutournier, maintient la tradition des bords de l'Adour. Voici sa recette :

« On les abandonne quelques minutes au contact du tabac qui les foudroie [!]. On les rince et on les égoutte.

Pendant ces opérations, on laisse fondre de la ventrèche de porc finement hachée dans des petites poêles afin de faire sauter vivement les pibales dans un minimum de gras. On ajoute une pointe d'ail, un peu de sel et une prise de piment d'Espelette. La règle du jeu consiste à les servir légèrement croustillantes, encore moelleuses à l'intérieur et surtout pas grasses. » Dont acte.

Las ! Pendant combien de temps ce plaisir subtil nous sera-t-il donné ? La ressource s'épuise. Pollution, surpêche… Les populations d'anguilles d'Europe se sont effondrées en une trentaine d'années, au point que l'anguille est classée espèce vulnérable par l'UICN (Union internationale pour la conservation de la nature) et l'Union européenne. Il a fallu réglementer. Seuls les pêcheurs munis d'une licence sont désormais autorisés à pêcher, sur une période de temps limitée chaque année.

Quelques amateurs impénitents prennent le risque du braconnage…

Pireyre, Philippe

Philippe Pireyre a été mon directeur de cabinet depuis mon élection à la mairie de Bordeaux en juin 1995 jusqu'à son suicide en décembre 1998. Ce suicide fut pour moi un choc terrible. Rien ne me le laissait présager. Je voudrais ici reproduire les mots que j'ai prononcés lors de ses obsèques, qui disent encore, vingt ans après, la profondeur de mon désarroi :

« Philippe,

Le moment est venu, apparemment, de nous quitter.

Et pourtant, nous avions encore mille choses à nous dire.

Vous étiez jeune, Philippe, si jeune ! Trop jeune pour mourir. Vous aimiez Isabelle qui vous aimait. Trop d'amour pour mourir. Vous vous donniez à votre tâche avec tant d'enthousiasme ! Trop d'enthousiasme pour mourir.

C'est pourquoi notre stupeur est grande. Et notre chagrin immense.

Vous étiez, chacun le sait ici, mon "plus proche collaborateur". Cette formule a quelque chose de froid et d'impersonnel qui n'exprime pas ce qu'était votre engagement à mes côtés : une disponibilité de chaque instant, une puissance de travail peu commune, la sûreté de jugement d'un homme d'expérience et ce mélange d'intuition, de finesse, de vigilance qu'exige la fonction – ô combien exposée – que vous assumiez. Vous l'avez accomplie à merveille, entre moi qui vous demandais beaucoup, les élus et l'administration qui ont vite compris que vous n'étiez pas là pour faire barrage mais pour bâtir des ponts, Bordeaux surtout qui, après vous avoir observé un temps, n'avait pas tardé à vous adopter. On le voit aujourd'hui à l'émotion qui étreint notre ville, et à la foule qui est venue vous entourer pour votre dernier passage.

Vous étiez pour moi, évidemment, beaucoup plus qu'un collaborateur, un ami. Un ami pudique, comme je le suis moi-même. Un ami qui ne se racontait pas beaucoup, comme je ne me raconte pas. Voilà peut-être pourquoi nous nous comprenions si vite. Un ami avec lequel je partageais les mêmes convictions politiques. Oui, vous étiez convaincu mais jamais partisan. Vous ne connaissiez ni l'agressivité ni le sectarisme. Pour vous la politique était une exigence haute et pure, la vision généreuse que vous aviez de votre pays et de vos semblables.

Quand le temps n'était pas favorable – et Dieu sait que nous avons traversé des bourrasques –, vous étiez tout de suite en éveil, cherchant la meilleure manière de m'aider, de me protéger, ne serait-ce que par votre présence et votre détermination.

Je vous croyais fort, plus fort sans doute que vous ne l'étiez vraiment. Il y a parfois, derrière la résolution apparente des hommes exemplaires, des fragilités profondes que nous ne savons pas déceler.

Il m'arrivait alors de vous considérer un peu comme mon fils, vous aviez un appétit de vivre qui stimulait le mien. Parfois votre ingénuité vous rendait touchant. Je souriais de vous voir si passionné de sport, de foot bien sûr. Personne n'oubliera la joie communicative qui vous habita pendant deux mois, tout au long de la Coupe du monde. C'était hier !

J'aimais aussi votre soif de voyager, d'apprendre, de rencontrer. Vous me parliez à mots couverts de ce que vous apportait telle conversation avec des personnes d'exception.

Peut-être y avait-il un peu de fébrilité dans cette quête ? De l'angoisse même. Avons-nous su vous écouter ? Ai-je su vous aimer assez ?

Aujourd'hui, par ma voix, c'est Bordeaux qui vous rend hommage et vous exprime sa reconnaissance pour lui avoir tant donné de vous-même, et finalement tout donné !

Nous disons à Isabelle notre affection. Nous serons là, ma femme et moi, pour elle, quoi qu'il arrive. Je vous le promets. Nous exprimons notre compassion à vos parents, à vos frères, à toute votre famille, à celle d'Isabelle, à tous vos amis.

Et maintenant, sans vous, Philippe, ma tâche va être un peu plus difficile. Parfois, la solitude un peu plus grande. Puis-je encore vous demander une chose ? C'est de ne pas nous quitter tout à fait – où que vous alliez –, comme nous sommes décidés à vous garder avec nous, par l'esprit et par le cœur. »

Parfois, vingt ans après, il m'arrive de me poser ces questions : « Ai-je été assez attentif ? Pourquoi n'ai-je pas pressenti ce geste de désespoir ? »

Ponts

Pendant plus de deux millénaires, puisqu'on fait généralement remonter ses origines au IIIe siècle av. J.-C., Bordeaux a vécu sans pont. La ville antique, la ville médiévale, la ville classique s'installèrent et se développèrent tout entières sur la rive gauche de la Garonne ; de l'autre côté du fleuve, large comme une mer – « la mer de Garonne » –, ce fut longtemps la campagne. On traversait au besoin en gabare. Mais le port de la Lune était tourné vers le grand large.

C'est Napoléon Ier, confronté au problème de l'acheminement de ses troupes vers l'Espagne, qui, par décret impérial du 26 juin 1810, lança la construction du pont de pierre. Les travaux, faute d'argent, traînèrent en longueur, et le pont ne fut ouvert à la circulation qu'en mai 1822. Napoléon était mort, depuis un an, à Sainte-Hélène.

C'est un bel ouvrage, qui marie harmonieusement la brique et la pierre et dont la mise en lumière souligne l'élégance. Une ligne de tramway occupe désormais une large part de sa chaussée. Quand on arrive de l'avenue Thiers et que la rame « monte » sur le pont, c'est tout d'un coup le choc : la splendeur de la façade des quais de pierre blonde ravalée, la porte de Bourgogne qui remplaça la vieille porte de « las Salineyras » et, plus loin, le palais de la Bourse composent une entrée triomphale dans le Grand Siècle.

Puis plus rien, plus de pont veux-je dire, pendant plus de cent ans, alors que la rive droite s'urbanisait et s'industrialisait.

Pourtant, dès la fin du XIXe siècle, le pont de pierre ne suffit plus à absorber le trafic. On commence alors à parler du « bouchon » de Bordeaux... Les maires successifs lancent des études en vue de la construction d'un nouveau franchissement : ponts tournants, basculants, levants, tunnels... La décision tarde. En 1910, le président de la République Armand Fallières pose la première pierre d'un pont transbordeur... à l'aide d'une truelle d'or, si l'on en croit le *Dictionnaire de Bordeaux* de Mario Graneri-Clavé. Survint la Grande Guerre, et le pont transbordeur ne sera jamais mis en service. Il en reste, en rive droite, quatre piles massives et abandonnées.

Ce n'est qu'en 1965 qu'un deuxième pont, le pont Saint-Jean, qui n'est pas un chef-d'œuvre architectural, est ouvert à la circulation.

En 1967, c'est le tour du pont d'Aquitaine, qui, lui, a fière allure et fait aujourd'hui partie du paysage du Grand Bordeaux.

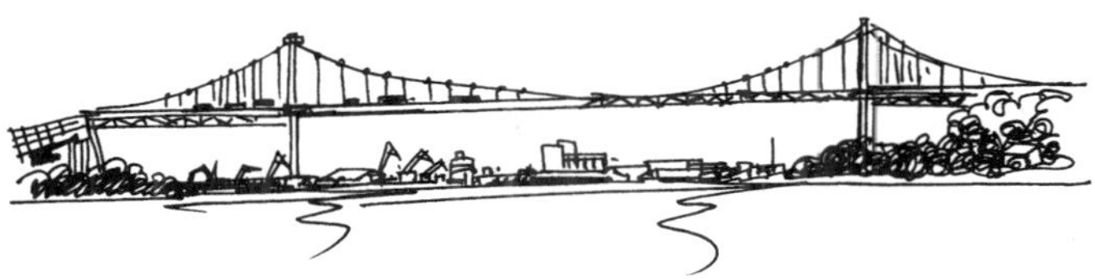

Puis il fallut boucler la rocade construite autour de l'agglomération : ce fut fait à la fin de l'année 1993 avec le pont d'Arcins, du nom de l'île voisine.

À la mort de François Mitterrand, en 1996, j'ai voulu honorer sa mémoire en donnant son nom à un lieu emblématique de la ville de Bordeaux. Chacun sait que je ne partageais pas ses options politiques, tant s'en faut. Mais, durant les deux années où j'avais, au Quai d'Orsay, conduit la diplomatie française, en période de cohabitation, mes relations avec le Président avaient été bonnes. Cela se savait. Lui et moi l'avions dit. Mitterrand avait aussi un lien affectif avec l'Aquitaine. Il aimait sa propriété de Latche dans les Landes.

Le conseil municipal approuva ma proposition à l'unanimité. Laurent Fabius vint quelque temps plus tard dévoiler la plaque.

Donc, un pont en deux mille ans, trois ponts routiers (je ne compte pas ici les ponts ferroviaires) dans la seconde moitié du XXe siècle, sous le règne de Jacques Chaban-Delmas… c'était évidemment insuffisant, et l'agglomération allait s'asphyxier quand je fus élu en 1995.

Pour accompagner le renouveau de la ville, il fallait à l'évidence de nouveaux franchissements.

Ma première intuition fut de le positionner en cœur de ville, juste en aval du pont de pierre. Sans doute étais-je influencé par la vision de l'architecte Dominique Perrault à qui Chaban avait commandé une étude sur les « deux rives » et qui proposait de doubler le pont de pierre. Et puis, chaque fois que je déambulais sur la place des Quinconces et que mes pas me portaient, entre les colonnes rostrales, sur la terrasse en bord de Garonne, j'avais terriblement envie de franchir le fleuve pour répondre à l'appel de la Bastide.

En septembre 1997, j'ouvris donc une concertation publique sur un projet de franchissement en partie centrale.

À la réflexion, je m'aperçus que ce franchissement central n'était pas une bonne idée. Toute la logique de mon projet urbain était en effet de protéger le cœur de la ville d'une circulation automobile excessive en y donnant la priorité au tramway et au vélo. Or, un pont aux Quinconces drainerait à coup sûr un abondant flot de voitures dans l'hémicycle, en plein centre. Cette même logique voulait qu'à l'intérieur de la rocade une autre boucle de circulation protégeât le centre : la boucle des boulevards à laquelle deux nouveaux franchissements devaient permettre de passer le fleuve.

Les débats se poursuivirent, passionnés ! Construire un pont à Bordeaux n'est pas une mince affaire. Et d'abord, pourquoi un pont ? Pourquoi pas un tunnel ? À quel endroit le positionner, plus en amont, plus en aval ?

Je parvins à réunir une majorité en faveur du pont. D'un pont permettant le passage des paquebots de croisière et autres grands navires que nous tenions tous à continuer à accueillir au cœur du port de la Lune.

Je pensais être tiré d'affaire. La CUB lança la consultation des entreprises. On était en 2006, et on entrait en phase opérationnelle.

Las ! C'était compter sans l'Unesco.

En 2007, la candidature de Bordeaux à l'inscription de son centre historique au patrimoine mondial de l'humanité avait abouti. Nous avions, bien sûr, inclus dans notre dossier le projet du nouveau pont, maquettes et images virtuelles à l'appui. Les experts de l'Unesco n'émirent aucune objection. Quelle ne fut donc pas ma surprise quand le Comité du patrimoine mondial s'émut du projet… jusqu'à menacer le « bien » de déclassement, ou, à tout le moins, d'une inscription sur la liste du patrimoine mondial en péril. C'était la catastrophe ! La menace prit corps en juillet 2008, à Québec où le Comité du patrimoine mondial tenait sa session annuelle. Sa décision me fit froid dans le dos, je cite : « Le Comité considère que les informations concernant le projet du pont levant sur la Garonne fournies au Centre du patrimoine mondial sont incomplètes et qu'un tel pont levant constituerait, par ses dimensions et son coût [!], une solution inadaptée qui aurait un impact important sur la valeur universelle exceptionnelle et l'intégrité du bien et serait très difficilement réversible. »

Immédiatement, je me lançai dans un intense travail de « lobbying ». Je fus très efficacement aidé par notre ambassadrice auprès de l'Unesco, mon amie Catherine Colonna, qui me donna de précieux conseils et d'utiles contacts.

L'année suivante, en juin 2009, je me rendis à Séville où se réunissait de nouveau le fameux comité. Mon ambassade ne fut pas inutile. Nous obtînmes un sursis. Nous prîmes toutes sortes d'engagements pour protéger notre « bien ». Je demandai à quelques personnalités regroupées sous la houlette de l'architecte Paul Andreu, Bordelais grand amoureux de Bordeaux, de passer le projet au peigne fin de leur sensibilité artistique. Ils nous proposèrent de l'alléger et de diminuer quelque peu la hauteur des pylônes en Garonne, qui fut donc ramenée de 83 à 77 mètres. Il m'arrive de le regretter. Plus hauts, ne s'élanceraient-ils pas plus élégamment encore ? Mais le conflit s'apaisa et, bien que je n'eusse jamais reçu de feu vert officiel, la CUB lança les travaux le 9 octobre 2009. Aboutissement de dix ans d'efforts !

Les Bordelais suivirent attentivement la progression d'un extraordinaire chantier où nos ingénieurs et nos ouvriers firent merveille. On vit les pylônes émerger peu à peu des eaux du fleuve. La pose de la travée centrale, construite dans un chantier naval vénitien et acheminée par barge à travers la Méditerranée et l'Atlantique jusqu'au port de la Lune, fut un moment miraculeux. 7 500 tonnes délicatement ajustées au centimètre près !

Lorsque l'ouvrage fut achevé, ce fut un cri du cœur dans Bordeaux : « Qu'il est beau ! » On vint en foule sur les quais l'admirer, le jour du premier passage à pied des ouvriers et des élus, puis le 1er janvier 2013. L'inauguration a donné lieu à des festivités intensément joyeuses en présence du président de la République François Hollande.

Quand, au retour de notre balade au phare de Cordouan (voir cette entrée), après être passés sous le pont d'Aquitaine, nous avons découvert, au tournant du fleuve, le nouveau pont Chaban, mon cœur a battu plus vite et je me suis dit : « Voici la porte d'entrée dans la ville du XXIe siècle. »

C'est devenu un but de promenade. À pied, à bicyclette, on le franchit pour embrasser du regard le port de la Lune et la somptueuse façade classique de notre rive gauche. Et puis l'on rejoint la rive droite et son parc aux Angéliques (voir cette entrée) qui conduit jusqu'au pont de pierre. J'imagine le paysage urbain qui va se construire ici tout au long de la prochaine décennie : le quartier Brazza, le quartier Bastide-Niel, et, au-delà de l'avenue Thiers, les espaces de Bordeaux-Euratlantique… tout un nouveau Bordeaux (voir l'entrée « Lune[s] »).

Lieu de promenade, mais aussi lien de mobilité qui facilite la vie quotidienne de tous ceux qui doivent aller d'une rive à l'autre pour travailler. Le gain de temps est spectaculaire.

La tâche n'est pas achevée. La boucle n'est pas bouclée. Voici venu le temps d'un nouveau chantier, celui d'un nouveau pont qui, en amont du pont de pierre, reliera les boulevards entre Bordeaux-Bègles en rive gauche et Floirac en rive droite. Lien nécessaire entre les nouveaux grands quartiers d'Euratlantique, Saint-Jean-Belcier et Garonne-Eiffel où logeront et travailleront plusieurs dizaines de milliers de nouveaux habitants. Ainsi prend forme ma pleine lune.

Le projet est prêt. Nous avons choisi un architecte prestigieux, le Néerlandais Rem Koolhaas et son agence OMA. L'ensemble de son œuvre a été couronnée par le prix Pritzker en 2000 et le Lion d'or de la biennale de Venise en 2010. Il est venu à Bordeaux participer aux débats d'Agora en 2012 ; sur les coteaux de la rive droite, il a réalisé la belle et très fonctionnelle maison Lemoine. Sa proposition nous a séduits par sa simplicité : une plate-forme urbaine large de 44 mètres qui, outre la circulation d'un tramway, des voitures et des vélos, offrira un grand espace de déambulation large de 15 mètres. Ce sera, en quelque sorte, un pont habité qui pourra accueillir toutes sortes d'événements festifs. Très différent donc du pont Chaban qui se lève pour laisser passer les paquebots. Les travaux ont commencé en 2017 ; la livraison prévue pour 2020 sera retardée car l'entreprise qui construit l'ouvrage a du mal à maîtriser le chantier. Il est vrai que la fragilité du lit de la Garonne et la puissance des courants compliquent sa tâche. Mais le pont se fera ! J'ai d'ores et déjà proposé de lui donner le nom de Simone-Veil, ce qui a été unanimement accepté. On se souvient que Simone Veil a été magistrate, garde des Sceaux, ministre de la Justice et que Bordeaux est la ville de l'École nationale de la magistrature. Mais c'est surtout la personnalité exceptionnelle, l'histoire, les combats et les valeurs qu'incarne Simone Veil, son engagement pour les droits des femmes que notre métropole veut ainsi honorer. Entre le pont Chaban et le pont Mitterrand, le pont Simone-Veil portera pour des générations le message humaniste de Bordeaux.

Premier Mai

Dans un texte de 1893 publié par la revue *Le Socialiste*, Jules Guesde donne sa version des origines du 1er Mai. « La presse bourgeoise, attaque-t-il, continue à se livrer, sur la genèse du 1er Mai, à toute espèce de contes à dormir debout. D'origine allemande il y a quatre ans, elle est devenue cette année d'origine américaine. [...] L'idée, enchaîne-t-il, de mettre en mouvement le même jour les travailleurs de tous les pays à l'appui des huit heures et de la législation du travail [...] est essentiellement française. C'est le citoyen Raymond Lavigne, de Bordeaux, membre du parti ouvrier et alors secrétaire du Conseil national de la fédération des syndicats et groupes corporatifs ouvriers de France, qui libella un projet à cet effet. »

C'est donc un Bordelais, Raymond Lavigne, qui serait l'inspirateur de ce qui est devenu, en France et sur une bonne partie de la planète, la fête du Travail. Lavigne est né à Bordeaux en 1851 ; il y est mort en 1930. Disciple de Jules Guesde, il a notamment été l'un des principaux dirigeants de la Fédération nationale des syndicats dont la revendication phare était la réduction légale de la journée de travail à huit heures. Le troisième congrès de la Fédération nationale des syndicats se tint au Bouscat, près de Bordeaux, en 1888 ; il adopta une plate-forme revendicative que Raymond Lavigne reçut la tâche de faire appliquer ; cinq mois plus tard, en juillet 1889, à Paris, un congrès « marxiste » organisé par les guesdistes, les blanquistes (Édouard Vaillant) et des délégués allemands décida, toujours sur la proposition de Raymond Lavigne, que « sera organisée une grande manifestation à date fixe, de manière que dans tous les pays et dans toutes les villes à la fois, le même jour convenu, les travailleurs mettent les pouvoirs publics en demeure de réduire légalement à huit heures la journée de travail et d'appliquer les autres résolutions du Congrès international de Paris » (dont la création d'un salaire minimum). Le 1er Mai était né. Dès l'année suivante, sous l'impulsion de Raymond Lavigne, des manifestations eurent lieu le jour dit dans de nombreuses villes de France. À Bordeaux 3 000 à 10 000 personnes se rassemblèrent place d'Aquitaine (aujourd'hui place de la Victoire), place de la République et place Picard. L'après-midi, de nombreuses réunions publiques furent organisées en ville et en banlieue suivies de bals et de banquets. En 1891, les pouvoirs publics se montrèrent moins conciliants ; les forces de police et de gendarmerie occupèrent les lieux de rassemblement et dispersèrent les manifestants qui se replièrent dans la bourse du travail.

Dans le Nord, hélas ! à Fourmies, les affrontements tournèrent au drame, l'armée tira sur les manifestants ; neuf furent tués, pour la plupart des jeunes gens et jeunes filles.

Le 8 mai, Clemenceau interpella le gouvernement en ces termes à la Chambre : « Messieurs, est-ce que vous n'êtes pas frappés de l'importance qu'a prise cette date du 1er Mai… ? C'est le quatrième État qui se lève et qui arrive à la conquête du pouvoir. Prenez garde, les morts sont de grands convertisseurs ; il faut s'occuper des morts » (cité dans la plaquette « Raymond Lavigne » rédigée par Guy Joubert et éditée par l'IHSA en avril 2001).

Province selon Mauriac, La

On n'ose plus parler de la province. Il paraît que c'est condescendant. Désormais, quand on quitte Paris, on part « en région ». Je trouve l'expression un peu techno, très DATAR (délégation à l'aménagement des territoires) ancienne mode. Je continue à préférer le mot « province ». Il nous renvoie à notre histoire : à Burdigala, capitale de la province romaine d'Aquitaine ; ou à la France d'avant la Révolution ; ou à la chrétienté : les jésuites sont toujours organisés en provinces géographiques. Mais bon ! ça ne vaut pas une polémique.

Si j'en parle, c'est que je retrouve dans ma bibliothèque un petit livre de François Mauriac précisément intitulé *La*

Province. Jean Lacouture en a préfacé une édition parue en 1988.

Sans surprise, Mauriac règle ses comptes avec la province. Il écrit en 1926 ; il a 40 ans ; il vient de fuir Bordeaux. Tout de suite, le mot « désert » vient sous sa plume : « Paris est une solitude peuplée ; une ville de province est un désert sans solitude. »

Désert sans solitude, c'est Bordeaux, bien sûr… Il insiste : « L'horreur de la province tient dans l'assurance où nous sommes de n'y trouver personne qui parle notre langue, mais en revanche de n'y passer, une seule seconde, inaperçus. »

Quelle bouffée de liberté n'ai-je pas respirée, moi aussi, dans l'anonymat des rues de Paris… quelques décennies plus tard !

Les vacheries mauriaciennes succèdent aux vacheries : « La conversation est un plaisir que la province ignore. On se réunit pour manger ou pour jouer, non pour causer. »

Ou encore : « Un honnête homme qui de Paris rentre dans sa province y rencontre des hommes dont quelques-uns, sur certains points, lui sont supérieurs ; mais il y a peu de chances qu'il y rencontre jamais "un homme supérieur" ». Bigre !

Les femmes ne sont pas épargnées : « La province condamne la plupart des femmes à la vertu. Combien, parmi elles, n'avaient pas la vocation de la vertu ! »

Mais une fois toute cette rancœur purgée, c'est l'attachement viscéral à la terre qui remonte à la surface : « Si, ayant quitté ta province pour courir après la fortune, tu reviens te reposer quelques jours au sein de ta famille, oublie tout ce que tu sais, tout ce que tu as vu ; ne compare pas, retrouve ton esprit et ton cœur d'avant le départ ; garde-toi de toute discussion ; réapprends avec humilité le langage de ton enfance. »

Et renoue avec la famille tant honnie : « Ce qu'il y a d'admirable dans une famille provinciale, c'est qu'elle ne renie jamais ses membres, qu'elle ne rejette pas ses déchets ; les plus ennuyeux, les plus bêtes, les malpropres, les idiots ont droit aux fêtes, aux solennités gastronomiques : "Ils sont de la famille." »

Jean Lacouture souligne à juste titre que *La Province* est « plus riche de personnages romanesques qu'aucun roman de Mauriac », qu'elle nous donne même « les clés pour Mauriac ». Les clés pour Thérèse ou pour Harry Maucoudinat.

Car « la province [est] terre d'inspiration, source de tout conflit ! La province oppose encore à la passion les obstacles qui créent le drame… [Elle] croit encore au bien et au mal : elle garde le sens de l'indignation et du dégoût. […] De même qu'elle garde le secret, dans ses vastes cuisines, d'exquises recettes, c'est dans le silence, dans la pénombre de ses logis aux persiennes entrebâillées que se montent et sont mises au point les vengeances savantes et à retardement ». Quelques mois après avoir écrit ces lignes, Mauriac publiera *Thérèse Desqueyroux*. Tous les ingrédients du drame sont réunis dans son esprit et dans son cœur.

On ne m'en voudra pas si je m'attarde sur l'évocation, dans *La Province*, de mes chères Landes natales dont je partage l'amour avec François Mauriac. Sa « *querencia* », comme dit joliment Lacouture.

« Qui songerait à s'établir dans mes Landes ? écrit Mauriac. Province inviolée, presque inaccessible. Les routes ne mènent nulle part : elles ne servent qu'aux bouviers et aux muletiers qui transportent les poteaux de mine.

» […] Les Landes n'ont pas changé, elles ne changeront pas. Voilà ce qui distingue ce pays landais de beaucoup d'autres. Son apparence ingrate éloigne l'étranger. »

Près d'un siècle plus tard, la prophétie ne se révèle ni tout à fait vraie ni tout à fait fausse. Mais qu'importe.

Pour une fois, je cède à la nostalgie : « Toute mon enfance provinciale, une odeur de cuisine à la graisse de confit l'évoque. » Tout est dit !

Chez moi aussi, la cuisine était « la pièce principale de la maison ». Et j'ai connu, dans les métairies de mes parents, le rite du repas funèbre : « commencé gravement, il finit presque toujours dans la joie bachique. Dans une bonne maison à la campagne, un enterrement vaut une noce ».

Au bout du compte, c'est bien la province qui gagne : « Tout le temps que nous avons cru perdre, jeune homme aigri, dans une province étouffante, nous lui devons nos armes les plus sûres. » Je ne me suis jamais senti aigri. Mais, tout bien considéré, parmi nos 3 M (voir cette entrée), c'est Mauriac que je cite le moins souvent, c'est pourtant celui dont je me sens le plus proche, dans le temps bien sûr, par le tourment surtout.

Q

Quinconces

« Quinconces », la place tient son nom de la plantation en quinconce des nombreux arbres qui la bordent.

Jusqu'à la Restauration, son emplacement actuel fut occupé par le château Trompette, la forteresse édifiée par Louis XIV pour dompter un peuple volontiers frondeur, qui, du XVe au XVIIe siècle, donna souvent bien du fil à retordre à la monarchie. Le site avait déjà accueilli un Trompette médiéval, l'un des « quiquengrognes » construits à l'initiative du roi de France après sa reconquête de Bordeaux le 9 octobre 1453. Il s'agissait alors de protéger la ville contre d'éventuelles entreprises de l'Anglais. Après la Fronde, la cible change, et le roi de France pointe ses canons vers… les bourgeois bordelais. Pour mieux les tenir sous leur feu, il fait démolir le temple des Piliers de Tutelle, le couvent des Jacobins et quelque 300 maisons. Un glacis de 100 toises est ainsi dégagé en forme d'impressionnante demi-lune. On comprend que, pour les Bordelais, le château Trompette ait été l'emblème de l'absolutisme dressé contre les franchises communales, « le monument de la perte ou de la réduction de leurs libertés ».

Les temps changent, et le pouvoir central aussi : en mars 1782, l'intendant Dupré de Saint-Maur présente à l'Académie royale des sciences, belles-lettres et arts un « Mémoire relatif à quelques projets intéressants pour la ville de Bordeaux ». Il y écrit : « Il faut supprimer cette inutile forteresse qui, faisant une espèce de tache sur le plan, comme dans l'histoire de la ville, rappelle sans cesse à nos yeux ces temps de trouble et d'anarchie que ses habitants ont à jamais abjurés. »

Les terrains militaires qui ont perdu tout intérêt stratégique sont en revanche une proie enviée par ce que nous appellerions aujourd'hui les promoteurs immobiliers. Les projets ne manquent pas. Victor Louis, l'architecte du Grand Théâtre, est sur les rangs. Il imagine la place Ludovise, « place semi-circulaire [qui] s'ouvre sur la courbe du fleuve. Treize rues, dont le débouché sur la place est souligné par un arc triomphal, convergent vers le centre de cette place royale où est érigée la colonne couronnée de la statue pédestre de Louis XVI » (Christian Taillard). Le projet capote. Bien d'autres suivent. La ville prend possession de l'emplacement en 1808 et commence en 1812 une coûteuse opération de démantèlement du château. Les substructions sont conservées et dorment encore sous la place. Après maintes péripéties, le plan définitif du lotissement, rectifié par l'architecte Dufart, est adopté en juin 1817. Les terrains constructibles autour de la place sont mis en vente à partir de 1818 et font fureur auprès des armateurs et des négociants.

Les Bordelais entretiennent une relation ambigüe avec leurs Quinconces, les « Quinques », comme dit Jean-Marie Planes. « Je t'aime, moi non plus ! » Nous en sommes fiers et prétendons qu'elle est la plus vaste place d'Europe, du moins en centre-ville. De l'imposante fontaine des Girondins

au cœur de l'hémicycle jusqu'à la terrasse qui domine la Garonne entre les deux élégantes colonnes rostrales dédiées l'une au commerce et l'autre à la navigation, elle déroule en effet ses 120 000 mètres carrés. À peu près à mi-chemin, les statues de Montaigne et de Montesquieu, du sculpteur Maggesi, se font face dans ce que Jean-Marie Planes qualifie d'un « long et sévère tête-à-tête ».

Planes constate : « Franchir en diagonale, à 11 heures du soir, l'esplanade, nul ne s'y est risqué. »

Il est vrai que leur immensité est parfois inhospitalière : « Souffrez-vous d'allergie ? Ne faites pas la foire en octobre, quand les vendanges sont radieuses et éventées.

Un chichi à la main, vous vous retrouverez, pierrot ridicule, poudré de la chaussure au cheveu. En mars, si vous aimez la brocante, aimez aussi les boues et les crottes. Gare à l'agoraphobe qui se hasarde en août dans ce désert [...] et succombe vite à ce que ma grand-mère appelait avec pittoresque le "mal de macaque". »

Planes est un bon observateur. Je concède que je n'ai pas trouvé la solution au problème complexe du revêtement de la place : comment éviter la poussière l'été, les flaques en hiver ? Fallait-il asphalter 120 000 mètres carrés ? Je me rassure en constatant que la place attire régulièrement toutes sortes de manifestations, récurrentes ou exceptionnelles : la brocante au printemps et à l'automne ; la foire aux plaisirs deux fois par an aussi dont les manèges me donnent le vertige ; les cirques qui aiment démarrer leur saison dans notre ville... tous me disent qu'ils ont de plus en plus rarement la chance de pouvoir s'installer au cœur des villes. À l'occasion de l'Euro 2016, la « fan zone » de Bordeaux a été la deuxième plus fréquentée de France après Paris. Quand les Girondins sont en forme, nous montons sur la place un écran géant autour duquel se rassemblent plusieurs dizaines de milliers de spectateurs. La dernière fois, c'était en... 2009. Les supporteurs trouvent le temps long.

Bref, nos Quinconces vivent et vibrent, parfois trop au gré des riverains immédiats. Je tente de convaincre les organisateurs des manifestations qui s'y déroulent de baisser la sono... à 22 heures ? Bon, d'accord, à minuit, mais alors, promis-juré ! Souvent promis en effet, rarement respecté. Pourquoi la fête doit-elle toujours rimer avec vacarme ?

Les Quinconces sont aussi devenus le point focal du réseau de tramway de la métropole. Nos trois lignes, et bientôt la quatrième, y convergent. C'est tout un peuple qui y voyage à longueur de journée. Un peuple au travail. Un peuple d'étudiants. Un peuple de touristes.

Ce n'est plus bien sûr le Bordeaux des *Châtaignes* de Jean Cayrol, celui « des vendeurs de friandises, de cacahuètes grillées, de pains d'épice, un joueur d'accordéon aveugle et sa femme revêtue de longues franges multicolores, un guignol en toile qui met des bancs autour des portants… ». Encore qu'en cherchant bien…

Mais certains soirs de canicule, sur la place ou sur la pelouse des Girondins qui la prolonge jusqu'aux quais, ce sont encore les Quinconces de Mauriac : « Aucun autre refuge alors que les Quinconces. L'immense place était presque déserte. On s'asseyait au centre, face aux colonnes rostrales. C'était par cette porte ouverte sur le fleuve qu'arrivait enfin le souffle : il venait de loin, il montait avec la marée du fond de l'Océan. Les soirs de lune, nous regardions glisser un voilier lent sur fond de banlieue, d'usines et de coteaux. »

R

Redon, Odilon

En relisant Francis Jammes, j'ai eu envie d'en savoir plus sur Odilon Redon. Les deux hommes, le poète et le peintre, malgré leur différence d'âge (vingt-huit ans d'écart), étaient proches et même amis. Leur jeunesse bordelaise, ou médocaine pour le second, avait créé entre eux un premier lien. Ils partageaient la même admiration pour un autre Bordelais, un peu tombé dans un oubli immérité : Armand Clavaud, conservateur de la bibliothèque botanique municipale de Bordeaux, auteur de très savants ouvrages sur la physiologie végétale, deux volumes par exemple sur la *Flore de la Gironde*. Francis Jammes, adolescent, suivait assidûment ses leçons de botanique et en a laissé un portrait fervent : « Je n'ai pas connu d'homme plus intelligent, plus original que mon maître Armand Clavaud [...]. Sa parole était passionnante autant que passionnée, qu'il traitât de l'évolution des ronces, du sens de la nature chez George Sand ou des lithographies d'Odilon Redon qui fut son ami. »

Plus tard, Jammes et Redon aimèrent se retrouver sur la plage de Saint-Georges-de-Didonne où Redon passait ses vacances depuis la vente du domaine familial de Peyrelebade dans le Médoc tandis que Jammes « établissait ses quartiers d'été à Royan ».

Leur amitié manqua ne pas survivre à la publication de l'article que Jammes rédigea pour la revue *Vers et Prose* en 1906 sous le titre : « Odilon Redon, botaniste ». Les dernières phrases de ce texte froissèrent Redon ; à la question du poète qui l'interroge sur le peintre, une rose s'exprime en ces termes :

« Tu cherches le secret de son génie ? demanda-t-elle. [...] Je l'ignore et lui-même l'ignore, dit-elle.

Puis elle se tut. »

Jammes n'y avait pas mis malice, à la fin d'un article par ailleurs très louangeur. Mais Redon répondit sèchement : « La rose dont parle Jammes a tort, je sais ce que je fais. »

Je savais que notre musée des Beaux-Arts détenait dans ses collections d'importantes œuvres d'Odilon Redon. Je demandai donc à sa directrice de m'instruire plus avant. Elle eut la bonne idée d'inviter à notre rencontre Robert Coustet, spécialiste de l'art bordelais des XIXe et XXe siècles, professeur émérite de l'université Michel-de-Montaigne, membre de l'Académie nationale des sciences, belles-lettres et arts de Bordeaux. J'apprécie beaucoup Robert Coustet. C'est un puits de science dans son domaine qui est vaste, c'est aussi un homme sage, plein de bonhomie souriante. Il aime sa ville, il est notamment l'auteur d'un *Guide historique et monumental des rues de Bordeaux*. Il en parle avec enthousiasme et chaleur ; pour lui, la vraie transformation de Bordeaux, c'est « le changement humain » qui a fait « d'une ville provinciale, noire et inhospitalière [...] une ville blonde, claire, ouverte sur la rivière... ». Il nous a beaucoup aidés à construire et défendre la candidature de Bordeaux au classement de l'Unesco ; je lui ai demandé de faire partie du « comité local bordelais », le « club Unesco » qui veille sur la pérennité du bien ; il le fait avec rigueur... et bon sens.

Je me retrouve donc dans les réserves du musée des Beaux-Arts avec sa directrice, une partie de son équipe, le professeur Coustet et la présidente de la Société des amis du musée. Devant nous, précautionneusement étalé sur une table, un album de vingt-quatre lithographies signées de la main de Redon et publiées en 1896, à cinquante exemplaires ; elles illustrent l'œuvre de Flaubert *La Tentation de saint Antoine*. Une conservatrice, soigneusement gantée, tourne lentement les pages ; elle m'explique que l'exemplaire bordelais est complet, ce qui est rare ; et qu'il a été acquis à bon prix, grâce à la générosité de la Société des amis du musée.

Je trouve les lithos très noires, puissantes et mystérieuses à la fois. Mais de l'autre côté de la table est posé, sur un chevalet, un pastel du même Redon, un *Saint Sébastien*, qui lui explose de couleurs audacieuses : « Le bleu turquoise du ciel, le violet des montagnes et le jaune lumineux », dit le commentaire. Est-ce le même peintre ? Je me tourne vers Robert Coustet ; il me tend alors l'ouvrage qu'il a lui-même écrit sur *Odilon Redon, botaniste*. Je m'y plongerai avec gourmandise, j'y trouverai de précieuses informations sur la relation Jammes-Redon, et, dès les premières lignes, la réponse à mon interrogation : « Redon est l'homme des "noirs", écrit Coustet, ces fusains énigmatiques, souvent inquiétants qui ont suscité l'admiration et la convoitise de collectionneurs initiés et rares. Mais il est aussi le coloriste flamboyant de sujets historiques, de portraits, de fleurs, de décors recherchés par des amateurs plus mondains mais tous aussi passionnés [...]. En 1902, la page des noirs est définitivement tournée et le peintre pourra déclarer à l'un de ses correspondants : "J'ai épousé la couleur". »

Robert Coustet s'attarde sur les bouquets de Redon, que le peintre multiplie, non sans une arrière-pensée commerciale : « les années 1900 croulent sous les fleurs ». Il énumère : « les maigres bouquets, presque naïfs [...], les luxuriants bouquets d'apparat [...], les brassées florales à la détrempe [...], les incroyables exercices de maîtrise et de spontanéité, d'observation et d'incertitude, que sont les fragiles anémones, roses ou pavots lavés à l'aquarelle d'un coup de pinceau souple comme une calligraphie chinoise, tout de transparence et de fraîcheur, voisinant sur une feuille de cahier avec de fragiles papillons ».

Ce qui n'empêche pas Coustet de rappeler que, « évidemment, Odilon Redon n'est pas un peintre de fleurs ». Lui qui a affirmé : « Le noir est la couleur la plus essentielle. Il est l'agent de l'esprit. »

Me revient alors en mémoire une récente exposition de notre musée des Beaux-Arts, consacrée à un autre artiste issu de l'école des beaux-arts de Bordeaux, Georges Dorignac. J'avais aimé ces visages d'un noir impénétrable... qui n'avaient, hélas ! pas attiré le nombre de visiteurs attendus.

Nos musées nous tiennent à cœur. Leur rôle est crucial dans la politique culturelle de la ville ; tous développent d'intelligentes initiatives en direction des publics scolaires. J'aimerais les doter de davantage de moyens pour enrichir leurs collections. Heureusement, il y a la générosité de nos mécènes, regroupés en « sociétés ou associations d'amis », ou donateurs individuels comme Robert Coustet lui-même dont les legs sont fréquents et généreux. Qu'ils soient tous remerciés.

Rivoyre, Christine de

Au hasard de mes recherches, je tombe sur un livre intitulé *La Cuisine landaise*, publié chez Denoël il y a belle lurette, sous la plume de Jacquette et Éliane de Rivoyre. Cette dernière me l'a aimablement dédicacé. La préface est signée Christine de Rivoyre, leur sœur, qui qualifie Jacquette d'inventive et Éliane de patiente.

C'est un joli texte que j'ai lu avec émotion. Il parle de mes Landes (autrement que les voyageurs du XIXe siècle que j'ai abondamment cités…). Des Landes que j'ai connues sans vraiment les connaître.

Les Landes des chasseurs… Comme Christine de Rivoyre, je n'ai pas vraiment « l'âme chasseresse », mais, comme elle, je constate qu'on ne peut « évoquer le charme de l'automne landais sans s'acquitter *illico* d'un petit couplet cynégétique ». En tout cas, elle a raison d'écrire : « À quoi ressemblerait un ouvrage consacré à la cuisine landaise où n'entreraient ni salmis, ni civets, ni terrines, ni sauces des broussailles, ou du grand veneur ? »

Les Landes des gemmeurs, armés du hapchot pour creuser la « carre » au flanc des pins et recueillir la résine d'où seront tirées la colophane et l'essence de térébenthine.

Les Landes de « l'espourguillage » du maïs, qui consiste à dépouiller les épis des leurs fanes, « en chantant de très anciennes chansons », précise Christine de Rivoyre. Je me suis livré à cet exercice, dans mon enfance, mais je n'ai plus le souvenir des anciennes chansons.

Les Landes du tue-cochon, des boudins et saucisses, du pastis aux pruneaux, arrosé du vin de chaque métairie. Ici les saveurs me reviennent. Ma mère avait hérité de son père, Albert Darroze, un nombre important de métairies que mon père, venu lui de la ville, avait appris à gérer et su moderniser en y développant la culture du maïs. Je l'accompagnais souvent « à la campagne », et plus précisément à Campagne, berceau de ma famille maternelle, village éloigné de 15 kilomètres à peine de la ville, Mont-de-Marsan, où nous vivions. J'étais donc familier de ce monde finissant sans y être totalement immergé. Monde finissant car le métayage apparaissait de plus en plus comme une survivance : la relation économique entre le propriétaire et le métayer ne consistait pas à payer un loyer comme dans le fermage mais à partager la récolte. Ma mère était la « daoune », la « dame » que les métayers venaient saluer dans la maison du bourg tous les premiers de l'an à l'occasion du repas qu'elle leur offrait. Cérémonie désuète qui nous ennuyait profondément ma sœur et moi, car les agapes se prolongeaient jusqu'au soir. Le menu ne variait pas : « bouillit, saouce et roustit » (je ne garantis pas l'orthographe), c'est-à-dire un pot-au-feu suivi d'une sauce, en général de ris de veau, puis de l'incontournable poulet rôti.

Autant que les parfums de nos sous-bois, ceux « de la bruyère cendrée, celle d'été, la pourpre, à la callune d'automne, toute légère, toute mauve, du genêt à l'ajonc puis, un peu plus loin, sur les dunes, du gourbet à l'épervière et à l'immortelle », ce qui me remonte de ce temps lointain, ce sont les saveurs en bouche. Je feuillette la table des matières de *La Cuisine landaise*, et je salive : bécasse (salmis de), brochettes de cœurs de canard, foie gras aux raisins, « lou magret », salade de morue du Vendredi saint, sanquette, tourin blanchi [...] et tant d'autres plats qui furent familiers. Une mention particulière peut-être pour l'escoton » ; voici ce qu'en disent nos auteurs :

« Il n'est pas un Landais qui ne connaisse, pas un non plus qui n'apprécie l'escauton ou escoton ou plutôt l'escaoutoun, ainsi qu'on l'appelle en Chalosse ou dans le Marensin [...]. Faites bouillir l'eau salée. Versez en pluie aux premiers bouillons, l'une après l'autre, sans cesser de fouetter, les poignées de farine de maïs. Le rôle du fouet est d'empêcher que des grumeaux ne se forment. Au bout de vingt minutes, l'escoton est cuit. Versez-le dans des assiettes creuses où il se durcit bien vite en refroidissant.

L'escoton accompagne, chez nous, toutes les sauces. Sucré, il peut être mangé en guise d'entremets. » Pas compliqué !

Dans sa préface, Christine de Rivoyre raconte l'histoire de Marie Lacoste, qui fut la servante et finalement la cuisinière de sa grand-mère et de sa mère dans leur maison d'Onesse-Laharie, au cœur de la Haute Lande. Récit d'une vie rude car, dans les premiers temps, ceux de la formation de la jeune paysanne placée par ses parents, la « daoune » ne plaisantait pas. Et puis, au fil des années vient la complicité entre deux êtres qui partagent leur vie quotidienne, une forme d'affection même quand, « "Madame" ayant changé […] », elle s'empresse de le faire savoir : « Maintenant, ici, c'est Marie qui commande. » Marie Lacoste apparaît sous le nom de Maria Sentucq dans le roman de Christine de Rivoyre que j'ai le plus aimé : *Boy*.

Boy, Isabelle me surprend : elle a tout en tête, les personnages, Suzon et Hildegarde, les lieux, Hendaye et le Pays basque plus que Bordeaux, et bien sûr Boy dont le seul nom fait renaître l'idée de beauté, de jeunesse, d'amour.

Ma mémoire littéraire est moins bonne. Je cherche le livre dans ma bibliothèque qui est dans un tel désordre que je fais chou blanc. Heureusement, tout près de la maison, il y a Mollat. La libraire n'hésite pas un instant et me rapporte l'édition des « Cahiers rouges », chez Grasset, avec la même couverture, rouge bien sûr, et les yeux de Christine de Rivoyre dont le regard crée tout de suite une forme d'intimité.

Je relis *Boy* d'une traite. J'y retrouve la même impression de légèreté, de bonheur malgré le drame, qu'à ma première lecture, lors de sa parution… en 1973. Fichtre ! Plus de quarante ans, et pas une ride.

C'est un autre monde, pourtant. Celui de mes vacances à Hendaye, la plage, le sable, la mer. Comme Hildegarde (qui a 12 ans en 1937, j'en avais moins de 10 dans les années 1950), « je plonge, j'adore plonger, vingt fois de suite, de plus en plus vite ». Mes parents louaient, eux aussi, une maison non loin de la plage et, jouant sur le sable, j'apercevais « le chapeau blanc de Maman entre les tamaris de la jetée ». Le chapeau était-il vraiment blanc ? Les tamaris avaient, eux, résisté au temps, leurs branches chevelues tordues par le vent d'ouest. Nous avions choisi la plage d'Hendaye car c'était la moins dangereuse de la côte, les vagues qui se brisaient sur la pente douce du plateau continental étaient bien moins violentes qu'à Biarritz ou dans les stations landaises. Les enfants Bertaud-Barèges, Hildegarde et les « petites » Gisèle et Nadia, fréquentaient le club des Hippocampes, ma sœur et moi étions inscrits au club des Mouettes.

Comme la famille d'Hildegarde, nous allions à Irun ou à Fontarrabie, en Espagne, faire des emplettes, tout particulièrement « acheter des souliers » ou des vêtements pour enfants, bien plus « avantageux » que du côté français. Et quand le mauvais temps nous éloignait de la plage, nous allions passer l'après-midi à Saint-Jean-de-Luz, ou à Biarritz, manger une glace chez Dodin et voir se fracasser les vagues de tempête sur le rocher de la Vierge. Au retour vers Hendaye, nous prenions « la route de la corniche, tous les S qu'elle décrit au-dessus des pentes à pic, des chutes de rocher ; en bas la mer et rien comme protection, pas de murs, pas de barrières, de temps en temps un arbuste, des touffes d'herbe, ça ne protège pas l'herbe ». Les soirs d'orage, j'étais terrorisé.

Quand ma sœur et moi avions été sages, nous avions droit au « toro de fuego », qui arrivait « au galop de ses huit jambes, il crachait de partout, des fusées, des pétards, des fumées bleues et rouges, il y avait des roues de feu attachées à ses cornes ». (Je précise pour les non-initiés que le toro de fuego est en carton…)

Là s'arrêtent les ressemblances. Il n'y avait pas de nurse anglaise à la maison. Ni de cuisinière aussi douée que Maria Sentucq. Christine de Rivoyre décrit un autre monde, celui de la bourgeoisie bordelaise, « une caste qui vit ses derniers beaux jours », à ce qu'en dit l'éditeur.

D'un côté les maîtres, de l'autre les domestiques ; d'un côté Suzon la femme de chambre, de l'autre Hildegarde la fille de la « daoune », la dame. Elles ne parlent pas tout à fait le même langage. Suzon « s'espatafle » les bras en croix, elle a les yeux qui lui « tchuquent », elle commente les faits et gestes des maîtres avec ses mots gascons : Mme Jacky s'est « arebisclée », elle a encore

« aroumeyé », quelle « pintayre ! ». Et Suzon de ponctuer le tout d'un juron sonore : « Hilldepute de beuriagasse ! » Je ne suis pas sûr de pouvoir traduire avec exactitude, mais j'ai le sentiment de comprendre des expressions que j'ai dû entendre dans la bouche de ma mère et, pour ce qui est des jurons, de mon père. Maman était entre ces deux mondes, « daoune » dans une certaine mesure mais étrangère à la caste des Chartrons qu'elle redoutait d'autant plus qu'elle ne la connaissait pas.

Hildegarde, elle, écrit à sa mère en voyage à Paris dans un français châtié. Son père « joue au golf le samedi et le dimanche, le reste de la semaine il est assureur maritime [...]. Il est chic dans un costume prince-de-galles avec un nœud papillon bordeaux et des gants de pécari malgré la chaleur ». La famille n'aime pas vraiment « Léon [Blum] et le Front populaire [on est en 1937]. Et la semaine des quarante heures, l'Internationale qu'on a chantée l'autre jour, cours de l'Intendance à Bordeaux. Et à Madrid les bons Espagnols qui reculent depuis huit jours devant les mauvais, les rouges ».

Ajoutez une petite couche d'anglomanie, et vous aurez le Bordeaux du cours Xavier-Arnozan… il y a un siècle ou presque : « Grannie trouvait que M. de G. avait une allure folle et F. avait passé deux ans à Cambridge, ça se remarquait, quelles jolies manières et quelle bonne humeur dans cette famille. »

Boy, retour d'Amérique, est le lien entre ces deux mondes si différents l'un de l'autre et qui vivent pourtant dans une sorte de consanguinité quotidienne.

Il est beau, avec « ses yeux bruns créés pour la joie » ; il a toujours été beau, enfant il était « à voler » ! Il est jeune, joyeux, farceur, « clown » pour un parent qui ne l'aime pas, il faut bien en trouver un. Car tout le monde l'aime, il est « celui qui guérit, qui enchante, qui calme les disputes, qui éloigne les malheurs ». Bien sûr il boit trop, il perd beaucoup d'argent au jeu, il brûle sa vie par les deux bouts, pour lui, « le plaisir, c'est sacré ». Mais qu'importe, il fait chavirer les cœurs, celui de sa nièce de 12 ans, celui des jolies demoiselles que sa mère lui destine, mais aussi celui de la femme de chambre, Suzon, qu'il va sauter nuitamment dans sa chambre de bonne. Elle épouserait bien Pierre, le poissonnier, qui l'invite à Sare dans la ferme de ses parents ; elle s'y sent à l'aise, dans son monde. Mais comment résister aux avances de Boy qui la force sans la forcer ? Aujourd'hui il serait poursuivi pour harcèlement sexuel et abus de faiblesse.

Et puis le drame, l'accident de voiture, aux côtés de Suzon qui en réchappe, la mort de Boy qui devient immortel.

Les dernières lignes du livre m'ont tout retourné. La scène se passe, à la Toussaint 1939, dans le cimetière de Saubignacq, le berceau de la famille Malégasse. C'est Maria Sentucq qui parle, devant la tombe de M. Boy qui l'appelait « Sancta Sentucq » :

« Mais j'ai la berlue ou quoi ? Qui est-ce qui s'avance dans l'allée centrale, qui est-ce qui se dirige vers la tombe Malégasse ? Non je ne rêve pas, c'est Suzon Pistelèbe, elle est venue lui rendre visite. À lui. Après deux ans. Toujours aussi jolie et bien vêtue, un chapeau noir qui lui va bien. Ses beaux cheveux, sa taille fine, son port de tête. Il ne lui est rien resté de l'accident, Suzon, de la race des vivants. Hildegarde lui donne la main, j'en ai le cœur qui fait des bonds. Hildegarde au cimetière comme tout le monde et correctement coiffée. Sur son petit visage, il y a quelque chose de neuf, de ressuscité, quelque chose comme avant. »

Triomphe de l'amour. Je me sens « fleur bleue ». Merci, Christine. Même si, au total, on y parle peu de Bordeaux, il faut relire *Boy*. Pour le plaisir.

Mais je n'oublie pas Bordeaux. Bordeaux, ville bourgeoise ? Sans doute. Le pavé des Chartrons abrite encore l'aristocratie du bouchon qui impressionnait tant ma mère. Et c'est tant mieux, c'est une force. Mais Bordeaux est aussi ville portuaire, largement ouverte à toutes les influences. Bordeaux est ville d'immigration qui, en vagues successives, a accueilli les juifs chassés d'Espagne et du Portugal à la fin du XVe siècle ; plus tard les républicains espagnols fuyant la répression franquiste ; puis les Portugais, les Algériens et les Marocains venus apporter leur force de travail dans les années de pénurie de main-d'œuvre. Les quartiers qu'on accuse à tort de gentrification conservent cette diversité, voire ce cosmopolitisme qui fait leur identité. La croissance démographique des récentes années, avec la venue de plus de 50 000 nouveaux habitants, a aussi contribué à renouveler la sociologie de la ville. Comme dans la plupart des agglomérations françaises, 14 à 15 % de la population y vit au-dessous du seuil de pauvreté.

Bordeaux, ville de droite ? Les soirs d'élections municipales, le ministère de l'Intérieur comptabilise à raison Bordeaux dans la liste des villes de droite. Je n'ai jamais fait mystère de mon appartenance au RPR, puis à l'UMP et, jusqu'à une date récente à LR, même si, à Bordeaux comme ailleurs, les candidats affichent moins leur couleur politique qu'ils ne le font dans un scrutin national. Et je continue à penser que le clivage gauche/droite, qui n'a plus certes la violence qu'il a connue dans le passé, garde du sens. Hommes, femmes de droite et de gauche, nous n'avons pas la même histoire, la même culture, les mêmes héros, et sur certains points les mêmes convictions. Je me sens homme de droite, d'une droite humaniste, sociale, ouverte, européenne, convaincue qu'elle ne peut gagner que dans une alliance sincère avec le centre.

Bordeaux, ville de droite donc. Mais je ne suis pas sûr que cette classification traduise toute la complexité de sa sociologie, passée et présente.

Faut-il rappeler que Bordeaux s'est donné de 1925 à 1944, en la personne d'Adrien Marquet, un maire issu de l'extrême gauche, devenu secrétaire fédéral de la SFIO ? Certes, comme quelques autres hommes de gauche à l'époque, Marquet a mal tourné, jusqu'à devenir ministre d'État, puis ministre de l'Intérieur dans les gouvernements Pétain et Laval. Il prôna ouvertement la collaboration dans son journal, *Le Progrès de Bordeaux*, et organisa à l'hôtel de ville une exposition antisémite, « Le juif et la France ». Cela lui valut d'être arrêté en août 1944, détenu au fort du Hâ, traduit en Haute Cour de justice fin 1947… et finalement acquitté en janvier 1948. Ses avocats mirent en avant le rôle dont il se prévalut auprès de l'occupant allemand pour éviter la destruction de la ville. Il réapparut dans la vie politique locale en 1953, quand la liste qu'il conduisit aux élections municipales réalisa un score de 25 %, privant le maire sortant Jacques Chaban-Delmas de la majorité absolue.

À la Libération, le jeune et fringant général Chaban, fort de son rôle dans la Résistance, permit à la ville de se refaire une santé politique. Était-il de droite ou de gauche ? Gaulliste avant tout, et on n'a pas oublié que de Gaulle aimait affirmer : « La France, ce n'est pas la gauche, ce n'est pas la droite, c'est tous les Français. »

Le caractère, la sensibilité de Chaban le portaient plus à l'ouverture qu'au repli partisan. Il siégea sans états d'âme à des postes ministériels éminents, dans plusieurs gouvernements de la IVe République, sous la présidence de Pierre Mendès France, de Guy Mollet et de Félix Gaillard. Sous la Ve République, son discours historique sur la nouvelle société fut largement inspiré par Jacques Delors qui devint quelques années plus tard, dans le gouvernement Mauroy, le premier ministre des Finances de François Mitterrand. Son esprit très libéral envers la télévision d'État lui valut le soupçon de complaisance, puis la franche hostilité de certains conseillers du président Pompidou qui finit par s'en séparer.

Au niveau local, dans « sa » ville de Bordeaux et son « duché d'Aquitaine », son comportement lui permit de même de transcender les clivages partisans. Violemment attaqué sur sa droite par les derniers partisans de Marquet, au point de voir sa majorité municipale compromise en 1953, il mit en œuvre une patiente stratégie d'entente avec les socialistes qui demeuraient la force principale en banlieue.

L'illustre bien ce dialogue avec le socialiste Deschamps, élu maire de Talence en 1965 :

Deschamps : « Si nous ne cachons pas nos divergences doctrinales, nous avons su les dominer pour une collaboration intelligente et efficace… Une entente cordiale nous a permis de régler les problèmes communs. »

Chaban salue, en réponse, « cette volonté d'action que nous avons en commun, où que nous soyons répartis sur l'échiquier politique [...], les efforts déployés obstinément dans un esprit de tolérance mais aussi d'amitié ».

On devrait pouvoir trouver des propos analogues dans ma bouche depuis 1995. Je me suis en effet inscrit dans la continuité de ce qu'on appelle ici, parfois avec une nuance péjorative, « le système Chaban ».

J'ai agi en toute transparence, allant jusqu'à en faire un argument de campagne électorale en m'engageant à « gouverner » notre métropole avec la minorité dans le cadre d'un contrat de coopération publiquement conclu dès le début du mandat.

J'ai agi par réalisme : si je m'étais enfermé dans un système partisan, je ne suis pas sûr que j'aurais obtenu près de 61 % des suffrages dès le premier tour des élections municipales de 2014, alors que François Hollande avait réalisé deux ans auparavant un score de plus de 57 % au deuxième tour de l'élection présidentielle.

J'ai agi par souci d'efficacité. Je me souviens d'avoir déclaré au lendemain de ma première élection en 1995 : « Je ne sais pas ce qu'est un tramway de droite ni un tramway de gauche. Faisons ensemble un tramway pour tous. » Et nous l'avons fait.

J'ai agi enfin par conviction d'être en harmonie avec l'esprit bordelais tout pénétré de cette vertu de modération si chère à Montaigne et dont Montesquieu a montré que, loin d'être une facilité, voire une médiocrité, elle était une discipline exigeante. On constate aujourd'hui plus que jamais que monter aux extrêmes est une tendance très naturelle, alors que garder le sens de l'équilibre et de la mesure exige une vraie maîtrise de soi. Voilà pourquoi, au fond des choses, je me sens bien à Bordeaux.

Retour à Christine de Rivoyre. Je reçois le courrier d'une association, Les Amis de Christine de Rivoyre, qui a pour but de « faire découvrir et redécouvrir son parcours et son œuvre à un large public, par la publication de textes inédits, de correspondances et de témoignages, l'organisation de manifestations culturelles et littéraires, le soutien à la recherche universitaire et à la jeune création littéraire ». J'adhère ! (www.amisderivoyre.fr)

De leur plaquette, je retiens une citation de Christine : « Un livre pour quelqu'un qui aime sa terre, ça s'écrit avec la terre de son pays. »

Rugby ou foot

Dans un savant article publié par *Vingtième Siècle, revue d'histoire*, Jean-Pierre Augustin, universitaire bordelais, analyse, à partir de l'exemple de l'agglomération bordelaise, « la percée du football en terre de rugby ».

Pour lui, Bordeaux, historiquement, est terre de rugby. Nous le devrions à l'influence britannique : « L'anglomanie des classes dirigeantes bordelaises est plus affirmée qu'ailleurs, le choix des prénoms anglais est courant, et nombre de jeunes de bonne famille ont fait le voyage ou leurs études en Grande-Bretagne, ils y ont découvert l'esprit des *public schools* et la place qu'y tient le sport. Ils seront, avec les résidents britanniques, les ferments du développement du sport dans la région. »

Il est vrai que, dans les dernières années du XIXe siècle et au siècle suivant, fleurissent les associations sportives scolaires « rugbystiques » : les Muguets à Bordeaux, les Lilas à Talence, les Myosotis à La Réole, les Œillets à Libourne… ainsi que les clubs au destin prometteur, à commencer par le Stade bordelais ; Pierre de Coubertin, lors d'une visite à Bordeaux en octobre 1893, déclare que ce club est une des meilleures écoles qui existe en province et que bientôt il pourra se mesurer aux équipes de la capitale.

En quelques décennies, un mouvement social se crée autour du rugby, qui s'étend à tout le Sud-Ouest.

Mon enfance, mon adolescence montoise ont baigné dans le milieu du rugby. Mon père avait joué au Stade bordelais, puis au Stade montois ; il y avait acquis la réputation d'un joueur… quelque peu teigneux. Contrairement à beaucoup de mes camarades de lycée, je n'ai pas été pratiquant ; ma mère me trouvait d'une constitution trop fragile pour me laisser entrer dans la mêlée ; et surtout elle craignait qu'une pratique trop exigeante ne me détournât de mes études. Mais j'étais croyant ! C'était, dans les années 1950-1960, la grande époque du Stade montois. La présence au stade pour les matchs dominicaux était un rite incontournable. Mon père était resté proche de l'équipe dirigeante. J'étais en classe avec « Chou » Pédarré, l'un des fils de Camille, président du Stade de 1946 à 1976. Nos familles étaient amies. Nous admirions et fréquentions les frères Boniface, Darrouy, Amestoy, Dauga, Pascalin, Carrère, Lacroix… Des moments forts sont présents dans ma tête. Heureux : 1963, la victoire en championnat de France, dans un match historique contre Dax, l'adversaire héréditaire. J'ai retrouvé dans les archives de l'INA un enregistrement de ce match qui s'était déroulé au stade Lescure à Bordeaux, bondé jusque sur le pourtour de la pelouse ! Nous l'avons revu ensemble, autour d'un pot amical avec mes copains de lycée, un soir à Matignon en 1995 ou 1996. Le rugby crée des liens.

Moments malheureux aussi : l'accident mortel de Guy Boniface le 1er janvier 1968 sur la route de Saint-Sever, qui plongea toute notre ville dans le chagrin. J'ai conservé un lien d'amitié avec son frère André que je retrouve à chacun de mes séjours à Hossegor à la terrasse de notre café favori.

Bref, mon tropisme naturel me porte vers le rugby.

Je n'ai pas été dépaysé en arrivant à Bordeaux où j'ai embarqué dans mon équipe municipale l'un des frères Moga, Alain, dont le nom de famille rime avec rugby.

J'avais un lourd héritage à assumer. Mon prédécesseur, Jacques Chaban-Delmas, n'avait-il pas été international de rugby ? Et puis, après des heures glorieuses, le rugby végétait à Bordeaux. Deux équipes coexistaient : l'historique Stade bordelais et, dans la banlieue de Bordeaux, à Bègles, le CAB des frères Moga, club dans lequel Chaban avait choisi de jouer pendant plusieurs saisons.

Les subventions publiques se faisaient déjà rares et je me dis très vite que la solution consisterait à rapprocher les deux clubs pour, à terme, n'en faire plus qu'un. L'entreprise fut difficile. J'avais sans doute sous-estimé l'esprit « maison » des dirigeants, ou, pour mieux dire, leur légitime attachement à leurs histoires et traditions respectives. Mais le temps fit son œuvre, et l'UBB, l'Union Bordeaux-Bègles vit le jour.

Un nouveau président la dirige, Laurent Marti ; il le fait avec talent et rigueur. Une relation de confiance s'est établie entre nous. Nous avons surmonté le risque de chicaya politique avec le maire de Bègles de l'époque, Noël Mamère, adversaire venimeux au niveau national mais partenaire constructif au niveau local. Aujourd'hui, l'UBB joue au stade Chaban en centre-ville et, pour ses matchs les plus importants, au nouveau grand stade. Elle dispose d'un centre de formation et d'un site d'entraînement flambant neufs à Bègles. J'ai l'œil fixé sur ses performances. J'aime aller de temps en temps voir jouer l'équipe. J'ai été rassuré par l'un de mes récents échanges avec le vice-président de la FFR, Serge Simon, venu à Bordeaux pour faire campagne en faveur de la candidature de la France à la Coupe du monde de rugby de 2023. Je l'ai bien sûr assuré du soutien de Bordeaux. Mais j'ai retenu de notre conversation que, si les joueurs de rugby contestaient rarement les décisions de l'arbitre, c'était bien sûr qu'ils étaient de vrais gentlemen, mais aussi parce que plus personne ne connaît avec certitude les règles de ce sport magnifique.

Et le foot ?

Selon Jean-Pierre Augustin, « la popularisation du football à Bordeaux est surtout accélérée par l'action des patronages catholiques de quartier ». Ces patronages, au début du siècle dernier, seraient devenus « les meilleurs vecteurs du football dans le Sud-Ouest où ils concurrencent les associations et amicales laïques qui, avec le soutien de la Ligue girondine et des instituteurs, sont favorables au rugby ». Où va donc se nicher la politique !

Quelques décennies plus tard, c'est à Bordeaux l'apothéose du foot professionnel. En 1978, Claude Bez, un ancien du patronage catholique des Coqs rouges, accède à la présidence du Club omnisports des Girondins. Avec le soutien sans faille de Chaban, et des méthodes d'entrepreneur privé, il va hisser les Girondins en haut du tableau : « qualifiés en Coupe d'Europe de 1981 à 1988 et demi-finalistes de cette coupe en 1985 et 1987, ils sont champions de France en 1984, 1985, 1987. La méthode Bez a des effets sur l'ensemble du sport français puisqu'elle participe à la mutation, certains disent au dérapage, vers le foot-business ».

Las ! comme on sait, la roche Tarpéienne est proche du Capitole. Quand j'arrive à Bordeaux, la « maison Bez » a fait faillite et a manqué entraîner Chaban et la ville dans sa chute. Tout était à reconstruire. Instruit par l'expérience, j'ai toujours voulu garder quelque distance avec la gestion des clubs professionnels tout en apportant un soutien vigilant à leurs dirigeants dès lors qu'ils avaient gagné ma confiance. Ce fut le cas avec Jean-Louis Triaud, qui assura la présidence du club de 1999 à 2017 avec calme et rigueur. Je m'amuse à lire l'histoire de ces années, telle que la décrit le site dédié au club : après la décennie 1979-1990 « couverte d'or », ce fut le temps de

« la rétrogradation et du renouveau » (1990-2005), puis « deux saisons de transition » (2005-2007), le retour de « la gloire » (2007-2010), suivi de « la rentrée dans le rang » (2010-2011), avant que « Bordeaux retrouve l'Europe et gagne la coupe » (2011-2014), l'arrivée d'un nouvel entraîneur et d'un nouveau stade (2014-2016) et le nouvel (encore) élan attendu de Gourvennec. Élan qui, hélas ! n'est pas venu.

On aura peut-être perçu, dans la manière dont je traite du foot, qu'il me fait moins vibrer que le ballon ovale. C'est un peu vrai, et pas tout à fait. Je m'y suis mis. Isabelle, fan d'Élie Baup, l'entraîneur du club de 1997 à 2003, m'y a aidé. Mais, dès 1996, le match « déclenchant » pour moi fut la rencontre Milan AC/Girondins au stade Chaban le 19 mars de cette année-là. Nous avions perdu au match aller par 2 à 0. Entraîné par Gernot Rohr, avec, sur le terrain, la furia de Christophe Dugarry, Bixente Lizarazu, Zinédine Zidane..., nous renversâmes la situation par 3 à 0. Je dis : « Nous », tant le jeu fut éblouissant et le public transporté d'enthousiasme. Moi le premier ! J'avais du mérite : j'avais invité, pour lui être agréable, le président de l'Assemblée nationale, que je savais passionné de foot mais supporteur modéré du Premier ministre que j'étais à l'époque, j'ai nommé Philippe Séguin. Il faisait la gueule depuis le début de sa visite, et quand Séguin faisait la gueule, ça se voyait.

Autre moment fort dans mon initiation au foot : la finale de la Coupe de France de 2009. Un écran géant installé sur la place des Quinconces permettait à la foule des supporteurs de suivre le dernier match du championnat qui se déroulait à Caen. Nous étions des dizaines de milliers, et la joie de la victoire nous transporta d'un même élan.

Animé de cette foi nouvelle, je décidai de lancer Bordeaux dans l'aventure de l'Euro 2016. Je conservai le souvenir de la Coupe du monde qui, en 1998, avait contribué à redonner confiance en soi à la ville tout entière, tant l'ambiance dans nos rues avait été festive et même heureuse.

Mais pour participer en accueillant des matchs de la compétition, il fallait un stade aux normes de l'UEFA. Ce n'était pas le cas du stade Chaban. Pendant la campagne municipale de 2008, j'avais été très réticent à la proposition de mon adversaire socialiste de construire un nouveau et grand stade à Bordeaux. Je changeai d'avis… et lançai le projet. J'allai même jusqu'à accepter la présidence du club des villes hôtes de l'Euro 2016. J'ai dû essuyer, dans l'affaire, les critiques virulentes de quelques-uns de mes opposants politiques, les uns par esprit purement partisan, les autres par hostilité obsessionnelle au « foot-business ». Mais, au total, je pense avoir fait un bon choix : pendant tout un mois, en juin 2016, notre « fan zone » sur la place des Quinconces fut la plus fréquentée de toutes celles des dix villes hôtes (derrière Paris, bien sûr) dans une atmosphère bon enfant et sans le moindre incident. Et notre métropole est désormais dotée d'un superbe stade dont l'architecture due à l'équipe Herzog & de Meuron est à la fois originale et harmonieuse. Quant aux conditions dans lesquelles il a été construit, en partenariat public-privé, elles nous ont valu un satisfecit de la Cour des comptes elle-même.

Reste maintenant à le remplir. Aux Girondins bien sûr de relever le défi en remontant au plus haut du tableau. Là s'arrête la compétence du maire…

Bonnes nouvelles, en attendant : en 2023, la Coupe du monde de rugby, puis en 2024 les jeux Olympiques et Paralympiques nous feront vivre des moments forts et, je l'espère, de belles victoires dans le grand stade de Bordeaux.

S

Saint-Émilion

Le prénom d'Émilion n'est guère répandu ; pour ma part, je n'en connais aucun. Cruel oubli pour ce Breton qui quitta Vannes au VIIIe siècle et vint s'établir dans une grotte des bords de Dordogne. Des moines bénédictins le rejoignirent et, à sa mort, en 767, décidèrent de construire un village en son honneur.

Si le souvenir de l'ermite s'est effacé de nos mémoires, le village de Saint-Émilion, lui, a accédé à la célébrité mondiale, et pas seulement depuis son classement en 1999 au patrimoine mondial protégé par l'Unesco. Il est juste de préciser que le « bien » inscrit comprend sept autres villages situés au cœur des vingt-deux communes qui constituent le « Grand Saint-Émilionnais ».

On y cultive la vigne depuis près de deux mille ans. Les Romains l'y implantèrent au IIe siècle de notre ère et, comme le souligne l'Unesco, « la juridiction est un exemple remarquable d'un paysage viticole historique qui a survécu intact [pendant dix-neuf siècles !] et est en activité de nos jours ».

Toutes les fées étaient rassemblées autour du berceau : un terroir exceptionnel offrant plusieurs types de sol, des calcaires aux sableux ; trois principaux cépages, merlot, cabernet franc, cabernet sauvignon dont l'assemblage donne au vin sa finesse ; un climat tempéré, du moins la plupart du temps quand le gel ne fait pas de terribles dégâts comme ce fut le cas en 2017 ; et le savoir-faire de générations de vignerons amoureux de leur métier. Pour mériter l'A.O.C. Saint-Émilion (en fait, on en dénombre douze sur le territoire du Grand Saint-Émilionnais), ils doivent respecter un cahier de charges de production très exigeant. Que dire de leur vin ? Comment choisir entre la centaine de propriétés ouvertes au public ? Fidèle à ma ligne de conduite, je ne livrerai pas ici mes préférences ni mes commentaires ; mais que de trésors vieillissent dans ces chais dont beaucoup ont été somptueusement rénovés ou créés au cours des années récentes ! Je confierai seulement que nous eûmes quelque mal à extraire de l'un d'entre eux le président Poutine en visite à Bordeaux en 2003. Il se comporta alors en amateur très éclairé.

Le village de Saint-Émilion est construit sur un plateau calcaire dont la pierre fut méthodiquement extraite pendant dix siècles pour édifier les monuments de la cité mais aussi fournir, par la voie fluviale, sur la Dordogne, les matériaux nécessaires à l'embellissement de Bordeaux, et notamment à la construction de notre Grand Théâtre. Ce qui m'a coupé le souffle, jadis, lors de ma première visite, c'est l'extraordinaire réseau de galeries qui fut ainsi taillé dans le sous-sol, un labyrinthe de 200 kilomètres qui court sur 80 hectares. L'église monolithe, creusée au XIIe siècle dans un seul bloc de pierre, serait le plus vaste monument d'époque médiévale de ce type en Europe ; l'archiviste de la Société historique et archéologique de Saint-Émilion décrit en ces termes le choc que procure la découverte du lieu : « Comment exprimer l'angoisse mystique qui s'empare involontairement du visiteur ?… Ces souterrains dans lesquels ne parvient qu'une lumière blafarde, affaiblie. Le silence effrayant qui pèse sur ces pierres humides, rongées de mousse ; ces autels abandonnés ; ces emblèmes hiéroglyphiques et mystérieux dont on voudrait découvrir le sens ; le souvenir des tombes que l'on a rencontrées, celles qu'on découvre encore, tout cela laisse l'âme rêveuse et mélancolique, alors qu'un sentiment d'indéfinissable tristesse vous étreint douloureusement. »

Ce texte date de 1923 ; aujourd'hui l'église et son clocher sont bien entretenus et régulièrement confortés ; mais la même impression de mystère s'en dégage toujours.

Je rassure le touriste en balade : le parcours culturel que lui propose l'office du tourisme le conduira aussi en plein air, sous un soleil éclatant je l'espère, de merveille en merveille, dans « un musée à ciel ouvert de douze monuments incontournables », de la « tour du Roy », au cloître des Cordeliers ; des « halles du marché » au « palais cardinal ». Il sera bien inspiré de suivre les conseils de l'office et de s'équiper de « chaussures confortables et sans talon » pour arpenter les pavés un peu cahoteux, ainsi que d'un « gilet » pour supporter la différence de température entre l'extérieur et les espaces souterrains qui plafonnent à 13 °C.

La comparaison pourra surprendre, mais chaque fois que je gravis les ruelles de Saint-Émilion, je pense au Mont-Saint-Michel ou à Vézelay. Le chemin est escarpé, il faut fendre la foule, je me sens en pèlerinage. Sans doute l'émotion qui me saisit ici est-elle de nature moins spirituelle. Encore que, au bout de la course, j'éprouve un sentiment de paix devant l'admirable paysage où s'enchasse le village. Océan des vignes. Dans notre civilisation, on ne peut dénier au vin, fruit de la vigne et du travail des hommes, quelque chose de sacré.

Trêve de songerie. Les plaisirs de la chère vous attendent. Les caves, nombreuses, vous convient à de savantes (et raisonnables) dégustations ; les bonnes tables ne manquent pas ; et s'il vous suffit d'un en-cas, les macarons de Saint-Émilion feront l'affaire : la recette s'en transmet jalousement depuis le temps des Ursulines, il y a quatre siècles (1620).

Tous les ans, en janvier, les confréries, commanderies, connétablies… des nombreuses appellations bordelaises viennent en cortège, à travers la place Pey-Berland, présenter leurs vœux au maire de Bordeaux. Elles portent fièrement bannière ; leurs costumes sont chatoyants ; je suis très attaché à cette cérémonie un peu surannée mais qui manifeste publiquement la proximité de la ville et de son vignoble. Les jurats de Saint-Émilion, revêtus de leur cape d'un rouge éclatant, font bonne figure au milieu de leurs pairs. Je n'ai pas oublié mon intronisation dans leurs rangs, par une journée de canicule estivale. Et je sais le poids de l'histoire qu'ils portent sur leurs épaules : c'est en 1199 que Jean sans Terre – faut-il rappeler qu'alors l'Aquitaine était sous domination anglaise ? – accorda à Saint-Émilion une charte qui lui conférait l'autonomie administrative, judiciaire et financière ; la Jurade était créée pour exercer cette juridiction, ce qu'elle fit jusqu'à sa dissolution lors de la Révolution. En 1948, des vignerons reconstituèrent une confrérie qui reprit le nom de Jurade et l'ancienne robe rouge. Les jurats d'aujourd'hui n'ont plus les pouvoirs de ceux de jadis. Mais ils perpétuent l'amour de leur terroir.

Sangsues

« Elles sont belles, non ? » Selon le journaliste de *Libération* qui l'interviewe en 2004, Brigitte Latrille regarde, émerveillée, « ces bestioles gluantes comme des limaces, morveuses comme des escargots et mangeuses de sang comme mille moustiques ».

Pourquoi parler de sangsues dans un *Dictionnaire amoureux de Bordeaux* ?

J'ai conservé trois articles que le journal *Sud Ouest* a consacrés à la question en juillet 2010 :

1) « Russie : l'usine aux 3 millions de sangsues – Entre le centre international, au sud de Moscou, et la Gironde, les liens sont étroits » ;

2) « L'homme qui a convaincu l'Amérique – Avec l'aide de Rudy Rosenberg, les sangsues utilisées aux États-Unis viennent de Gironde » ;

3) « Pourquoi la sangsue a un bel avenir… Grâce à ses propriétés uniques, la salive de l'animal attire les médecins et les particuliers ».

On voit que l'enjeu n'est pas mince, pour la Gironde tout entière.

Mais si j'en parle ici, c'est parce que, dans les colonnes de *Sud Ouest* aussi, je retrouve Brigitte Latrille : « Principale éleveuse de sangsues d'Europe et deuxième de la planète dans ce club très fermé, la Bordelaise Brigitte Latrille sait que cette bestiole noire n'est pas très populaire dans le sud-ouest de la France. Même si elle prospère dans les marais d'Audenge. » Or Brigitte est la fille de Jacques avait lequel j'ai noué pendant deux ans à Bordeaux une correspondance inattendue.

Laissons donc tomber la salive de sangsue et ses extraordinaires vertus, que les spécialistes désignent du nom savant d'hirudinothérapie. Parlons des Latrille.

Le nom évoque dans ma mémoire un commerce de tissu du centre de Mont-de-Marsan. C'était dans l'autre siècle, du temps de mon enfance très peu folle… La famille était honorablement connue. Mon frère y avait des amis. C'est à Bordeaux, des décennies plus tard, que j'ai de nouveau entendu le nom de Latrille. Jacques Latrille, professeur de médecine, biologiste de renom, ancien président de l'université Victor-Segalen-Bordeaux 2, était aussi connu pour avoir été, dans les années 1980, le directeur de cabinet de Jack Ralite. Un universitaire communiste, donc. Au hasard d'une rencontre, un lien se noua entre nous. Il me proposa de m'aider en me livrant simplement ses pensées sur la situation bordelaise, mais aussi sur mon action nationale. Étrange mentor, d'esprit ouvert, voire complice, franc jusqu'à être décapant, à la limite d'une amicale impertinence. Son aide prit la forme de notes qu'il m'adressait de loin en loin, sous le titre : « Réflexions sur les bords de la Midouze ». La Midouze, née de la confluence de la Douze et du Midou, est la modeste rivière qui traverse notre ville natale commune, Mont-de-Marsan, avant de se jeter dans l'Adour. Il signait du pseudonyme de « Dominique de Gourgues », un compatriote dont il soulignait qu'il ne devait être connu que par le nom de la rue où lui-même avait passé toute son enfance. Il se proposait de me raconter un jour sa vie. En attendant, il me livrait cette phrase qu'il tirait de je ne sais quel livre : « Cet homme du XVIe siècle [1522-1582] ayant acquis de son vivant une renommée européenne, a fait preuve d'une tolérance, d'une hauteur de vue, d'une loyauté envers le pouvoir établi et l'intérêt de la France dont les supérieurs directs ne lui avaient pas toujours donné l'exemple. Comme tous les cadets gascons, il montra en toute occasion une froide ténacité, une obstination raisonnée, une faculté de se concentrer pour parvenir au but, qui lui ont assigné une place enviable parmi les grands capitaines. » Façon pudique de m'exprimer la considération qu'il avait pour moi, malgré la grande distance de nos parcours politiques respectifs. Mais entre gaullistes et communistes… J'aimais en tout cas notre relation, qui est toujours restée discrète, à la fois proche et lointaine, à sens unique j'en conviens. Il me donnait plus que je ne lui apportais. Mais il n'attendait rien. J'appris un jour qu'il était atteint d'un cancer grave. Au lendemain de son opération, il m'envoya une nouvelle livraison de ses « réflexions sur les bords de la Midouze ». Il y écrivait : « Au cours de ces longues journées et nuits, percé de tuyaux de toutes parts et ne pouvant que contempler les Velux des soins intensifs, j'ai bien évidemment été amené à beaucoup réfléchir sur la réalité et la finalité des choses et, en ce qui me concerne, à décider d'abandonner totalement des activités qui ne devaient leur réalité et leur pseudo-justification qu'à des séquelles de "vies antérieures". Ceci au profit d'un repli égoïste sur ma famille, mes amis proches, qui ont été si précieux en de pareils instants, et sur moi-même afin d'en profiter pour approfondir avec eux des recherches, des réflexions, des pensées parfois laissées au bord du chemin.

» Avec votre permission (vous me l'avez réitérée à plusieurs reprises), et en me permettant de vous inclure dans ce cercle, j'inclurai les "réflexions sur les bords de la Midouze" dans ce nouveau contexte. »

Cela n'a pas duré. La maladie l'a emporté très vite. Je regrette de ne pas lui avoir donné assez de temps. Il m'a écrit, sur l'épreuve de mon procès, des phrases qui témoignaient d'une intelligence subtile et surtout d'une grande compréhension humaine.

Il attachait beaucoup d'importance à l'activité de sa fille en hirudinothérapie. Je lui paie ici un petit tribut d'amicale reconnaissance.

Sanson, Éric

Au fond, je ne sais pas grand-chose d'Éric Sanson : comédien, metteur en scène bordelais, créateur en 1997 de la Compagnie du Mirail, puis du Petit Théâtre début 2000. Il interprète *Pilate, l'homme aux mains nettes* sur un texte de Michel Suffran, *Cyrano, né Bergerac*, *Baudelaire juste avant la nuit...* toujours avec Michel Suffran. Mais aussi *Sanson dans le vin*, textes de Bachelard, Baudelaire, Colette, Giono, des Bordelais Pierre Veilletet, Jean-Pierre Xiradakis... Dans des endroits rares, à Bordeaux : le théâtre de La Lucarne, le musée des Chartrons, l'espace Saint-Rémi, rue du Faubourg-des-Arts où il est maintenant installé. Mais aussi à la collégiale de Saint-Émilion ou au théâtre de Nesle à Paris.

J'éprouve pour l'artiste une sorte de fascination. Seul en scène, dans des décors minimalistes et des mises en scène épurées, il tient son public. La voix est belle, la diction parfaite. On sent de la jubilation dans son maniement de la langue. Le visage rayonne, la présence est intense. Et les textes sont exigeants.

Je vais voir son dernier spectacle le 4 janvier 2014 au Petit Théâtre (qui porte bien son nom : une vingtaine de places, dans l'harmonieuse et encore un peu secrète rue du Faubourg-des-Arts) : *De Profundis*, d'Oscar Wilde. Il présente ainsi la pièce : « Condamné pour homosexualité, Oscar Wilde rédige *De Profundis* dans la prison de Reading, et si cette longue lettre adressée à son jeune amant, lord Alfred Douglas, évoque leur passé commun, elle est aussi pour l'écrivain le moyen de se retrouver, comme s'il fallait retisser le tissu défait d'une existence à la fois futile et perdue. Son modèle devient alors le Christ. »

Mais quel Christ ! Wilde explique au petit pantin de bois désarticulé qui lui tient lieu de partenaire que le Christ est d'abord un héros romanesque, fondamentalement individualiste et non point altruiste comme on le présente en général. Et que, en fin de compte, ce n'est pas tant les pauvres qui l'intéressent, car ils sont sauvés d'avance, mais les riches et les pécheurs qu'il vient racheter. Sa raison d'être en somme, son business, pour parler vulgairement. J'ai envie de relire ce texte.

À la fin de la pièce, Éric Sanson adresse un petit compliment à son public, enthousiaste au demeurant. Il signale gentiment ma présence et raconte une anecdote que j'avais un peu oubliée : il entre dans un restaurant à Bordeaux et me voit à table avec Isabelle ; et voici que, sans réfléchir, il m'interpelle bruyamment : « Alain, je t'aime ! » Isabelle réagit en souriant : « Je vous comprends, moi aussi. »

Sempé, Jean-Jacques

Je garde un excellent souvenir de ma rencontre avec Jean-Jacques Sempé à Bordeaux. C'était en octobre 2002 (déjà !) lors de l'inauguration de l'exposition d'une centaine de ses dessins originaux au musée d'Aquitaine. J'avais trouvé l'homme d'un abord simple et bienveillant. Sans doute se sentait-il un peu chez lui dans notre ville. Il y est né en 1932. À Pessac pour être tout à fait exact. Il y a passé son enfance et son adolescence jusque dans les années 1950. Il raconte que c'est dans la petite cour de son école primaire, rue David-Johnston, qu'il a puisé son inspiration pour créer le décor des aventures du Petit Nicolas. Ma fille Clara a fréquenté cette école, quelques décennies plus tard. La cour, plantée des quatre arbres immortalisés par Sempé, est toujours petite ; je ne sais si les élèves d'aujourd'hui sont fiers de la notoriété qu'elle a acquise.

Sempé commence à dessiner pour *Sud Ouest*. Il entre en contact avec Chaval, l'humoriste bordelais déjà célèbre à qui il montre ses premiers dessins. Chaval ne l'encourage pas vraiment : « Écoutez, lui dit-il, faites autre chose. C'est un métier très difficile. » Mais il lui donne des adresses de journaux parisiens. Sempé monte alors dans la capitale, malgré la mise en garde du rédacteur en chef de *Sud Ouest*, Henri Amouroux : « Ah ! Sempé, vous partez pour Paris ? Vous voulez aller travailler à Paris ? Eh bien, Sempé, levez-vous tôt ! » Se levait-on tard, à l'époque, à *Sud Ouest* ?

Sempé applique le conseil à la lettre, avec succès puisque de grands journaux l'accueillent : *Ici Paris*, *France Dimanche*, *Le Figaro*… Il aime Paris : « Quand je suis arrivé à Paris, j'ai trouvé les Parisiens très gais. Je venais de Bordeaux où les gens n'étaient pas naturellement souriants. J'ai été tout de suite enchanté par le métro, les autobus, la fièvre de la ville. Et surtout, j'ai fait beaucoup de vélo. Pendant trente ans, je suis allé partout à bicyclette. Si j'étais invité le soir et s'il pleuvait des cordes, j'arrivais trempé comme une soupe. Mais, oui, j'aimais ça ! » Question vélo, même par temps de pluie, Bordeaux a remonté son handicap… Question gaieté aussi !

C'est pourtant dans un journal belge, *Moustique*, qu'il publie les premiers dessins du Petit Nicolas, avant d'en faire, avec le concours de son ami René Goscinny, une bande dessinée promise au succès que l'on sait.

« Le Petit Nicolas, c'est d'abord une histoire d'amitié, confie-t-il. Nous avons mis nos souvenirs d'enfance en partage. Je racontais à René mes histoires de football, de colonies de vacances, mes chahuts à l'école. Et René Goscinny adorait interpréter ces souvenirs. Partant de ce que je disais, il a brodé tout autour, inventé tous les personnages, imaginé des situations et nous avons fait *Le Petit Nicolas* tel qu'on le connaît. Disons que sans René Goscinny, il n'y aurait pas eu de Petit Nicolas. Et ajoutons que sans moi, il n'y aurait pas eu de Petit Nicolas non plus ! Oui, nous étions de vrais complices. » Toujours, à la fois, la franchise et la modestie de Sempé.

On connaît son prestigieux parcours, tout au long du siècle : sur le conseil de Chaval, qui n'avait pas été totalement dissuasif, sa collaboration, durable, avec le *New Yorker* (« Je découvrais une revue où le dessin d'humour constituait clairement un art à part entière, loin de la caricature ou du dessin satirique. Bref, j'étais ébloui par le talent, les idées de ceux qui faisaient ce journal »), mais aussi avec le *Paris Match* de Roger Thérond, ou *L'Express* de Françoise Giroud. Et quarante albums égrenés de 1962 à 2010.

Pour moi, Sempé occupe une place à part parmi les humoristes de notre temps. Il porte sur ses semblables un regard lucide mais indulgent. « Je déteste le ricanement, dit-il. Le seul parti que, à la limite, je pourrais tolérer, ce serait celui du sourire. » Ou bien encore : « Quand je me suis mis à dessiner, j'ai eu envie de dessiner des gens heureux. Envie de faire du dessin humoristique avec des gens heureux. Ce qui est folie. Mais ça, c'est mon caractère. » Bien sûr, il moque les balourdises, les maladresses, les mesquineries de ses contemporains. Mais sans méchanceté, sans volonté de blesser ou d'humilier. « Dans mes dessins, explique-t-il, je ne m'acharne pas sur la vieille dame qui fait une prière à Dieu ; c'est la situation qui, souvent, me semble comique, pas la personne. C'est attendrissant que quelqu'un demande quelque chose à qui que ce soit. »

Naïveté ? Certes pas. La vie ne l'a pas ménagé. Il qualifie son enfance de « lugubre et un peu tragique ». Le suicide de son ami Chaval le laisse « anéanti », celui de Bosc plus tard « re-anéanti » selon ses propres mots.

Il admire, dit-il, « profondément celui qui a trouvé cette phrase extraordinaire : “L’homme est un animal inconsolable et gai.” Comment peut-on avoir pensé à ça ? C’est une formule de génie absolu. On ne peut pas vivre si l’on n’est pas gai. Même si rien ne va, il y a la gaieté. On pourrait appeler ça la joie de vivre, la joie d’être. Et inconsolable, on l’est. Oui, on est complètement inconsolable. Alors, je fais avec les deux… »

Comme son ami Jacques Tati, il observe la comédie humaine sans mépris, sans arrogance, sans sarcasme. Il respecte ce qu’il appelle « l’héroïsme du quotidien », « la disproportion entre le petit être humain et les problèmes qui se posent à lui ».

C’est sa part d’humilité : « Aussi petits que soient mes personnages, je ne les regarde jamais de haut. D’ailleurs, je suis toujours quelque part dans un coin du dessin. »

Sigma

Bordeaux, ville bourgeoise et conservatrice ? C’est parfois l’image qu’en ont ceux qui la connaissent mal. Sans doute a-t-elle bien changé au cours des deux dernières décennies. Mais elle a toujours aimé se lancer des défis et même se faire peur… À preuve, Sigma.

Sigma, 25 ans pour une culture visionnaire à Bordeaux. C’est le titre du gros livre que je feuillette pour mieux comprendre la fascination que le seul mot de Sigma exerce encore sur des générations de Bordelais.

Je n'ai pas connu « l'aventure de ce festival » qui a mis la ville en émoi pendant vingt-cinq ans. Quand j'ai été élu en 1995, la page était déjà tournée, et Roger Lafosse, le démiurge de Sigma, avait posé le sac. Mais l'empreinte est profonde et l'on me parle souvent de Sigma avec nostalgie et même une nuance de reproche comme si ma venue avait provoqué sa disparition.

Fin 2013, le CAPC a fait revivre Sigma en puisant, dans les archives municipales, textes, vidéos, bandes-son, dossiers légués par l'épouse de Roger Lafosse. Belle occasion de magnifier le souvenir et d'entretenir la nostalgie. « Sigma hante aujourd'hui la mémoire culturelle de la ville », écrivit-on à cette occasion (article de Françoise Taliano-des-Garets). « Bordeaux n'a pas retrouvé cet élan créateur, cette exigence de qualité mêlée d'impertinence, en phase avec une époque et un public. L'alchimie tenait aux hommes certes, acteurs culturels et acteurs politiques, à la capacité d'écoute autant qu'à la place dévolue à la création. Dans un monde où la valeur marchande et l'audience sont les critères de la réussite, l'affadissement festif a malheureusement plus de chance de capter l'attention du politique. »

Qu'était-ce donc que Sigma ?

Première définition donnée par les initiateurs eux-mêmes de l'événement : « Sigma, 18e lettre de l'alphabet grec, représente la somme infiniment grande de quantités infiniment petites. Nous n'avons pas choisi ce titre parce qu'il était un peu mystérieux mais parce que l'art comprend une infinité de choses dont certaines se dégagent mal, parce qu'elles sont inconnues ou parce que leurs prolongements n'apparaissent pas. » Un peu abscons…

Définition plus institutionnelle sous la plume de Jacques Chaban-Delmas : « Comme chaque année, le présent exige une créativité toujours renouvelée afin de continuer à fonder l'avenir tout en ne cessant pas de renforcer le rayonnement de notre chère grande ville, et dorénavant, à l'échelle européenne. » Pleins feux sur Bordeaux, bien sûr.

Lyrisme avec Jean Lacouture : « J'ai vécu vingt ans dans un Bordeaux emmailloté dans ses nostalgies, maquillé de suie, vêtu de sombre et terrifié par le moindre écho de modernité où la peinture s'arrêtait à Degas, la musique à Fauré, l'histoire à Clemenceau. Trente ans plus tard, c'est l'irruption des semaines Sigma, l'art le plus vivant, le moins bridé ; c'est un Bordeaux décrassé réinventant son passé non comme une nostalgie mais comme une aventure, fourmillant d'inventivité menue, de gourmandise conquérante, d'hospitalité ingénieuse. Un Bordeaux qui aurait senti passer sur lui comme le vent du large. » Lyrisme et politique.

Approche carrément politique dans un article publié en 1999 dans une revue d'histoire, sous le titre : « Un grand maire et la culture : le chabanisme culturel » (*Vingtième Siècle, revue d'histoire*, par Françoise Taliano-des-Garets).

Chabanisme culturel, qu'est-ce à dire ?

D'abord un volontarisme fort qui s'apparente même au fait du prince. « La culture est le domaine réservé du maire. Les adjoints à la culture sont sans poids véritable, de simples rouages de façade… Le maire est bien celui qui décide de la validité d'un projet, il est le personnage clé que les acteurs culturels doivent rencontrer. Des rapports de fidélisation se créent ensuite, voire d'amitié, qui permettent au système de fonctionner dans une ambiance apparemment libérale. »

Deuxième trait caractéristique du chabanisme culturel en effet : la confiance faite à quelques hommes qui ont accès direct au maire. Roger Lafosse pour Sigma,

Jean-Louis Froment pour le CAPC, Alain Lombard pour l'orchestre. Et, pour entretenir cette relation privilégiée, une générosité exceptionnelle : « En 1992, la ville consacrait 27 % de son budget à la culture, ce qui la classe parmi les plus dépensières. À titre de comparaison, la part du secteur culturel dans les dépenses générales des communes est alors en moyenne de 10 %. »

Et puis surtout, chez Chaban, il y a le projet d'étonner pour mettre Bordeaux sous le feu des projecteurs. En 1965, au démarrage de Sigma, il affirme : « La chose n'a jamais été tentée, pas même à Paris. » Alors, c'est carte blanche à l'audace et même à la provocation. En 1966, un happening créé par Jean-Jacques Lebel invite plusieurs centaines de Bordelais à se promener, un sac en papier sur la tête, à l'aveuglette dans les rues de la ville. Ce fut « un rush, un raz de marée, une de ces grandes lames de fond qui bouleversent l'ordre établi et remettent tout en question », s'enthousiasme sans nuances Maurice Fleuret. En 1971, six notables bordelais pédalent sur six bicyclettes pour alimenter en électricité un projecteur qui montre sur un écran des courants d'air chauffés par une centaine de bougies. Et ainsi de suite…

Mais au-delà de la provocation qui révolte à la fois les bourgeois et les marxistes (*dixit* René Quinson dans *Combat*, le 29 octobre 1969), qui suscite l'hostilité de l'aile gauche du conseil municipal (le conservatisme transcende les clivages partisans)… et même la réserve de Jean-Claude Guillebaud (« Je fus rétif et moqueur »), Roger Lafosse est un extraordinaire découvreur de talents. Il convoque à Bordeaux, à l'Alhambra, au Capitole, à l'entrepôt Lainé et autres lieux peintres, musiciens, architectes, cinéastes, sociologues, acteurs, écrivains, savants, hommes du réel et hommes de l'imaginaire… Il est impossible d'en donner la liste, qu'il s'agisse des arts plastiques ; du théâtre avec par exemple le Living Theatre, de grands noms solitaires comme Zouc ou les trois compères bordelais Lenoir, Tiberghien et Blanloeil ; de la danse, Pilobolus, Carolyn Carlson qui fait ses premières armes à Sigma, Merce Cunningham, le butō, danse japonaise à la fois archaïque et sophistiquée ; de la musique, de Pierre Henry à Pink Floyd, le jazz (Miles Davis fut souvent invité à Sigma) ; ou bien encore le Grand Magic Circus de Jérôme Savary, le cirque Aligre, le cirque équestre Zingaro, tout comme Royal de luxe. Extraordinaire foisonnement !

Avec toujours la même dose de provocation…

Au cinéma par exemple où se succèdent quatre palmarès : le Navet doré couronne le plus mauvais film du monde, la Cantharide d'or le film le plus érotique, la Palme de caoutchouc le film comique le plus ringard, la Minerve de plomb le film le plus violent.

Sans oublier les colloques, la plupart du temps de haut niveau même si, en novembre 1979, Jean-Edern Hallier, auteur de la *Lettre ouverte au colin froid*, bombarde de colins (frais) les autres participants (Alain de Benoist, Guy Hocquenghem et Philippe Nemo), qui traitent pourtant d'un beau sujet : « Culture et art dans la société actuelle ». En 1987, Bernard Faivre d'Arcier, Jacques Rigaud, Pierre Bourdieu, Jean-Marie Drot débattent plus sereinement autour d'une pensée de Pascal : « Il n'est pas certain que tout soit certain », sans doute nourrie de celle de Pline l'Ancien : « La seule certitude, c'est que rien n'est certain. »

Toute aventure a une fin. Celle du chabanisme culturel fut principalement budgétaire. Certes le génie créateur de Roger Lafosse commençait à s'essouffler. Mais surtout, la chambre régionale des comptes rappelait la municipalité au sens des réalités. « C'est en 1992 qu'est prise la décision de limiter les dépenses. Cette date marque un véritable tournant… En 1994, le Mai musical et Sigma n'ont pas lieu… Leurs jours sont comptés. » En 1995, je suis obligé d'expliquer à Alain Lombard que j'ai certes la plus grande admiration pour sa direction d'orchestre mais que les rallonges budgétaires régulièrement consenties par Chaban ne sont plus dans les moyens de la ville. La dernière grande expo de Jean-Louis Froment et la gestion du CAPC ne peuvent survivre aux injonctions de la chambre régionale des comptes. Le nouveau maire va devoir réinventer la politique culturelle de Bordeaux.

Je voulus relever le défi et assurer à Sigma une postérité. Ce fut, en octobre 2009, Evento (voir cette entrée).

Skate

Bordeaux, spot de skate.

On connaît, dans mes équipes, ma phobie du franglais. Mais là, je suis obligé d'y passer. *Spot* : le lieu, l'endroit, la place où il faut être. Par exemple les spots de surf, tout proches sur la côte atlantique, Lacanau, Hossegor, Biarritz, etc. *Skate* : planche à roulettes bien sûr, le mot est déjà dans le *Petit Robert* édition 2006 dont je me sers encore.

Bordeaux, donc, capitale de la pratique du skate-board, troisième ville européenne après Barcelone et Berlin selon *Sud Ouest* (17 novembre 2016). « On vient du Japon, des

États-Unis et de toute l'Europe, pour l'architecture propice, le bien-vivre et la sécurité. »

Il faut dire que je l'ai bien cherché. Dans l'aménagement des quais de la Garonne, j'ai fait installer un grand skatepark dont la fréquentation a dépassé toutes les prévisions ;

ses parois sont décorées par des graffeurs de talent (autre spécialité bordelaise) ; son revêtement a été conçu pour amortir le bruit, et les riverains n'ont émis aucune protestation. La reconquête de vastes espaces publics sur la circulation automobile a ouvert de belles perspectives piétonnières très appréciées par les pratiquants de cette véritable religion ; en artistes chevronnés, ils utilisent le mobilier urbain, notamment les bancs longs et lisses destinés au repos des promeneurs, comme tremplin à sauts dans des évolutions à couper le souffle. Sur la rive droite, j'ai permis à Darwin (voir cette entrée), en attendant que commencent les chantiers du nouveau quartier Bastide-Niel, d'utiliser un vaste hangar pour y créer un skatepark couvert (*in door*, bien sûr), équipement réclamé à cor et à cri par les skaters. Le succès est tel que le bâtiment sera finalement conservé.

Mais alors, où est le problème ? Comme toujours dans l'excès…

De nombreux espaces de la ville, et principalement de son cœur historique, sont littéralement envahis par les passionnés de ce qui est devenu une discipline à la fois sportive et artistique, presque une religion. Les skaters dévalent la moindre pente d'une ville pourtant plate, bondissent sans prévenir entre les piétons surpris, zigzaguent dans les voies piétonnes les plus populeuses… et tout cela dans un vacarme qui exaspère les riverains. La planche à roulettes sur le granit, ça fait du bruit ! Les réactions varient sur une échelle de 1 à 10. Parmi les plus virulents, je compte certains habitants de la place Pey-Berland qui bombardent la mairie de messages furibonds ; l'un d'entre eux a mis sa menace à exécution et vient de déménager. Ce que j'ai ressenti comme un échec, tant je souhaite que le centre-ville puisse accueillir une population stable, et notamment des familles.

Alors que faire ?

J'ai commencé par prendre un arrêté municipal d'interdiction sur certains espaces particulièrement sensibles, par exemple la place Pey-Berland. Une interdiction n'a de sens que si la sanction suit. Mes policiers municipaux m'ont rapidement convaincu qu'il leur était impossible de passer leur temps à verbaliser des dizaines de contrevenants, souvent très jeunes et extrêmement mobiles !

Et puis les médias n'ont pas tardé à se faire l'écho des protestations de l'autre camp, celui des skaters cette fois. Ainsi *Sud Ouest* du 17 novembre 2016, déjà cité : « Le Bordelais Léo Valls, figure mondiale du skate, déplore la répression des pratiquants et appelle à des solutions négociées appliquées dans d'autres villes. »

L'avertissement était clair : que pèse un maire face à une « figure mondiale » ? Mon adjointe à la jeunesse et aux sports, dont les conseils sont toujours avisés, m'a proposé d'ouvrir une concertation avec les intéressés qui, selon elle, sont organisés en associations représentatives. Je lui ai donné le feu vert. Au terme des discussions, un accord a été conclu entre la ville et les responsables associatifs qui encadre la pratique dans certaines tranches horaires et dans certains espaces. Accord, et c'est pour moi une bonne surprise, à peu près respecté.

Mais la situation reste très fragile. Et, au-delà du skate, c'est la question beaucoup plus vaste du partage de l'espace public qui est posée.

Dans ma politique de transformation urbaine de Bordeaux, j'attache une importance majeure à la qualité des espaces publics. À la fois parce que leur reconquête contribue de manière décisive à la qualité d'une vie quotidienne apaisée, moins bruyante et moins stressante, mais aussi parce que ces espaces sont le lieu de la véritable mixité sociale. La convivialité qui règne sur les quais tant rive droite que rive gauche en est la meilleure démonstration. Un large périmètre du centre-ville est protégé de la circulation automobile par des bornes d'accès que seuls peuvent abaisser les résidents ou certains professionnels (artisans, médecins…). Les terrasses de café envahissent le moindre trottoir ; on vit de plus en plus dehors ; je me risque à dire que Bordeaux est devenu une ville méditerranéenne.

Mais le partage harmonieux de ces espaces est un équilibre précaire entre tous ceux qui les fréquentent : piétons de tous âges, cyclistes, skaters, automobilistes, motards, utilisateurs d'engins traditionnels (la trottinette revient en force, et pas seulement sous les pieds des enfants) ou innovants, tels les gyropodes électriques pour nos touristes et… nos policiers municipaux. Dans un monde parfait, tous ces sympathiques occupants du domaine public devraient cohabiter dans le respect mutuel. Mais, même à Bordeaux, nous ne vivons pas dans un monde parfait : les automobilistes ne respectent pas toujours les limitations de vitesse, ce qui nous contraint à multiplier les « gendarmes couchés » et autres ralentisseurs ; les cyclistes brûlent souvent les feux rouges et circulent sans complexe sur les trottoirs, au grand dam des personnes âgées et des mères de famille ; les piétons sont rois et traversent imprudemment rues et plates-formes du tram sans tenir le moindre compte de la signalisation routière, etc. Je me souviens de ma stupeur quand, à Montréal, alors que je m'étais engagé sur un passage protégé sans attendre que la figurine piétonne passe au vert, je me suis fait vigoureusement rappeler à l'ordre… par les passants !

Alors, nous multiplions les appels au respect des bonnes pratiques, nous diffusons un « code de la rue » qui s'adresse à tous, notre police municipale fait les gros yeux et dresse souvent procès-verbal. Et la vie continue dans un désordre raisonnable. Trop tendue pour certains, trop cool pour d'autres, et au total, plutôt heureuse. Question de tempérament.

Sousa Mendes, Aristides de

Chaque année, une petite cérémonie rassemble quelques fidèles autour du buste d'Aristides de Sousa Mendes. Ce buste, installé sur l'esplanade Charles-de-Gaulle à

Mériadeck, non loin de la stèle de la France libre, est l'œuvre du sculpteur portugais Margarida Santos. Elle a été dévoilée en 1994 par Mário Soares, président de la République portugaise en exercice (1986-1996). Si j'aime me recueillir devant ce monument, peu connu des Bordelais, c'est que l'homme dont il perpétue la mémoire est l'un de ces discrets héros qui méritent reconnaissance.

Aristides de Sousa Mendes do Amaral e Abranches était consul du Portugal à Bordeaux lorsque éclata la Seconde Guerre mondiale. En mai-juin 1940, des dizaines de milliers de personnes, fuyant l'avancée des troupes allemandes, se retrouvent à Bordeaux et cherchent refuge au-delà de nos frontières. Le régime portugais ne cache pas ses sympathies pour l'Allemagne nazie mais reste officiellement neutre. Atteindre Lisbonne semble donc une promesse de liberté pour les juifs et les réfugiés politiques qui se savent menacés de persécution. Ils se massent devant le consulat du Portugal pour obtenir un visa d'entrée dans ce pays. L'histoire raconte que, ayant appris le sort réservé aux juifs en Allemagne, Sousa Mendes s'enferma trois jours dans sa chambre. Quand il en sortit, sa décision était prise : malgré les ordres de Salazar qui interdisait aux consuls portugais de délivrer des visas aux juifs, aux Russes, aux apatrides... il se met à signer, jour et nuit, près de 30 000 sauf-conduits qui sont autant de titres de délivrance. Quand le gouvernement portugais découvre la manœuvre, il désavoue Sousa Mendes et le rappelle à Lisbonne. Il y mourra après la guerre, en 1954, oublié de tous, dans l'indigence mais toujours fier de ce qu'il considérait comme un geste de simple humanité.

Selon un spécialiste de la question des réfugiés juifs, ce fut « la plus grande action de sauvetage menée par une seule personne pendant l'Holocauste ».

En 1966, à Jérusalem, l'Institut Yad Vashem a honoré Aristides de Sousa Mendes du titre de « Juste parmi les nations » et planté un arbre à sa mémoire. Ce n'est qu'en 1987, bien longtemps après la chute du régime de Salazar, que les autorités portugaises le réhabilitèrent.

En 2009, un téléfilm français intitulé *Désobéir*, tourné en grande partie à Bordeaux, a raconté son histoire sur les écrans de France Télévisions. La librairie Mollat a publié sa biographie sous la plume de José-Alain Fralon, grand reporter au *Monde*.

Bordeaux est membre du réseau des « Villes et villages des Justes ». Le 16 septembre 2008, j'ai inauguré, sur le parvis de la gare Saint-Jean, l'esplanade des Justes, où sont gravés treize noms, dont celui d'Aristides de Sousa Mendes, à côté notamment de celui de Jacques Ellul.

Le 8 juin 2015, trois nouveaux Justes ont été reconnus à titre posthume lors d'une cérémonie que j'ai présidée à la mairie avec l'ambassadeur d'Israël de l'époque, qui a rappelé les raisons de cette reconnaissance : en décembre 1943, le grand rabbin de Bordeaux, Joseph Cohen, échappe à la Gestapo venue l'arrêter à son domicile. Il se réfugie chez une amie, Marcelle Larrigaudière, tandis que sa femme, hospitalisée, est recueillie plus tard par Suzon et Fernand Favre. Le rabbin et leurs enfants la rejoignirent ensuite. Fernand Favre les fit tous conduire en zone libre grâce à la camionnette de son entreprise. Ils y restèrent jusqu'à la Libération. Telle est la véridique histoire du sauvetage du rabbin Cohen et de sa famille et non pas celle inventée lors de son procès, par Maurice Papon qui prétendit avoir lui-même contribué à ce sauvetage *via* l'archevêché de Bordeaux. Le nom de Bordeaux a été associé à celui du procès Papon à la fin des années 1990. Et il est bon que ce procès ait eu lieu avec toute la publicité nécessaire à l'établissement de la vérité historique. Mais Bordeaux, ce sont aussi des « Justes parmi les nations » dont le courage ne doit pas être oublié.

Chaque année, en janvier, nous évoquons les souvenirs de cette terrible période lors de la cérémonie commémorative de la rafle de 1944 qui se tient à la grande synagogue de Bordeaux.

Plusieurs centaines de juifs de notre ville, mais aussi de Libourne, Arcachon, Bayonne ou Pau furent arrêtés le 10 janvier, enfermés dans la synagogue, puis dirigés vers Drancy avant de partir pour Auschwitz sans espoir de retour. L'opération avait été soigneusement préparée par les Allemands et exécutée par les autorités françaises,

Maurice Papon étant secrétaire général de la préfecture de Gironde. Au total, sur une communauté juive qui comptait 5 000 personnes à Bordeaux avant la guerre, 1 600 ont été déportées, dont un nombre infime a survécu.

Cette communauté avait vécu en paix et dans la prospérité pendant des siècles. Chassés d'Espagne en 1492 par le décret de l'Alhambra des Rois catholiques, puis du Portugal, nombreux furent les juifs séfarades qui s'installèrent alors à Bayonne et à Bordeaux. Beaucoup avaient été contraints de se convertir au catholicisme ; on les désignait du nom de « nouveaux chrétiens » ; mais la plupart restaient clandestinement fidèles au judaïsme. Avec le temps, les rois de France leur accordèrent un statut d'exception favorable. Des familles prospérèrent, comme les Gradis, dans l'armement maritime et la banque au XVIIe et XVIIIe siècles. Plus tard, ce fut le tour des frères Pereire. Pierre Mendès-France est issu d'une lignée bordelaise venue du Portugal et installée dans notre ville depuis la fin du XVIIe siècle.

Ironie de l'histoire : c'est un consul portugais qui sauve les juifs jadis chassés du Portugal en leur délivrant des visas pour Lisbonne !

La décolonisation de l'Afrique du Nord provoqua un afflux de familles juives qui, selon le grand rabbin Claude Maman, revivifia la communauté décimée pendant la guerre : « Si, en 1492, les exilés d'Espagne renforcèrent nos communautés, il y a quarante ans, de nouveaux exilés, par leur attachement à nos principes religieux, par leur foi, nous redonnèrent vie et confiance. L'unité a été préservée, et c'est ainsi que nous pouvons, dans notre belle synagogue, chanter et prier avec ferveur. »

Belle synagogue en effet, l'une des plus vastes d'Europe. Un premier édifice avait été détruit en 1873. L'actuel bâtiment fut érigé entre 1877 et 1882 par les architectes Charles Durand et Paul Abadie. Sa façade monumentale, sur la rue du Grand-Rabbin-Joseph-Cohen, non loin de la rue Sainte-Catherine, est cantonnée de deux imposantes tours. Les spécialistes soulignent, dans sa décoration, l'entremêlement des motifs orientalistes, palmes et arabesques. J'assiste régulièrement aux cérémonies où sont conviées les autorités civiles et militaires. On y prie « pour la République française ». J'aime les chants profonds qui s'élèvent dans le vaste espace intérieur au fond duquel « l'arche sainte » est dissimulée derrière un rideau grenat ; au centre, l'estrade sur laquelle officient les ministres du culte est précédée d'un chandelier à sept branches haut de 4,5 mètres. Je suis toujours surpris par la liberté de mouvement des fidèles qui vont et viennent pendant les offices.

J'aime parler avec Claude Maman, l'ancien grand rabbin, aujourd'hui à la retraite. Sa voix est douce et ses pensées sont sages. Il a exercé son ministère à Bordeaux de 1975 à 2006. Trente et un ans au cours desquels il a su garantir la cohésion de sa communauté, animer un dialogue fécond avec les autres religions, travailler en confiance avec la municipalité et les pouvoirs publics en général. Il fait désormais partie du cabinet du grand rabbin de France Haïm Korsia, où il est chargé des « derniers devoirs ».

Je perçois l'inquiétude de la communauté devant la menace terroriste et la résurgence de l'antisémitisme. Avec les représentants de l'État, nous faisons preuve de la plus grande vigilance pour assurer la sécurité des lieux de culte et du centre culturel Yavné, qui accueille le Cercle des amitiés judéo-chrétiennes. Je suis reconnaissant aux rabbins successifs et au président du consistoire qui fait partie de mon équipe municipale de s'impliquer pleinement dans le dialogue interreligieux que je voudrais exemplaire à Bordeaux.

Stefanini, Patrick

Patrick Stefanini a été préfet de la région Aquitaine, préfet de la Gironde, de mai 2011 à juillet 2012. L'alternance politique de 2012, l'arrivée de François Hollande à l'Élysée, celle de Jean-Marc Ayrault à Matignon lui furent fatales. Il est vrai que sa nomination par le gouvernement précédent, celui de François Fillon, avait soulevé quelques vagues dans le Landerneau socialiste girondin où l'on dénonçait un choix très politique. Mme Delaunay, députée, s'interrogeait sur la pratique républicaine en ces termes : « La nomination ce jour du préfet Patrick Stefanini, préfet de la région Aquitaine [...], vient en contradiction avec l'essence même de la fonction préfectorale qui est le service d'un État impartial. » Bref, j'étais suspecté d'avoir fait nommer mon homme à l'hôtel de Nesmond (la résidence préfectorale) pour servir mes intérêts !

En fait, je n'avais rien demandé, même si je me réjouissais de la venue d'un haut fonctionnaire dont je connaissais les qualités et la parfaite capacité à exercer cette fonction éminente. Les choses n'ont d'ailleurs pas traîné : en quelques semaines, le nouveau préfet a fait ses preuves, et les élus de tous bords ont apprécié son ardeur au travail, sa disponibilité à leur égard et son équanimité dans les arbitrages qu'il avait à rendre. Ce fut un grand préfet, et tout le monde regretta que le sectarisme politique du nouveau pouvoir ait provoqué son départ au bout d'un an à peine.

Mais si je parle de Patrick Stefanini dans ce dictionnaire, ce n'est pas seulement pour rendre hommage à son bref passage à la préfecture de Bordeaux. Une rencontre plus récente m'a donné envie d'évoquer en quelques lignes mes relations avec lui.

Elles sont anciennes : c'est en 1991 que nous avons commencé à travailler ensemble au RPR. En mai 1995, je lui confiai le poste de directeur adjoint de mon cabinet à Matignon. Depuis ce temps, et dans des configurations diverses, nous ne nous sommes jamais perdus de vue. Outre sa capacité de travail, son efficacité, sa rapidité d'exécution, j'ai aimé en lui la droiture morale, la fidélité et le courage. Je n'ai pas oublié qu'il fut le seul à assumer avec moi la responsabilité de l'affaire des emplois fictifs du RPR et de la ville de Paris qui nous valut à tous deux, et à nous seuls, une condamnation pénale. Tout au long du procès, il eut une attitude d'une grande dignité. D'autres, tout aussi concernés, observaient de loin…

J'ai retrouvé Patrick Stefanini à Bordeaux en décembre 2017. C'était chez Mollat, à la Station Ausone, où il était venu, comme tout auteur qui se respecte, présenter son livre *Déflagration*. Sous forme d'entretiens avec la journaliste Carole Barjon, il y livre son récit de la campagne de la primaire de la droite et du centre et de la campagne présidentielle de François Fillon qu'il dirigeait. Je l'ai attentivement écouté répondre aux questions de Jean Petaux, professeur à Sciences Po Bordeaux. J'en ai retenu ce qui constitue pour moi deux clarifications politiques importantes.

D'abord, avril 2013. Patrick Stefanini raconte le dîner qui nous a réunis chez lui avec nos épouses et Édouard Philippe. Ce que j'ai, pour ma part, surtout retenu de ce dîner, fort amical au demeurant, c'est le coup de téléphone que Patrick me passa le lendemain. Il me fit part de sa profonde déception : il s'attendait à ce que je lui propose de diriger ma campagne… en vue de l'élection présidentielle de 2017. Il m'annonçait que, faute de proposition de ma part, il allait accepter celle de François Fillon.

Je me suis toujours fixé une règle dans ma relation avec mes collaborateurs : celle de ne pas faire obstacle à leurs projets personnels et de ne pas faire prévaloir mon intérêt sur le leur. Je lui répondis donc que je respectais son choix et que je lui souhaitais bonne chance. Double malentendu ! Il a été déçu. J'ai été blessé. Il a imaginé que j'avais pris ma décision mais que je ne voulais pas la rendre publique pour qu'elle n'interfère pas avec ma candidature à l'élection municipale du printemps 2014. La vérité est, comme souvent, bien plus simple : je n'avais rien décidé ; ce n'est qu'à l'été 2014 que je sautai le pas. S'il ne s'était pas précipité…

Deuxième clarification : que s'est-il réellement passé au début du mois de mars 2017 ? François Fillon a lui-même laissé entendre que, si j'avais saisi la perche qu'il tendait, le plan B, comme on disait alors, aurait pu fonctionner et qu'il m'aurait laissé la place. Stefanini fait justice de cette thèse. Aucune perche n'a été tendue. Peut-être Fillon, sous la pression de plusieurs de ses propres amis, a-t-il flanché dans les jours qui ont précédé la manifestation du Trocadéro. Mais le 5 mars, ce que les plus activistes autour de lui ont présenté comme une immense levée en masse en sa faveur l'a regonflé à bloc. Le soir même, sur le plateau de France 2, il n'entrouvrit aucune porte et ne tendit aucune perche. Dès lors, si j'étais parti au combat, c'eût été pour l'affronter lui et ses équipes. C'était l'échec assuré. Et puis, je ne me suis jamais trouvé la tête d'un plan B ! Mon plan A, que j'avais porté avec toute l'énergie dont je suis capable, avait échoué. J'avais compris.

Sud Ouest

À Bordeaux, *Sud Ouest* est une institution, au sens noble du terme.

Comme souvent en province, une institution, c'est d'abord une famille. *Sud Ouest*, c'est la famille Lemoîne.

Le fondateur d'abord, Jacques, un Parisien, qui s'installe dans la région avant la Seconde Guerre mondiale. Il est journaliste et entre comme rédacteur au *Rappel girondin*, puis à la *Petite Gironde* dont le propriétaire Richard Chapon est un bon détecteur de talents. Survient la guerre puis l'Occupation. Revenu du front, Jacques Lemoîne reprend son poste de rédacteur en chef, mais ses articles deviennent vite insupportables aux Allemands qui le chassent en 1942. Il s'engage dans la Résistance et devient en 1944 vice-président du Comité de Libération de Bordeaux. Il reçoit mission de créer un nouveau quotidien régional, à la place de la *Petite Gironde* compromise avec l'occupant. Le 29 août 1944, le lendemain de la libération de Bordeaux, paraissent les 76 000 exemplaires du premier numéro de *Sud Ouest*, ainsi baptisé par Jacques Lemoîne lui-même. Pendant près d'un quart de siècle, jusqu'à la crise cardiaque qui le terrasse en février 1968, Jacques Lemoîne est aux commandes et préside à la croissance de la belle entreprise de presse que devient *Sud Ouest*. Sa mort suscite une forte émotion dans la ville ; un journaliste écrit :

« Jamais autant qu'hier, Jacques Lemoîne n'aura fait corps avec l'équipe qu'il animait, le journal qu'il dirigeait, l'immense famille sur qui rayonnait son entreprise et qu'il avait le permanent souci de servir au sens le plus noble et le plus élevé du terme. »

En 1969, son fils, Jean-François, intègre la rédaction du journal où il crée le service économique, avant de devenir administrateur général adjoint. Il a tout pour réussir, la jeunesse, le charme, le talent. Il s'investit avec le même enthousiasme que son père ; le 19 novembre 1976, à l'occasion de la parution du 10 000e numéro de *Sud Ouest*, il écrit à la une : « Je formule le vœu que *Sud Ouest* soit toujours plus proche de ses lecteurs, tout en sachant indépendance garder. »

Hélas, le 12 mai 1991, Jean-François Lemoîne est très grièvement blessé dans un accident de la route, à Saint-Paul-lès-Dax dans les Landes. Avec un courage incroyable, de son fauteuil roulant, il continue à assumer sa fonction de président-directeur général. Pendant dix ans, jusqu'à sa mort en février 2001, à l'âge de 57 ans, tout en apportant une extrême attention à l'édition quotidienne du journal, il n'a de cesse de lui donner l'assise économique et les structures juridiques qui garantissent l'indépendance à laquelle il tient tant.

Soucieux d'entretenir le dialogue avec les responsables de la ville et de l'agglomération, il m'invitait de temps en temps à déjeuner en tête-à-tête. Je n'oublie pas ces moments exceptionnels d'échange où son énergie, sa curiosité, son agilité intellectuelle m'inspiraient à la fois une immense compassion et une immense admiration.

Je veux avoir aussi une pensée pour Mme Eliette Lemoîne, l'épouse de Jacques, qui s'est éteinte en février 2013, à l'âge de 97 ans ; le journal lui a rendu ce bel hommage :

« C'était une femme d'alios, de ce fer qu'on ne remarque pas tant il est pétri de terre mais qui se révèle aussi dur que le minerai. Il le fallut pour traverser tant d'années où peu lui fut épargné. Veuve de Jacques Lemoîne en 1968, veillant à ce que le journal restât dans la continuité du legs de son mari, le confiant à Henri Amouroux le temps que son fils prenne la relève. Mère Courage à qui deux filles furent enlevées. Qui fit face à l'accident puis à la mort de Jean-François, celui qui avait transformé et modernisé ce journal dont elle était, avec fierté, présidente d'honneur. »

La douce présence d'Hélène Lemoîne, l'épouse de Jean-François, continue de rehausser nombre de manifestations culturelles bordelaises, souvent dans notre CAPC.

Sud Ouest, c'est aussi pour les Bordelais, un lieu : la rue de Cheverus, au cœur de la cité, baptisée ainsi en 1842, du nom d'un archevêque de Bordeaux. C'est rue de Cheverus que pendant plusieurs décennies, le journal fut conçu, écrit, composé, imprimé. Aujourd'hui « Rome n'est plus dans Rome », et « Sud-Ouest » n'est plus à Cheverus ; le centre d'impression, puis le siège social et l'ensemble de la rédaction ont été transférés sur la rive droite, à la Bastide, dans des bâtiments fonctionnels. Modernisation oblige. Mais tout promeneur avisé perçoit encore, rue de Cheverus, l'odeur de l'encre, le bruit des linotypes, l'effervescence des rédacteurs. La « Promenade Sainte-Catherine » a remplacé le complexe journalistique. Mais j'ai fait donner le nom de Jacques Lemoîne à la place sur laquelle donne l'hôtel de Cheverus conservé.

Sud Ouest, ce sont bien sûr des journalistes. Au premier rang desquels Henri Amouroux, entré dès 1944 au journal où il franchit tous les échelons jusqu'à celui de directeur général entre 1968 et 1974. Il a été le guide d'une rédaction qui a vu éclore de grands talents comme celui de Pierre Veilletet, de Jean-Claude Guillebaud, plus tard d'Yves Harté, tous trois prix Albert-Londres.

Et *Sud Ouest*, c'est la construction progressive d'un puissant groupe qui a su s'adapter aux profondes mutations qui ont touché la presse écrite en général et la presse régionale en particulier.

La politique de diversification menée au fil des décennies par ses équipes successives lui a permis de prendre les bons virages, y compris celui des multimédia, et de se classer aujourd'hui comme le deuxième titre de la PQR (presse quotidienne régionale).

Le maire de Bordeaux a évidemment un regard très personnel pour « notre » quotidien.

Pour résumer, c'est un peu : « Je t'aime, moi non plus. »

Dès le saut du lit, ou presque, je me précipite sur l'édition du jour de ce que j'appelle, avec un brin d'ironie je l'avoue, « mon journal préféré ». Avec toujours un peu d'inquiétude et la même question en tête : « Qu'ont-ils encore trouvé pour em… la mairie ? » Je reconnais volontiers qu'il y a une certaine dose de paranoïa dans la relation qu'un maire entretient avec LE quotidien en situation de monopole dans sa ville. Tout élu rêve d'être quotidiennement encensé pour l'excellence de sa gestion et supporte mal la critique… qui lui paraît rarement de bonne foi. Je me suis fixé comme règle de ne jamais réagir, ne jamais protester, ne jamais engueuler un journaliste ni le mettre en cause auprès de sa hiérarchie. Je n'ai transgressé cette règle que très exceptionnellement, quand la coupe était vraiment pleine. Ce qui ne m'empêche pas de m'indigner intérieurement quand je découvre un titre particulièrement agressif, le plus souvent d'ailleurs en décalage avec le contenu de l'article, beaucoup plus équilibré. On sait que le choix du titre échappe à l'auteur, mais c'est le titre qui retient l'attention et donne le ton. Tout récemment encore, un titre ronflant sur le quartier Saint-Michel : « La gentrification se précise » ; dans le corps de l'article, l'interviewé, sociologue de son état, déclare : « Depuis quinze à vingt ans, on entend parler de la gentrification annoncée de Saint-Michel. De fait, rien de spectaculaire […]. Saint-Michel conserve cette fonction d'accueil de la primo-immigration. Et cela freine le processus, crée une espèce de résistance. » Qui croire ?

Alors, je vis avec… Quand je discute avec les responsables du journal et les journalistes, ils me rassurent : « Vos opposants, me disent-ils, nous reprochent un excès de bienveillance à votre égard et protestent contre les mauvais traitements dont ils s'estiment victimes. » Match nul. Et puis je me dis que je surestime l'influence de la presse sur l'opinion. Je constate assez souvent qu'une information que je pensais connue de tous parce qu'elle « était dans le journal » reste largement ignorée. Les quotidiens sont de moins en moins lus. Et l'on connaît les difficultés de tous les groupes de presse aujourd'hui.

Je ne m'en réjouis pas. *Sud Ouest*, au-delà des réactions épidermiques que je peux avoir envers sa prose, est à mes yeux un bon journal, à la fois dans ses pages générales mais surtout grâce à la proximité qu'il conserve avec le terrain, dans les quartiers et dans les villages. Il est présent lors de nombreux événements qu'il contribue à diffuser dans son réseau. Il s'investit dans de nombreux partenariats, y compris avec la mairie. Il maintient un lien précieux avec les populations, il assure une forme de continuité dans la vie locale que les réseaux sociaux fragmentent si artificiellement. Je comprends qu'il serait vain d'opposer le papier et le Net. Il n'y a pas d'autre avenir qu'une forme de complémentarité entre ces deux formes d'expression. *Sud Ouest*, comme tous les groupes de presse, le sait et s'efforce de développer sa présence sur la Toile, sans trouver encore un modèle économique viable. J'espère qu'il y parviendra. La poussée d'adrénaline que je ressens chaque matin en tournant des pages où l'encre est encore fraîche me manquerait.

T

Tristan, Flora

En 2013, la ville de Bordeaux a ouvert, rue d'Armagnac, une nouvelle bibliothèque de quartier au cœur de l'opération d'aménagement qui porte le nom d'Euratlantique. À en croire le site d'information municipal, « elle est chaleureuse, équipée d'espaces multimédias, de jeux vidéo et d'une grande salle d'animation ; elle propose des services numériques innovants et des collections variées pour tous ». Je confirme. Depuis son ouverture, son succès ne se dément pas.

Sur proposition de la commission « viographie » que j'ai chargée de rechercher des noms pertinents pour baptiser nos rues et places nouvelles, j'ai choisi de lui donner celui de Flora Tristan. Ce qui a pu surprendre, car les liens de la célèbre militante socialiste et féministe avec Bordeaux pouvaient paraître ténus.

J'avais mis la pression sur la commission pour qu'elle équilibre ses propositions qui restaient très majoritairement masculines. De ce point de vue, le choix de Flora

Tristan me semblait pertinent. Non seulement c'était une femme, mais une femme engagée, dont l'ouvrage le plus célèbre, publié après sa mort, portait un titre très explicite : *L'Émancipation de la femme.*

J'avoue que je n'en savais guère plus.

Le hasard de mes lectures me mit en mains un étrange livre de Mario Vargas Llosa, prix Nobel de littérature 2010, un auteur que j'admire et que j'ai eu le privilège de rencontrer à Bordeaux et aussi en Espagne, à Bilbao.

Le livre s'intitule : *Le Paradis – un peu plus loin*. C'est la biographie romancée et croisée de deux personnages hors du commun : Flora Tristan et son petit-fils Paul Gauguin. On y voyage beaucoup, du Pérou à Pont-Aven, de Londres à Tahiti, du sud de la France aux îles Marquises. C'est ainsi que j'ai appris à connaître Flora Tristan et son tumultueux parcours. Fille d'un noble péruvien et d'une petite-bourgeoise parisienne émigrée en Espagne pendant la Révolution française, elle ne connut pas longtemps le bonheur ; dans un de ses premiers livres, *Pérégrinations d'une paria*, qui lui valut un début de célébrité, elle écrit :

« Mon enfance heureuse s'acheva à 4 ans et demi, à la mort de mon père. »

Vargas Llosa nous entraîne dans le récit de sa vie de galère : sa mère la marie à 17 ans pour lui épargner la misère, mais son choix est malheureux ; il se porte sur un certain André Chazal, graveur de son métier, homme jaloux et violent qui bat Flora et l'humilie, lui fait trois enfants dont une fille Aline, future mère de Paul Gauguin… et finit par lui tirer un coup de pistolet dans la poitrine ; la balle ne la tue pas mais ne pourra être extraite de son poumon, ce qui ne diminuera pas l'énergie qu'elle mettra dans ses combats. Elle n'obtient pas le divorce, proscrit à l'époque, mais une simple séparation de corps. On comprend que le droit des femmes à divorcer soit devenu l'une de ses grandes causes.

Vargas Llosa, qui est lui-même péruvien, nous fait vivre son équipée à Arequipa, ville du Pérou où vit sa famille paternelle ; elle y est accueillie avec bienveillance… jusqu'au moment où elle réclame une part d'héritage à son richissime oncle qui dès lors la traite en bâtarde. Le mariage de ses parents n'avait pas été officialisé au Pérou !

En 1840, elle est à Londres et ramène de son séjour des *Promenades*, impitoyable témoignage à charge contre la misère ouvrière et la condition faite aux femmes du peuple.

En 1843, elle se lance dans un tour de France pour porter la bonne parole de son Union ouvrière auprès des travailleurs exploités. De Lyon à Marseille, de Toulon à Nîmes, de Carcassonne à Toulouse, elle se heurte à la passivité des ouvriers, à l'hostilité des préfets et des commissaires de police du royaume qui la traquent comme une dangereuse agitatrice, aux querelles idéologiques entre saint-simoniens, fouriéristes, ou icariens. Rien, pas même la maladie ni l'épuisement physique, ne l'arrête. Rien ne tempère la passion que « Mme la Colère » met parfois dans ses joutes oratoires.

Il faut lire le récit de la rencontre que Vargas Llosa imagine entre Karl Marx et Flora Tristan. Celle-ci surveillait l'impression de son manifeste *L'Union ouvrière*, dans une petite imprimerie de la rive gauche de la Seine « quand un jeune énergumène à longue barbe, suant et congestionné par la mauvaise humeur, s'était mis à protester dans un français guttural horripilant et postillonnant. Pourquoi l'imprimerie ne tenait-elle pas ses engagements envers lui et différait-elle l'impression de sa revue pour privilégier les "étalages littéraires de cette dame qui venait d'arriver" ? »

On imagine la réaction de Mme la Colère qui réplique : « De quel droit venez-vous pousser ces cris de chapon ? » Il lui fallut expliquer au malotru ce qu'était un chapon ou du moins le renvoyer au dictionnaire. Elle découvrit un peu tard qu'il s'agissait de Karl Marx, qu'elle souhaitait rencontrer. Il n'y eut pas de lendemain à ce premier contact.

Et pendant ce temps-là (dans le roman…), Paul Gauguin, dans sa « Maison du Jouir » aux Marquises, s'enfonce dans les souffrances de la maladie « imprononçable », l'alcoolisme, la solitude et, terrible malédiction pour un peintre, la cécité. Mais ce n'est pas ici mon sujet.

Le chapitre XXI du *Paradis – un peu plus loin* m'y ramène en revanche : c'est « la dernière bataille » de Flora Tristan qui, en novembre 1844, achève à Bordeaux son tour de France et sa vie.

« Quand, ce funeste 24 septembre 1844, écrit Vargas Llosa, peu après son arrivée à Bordeaux, Flora Tristan accepta cette invitation à assister, d'une loge du Grand Théâtre, au concert du pianiste Franz Liszt, elle ne se doutait pas que cet événement mondain, où les dames bordelaises brillaient de tous leurs bijoux et de toutes leurs parures, serait sa dernière activité publique. Les semaines qui lui restaient, elle les passerait dans un lit et au domicile de deux saint-simoniens, rien de moins, les époux Élise et Charles Lemonnier, auxquels un an plus tôt elle avait refusé d'être présentée parce qu'elle les considérait comme trop bourgeois. Paradoxes, Florita, paradoxes jusqu'à ton dernier souffle. »

Ce concert s'acheva, toujours selon le romancier qui s'adresse à Flora, « comme un vaudeville : une syncope soudaine te fit rouler à terre et attira tous les regards de l'auditoire – parmi lesquels celui, furieux, du propre pianiste interrompu – vers ta loge du Grand Théâtre. Et qui culmina avec l'article de ce journaliste égaré, qui profitait de ton évanouissement pour te présenter comme une sylphide mondaine :

» "Admirablement belle, taille élégante et légère, air orgueilleux et vif, yeux pleins du feu de l'Orient, longue chevelure noire qui pourrait lui servir de manteau, joli teint olivâtre, dents blanches et fine, Mme Flora Tristan, écrivain et réformatrice sociale, fille de l'éclair et de l'ombre, a été prise hier soir d'un vertige, peut-être provoqué par les transes dans lesquelles l'ont plongée les sublimes arpèges du maître Liszt" ». Vaudeville sans doute car, selon Vargas Llosa, sa « Florita » avait peu de goût pour la musique...

Et le chapitre se termine ainsi :

« L'enterrement eut lieu le 16 novembre, peu avant midi. Le cortège sortit de la rue Saint-Pierre, du domicile des Lemonnier, et, à pied, sous un ciel gris et pluvieux, parcourut à pas lents les rues du centre de Bordeaux jusqu'à la Chartreuse. Il était composé de quelques écrivains, journalistes, avocats, d'un bon nombre de femmes du peuple et d'une centaine d'ouvriers. Ces derniers se relayaient pour porter le cercueil qui ne pesait presque rien. Les cordons du poêle étaient tenus par un charpentier, un tailleur de pierre, un forgeron et un serrurier. »

Quelques années plus tard, une souscription fut lancée par des ouvriers pour faire ériger un monument à sa mémoire dans le cimetière de la Chartreuse ; on raconte que George Sand refusa d'y participer…

Les lecteurs de la bibliothèque de la rue d'Armagnac qui porte désormais son nom auront, je l'espère, la curiosité d'en savoir plus sur la vie brève (41 ans) mais intense de Flora Tristan.

Quant à son petit-fils, sa vie s'achève au chapitre XXII, « Les chevaux roses », du roman, cinquante-neuf ans plus tard, dans l'île polynésienne de Hiva Oa ; Vargas Llosa cite la lettre que l'évêque du lieu, qui exécrait cette brebis galeuse, écrivit pour toute épitaphe :

« Rien de bien saillant à signaler dernièrement, dans notre île, si ce n'est la mort subite d'un individu nommé Paul Gauguin, artiste de renom, mais ennemi de Dieu et de tout ce qui est honnête. »

Tupperware

Dans l'exposition « Oh couleurs ! », très originale et très réussie, que notre musée des Arts décoratifs et du Design a présentée en 2017, une salle était consacrée à la production de boîtes en plastique Tupperware. L'intention était de faire découvrir l'évolution des formes et surtout des couleurs de ces boîtes au fil du temps et des modes.

Si j'en parle ici, c'est bien sûr pour mettre à l'honneur ce précieux musée de Bordeaux installé dans l'harmonieux hôtel particulier de Lalande, construit entre 1775 et 1779 par un conseiller au Parlement du même nom. On peut y admirer du mobilier et des objets qui font revivre une riche demeure aristocratique des XVIIIe et XIXe siècles. Le musée s'enorgueillit notamment de posséder une statue en biscuit de porcelaine du jeune duc de Bordeaux, fils posthume du duc de Berry et de Marie-Caroline de Bourbon-Sicile, petit-fils de Charles X. Sa naissance ressuscita la dynastie des Bourbons et apparut comme un signe d'élection divine : c'était « l'enfant du miracle ».

Des expositions temporaires y sont souvent consacrées au design. J'aime l'endroit, au plein cœur de Bordeaux, entre la place Gambetta et la place Pey-Berland. Il ouvre sur la jolie rue Bouffard et ses nombreuses boutiques d'antiquaires. La chaussée et les trottoirs en ont été récemment refaits, elle a été transformée en voie piétonne pour dégager les façades d'un stationnement et d'une circulation qui les masquaient. Opération réussie ! Il faut aller déjeuner dans la cour de l'hôtel, pavée et paisible, au printemps, en été à l'ombre d'un parasol. La chère est bonne, et c'est un moment de sérénité improbable dans l'agitation de la ville.

J'espère mener à bien le projet de rénovation du bâtiment situé à l'arrière de l'hôtel. La mairie y avait installé jadis une prison où l'on mettait à l'ombre les marins trop turbulents et les prostituées trop racoleuses… comme dans tout port qui se respecte. Les murs portent toujours les graffitis tracés par les locataires. Les volumes du bâtiment conviennent parfaitement à un usage muséal. Reste à le restaurer et à le relier à l'hôtel. La très dynamique directrice du musée s'emploie à mobiliser les mécènes.

Je reviens à l'exposition « Oh couleurs ! » et aux boîtes Tupperware. La marque doit sa célébrité à ses produits mais plus encore à la méthode de vente dont elle a fait son meilleur atout : constatant l'échec de la commercialisation en magasin, elle a développé, depuis des décennies, la démonstration-vente à domicile. Ses collaborateurs(-trices) réunissent un groupe de ménagères (peu de ménagers, semble-t-il) au domicile de l'une d'entre elles pour présenter les boîtes, vanter leurs mérites et les vendre. La méthode s'est révélée d'une redoutable efficacité. Quoi qu'en ait le créateur de l'entreprise, M. Tupper, le nom est devenu commun. Les « réunions Tupperware » ont fleuri dans de nombreux domaines… y compris en politique. J'y arrive.

Dans toutes mes campagnes électorales, j'ai systématiquement multiplié les réunions dites « Tupperware » pour aller au contact direct des électeurs. La méthode est la même : un de mes supporteurs réunit chez lui, autour d'un verre, un groupe d'amis pour rencontrer le candidat, l'écouter et surtout l'interroger. Le format dépend de la taille de la salle de séjour, de dix à trente, voire cinquante personnes. Je recommande de ne pas inviter seulement des militants convaincus. Ni d'ailleurs des opposants irréductibles. L'objectif est bien de convaincre. J'arrive vers 19 h, ou 20 h (j'ai certains soirs enchaîné trois réunions : à 18 h, 19 h 30, 21 h, c'est épuisant...) ; je présente en un quart d'heure mon produit, c'est-à-dire mon programme ; puis, pendant une à deux heures, c'est le feu roulant des questions. Observer, comprendre le comportement de chacun des participants est un exercice passionnant : il y a les bavards qui monopoliseraient la conversation si on les laissait faire ; il y a les taiseux, bienveillants pour les uns, sceptiques pour les autres, parfois sourdement hostiles. Certains aiment ferrailler avec le candidat, moi aussi ; tout l'art est d'éviter que le ton monte. J'y parviens la plupart du temps. C'est parfois chaud, et j'aime ça. Car c'est constructif. Quand, à la sortie, l'un des participants vous confie : « J'ai changé d'avis, je vais voter pour vous », c'est le pied ! C'est en tout cas une occasion de contact qui permet aussi au candidat d'ajuster son discours et ses propositions. C'est autrement enrichissant sur le plan personnel qu'une volée de tweets. J'incite tous mes colistiers à faire de même ; ils y prennent goût. Entre nous nous continuons à parler de nos « réunions Tupperware », mais officiellement nous les avons rebaptisées « réunions de proximité ».

La difficulté, c'est de maintenir cette proximité tout au long d'un mandat. L'attente des citoyens est forte. Leur scepticisme aussi. La critique qui tue revient très spontanément : « Ah ! on vous voit pendant les campagnes électorales, et puis vous devenez inaccessibles ! » J'ai entendu ce reproche lors de visites que je faisais chez des commerçants, à des moments où aucune élection ne se profilait à l'horizon. Dans ces cas-là, on a beau invoquer le calendrier, en général l'interlocuteur reste parfaitement droit dans ses bottes.

Derrière l'anecdote, c'est d'une question politique fondamentale qu'il s'agit. Si je compare les conditions dans lesquelles j'exerçais mon mandat de maire il y a vingt ans et ce qui prévaut maintenant, je constate un profond changement. Nos concitoyens ont désormais une exigence absolue non seulement d'information, de consultation, de concertation, mais plus encore de co-construction des décisions qui les concernent. On ne gouverne plus aujourd'hui comme hier, même au plan local, surtout au plan local.

U

Université

Quand je vante les atouts de Bordeaux, je cite en bonne place l'excellence universitaire.

Plus de 92 000 étudiants, selon un des derniers palmarès de la revue *L'Étudiant*, fréquentent nos établissements d'enseignement supérieur. Plus d'un habitant sur dix dans notre métropole est un étudiant !

L'université à Bordeaux a connu une histoire compliquée. Sa création remonte au Moyen Âge, à 1441, sous l'autorité de l'archevêque Pey Berland. Dans ses débuts, elle n'atteint pas la notoriété ni l'attractivité de ses voisines de Toulouse et de Montpellier. Ce n'est que dans la seconde moitié du XIXe siècle qu'elle prend vraiment son essor. C'est le moment où la faculté de médecine et de pharmacie s'installe place de la Victoire (alors place d'Aquitaine) ; les autres facultés, comme on disait à l'époque, sont transférées, dans les années 1880, sur le terrain du lycée du couvent des Feuillants, dans le bâtiment qui est devenu le musée d'Aquitaine. Bordeaux se classe alors au quatrième rang des universités françaises ; elle entretient, pendant la période coloniale, des liens particuliers avec l'outre-mer ; elle organise le baccalauréat pour le Maroc et le Sénégal.

Au XXe siècle, les effectifs continuent de croître, jusqu'à atteindre le chiffre de 25 000 à la veille de 1968. L'université craque dans ses murs ; Chaban prend la décision historique de la transférer hors la ville, sur le campus de Talence Pessac Gradignan.

1968 et la loi d'orientation d'Edgar Faure marquent une étape importante : trois universités voient le jour, Bordeaux 1, sciences, droit, sciences sociales et politiques, sciences économiques ; Bordeaux 2, médecine et pharmacie qui prend le nom de Victor-Segalen ; Bordeaux 3, lettres, Michel-de-Montaigne, bien sûr. Mais ce n'est pas fini ! En 1995, les économistes revendiquent leur indépendance et créent Bordeaux 4, Montesquieu. Cette scissiparité ne contribue pas à la visibilité de l'enseignement supérieur bordelais. Il faudra attendre plusieurs années avant que les structures évoluent dans la bonne direction. En 2007, la loi Pécresse relative aux libertés et responsabilités des universités incite au regroupement : le PRES (pôle de recherche et d'enseignement supérieur) se constitue pour aboutir enfin en 2014 à la fusion de Bordeaux 1, 2, et 4 dans l'université de Bordeaux. Il reste des irréductibles : Bordeaux 3 demeure à l'écart ; l'Institut d'études politiques ainsi que l'Institut polytechnique gardent leur spécificité.

Aujourd'hui, le paysage de l'enseignement supérieur à Bordeaux est d'une grande richesse : les deux universités, les instituts, l'école de commerce Kedge Business School à laquelle sa fusion avec Marseille donne un rayonnement accru, l'Institut de journalisme Bordeaux Aquitaine (IJBA), sans oublier l'École nationale de la magistrature ou l'École nationale supérieure d'architecture et de paysage de Bordeaux et, bien sûr, un excellent Institut d'études politiques qui vient de fêter son soixante-dixième anniversaire. J'ai pris plaisir à y donner un cours pendant une année universitaire. Seule perte en ligne : l'École de santé des armées dont je n'ai pu empêcher le départ à Lyon, à la grande tristesse de tous les Bordelais attachés à ce qu'ils continuaient à appeler « Santé navale ».

Vis-à-vis du monde universitaire bordelais, je me suis fixé trois objectifs.

D'abord, garder des enseignements dans Bordeaux intra-muros. Objectif largement atteint : le campus de Carreire, adossé au CHU, a étoffé ses activités de santé-biologie et accueille un neuro-campus de pointe ; à la Victoire, les sciences de l'homme restent présentes, et le pôle juridique et judiciaire de Pey-Berland s'est modernisé ; non sans mal, j'ai obtenu la création d'un pôle des sciences de gestion en rive droite à la Bastide ; enfin, de manière plus spontanée, un campus d'établissements d'enseignement supérieur d'une grande diversité, notamment orienté vers les formations commerciales et les filières numériques et informatiques, a émergé dans le quartier des Chartrons et aux Bassins à flot. Il compte aujourd'hui près de 10 000 étudiants.

Deuxième objectif : accompagner la modernisation de l'université et encourager son rayonnement international. À cette fin, Bordeaux Métropole participe au financement du « plan campus » qui permet la nécessaire rénovation de bâtiments devenus obsolètes. Avec nos universitaires, j'ai exprimé ma joie de voir Bordeaux figurer parmi les trois premières universités d'excellence distinguées dans le cadre du « grand emprunt ». Nous avons inauguré avec fierté les locaux de l'IHU (Institut hospitalo-universitaire) « Liryc », lui aussi couronné par les jurys du « grand emprunt », où le professeur Michel Haïssaguerre attire les meilleurs spécialistes internationaux de la rythmologie cardiaque. Pardon de ne pas citer toutes les pépites de nos labos de recherche, y compris en archéologie... Je développe systématiquement le volet « universitaire » de nos accords de coopération avec nos villes jumelles, comme Québec ou Wuhan.

Je suis heureux de constater que l'université de Bordeaux, avec son centre d'Agen et son campus du Périgord, remonte significativement dans les grands classements internationaux. C'est le fruit du travail de nos universitaires qui se sont largement ouverts sur le monde.

Troisième objectif enfin : assurer les meilleures conditions de travail et de vie à nos étudiants. Ce qui m'a fait le plus grand plaisir dans l'enquête de *L'Étudiant*, c'est l'excellente note donnée à la ville de Bordeaux pour ses initiatives en faveur des étudiants : carte jeunes, opérations d'accueil des étudiants, sites et applications mobiles à leur intention, etc. À chaque rentrée universitaire, mon équipe municipale organise un parcours à travers les quartiers, sous la conduite de nos guides-conférenciers, pour faire découvrir la ville aux nouveaux arrivants, notamment aux étrangers qui sont nombreux (15 % des étudiants bordelais sont en « Erasmus »). Leur cortège, précédé par une joyeuse banda, termine le parcours dans la cour de l'hôtel de ville où, en compagnie du recteur, je leur souhaite la bienvenue. Suit une longue séance de selfies...

Nous nous efforçons enfin d'aider les étudiants dans leur recherche d'emploi, en organisant ou en soutenant des initiatives comme le Forum annuel de l'alternance et de l'apprentissage, le Forum des jobs d'été, le Village des recruteurs, le Mois de l'économie sociale et solidaire, ou les couveuses d'entreprise Anabase et la Maison Initiative Entrepreneuriat, par exemple.

Et puis, il y a la fête… J'ai salué la contribution décisive de nos étudiants au dynamisme de notre ville, à son énergie diurne… et aussi nocturne ! Au total, c'est une grande chance de les avoir parmi nous.

J'ai conscience que tout n'est pas rose dans leur vie quotidienne. Ils ont du mal à se loger ; il nous faut continuer et amplifier les efforts déjà entrepris pour augmenter l'offre de logements étudiants, y compris dans la ville-centre où ils aiment habiter. Je sais que le tramway, aux heures de pointe, est surchargé pour rejoindre le campus de Talence ou en revenir. Marge de progrès là encore, à laquelle la métropole travaille.

Néanmoins, si, il y a quelques années, Bordeaux jalousait la qualité de la vie étudiante à Toulouse, nous avons perdu nos complexes.

Il est de bon ton, quand on est au gouvernement, de critiquer l'action de ses prédécesseurs. Aujourd'hui, j'entends même parfois dire qu'aucune réforme de fond n'a été menée à bien en France depuis trente ans. Ce n'est naturellement pas exact. En particulier dans le domaine universitaire où deux vraies révolutions ont été réussies : celle de l'autonomie qui servait d'épouvantail il y a quelques années encore – les universitaires en redemandent, maintenant ; et celle de l'ouverture sur le monde de l'entreprise, jadis honnie comme mise sous tutelle de « l'argent privé » – il n'y a plus désormais de laboratoire de recherche qui n'explore les possibilités de partenariat ou de mécénat.

Reste à convaincre les plus passéistes de nos syndicalistes étudiants qu'une bonne orientation à l'entrée de l'université vaut mieux qu'une sélection par l'échec qui ne dit pas d'abord son nom mais qui tombe comme un couperet dès la deuxième année. Le combat n'est pas gagné. Mais je gage que le bon sens finira par l'emporter.

V

Veilletet, Pierre

J'ai suggéré à la commission municipale « viographie » qui étudie la dénomination des lieux et rues de Bordeaux de donner à la nouvelle bibliothèque du quartier de Caudéran le nom de Pierre Veilletet.

Je voudrais ainsi honorer une personnalité aujourd'hui peu connue du grand public mais dont la carrière est pourtant étroitement liée à l'histoire de notre ville : on ne peut avoir été journaliste à *Sud Ouest* pendant plus de trente ans et ne pas laisser sa marque parmi nous.

Pierre Veilletet est né à Momuy dans les Landes ; mais sa vie est à Bordeaux. Et vouée au journalisme. À 25 ans, il entre au journal *Sud Ouest* ; dix ans plus tard, Jean-François Lemoine le charge de lancer *Sud Ouest Dimanche* qu'il dirige pendant dix ans. En 1976, il reçoit le prix Albert-Londres pour son reportage sur la mort de Franco. Grand reporter, il préside l'association Reporters sans frontières. Passionné de tauromachie, il participe à la création des *Cahiers de la corrida*.

Personnalité originale, il est ainsi décrit par ses collègues : « Un dandy très érudit, aussi distant qu'infiniment proche. »

Ce qui m'attire le plus en lui, c'est l'écrivain, fou de littérature, auteur de nombreux livres, dont plusieurs romans.

Je me suis notamment délecté à la lecture de deux des ouvrages qu'il a consacrés à Bordeaux, l'un sur le vin, *Le Vin. Leçon de choses*, l'autre sur l'eau, *Bords d'eaux*. Je les ai abondamment cités dans le courant de ce dictionnaire. J'ai envie d'y revenir tant ils me donnent de plaisir. François Nourissier dit de *Bords d'eaux* que le livre « possède le charme à la fois d'une promenade et d'un poème ». Poème plein de sensualité quand Veilletet décrit le port dont il aime « la variété [des] combinaisons liquides, [les] croisements louches, salé-saumâtre, doux-amer, [les] confitures d'eaux moisies par l'attente, engourdies dans le clapot navrant du bassin de radoub ».

Lyrisme aussi pour célébrer la vigne et le vin :

« L'arbre de vie du prophète Zacharie, l'arbre que Noé plante pour inaugurer un cycle neuf, celui dont le Christ se proclamera le "vrai cep", celui qui, de l'Inde à la Chine, de la Perse à la Grèce, délivre le breuvage initiatique et donne la prescience de l'immortalité, celui-là n'est pas n'importe quel arbuste d'ornement, cultivé en série pour les cérémonies officielles et les jardins de retraités. Il émane du jardin primordial, du paradis perdu. Il est surabondamment chargé de sens. Il est le sens même […]. Seul le jus fermenté de la vigne coule de sang divin. »

L'écrivain est aussi un romancier à l'imagination vagabonde, comme dans ses trois récits regroupés sous le titre *Le Prix du sang*, dont les héros nous entraînent dans leurs chevauchées de Séville à Samarcande. La confrontation entre Dacien et Foy – Dacien, le cruel représentant des Césars venus en Agenais mater les chrétiens, Foy, enfant innocente mais irréductible – nous conduit jusqu'à Conques où les reliques de sainte Foy feront la gloire du monastère. Je n'en dis pas plus pour ne pas déflorer une belle histoire. La suite à la bibliothèque de Caudéran.

Vélo

Au début des années 2000, les rues de Bordeaux étaient quasiment éventrées par les travaux du tramway. J'avais lancé la construction de trois lignes qui convergeaient toutes en plein centre-ville, *grosso modo* sur la place des Quinconces et la place Pey-Berland. La circulation en subissait les conséquences. Il était vraiment difficile de se déplacer en bus ou en voiture.

Je proposai alors aux Bordelais de se mettre ou remettre au vélo. La ville s'y prête idéalement : les distances y sont relativement courtes, et surtout le relief est tout à fait plat. Le point culminant (si l'on ne tient pas compte du sommet de la flèche Saint-Michel à 114 mètres, dont l'escalade est extrêmement périlleuse) atteint tout juste 42 mètres au mont Judaïque, difficile au demeurant à localiser. Je vantai avec conviction tous les avantages de la pratique régulière de la bicyclette : bonne pour la santé, bonne pour la qualité de l'air, bonne contre la congestion automobile. Pour inciter mes concitoyens à passer à l'acte, je fis ouvrir une « maison du vélo » où chacun pouvait emprunter gratuitement l'engin miracle, pour des périodes reconductibles. Dans le même temps, j'instituai, chaque premier dimanche du mois, une « journée sans voiture » dans un périmètre assez large du centre-ville. Malgré quelques grognements de la part des riverains, ce fut tout de suite un succès. L'expérience dure.

Quinze ans après, en 2017, selon le classement international établi par Copenhagenize Design Co, une agence de consultants en urbanisme basée au Danemark, Bordeaux est devenu la sixième ville la plus cyclable… au monde, derrière notamment Copenhague, Amsterdam et Strasbourg. Nous avons grignoté deux places par rapport au précédent classement de 2015.

Ce succès est le fruit d'efforts tenaces accomplis par la ville et par sa métropole.

De « plan vélo » en « plan vélo », nous avons par exemple aménagé 1 160 kilomètres de pistes ou de bandes cyclables dans la métropole. Le cœur historique de la ville a été protégé de la circulation automobile par un réseau de bornes qui permettent d'en réserver l'accès aux riverains. Non sans quelques difficultés avec les artisans ou certains professionnels qui se déplacent forcément en voiture, comme les médecins et les infirmières. Mais nous gérons !

Le prêt gratuit de vélos a été complété par un dispositif de vélos en libre-service, payant celui-ci, mais dont les 170 stations maillent tout le territoire, y compris dans les communes voisines. Bien d'autres signes favorables ont été adressés aux cyclistes, par exemple l'autorisation de tourner à droite aux feux tricolores dans les carrefours dûment signalés. Le dernier « plan vélo » prévoit un investissement de près de 70 millions d'euros qui permettra d'augmenter le réseau d'itinéraires cyclables et notamment d'en supprimer les discontinuités, de prêter des vélos plus sophistiqués, électriques ou cargos, d'augmenter le nombre d'arceaux qui permettent de stationner en sécurité sur la voie publique, de mener des campagnes d'information et de sensibilisation aux bonnes pratiques, en coopération avec les associations d'usagers.

Car le succès de cette politique ne va pas sans quelques retombées négatives. L'incivisme des cyclistes exaspère plusieurs catégories de la population : les personnes âgées, terrorisées par les prouesses des intéressés… sur les trottoirs, les mères de famille avec poussettes ou conduisant leurs enfants à l'école, pour les mêmes raisons, et les automobilistes qui voient débouler les vélos à toute allure aux carrefours au mépris de la signalisation tricolore. Je distribue un « code de la rue » (voir l'entrée « Skate ») pour encourager les bonnes pratiques et un partage harmonieux de la rue. Je demande à ma police municipale de sévir, mais la sanction tombe souvent sur un gamin ou une vieille dame dont la mésaventure émeut tout de suite le public. Je continue donc à privilégier la pédagogie.

Au total, c'est une réussite. D'après les résultats de la dernière enquête ménages déplacements (EMD) ayant consulté les habitants de la métropole, la part modale du vélo atteint 7,7 %, soit le double de ce qui était relevé en 2009 (dans Bordeaux-ville, on atteint même les 15 %). Les transports en commun, dont le tramway, sont à 12 %, la marche à pied progresse à 29 %. Quant à la part de la voiture individuelle, elle chute de 59 % (il y a dix ans) à 49,6 %, et descend ainsi pour la première fois sous la barre symbolique des 50 %.

C'est la progression du vélo qui au cours de la période récente est la plus spectaculaire : + 18 % entre 2012 et 2015, + 7 % en 2015, + 12 % en 2016 et 2017. Ce qui m'a incité à prendre de nouveaux risques politiques. Constatant que le pont le plus central de la ville, le pont de pierre, était régulièrement embouteillé aux heures de pointe et que les cyclistes et les piétons y étaient de plus en plus souvent victimes d'accidents, j'ai eu l'idée de réserver ce pont aux transports collectifs, tramway et bus, aux taxis, aux vélos et aux piétons. Immédiatement, les objections fusèrent, les inquiétudes fleurirent. Je proposai donc une expérimentation limitée dans le temps, en août et septembre 2017, et réversible à tout moment s'il apparaissait que les conditions générales de circulation en pâtissaient. Les services de Bordeaux Métropole et de Bordeaux-ville accomplirent un intense travail de préparation : concertation avec les élus des communes concernées, avec les commerçants, avec les riverains ; étude fine des itinéraires de délestage sur les autres ponts (Chaban et Saint-Jean) ; mise en place d'une signalisation efficace ; comptages journaliers des flux de circulation, etc. Au mois d'août, aucune difficulté ne fut constatée. J'attendis la rentrée de septembre avec impatience. Mais aucun blocage ne survint et, au terme du mois, le comité de pilotage que je présidai décida de poursuivre l'expérience.

L'un des bénéfices les plus appréciés de cette nouvelle organisation de la circulation est l'amélioration de la qualité de l'air. Illustrée par ce témoignage d'un commerçant de la place Stalingrad : « Avant, je devais nettoyer ma vitrine deux fois par jour ; désormais, une fois par semaine. »

Cela dit, certains commerçants ont, sans conteste, subi une baisse de chiffre d'affaires ; un plan d'accompagnement est mis en place pour soutenir leur activité.

La question de la mobilité dans une métropole en croissance est une des plus difficiles et des plus passionnantes qui soit. Difficile parce que, malgré des investissements massifs dans les transports collectifs, la congestion urbaine ne disparaît pas. Passionnante parce qu'elle appelle une réponse globale et une stratégie diversifiée :

encouragement aux modes doux de déplacement bien sûr, vélo et marche à pied, qui ont encore des marges de progression importantes si on en juge par l'exemple des pays scandinaves ; élimination progressive des voitures polluantes au profit des voitures électriques ou bas carbone qui, elles, ne disparaîtront pas car elles sont considérées comme le véhicule d'une liberté individuelle ; développement de l'autopartage et du covoiturage qui ont du mal à entrer dans nos mœurs ; généralisation des plans de déplacements d'entreprise ou d'administration qui donnent des résultats très positifs ; gestion intelligente du stationnement, la recherche infructueuse d'une place de parking générant un trafic important et inutile, etc.

Si j'en juge par les échanges que nous avons entre maires dans les nombreux colloques qui nous réunissent, par exemple à Venise en septembre 2017, les problèmes et les solutions sont partout les mêmes. Partout les équipes municipales mettent en œuvre des initiatives qui ne suscitent pas toujours l'enthousiasme de leurs administrés. On le voit à Paris. Il faut tenir, au prix d'un travail patient de concertation et d'innovation. La qualité de la vie dans nos villes en dépend.

En juillet 2018, après avoir vérifié qu'au total plus de personnes franchissaient le pont que du temps où il était ouvert aux voitures individuelles, je décidai de pérenniser sa réservation au tram, aux bus, aux modes doux. Décision difficile, mais que j'assume pleinement.

Venise

À chaque séjour que je fais à Venise, c'est la même émotion qui m'étreint dès que l'avion, en approche de l'aéroport Marco-Polo, survole la lagune, les mêmes bouffées de bonheur quand le bateau-taxi double Murano et San Michele, rejoint le Canal Grande et le descend jusqu'à l'hôtel. Et puis j'aime marcher tout simplement, marcher de campo en campo, loin des sentiers battus par les hordes de touristes. Il est si facile de se perdre dans les rues désertes du Dorsoduro, de traverser le canal de la Giudecca et, assis sur les marches de l'église du Redentore, de jouir tranquillement de la vue sur les Zattere jusqu'à la Douane de mer, ou d'errer, solitaire, dans le quartier de l'Arsenal en imaginant l'activité débordante qui y régnait quand la Sérénissime y construisait sa flotte.

Mais je m'arrête. Pourquoi, en effet, parler de Venise dans un *Dictionnaire amoureux de Bordeaux* ?

C'est que j'ai envie de régler un compte avec quelques éminents Bordelais qui n'ont pas aimé ma ville-culte.

Dans le « grand tour » qu'il était jadis de bon ton d'accomplir en Europe pour parfaire son éducation ou sa culture, l'étape de Venise était incontournable. Montaigne, au cours d'un voyage de dix-sept mois en Italie en 1580-1581, y séjourne une semaine. Le moins que l'on puisse dire, c'est qu'il n'est pas transporté d'enthousiasme. Il juge la ville « autre qu'il ne l'avait imaginée et un peu moins admirable ». Blasé ? Un peu : « Au demeurant, les raretés de cette ville sont assez connues », confie-t-il à son secrétaire qui rédige cette partie de son *Journal de voyage*. Mais surtout malade : il est atteint, comme on sait, de la maladie de la pierre et souffre à son arrivée de douloureuses coliques qu'on appelle de nos jours néphrétiques. Résultat : il se plaint d'un peu tout, de son logement, de la mauvaise odeur des canaux et surtout de la cherté de la vie : « Les vivres y sont chers comme à Paris. » Évidemment, il est frappé par l'omniprésence de la prostitution, sans trouver chez les courtisanes « cette fameuse beauté qu'on attribue aux dames de Venise ».

Dans son charmant recueil de *Nouvelles vénitiennes*, Dominique Paravel met en scène la rencontre de Montaigne et de Veronica Franco, courtisane et poétesse notoire, « gentifame vénitienne » qui fit tenir à Montaigne « un petit livre de lettres qu'elle a composé ». Je ne résiste pas au plaisir de citer le passage dans lequel Dominique Paravel imagine la rencontre :

« Le petit homme au crâne oblong ne s'est pas levé quand elle est entrée. Il était assis près de la cheminée, emmitouflé d'une robe de chambre et avait l'air de souffrir [...]. Elle avait mis une robe neuve, copiée sur un modèle français, avec des bordures de fourrure aux manches et au col.

» – Ainsi donc vous êtes Veronica Franco qui rendit le séjour de notre roi Henri inoubliable, dit-on.

[On dit en effet que, six ans auparavant, la belle « avait été apportée nue sur un plateau d'argent à Henri de Valois, roi de Pologne, futur roi de France, comme le plus beau joyau, le plus savoureux mets de la ville ».]

» Son sourire était moqueur, elle a rougi.

» – Monsieur, le roi de France est un homme d'une rare culture et l'accueillir a été un plaisir [...]. Notre ville vous plaît-elle ?

» – Depuis que je suis arrivé je ne fais que pisser du sang, ce qui m'a privé du plaisir d'en voir les beautés. La gravelle ne me laisse aucun répit. Ce matin j'ai réussi à expulser une pierre plus grosse que toutes les autres, curieusement pareille à un phallus. Je vous choque ?

» – Non. Je me suis permis de vous apporter un recueil de poèmes de ma main, où la place donnée au corps m'a été reprochée.

» Il prend le mince volume et le pose sur la table.

» – Je suis trop las pour le lire maintenant mais je vous ferai savoir mon opinion. Pour être franc, les femmes ne me semblent pas faites pour les lettres. Leurs ardeurs sexuelles les détournent de la pensée. Cela est sans doute dû à la condition qui leur est faite dans le monde et peut-être ne sont-elles pas si différentes de nous que nous voulons bien le croire. Je crois pourtant qu'elles devraient s'en tenir à la joie du corps qu'elles nous prodiguent, et dont, madame, vous faites métier. [Le goujat !]

» Elle l'a regardé, elle a imaginé le petit sexe chatouilleux et l'effroi que le désir plante dans la pensée ondoyante de cet homme. Avec la bonté des femmes habituées à la peur des hommes, à leur chair rétractile, elle a souri et s'est retirée ».

Le moins que l'on puisse dire, c'est que le courant n'est pas passé entre Venise et Montaigne. Je lui accorde les circonstances atténuantes de la maladie et de la souffrance. Il se rachète en concédant que, si son ami La Boëtie « eût eu à choisir, il eût mieux aimé être né à Venise – parce que c'était une république – qu'à Sarlat, et avec raison ».

Même fiasco avec Montesquieu. Lui aussi fait son « grand tour » qui, de 1728 à 1731, le conduit d'Autriche en Angleterre en passant par l'Italie. Dans mon livre *Montesquieu le moderne*, j'en ai ainsi résumé les étapes italiennes : « Contre Venise », « Liaison milanaise », « Le temps de l'ennui : Turin et Gênes », « La douce Toscane », « Rome, le temps le plus heureux de ma vie ». C'est tout dire.

Pas plus que Montaigne Montesquieu ne s'enthousiasme pour la Sérénissime. « Mes yeux sont très satisfaits de Venise, écrit-il, mon cœur et mon esprit ne le sont point. »

Cela commence par une frustration sentimentale (ou sexuelle…) : Montesquieu est déçu par les Vénitiennes. « Les nobles de Venise, constate-t-il dans son *Journal*, aiment à prendre beaucoup leurs aises avec les dames ; les étrangers ne sont guère admis dans leurs cazins [petite maison destinée au commerce intime]. » Pourtant la ville entière lui semble vouée au plaisir, les couples illégitimes forniquent dans les dédales des canaux, les femmes aiment « bien aller se faire… dans leurs gondoles, où elles vont avec qui elles veulent et où elles veulent ». Mais point de conquête pour Montesquieu dans la bonne société vénitienne. C'est à Milan qu'il prendra sa revanche.

À Venise restent les prostituées. Montesquieu est quasiment obsédé par l'omniprésence des femmes de mauvaise vie. Il en parle à tout propos dans son *Journal*. Dès le deuxième jour après son arrivée, il écrit qu'on cherche à l'arrêter « à toutes les portes où il y a des putains ». Las ! elles sont « exécrables, intéressées jusqu'à donner du dégoût au plus déterminé ; ayant enfin les défauts de la profession plus que celles d'aucun pays au monde [*sic*] ». Ce qui ne l'empêche pas d'en tâter, comme il le confesse : « Je vis ici sous les lois d'une belle qui me dit toujours *ah ! caro !* et comme elle m'a usé tous mes condoms, je vais la répudier. »

Malgré cette faiblesse – faute avouée à demi pardonnée –, notre Bordelais ne se prive pas de porter une sévère condamnation morale sur cette ville qu'il qualifie de « vieille p… qui vend ses meubles ». Il dénonce l'hypocrisie ambiante : « Les Vénitiens et les Vénitiennes sont d'une dévotion à charmer : un homme a beau entretenir une p…, il ne manquera pas sa messe pour toutes sortes de choses du monde. » Plus politiquement, il dresse le constat de la décadence vénitienne : « C'est une ville qui ne conserve plus que son nom : plus de force de commerce, de richesses, de lois ; seulement la débauche s'y appelle liberté. » Mais cette liberté est un leurre, « une liberté que la plupart des honnêtes gens ne veulent pas avoir : aller de plein jour voir des filles de joie [encore !], se marier avec elles ; pouvoir ne pas faire ses pâques ; être entièrement inconnu et indépendant dans ses actions ». Cette liberté-là n'a évidemment rien à voir avec celle dont l'auteur de *L'Esprit des lois* fait l'apologie et qui consiste précisément à respecter les lois.

Montesquieu écrit ces lignes en 1728. Un peu moins de soixante-dix ans plus tard, en 1797, Bonaparte contraint à l'abdication le 120e et dernier doge, Ludovico Manin, et tire un trait sur la prodigieuse histoire de la république de Venise qui n'était plus, il est vrai, que l'ombre d'elle-même. *Sic transit gloria mundi.*

Tout le monde a écrit sur Venise. Je ne citerai ici que deux auteurs dont l'opinion touche en moi le Bordelais que je suis.

D'abord, un amoureux de Venise, lui-même Bordelais : Philippe Sollers.

Aime-t-il vraiment Bordeaux ?

Sentiments contrastés si l'on en croit cette confidence : « En train vers Bordeaux. Arrivée dans le brouillard bas, douceur de l'air, faible pluie sur les vignes. La Garonne, large et boueuse. Ma chambre donne sur le fleuve, au loin. À droite le Grand Théâtre. À gauche la colonne des Girondins… Je pourrais me retirer tout à fait, maintenant, dans ce Bordeaux qui me paraissait un comble d'ennui » (dans *L'Année du tigre*).

Mais il écrit aussi : « La Boétie, Montaigne, Montesquieu ! Triangle véridique ! Gorges baignées du meilleur liquide ! Honte et remords des philosophes ! Civilisés intraitables ! Je vous bénis ici même, au nom de la planète tout entière, pointe de folie emportée dans le néant qui nous tient » (dans *Portrait du joueur*).

Il faut lire son dictionnaire amoureux de la Sérénissime. En voici quelques lignes qui, d'une certaine manière, me renvoient à mes problèmes bordelais et répondent aux pourfendeurs des paquebots de croisière qui accostent dans le port de la Lune :

« Si on écoutait la voix délétère du XIXe siècle, Venise serait une salle de musée vouée à la boutiquerie et au carnaval mondial.

» [...] Or Venise est un port, un grand port, à l'activité incessante. Navettes, vaporetti, motoscafi, yachts, voiliers, vedettes, péniches, barges, canots, remorqueurs, containers, très gros paquebots [...].

» Voici, par exemple, les bateaux que j'ai vus passer devant moi, sur la Giudecca, dans les dernières années du XXe siècle (je suis en train d'écrire, je lève la tête, je note les noms) :

» Le 4 juin 1999, à 9 h 50 : *Ionian Victory* (Grèce).

» Le 5, samedi, est-ce une hallucination ? non : *Viking Bordeaux*, bleu, de Londres. »

Suit une longue liste.

En effet, ce n'était pas une hallucination. Bordeaux accueille en son cœur une cinquantaine de paquebots venus de l'Océan et même, si j'en crois Sollers, de Méditerranée. Ils font escale vingt-quatre ou quarante-huit heures devant nos façades du XVIIIe siècle. Leurs passagers débarquent en centre-ville et le chiffre d'affaires de nos commerces s'en ressent tout de suite... positivement. Pourtant, une contestation grandit contre les nuisances et pollutions que causeraient ces bateaux. Je donne des réponses techniques, qui sont rassurantes, je m'engage à la plus grande vigilance. Mais la dénonciation de « l'hypertourisme » est à la mode. Peut-être Sollers n'écrirait-il pas les mêmes lignes aujourd'hui. Les paquebots les plus récents sont des monstres dont les ponts supérieurs surplombent les toits des palais et des églises, le long des Zattere. À Bordeaux, nous avons de la marge. Le chenal de la Garonne et le tirant d'air sous le pont Chaban ne permettent pas la navigation de ce que j'ai appelé un jour les énormes « caisses à savon ». Le nombre de croisiéristes dépasse à peine, chaque année, les 30 000. À Marseille, à Barcelone et sans doute à Venise, on les compte par millions.

Alors, je rêve de voir le port de la Lune se couvrir, sinon de voiles comme en notre siècle d'or, du moins d'embarcations de toutes sortes : paquebots de croisière transatlantique, paquebots fluviaux, bateaux de promenade, bateaux de la Marine nationale, navires de plaisance remontant vers le canal du Midi, et nos vaporetti, les « *Bat*^{3} » (prononcer « BatCub »).

Et maintenant, un contempteur de Venise, Régis Debray, dont le libelle « Contre Venise » a suscité en son temps de vives controverses. Son conseil : « Ne consommez pas du Venise, drogue qui n'est douce qu'au premier voyage. » Je fais tout le contraire ! À chacun de mes séjours, mon addiction s'aggrave, et ce n'est que du bonheur. Pour Debray, alors que Naples est la cité du vivant, Venise n'est plus qu'un « théâtre d'ombres et d'eau », les palais du Grand Canal, « des pseudo-domiciles », « on ne voit personne se pencher au balcon, aucune trace d'activité domestique ou triviale comme partout ailleurs, des volets qui claquent, des concierges, des enfants, des ménagères à cabas… ».

Vrai et faux à la fois. Quand on veut bien sortir des sentiers battus qui conduisent de la place Saint-Marc au

Rialto, on trouve des campi tranquilles où jouent des enfants, le matin de bonne heure on y croise des gens pressés qui partent au travail, ou des clientes affairées auprès des barges chargées de fruits et de légumes frais qui accostent au Rialto mais aussi loin du Canal Grande. L'université, dans son palais Foscari, bruit des conversations de ses étudiants et de ses professeurs. Et comment affirmer que Venise « manque d'espaces verts, de dégagements, d'échappées sur le large », bref que « les lieux auraient de quoi étouffer » ? Cela me donne envie de jouer au guide, de monter avec Régis Debray, en haut du campanile de San Giorgio Maggiore d'où l'on embrasse toute la lagune, de respirer les embruns qui viennent de l'Adriatique jusqu'au quai de la Riva degli Schiavoni, de déambuler dans les Giardini à la recherche du pavillon français de la Biennale…

Et en même temps, Régis Debray a raison. Venise se dépeuple. Venise est envahie par les hordes de touristes agglutinés en groupes moutonniers derrière le fanion… ou le parapluie de leur guide, « Venise joue à la ville » mais ressemble de moins en moins à une vraie ville. Le maire de Venise en a conscience et vient de lancer une campagne « Enjoy Respect Venezia » qui a l'ambition de policer la fréquentation touristique de sa ville. Douze règles de savoir-vivre sont fermement rappelées, par exemple l'interdiction de nourrir les pigeons ou l'appel à ne pas multiplier les photos, les selfies, les « ego-portaits » en québécois… devant le pont des Soupirs. Les sanctions peuvent aller jusqu'à un bannissement pur et simple de la ville. Pari audacieux ! Ira-t-on un jour jusqu'à imposer un péage à l'entrée de la place Saint-Marc ? La question se posera si les 28 millions de touristes qu'accueille déjà

Venise font encore des petits. Ce qui est probable si le tourisme mondial poursuit son explosive progression : 500 millions en 1995, 900 millions en 2007, 1,2 milliard en 2015.

J'en finis avec Régis Debray. Eh bien oui, Venise est un théâtre, un décor, un artifice, et la fascination du passé. Et c'est ce que j'aime en elle, peut-être de façon égoïste, mais aussi en communion avec tous ses amants d'une heure, d'un jour, d'une vie qui partagent, fût-ce furtivement, l'émotion devant la beauté unique et l'histoire prodigieuse d'un bien du patrimoine de l'humanité.

Si j'ai si longuement parlé de Régis Debray, c'est parce que je prends plaisir à jouter avec l'auteur d'*Un Candide à sa fenêtre* qui a reçu en 2015, dans les salons de l'hôtel de ville de Bordeaux, le prix Montaigne décerné par le jury que présidait Alain Duhamel. Prix amplement mérité : j'ai aimé ce livre, sa belle langue, sa pensée décapante.

Ville de pierre

C'est Bordeaux « ville de pierre » qui a été inscrit au patrimoine mondial par l'Unesco. Bordeaux ville blonde, comme j'aime à la décrire, dont la couleur fait l'harmonieuse unité.

Pourtant, Burdigala, qui ne portait pas encore ce nom, prit naissance, 500 ans avant notre ère, dans des huttes de paille et de branchages au milieu des marécages. Quelques siècles plus tard, après la conquête romaine, les grands bâtiments religieux, civils ou militaires furent certes construits en pierre ; mais les maisons d'habitation restaient en bois et torchis. C'est à partir du début du XVIIe siècle et l'édit d'Henri IV de 1607 que Bordeaux devint vraiment une ville de pierre. Pour éviter la propagation des incendies, l'utilisation du bois fut limitée à la charpente et aux planchers ; la pierre et la brique s'imposèrent comme matériaux de base de la construction.

En fait, les carrières de pierre s'étaient multipliées dès le haut Moyen Âge le long de la Dordogne et de l'estuaire de la Gironde, à Bourg, Saint-Émilion, Rauzan, Frontenac, Saint-Macaire, Langoiran... Elles étaient souterraines, on y exploitait le calcaire, roche sédimentaire constituée par l'accumulation de strates de coquillages dans le Bassin aquitain, au cours de plusieurs millions d'années. Ces couches horizontales définissent le « lit » de la pierre. Plus tard, les carrières migrèrent vers Pons, Saint-Même, Sireuil, La Combe Brune, Vilhonneur, Chauvigny ou Lavoux, dans des exploitations à ciel ouvert d'une pierre plus blanche, plus homogène. Les spécialistes savent dater un édifice en fonction de sa couleur.

Certains architectes, tel Henri Colombani, auteur d'un beau livre sur les portes de Bordeaux, parlent de la pierre avec une sorte de volupté : « Notre pierre est douce au toucher, veloutée, chargée de fossiles, coquillère ; elle se découpe, se scie, se travaille avec aisance, sa sculpture est aisée. Elle est solide et permet d'ériger de belles parois ; dépendant du lit de la carrière, elle sait aussi être dure et deviendra seuil ou marche. »

Elle est blonde, dorée car ses « lits » furent traversés durant des millénaires par des eaux souterraines ferrugineuses. C'est l'oxyde de fer qui lui donne sa belle teinte jaune pâle.

Bordeaux ne serait pas ce qu'il est sans les merveilleux artisans que sont les tailleurs de pierre. Transportés en gabares des ports où ils avaient été chargés, les blocs arrivaient à la « cale aux pierres », sur les quais de Bordeaux, où ils étaient livrés aux tailleurs. Ceux-ci, regroupés en corporations, se transmettaient leur savoir, de compagnons à apprentis. Ils se livraient à des joutes souvent violentes pour le contrôle de la ville ; leurs outils constituaient des armes redoutables et les morts d'hommes n'étaient pas rares. Les autorités instauraient des concours à thème où les meilleurs ouvriers de chaque confrérie, les « champions », s'affrontaient plus pacifiquement pour la réalisation d'un « chef-d'œuvre » qui pouvait prendre des mois. Un jury désignait le gagnant ; la confrérie du perdant devait quitter définitivement la ville. On retrouve sur un fronton de la place de la Bourse une scène de compétition entre « vieux » et « jeunes » compagnons.

Ces maîtres de la stéréotomie ont créé des arcs, des voûtes, des coupoles qu'ils assemblaient parfaitement sur les chantiers. On leur doit, entre autres prouesses, le jubé de l'église Notre-Dame, rue Mably ; l'escalier d'honneur du palais Rohan ; ou le portail de l'hôtel Morel au 9 de la rue Poquelin-Molière et leurs improbables porte-à-faux. Ils ornaient les façades de reliefs, chambranles, encadrements, bandeaux ou corniches qui n'avaient pas seulement une vertu décorative mais organisaient, par leurs saillies, le ruissellement des eaux de pluie qu'ils éloignaient ainsi des façades. Ils savaient aussi reproduire une sculpture, un feuillage, un visage dans les centaines de mascarons dont nous sommes si fiers.

Hélas, au siècle dernier, Bordeaux se chauffait au charbon, les nombreux navires qui peuplaient alors son port se propulsaient eux aussi au charbon. Le soufre des fumées se combinait au fer de la pierre pour former un sulfate de fer, très noir, qui encrassait les façades. La « ville blonde » était devenue la « ville de suie ». Les campagnes de ravalement que j'ai lancées à partir de 1995 lui redonnèrent sa lumineuse splendeur. Tout d'un coup le regard des Bordelais a changé. Les touristes ne s'empressaient plus de traverser la ville noire sans s'y arrêter. Je répétais : « Ravaler, c'est révéler ! » Le travail n'est pas terminé.

Vin (1)

Bordeaux, c'est le vin, bien sûr.

Il y a très peu de grandes villes, sur la planète, qui portent le nom du vignoble dont elles sont capitales, et réciproquement. Porto, bien sûr. De moindre taille, Cognac. Peu d'autres exemples me viennent à l'esprit. C'est pour nous une chance extraordinaire. Je l'ai constaté partout où j'ai voyagé, notamment en ma qualité de ministre des Affaires étrangères : de la France, on connaît Paris bien sûr, ville-monde ; et puis, n'en déplaise à quelques métropoles plus peuplées, c'est le nom de Bordeaux qui vient aux lèvres. Grâce au vin, notre ville jouit d'une notoriété et d'une attractivité sans égales. Si nous sommes parmi les toutes premières villes françaises qui accueillent des congrès internationaux, nous le devons en grande part à la réputation de notre vignoble. Quel argument puissant que de faire valoir, auprès des organisateurs, la perspective d'une visite de quelques prestigieux châteaux et d'une dégustation de grands crus ! Le directeur d'un de nos hôtels haut de gamme me racontait la manière dont il « vend » la destination Bordeaux en Asie ou en Amérique, sans parler de l'Europe : le patrimoine exceptionnel labellisé Unesco ? Oui, bien sûr. Les plus belles façades du XVIIIe siècle le long d'un fleuve majestueux ? Certes. La proximité du bassin d'Arcachon ? Pourquoi pas… Mais dès que sont prononcés les noms magiques de Médoc, de Saint-Émilion ou de Sauternes, le déclic se produit, l'affaire est faite.

À Bordeaux, nous aimons d'abord PARLER du vin.

Dans le délectable dictionnaire amoureux que Bernard Pivot a consacré au vin, il se moque : « Nous sommes sur une gamme florale assez étendue et complexe où nous distinguons bien le tilleul, le jasmin, la capucine, l'angélique, l'acacia, la camomille, le mélilot, avec des touches de pivoine séchée et, peut-être même, de fleur de thuya. Quant aux arômes secondaires et tertiaires, qu'il faut savoir mériter par une grande attention [...], ils sont d'ores et déjà présents, avec des notes assez franches [...] de litchi, de mangue, de figue, de pamplemousse, à quoi nous ajouterons la pomme caramélisée et la compote de pruneaux où un soupçon de cannelle et un rien de muscade se sont glissés. »

Et Pivot d'ajouter :

« Ce n'est plus un vin, c'est la boutique de Fauchon ! »

J'ai eu souvent la même réaction en écoutant les commentaires de quelques éminents œnologues, balançant entre l'admiration, l'incrédulité et l'amusement. Mais je me suis tu, car, à Bordeaux, la dégustation est un rite sacré.

Pierre Veilletet a lui aussi merveilleusement écrit sur le vin. Parmi mille citations qu'on pourrait tirer de sa *Leçon de choses*, j'ai choisi sa savoureuse comparaison entre les diverses formes de bouteille :

« Je ne suis pas insensible aux formes trapues de la bourguignonne, non plus qu'aux charmes acidulés de la fillette d'Anjou. Il m'arrive de trouver une certaine grâce à la flûte d'Alsace emmanchée d'un long col parce qu'elle me rappelle l'envol de la cigogne et ses voyages. Cela dit, ai-je jamais douté qu'en matière de bouteille la perfection fût bordelaise, comme elle l'est en matière de vin ? Voilà qui règle une fois pour toutes la question scholastique du fond et de la forme.

» Avec son cou fuselé, ses épaules rondes et son ventre plat ; avec – sauf le respect dû à l'une et à l'autre – un cul moins lourd que celui de la bourguignonne, la bordelaise est l'harmonie même. L'enveloppe idéale pour retenir "l'âme du vin". »

On le voit, nous sommes assez chauvins à Bordeaux quand il s'agit du vin. Mauriac lui-même, qui sait être vachard avec ses compatriotes, met dans la bouche d'un de ses personnages ce jugement sans appel : « À l'occasion mon grand-père goûtait le bourgogne, mais en général il préférait le vin. »

Je ne peux dissimuler l'incompréhension, l'indignation qui m'ont saisi quand j'ai découvert (récemment !) que « couleur bordeaux » se traduisait en anglais par *burgundy colour* !!!

Pour ma part, je me suis toujours abstenu de répondre à la question : « Quel est votre vin préféré ? »

Il ne peut évidemment s'agir que d'un bordeaux. Seul le vin de Champagne voisine, sur nos tables, avec les vins de Bordeaux. Mais parmi ceux-ci, comment choisir ? Choisir, c'est exclure. Pourquoi se priver d'explorer et d'aimer les mille et une pépites, célèbres ou inconnues, du plus grand vignoble du monde ? Alors, je les aime tous.

Et je laisse parler les autres. Je me suis fait un petit recueil des plus belles citations sur le vin :

Caton l'Ancien : « Si l'on me demandait quel est le bien le plus précieux de la terre, je répondrais : c'est la vigne. »

Léonard de Vinci : « Je crois que le bonheur vient aux hommes qui naissent là où l'on trouve de bons vins. »

Rabelais : « Jamais homme noble ne hait le bon vin. »

Pascal : « Trop ou trop peu de vin interdit la vérité. »

Voltaire : « Je ne connais de sérieux ici-bas que la culture de la vigne. »

Rousseau : « J'ai souvent remarqué que les gens faux sont sobres et que la grande réserve de la table annonce assez souvent des mœurs feintes et des âmes doubles. »

Goethe : « L'art et le vin servent au rapprochement des hommes. »

Baudelaire : « Si le vin disparaissait de la production humaine, il se ferait dans la santé et dans l'intelligence un vide, une absence plus affreuse que tous les excès dont on le rend coupable. »

Claudel : « Il y a plus de mille années d'histoire dans un vieux flacon. »

Tant d'autres, et, bien sûr, nos Bordelais :

Ausone : « Je suis plus fier de mon vignoble bordelais que de mon œuvre littéraire. »

Montesquieu, viticulteur avisé : « Le raisin, le vin et l'humeur des Gascons sont d'excellents antidotes contre la mélancolie. »

Mauriac : « Les étés d'autrefois brûlent dans les bouteilles d'yquem et les couchants des années finies rougissent le gruaud-larose. »

J'ai déjà donné celle de Montaigne que je trouve particulièrement savoureuse.

Vin (2) : vin et négoce

Le vin est pour l'économie de la région et de la ville un atout majeur. La filière vitivinicole pèse, en soi, très lourd : un emploi sur six lui serait dû. C'est un facteur essentiel de l'attractivité touristique de Bordeaux. Et les tourismes sont un gisement encore insuffisamment exploité. Je dis bien LES tourismes : tourisme d'affaires, tourisme de loisirs, dans sa dimension patrimoniale et culturelle, ou tout simplement ludique. Tourisme des paquebots de croisière maritime que le port de la Lune reçoit toujours avec enthousiasme dès qu'ils ont franchi le pont levant Jacques-Chaban-Delmas. Tourisme fluvial dont le succès foudroyant m'a surpris : il y a quelques années, une société alsacienne qui organise des croisières sur le Rhin est venue me parler de ses projets bordelais : relier Bordeaux à Pauillac, puis à la citadelle de Blaye, classée au patrimoine mondial par l'Unesco, remonter la Gironde jusqu'au bec d'Ambès, puis la Dordogne jusqu'à Libourne et Saint-Émilion. Isabelle a baptisé leur premier bateau de 100 cabines, qui porte le beau nom de *Princesse d'Aquitaine*. Dès la première année, ils ont fait carton plein pour des croisières de cinq à six jours, très prisées par une clientèle internationale. Aujourd'hui, sept bateaux naviguent, et quatre nouvelles compagnies se sont lancées. Sans compter ce qu'on appelle en bon français les « *day cruises* » (mais si, mais si ! ça fait plus chic que « promenades quotidiennes »…), et leur dizaine de bateaux.

Vin (3) : le vin dans la ville

J'ai voulu que la ville de Bordeaux assume pleinement son rôle de capitale d'un des plus grands vignobles du monde. Elle gardait pourtant ses distances. Dans ses murs, on ne célébrait pas les vendanges ; aucun lieu ne donnait au touriste profane les informations nécessaires pour qu'il devienne un pratiquant éclairé. C'est ainsi que je lançais, dès ma première élection, deux idées simples : celle d'un événement et celle d'un lieu. Elles mirent du temps à prospérer.

L'événement, c'est la fête du Vin qui, tous les deux ans, invite les Bordelais et tous nos visiteurs à venir sur les quais de la Garonne à la rencontre de nos vignerons qui leur présentent leur production. Au début, la profession ne manifesta pas un enthousiasme excessif : « Cela ne marchera pas, les Bordelais ne se déplaceront pas pour boire un verre de vin sur les quais », me dit-on. C'était compter sans la magie des lieux, la curiosité des amateurs, le sens de la fête d'un public de tempérament plus latin que *British* qui aime la rue, les animations et les feux d'artifice. Désormais, plus de 400 000 visiteurs se pressent sur les quais quand la fête commence. En 2018, la venue des grands voiliers de la Tall Ship Regatta a attiré des foules joyeuses.

Vin (4) : la Cité du Vin

Le lieu, c'est la Cité du vin. Un premier projet s'enlisa à la fin des années 1990. Mais le monde du vin finit par s'engager et m'apporta un soutien à la fois moral – essentiel à la crédibilité de l'entreprise – et financier. Le succès, là encore, est au rendez-vous : un an après son ouverture au public (juin 2016), la Cité avait accueilli, dans ses espaces payants, 425 000 visiteurs en provenance de 150 pays ; à la sortie, plus de 90 % se disent satisfaits.

Il y a d'abord le bâtiment dont la forme peut surprendre. Je préfère laisser parler les architectes qui l'ont imaginé, Anouk Legendre et Nicolas Desmazières, de l'agence XTU :

« Nous avons écouté les vignerons, et les rencontres étaient vraiment intéressantes. C'était un univers poétique. Ils nous ont fait goûter les vins qui leur tenaient à cœur, et ce fut une sorte de révélation qui influença le projet. La forme, cette rondeur par moments, avec ou sans couture, cette robe, cette fluidité, ces reflets sont d'une certaine façon la synthèse de ce que l'on a ressenti, entendu ou vu.

» L'aspect le plus simple de cette synthèse, que l'on peut voir au premier coup d'œil, c'est le mouvement circulaire que vient de ce geste qu'ont tous les amateurs de vin, de faire tourner leur verre, mouvement qui est à la base de l'expérience du visiteur qui entre dans le bâtiment, tourne et monte jusqu'en haut. [...]

» Il y a aussi cette expérience immersive proposée au visiteur quand on entre à l'intérieur du volume, dans l'univers tout en rondeur de la charpente, des voûtes. On est "pris" dans une impression comme quand un arôme se révèle à nous, il s'amplifie, il varie, oscille entre plusieurs possibles, puis prend sa force [...].

» Ce monde de bois et de charpentes a du sens par rapport au sujet, car il n'y a pas de civilisation du vin sans bois et sans forêts. C'est le bois qui porte la vigne, qui élève le vin, qui transporte le vin. L'architecture intègre tout cela, en fait la synthèse. »

Architectes poètes… Nous avons fait le bon choix. Après, il faut passer à l'acte. Je leur laisse de nouveau la parole : « C'est un gros chantier, complexe, avec des enjeux techniques et technologiques, pas simples mais qui ont été surmontés ensemble avec les entreprises. »

Je confirme : pour le maître d'ouvrage, c'est-à-dire la ville, ce fut un peu galère. Il est vrai que l'absence d'angles a rendu la construction plus complexe. Je comprends l'exclamation d'Anouk Legendre : « Ah ! les ronds et les carrés ! […] Ce qui est compliqué ici, c'est effectivement la géométrie en trois dimensions de la robe et de la charpente qu'il fallait mener de front tout en étant vigilant sur les coûts. »

Le pari technique a finalement été tenu, les coûts un peu moins… ce qui m'a valu bien sûr de vives critiques de mon opposition municipale. J'assume car le retour sur investissement, pour tous les partenaires, est largement positif.

Tout autant que l'architecture, il faut saluer la scénographie intérieure conçue par l'agence Casson Mann. Équipé de son « compagnon de voyage », super guide audio de nouvelle génération avec son casque « hyper-ouvert », le visiteur s'engage dans un parcours initiatique au cœur des civilisations du vin qui, sur 3 000 mètres carrés, déroule vingt espaces thématiques : tour du monde des vignes, planètes vin, table des terroirs, e-vigne, tête-à-tête avec des experts, galerie des civilisations de l'Égypte à nos jours en passant par la Grèce, Rome, le Moyen Âge… au total, près de huit heures de vidéos interactives offertes au libre choix de chacun. On peut y passer la journée. J'aime m'attarder devant le buffet des cinq sens où, en actionnant les petites poires qui libèrent des dizaines d'odeurs, l'on peut humer les arômes de fruits rouges, de pamplemousse, de banane, de réglisse mais aussi de cuir, de vieux parchemin, voire de silex ; on les décèle d'autant mieux qu'on a été opportunément prévenu.

Ou bien encore devant le banquet des hommes illustres auquel Pierre Arditi, maître de cérémonie grand amoureux des vins de Bordeaux, convie Rabelais, Voltaire, Thomas Jefferson, Churchill, Colette ou Napoléon dans un joyeux désordre. Ou, pour finir, dans le salon consacré à Bacchus et Vénus dont les scènes érotiques, je rassure les parents qui viennent en famille, n'effaroucheraient pas des enfants de CM2.

À la fin de la visite, du belvédère du dernier étage, on peut admirer Bordeaux à 360 degrés, tout en dégustant 5 centilitres de vin dont le verre est inclus dans le prix du billet d'entrée. On y trouve à peu près tous les vins du monde.

Outre le parcours permanent, la Cité propose des expositions temporaires, sur des thèmes éclectiques : le bistrot en France de Baudelaire à Picasso, « métonymie de la société française, selon l'historien Pascal Ory, au point que "la terrasse de café", le "garçon de café" appartiennent aujourd'hui aux stéréotypes nationaux » ; ou encore le vignoble de Géorgie, berceau de la viticulture depuis 8 000 ans av. J.-C. si l'on en croit les traces datées sur la paroi de ses jarres en terre cuite, les kvevris.

L'expo du printemps 2018 présente les « accords et désaccords entre le vin et la musique » depuis la Renaissance jusqu'à la fin du XIXe siècle. 150 œuvres ont été puisées dans les collections françaises et européennes : tableaux, photos, bijoux, maquettes de costumes, verres et assiettes, partitions, etc. Loretta Gaïtis, commissaire de l'exposition, nous convie à la fête des cœurs et des sens au son des musiques de Lully, Rameau, Massenet, Duvernoy, des grands airs d'opéra de Puccini ou Verdi, mais aussi des chansons et airs à boire souvent inédits.

La Cité du vin affirme bien sa vocation culturelle.

Vin (5) : vin et plaisir

Malgré les assauts des lobbies antivin qui voudraient nous convaincre que le premier verre de vin nous fait courir un péril mortel, je n'hésite pas à dire que j'aime le vin et tout ce qui va avec, c'est-à-dire une culture millénaire.

Le « vin plaisir », ce sont les paysages du vin qui marquent si fortement tant de régions à travers la France et à travers le monde. On peut dire, sans pousser le trait, qu'il y a les pays de vignes et les autres. La vallée du Haut Douro et ses sublimes terrasses d'où vient le porto sont classées au patrimoine de l'humanité. L'un des tous premiers souvenirs de mon retour à Bordeaux, c'est un coucher de soleil dans les vignes d'Yquem. Là, tout était or, calme et volupté, celle du paysage et celle du millésime 1945 de ce vin unique dont le propriétaire m'offrait la somptueuse dégustation.

Et quelle prodigieuse diversité dans l'immense vignoble bordelais ! Des châteaux du Médoc rêveusement ouverts sur la Gironde aux places villageoises de Saint-Émilion léchées par les vignes, des côtes de Blaye et de Bourg en bordure d'estuaire aux Graves qui voisinent avec la Haute Lande girondine, etc. Regardez une carte détaillée de ce vignoble, des vignobles bordelais ; sa richesse, sa complexité vous donneront peut-être le tournis, d'une rive à l'autre, et piqueront en tout cas votre curiosité.

Le « vin plaisir », ce sont les gens du vin, dont la passion est si contagieuse, enracinés qu'ils sont dans leur terroir et en même temps grands voyageurs sur les routes de l'Asie, de l'Amérique, de l'Europe. Hommes… et femmes de plus en plus nombreuses, tout aussi compétentes et engagées.

Toutes et tous, éloquents ou discrets, illustres ou obscurs, opulents ou modestes. Toujours battants contre les éléments ou la conjoncture. Ce qui fait le succès de nos fêtes du Vin, c'est le contact que le consommateur peut établir avec le producteur qui lui parle terroir, cépages, assemblage, élevage…

Le « vin plaisir », c'est le vin tout simplement, le vin en bouche, une fois entendus tous les discours savants. J'aimais cet œnologue éminent qui résumait sa critique en quelques mots : « Ce vin est bon. » Plaisir qui, pour moi, rime avec modération.

Vin (6) : vin et modération

Je me désole souvent de voir nombre de nos jeunes, garçons et filles, boire sans mesure jusqu'à sombrer dans le coma éthylique. Je me rassure – à demi – en constatant que c'est rarement l'abus de vin qui les met dans cet état mais le plus souvent la consommation d'alcools durs, vodka, gin, tequila et autres whiskies. À chaque intervention publique, je les invite à la modération et je répète mon message : « À Bordeaux, on ne picole pas, on déguste. » Dans toutes les manifestations, dans tous les lieux où le vin est présent, nous installons une « école du vin » qui dispense des cours de dégustation. Par exemple lors de la fête du Vin, qui n'a jamais donné lieu à des débordements.

Les Bordelais ont élevé la dégustation au niveau de l'un des beaux-arts. J'y reviens pour dire combien j'ai aimé le petit livre de François Martin : *Savoir déguster le vin*, aux éditions Féret.

Il décrit les différentes étapes de ce qui constitue une véritable expérience multisensorielle qui fait appel d'abord à la vue pour apprécier et interpréter la « robe » d'un vin – c'est le premier regard avec un vin ; puis au nez, qui analyse l'intensité et la complexité aromatiques ; à la bouche enfin, qui distingue les goûts élémentaires, jusqu'au « toucher », déterminant pour distinguer les tanins d'un vin rouge.

La liste des « principaux » [*sic*] arômes que perçoit le spécialiste dans un vin est un merveilleux catalogue végétal, voire minéral : pomme, poire, pêche, pamplemousse, citron, abricot, ananas, mangue, coing, mais aussi acacia, chèvrefeuille, œillet, iris, jasmin, lilas, rose… foin, fougère, anis, menthe… sans oublier silex, craie, pierre à fusil, pétrole (!)… tout cela dans le vin blanc. Pour le rouge : fruits rouges, fruits noirs (cassis, mûre, myrtille…), poivre, sous-bois, résineux, café, cacao, cuir, gibier, vernis à ongles (!!).

« On considère, écrit l'auteur, que le vin possède environ 600 constituants odorants. »

Le saviez-vous ? Selon François Martin, un vin peut être : « acide, aigre, agressif, agreste, ample, âpre, astringent, austère, botrytisé, bouchonné, brillant, charnu, chaud, charpenté, corpulent, corsé, court, croquant, décharné [*sic*]… ». Pivot a raison d'invoquer Prévert !

Voilà en tout cas qui me conforte dans une conviction bien ancrée chez moi : le vin n'est pas seulement une boisson, un breuvage, comme disent nos amis québécois ; c'est une culture, c'est un monde… et cela reste une jouissance tant de la chair que de l'esprit.

Avec modération, bien sûr, vertu bordelaise cardinale.

Je laisse le dernier mot à un éminent médecin qui a accepté de siéger au conseil de la fondation Cité du vin, le professeur David Khayat :

« Miracle de la nature mais surtout produit du travail de l'homme, le vin est une boisson précieuse faite pour être savourée et partagée, à condition de ne jamais le consommer avec excès ! Ce produit d'exception, nous l'avons reçu en héritage et nous le transmettrons à notre tour. Mais si l'homme a civilisé la vigne, il n'y a qu'à voir ces coteaux parfaitement rangés pour comprendre que la vigne a aussi civilisé l'homme. À nous de savoir la préserver, la respecter et de ne pas en abuser. C'est cet enseignement, cette histoire du vin, des vignerons et de la vigne que nous viendrons tous découvrir dans ce merveilleux endroit de culture qu'est la Cité du vin. »

X

Xira

J'aime beaucoup Jean-Pierre Xiradakis.

Peut-être son nom seul ravive-t-il en moi, au cœur de ma vie bordelaise, la nostalgie que j'éprouve souvent pour ma Grèce chérie, celle de l'Athènes classique bien sûr, qui fut, si j'exclus mes excursions lycéennes dans l'Espagne voisine, ma première expédition loin du cocon familial. Extase devant le Parthénon où je rêvais de me laisser enfermer toute une nuit à la belle étoile. Et puis le parcours initiatique tant de fois recommencé : Corinthe, Mycènes, Nauplie, Épidaure ; Sparte, la rivale disparue, Mistra la franque quelques siècles plus tard et quelques collines plus haut, avant de revenir à Olympie, de franchir le golfe de Patras pour atteindre Delphes, sa mer d'oliviers et toutes les merveilles… Deux souvenirs à Delphes ne me lâchent pas : dans le stade, là-haut, la lutte mimée dans la poussière d'août entre lycéens et khâgneux ; et, trente ans plus tard, la sieste dans la maison des fouilles sous la conduite du Bordelais Roland Étienne, directeur à l'époque de l'École d'Athènes. Et puis la beauté inépuisable des îles, comment choisir ? Patmos peut-être où j'étais de nouveau amoureux. Santorin, découvert plus tard. Et puis la Grèce hellénistique, le long de la côte ionienne d'Asie mineure, du temps où les sites de Troyes, Pergame, Éphèse, Milet, Didymes, Priène étaient déserts, où l'on commençait juste les fouilles d'Aphrodisias, où la plage de Kuşadası n'était bordée que d'un modeste motel… je mélange les périodes et les plaisirs.

Je m'égare bien loin de Bordeaux. Encore que… Merci Jean-Pierre de m'avoir un jour donné l'adresse impossible d'un restaurant au Pirée où nous nous sommes goinfrés entre amis de gigantesques langoustines et d'extraordinaires tomates comme on n'en trouve qu'en Grèce. C'était avant les cultures hors sol et hors saison. Vous ne m'aviez pas prévenu que l'addition, malgré la modestie du lieu, serait, elle aussi, extraordinaire. À moins que l'on nous ait appliqué le tarif « touriste ». Merci encore de me tenter en évoquant vos retraites au mont Athos, fantasme récurrent que, grâce à vos conseils et à vos relations, je ne désespère pas d'assouvir un jour.

Vous êtes discret sur votre biographie. Mais bon nom ne saurait mentir. Vos origines sont bien grecques, crétoises sans doute. La Kuzina, votre dernière invention rue Porte-de-la-Monnaie, se veut « bar à poissons » où le chef ne travaille que des produits frais. On y sert en entrée une salade crétoise qui, en pleine grisaille bordelaise, a ensoleillé l'un de mes récents dîners.

La rue Porte-de-la-Monnaie est votre fief bordelais. Parfois, par boutade, je vous propose de vous la céder tout entière. Il est vrai que vous l'avez colonisée. Qu'on en juge : dès l'entrée, vous avez racheté un bar que vous ne trouviez pas très bien famé, pour y attirer une clientèle plus en harmonie avec l'idée que vous vous faites de « votre » rue. On trouve ensuite votre épicerie fine, Au Comestible ; la Maison Fredon qui propose d'élégantes chambres d'hôtes ; un peu plus haut un bar à vins bien fréquenté.

Votre fief, c'est la Tupina. Dès l'entrée, tout fleure bon le Sud-Ouest : la grande cheminée où les poulets des Landes

tournent sur leurs broches, les tricandilles qui grésillent encore, les généreuses côtes de bœuf qui ne peuvent être que de race bazadaise, ou blonde d'Aquitaine… les nappes à carreaux, et sur les étagères une somptueuse collection d'armagnacs. La cuisine, dans sa simplicité gasconne, est succulente. Ah ! les frites à la graisse d'oie… Mais la Tupina, c'est d'abord une atmosphère que je résumerai en un mot : convivialité. On est bien, autour de vos tables. On est chez nous. On s'aperçoit que le Grec, en fait, est né à Blaye et que c'est d'abord un gars du Sud-Ouest. *Authentiquement Sud-Ouest*, tel est le titre d'un de vos livres. Tellement Sud-Ouest qu'il vous arrive de vous faire prendre en possession de quelques petits oiseaux (voir cette entrée) interdits, qu'un vrai Gascon ne peut se résoudre à s'interdire. Bon vivant quoi, fumeur de havane (du moins jusqu'il y a peu), éminent dégustateur de nos vins, inventeur de rares pépites dans notre si riche et complexe vignoble. Quand je vais à la Tupina, j'aime vous faire confiance pour dénicher une bonne bouteille à prix raisonnable.

J'admire votre talent de communication. Dans vos émissions de télévision où vous avez été pionnier. Dans la presse nationale et internationale, où vous avez réussi le tour de force de faire classer la Tupina parmi les cinquante meilleurs bistrots du monde sélectionnés par le *Herald Tribune*.

Ce que je préfère sans doute dans votre travail d'écrivain, ce sont vos balades. Balades dans la ville surtout où vous « tracez » les parfums les plus subtils et les plus inattendus.

Si mon lecteur fait étape un soir à la Maison Fredon, qu'il cède à l'invitation que lui lance le propriétaire et qu'il se laisse guider par Xira le long de sa « balade insolite et secrète ». Il lui faudra deux heures pour aller de la rue Porte-de-la-Monnaie, ouverte par l'intendant Tourny en 1750, au marché des Capucins, qui fut le site d'un établissement de cette congrégation rattachée à l'ordre de Saint-François, avant de devenir un marché aux bestiaux et le ventre de Bordeaux. Et aujourd'hui un marché couvert très prisé des Bordelais de tous milieux et de tous quartiers qui viennent, le week-end surtout, y chercher des produits du terroir et y déguster huîtres et charcutailles, arrosées d'un petit blanc (goûtez le txakoli).

Sur le parcours, la ville classique déploie le charme de ses beaux immeubles de pierre blonde, dont Xira rappellera qu'elle provient des collines calcaires de Bourg-sur-Gironde ou de Frontenac. L'hôtel de la Monnaie en est le joyau, où l'on frappait jadis les pièces. Les noms de rue rappellent que le quartier grouillait d'artisans à l'âge d'or du port, ainsi la rue Carpenteyre, où l'on trouvait de nombreux ateliers de charpentiers de marine.

Je conseille un arrêt prolongé sur la place Renaudel que nous venons de débarrasser des voitures en stationnement et de rendre aux piétons et promeneurs. Je ne me lasse pas d'y admirer la façade de l'église Sainte-Croix, « l'église la plus curieuse de Bordeaux », selon Stendhal.

Certes cette façade a été remaniée en plein XIXe siècle par l'architecte Paul Abadie. Mais ses proportions demeurent harmonieuses, imposantes sans ostentation ; son portail est magnifiquement sculpté, et Xira attirera votre attention sur quelques modillons qu'il qualifie de « pornographiques » : par exemple la luxure sous les traits d'une femme « mordue aux seins par un serpent ». Ou, moins lubrique, l'avarice représentée par un homme qui « ploie sous le poids d'une bourse pendue à son cou et que tourmente le démon ».

Il faut surtout entrer dans l'église pour voir son orgue. Construit par Dom François Bédos de Celles en 1735, maintes fois remanié, longtemps déplacé dans la cathédrale Saint-André, il a été remonté et restauré au milieu des années 1990 à l'initiative de l'État et de la ville. Son buffet, d'une belle couleur vert foncé, chargé de dorures, est un chef-d'œuvre qui mérite contemplation. Tous les tuyaux ont été refaits. L'instrument sonne admirablement.

Il participe au festival d'orgue qui se tient chaque dans les églises de la ville, riches d'orgues de toute beauté.

Si le promeneur veut prendre quelque repos, qu'il choisisse une terrasse place Renaudel, par exemple celle du TNBA, le Théâtre national Bordeaux en Aquitaine, installé dans une ancienne raffinerie de sucre, ou le Café Pompier, dans l'école des beaux-arts, à condition d'y être accueilli par un étudiant de connaissance.

J'appelle souvent ce quartier de Bordeaux le « pôle culturel Sainte-Croix/Renaudel ». On y trouve en effet, outre le TNBA et l'école des beaux-arts, le conservatoire de musique et de danse Jacques-Thibaud, l'IJBA (l'Institut de journalisme), plusieurs établissements scolaires dont un grand lycée d'enseignement professionnel, et la Rock School Barbey, scène de musiques actuelles (SMAC)… Notre « Escale du livre » s'y installe au printemps et y crée des moments chaque année plus conviviaux où les auteurs aiment à venir rencontrer le public. Bref, c'est un lieu moins connu que le miroir d'eau, la place de la Comédie, ou la place Pey-Berland. Il est plus intime. Mais le tramway y conduit sans encombre. Et demain le bel aménagement de la place André-Meunier où l'artiste Federica Matta aura mis sa patte accueillera riverains et touristes ; comme elle a naguère enchanté notre base sous-marine avec ses « Mondes nomades », elle créera là, j'en suis sûr, une nouvelle pépite de la déambulation bordelaise.

Xira aime la marche à pied, dans nos rues ou dans nos vignes. Il en fait un vibrant éloge :

« Seule la marche, parce qu'elle est une vraie liberté, un abandon confiant, permet de goûter pleinement à ce que perçoivent nos cinq sens, en permanence sollicités.

Il n'y a plus de samedi ni de dimanche. Il n'y a que des jours qui défilent, une manière différente, plus profonde, de vivre les heures, les saisons, les rapports humains, les odeurs dont la sienne propre. On se vide l'esprit, pour vivre totalement ce que l'on ressent, l'imprimer dans ses souvenirs, pour mieux le partager. […] "C'est se rencontrer à chaque instant", dit le poète indien Tagore. […] Nietzsche a d'ailleurs écrit que "seules les pensées qui nous viennent en marchant ont de la valeur". »

Et Xira nous rappelle qu'Aristote, en bon péripatéticien, enseignait en marchant.

Y

Yourcenar, Marguerite

Les textes qui célèbrent la beauté et la gloire de Bordeaux abondent sous des plumes prestigieuses. Un ami me met sous les yeux les « lettres à Emmanuel Boudot-Lamotte », son éditeur chez Gallimard, que Marguerite Yourcenar a écrites de 1938 à 1980. En 1939, la guerre vient d'éclater en Europe. En septembre, Marguerite Yourcenar part pour l'Amérique donner des conférences et rejoindre sa compagne. L'ouvrage s'intitule : *En 1939, l'Amérique commence à Bordeaux.* Je l'ouvre avec gourmandise. Douche froide page 90 où l'auteure décrit son embarquement à bord du paquebot qui va la conduire à New York :

« En octobre 1939, l'Amérique commence à Bordeaux. Un Bordeaux sombre et encombré, obscurci comme à plaisir, qui semble envier à Paris ses ténèbres, et, dans ce duel entre deux noirceurs, la Gironde l'emporte sur la Seine. Des tramways calfeutrés errent sous la pluie le long des rues aveugles. Deux mille Américains du Nord et du

Sud peuplent de toute la variété des accents anglais ou hispaniques les corridors du *Royal Gascogne*, du *Continental* ou du *Splendid* et font leurs adieux à la douceur de vivre française en déjeunant au Chapon fin. » Notre gastronomie sauve l'honneur de Bordeaux. Il est vrai que c'est l'exode, guère propice aux émerveillements touristiques :

« *All visitors ashore !* La clochette sonne, les visiteurs descendent, s'il en est, mais il n'en est guère, l'heure ni le lieu n'étant propices aux adieux habituels et fleuris. Les mille cinq cents passagers du *Manhattan* sont laissés à leurs inquiétudes, à leurs regrets, au mal de mer, et les immigrants israélites à leurs projets d'avenir. Les lits de camp s'alignent dans les salons transformés en dortoirs. Et le plus individualiste des voyageurs découvre au fond de soi ce sens inattendu de la camaraderie qui est celui des casernes, et qui, la tempêtes aidant, sera bientôt celui de l'hôpital. »

Je trouve dans ces lignes trois confirmations : la noirceur des rues de la ville (mais Paris ne faisait pas mieux à l'époque) ; la présence déjà d'un réseau de tramways ; le trafic, encore important, du port à passagers en direction des Amériques.

Il est vrai que l'arrivée à New York n'est pas plus excitante : « Aujourd'hui un épais brouillard escamote les gratte-ciel, et la statue de la Liberté semble un mythe évanoui. Le navire paraît englué dans cette visqueuse purée grise, qui amortit tous les bruits de la ville énorme au milieu de laquelle nous sommes déjà. »

Maigre consolation.

Yquem

Le nom fait rêver les amoureux du vin.

Si vous voulez tout savoir sur Yquem, il vous faut lire le livre d'entretiens entre Jean-Paul Kauffmann et Alexandre de Lur Saluces que les éditions Grasset associées à Mollat ont publié en 1999, sous le titre *La Morale d'Yquem*.

Vous apprendrez tout sur l'histoire du domaine, depuis sa fondation en 1593 jusqu'à son acquisition par le groupe LVMH en 1999. Acquisition qui défraya la chronique à Bordeaux, tant le prestige est grand qui s'attache à ce vin et à la famille qui en garantit la qualité au fil des siècles. Alexandre de Lur Saluces, propriétaire du château, ne s'y résigna qu'après avoir obtenu l'engagement public de Bernard Arnault « qu'il considérait Yquem comme un "joyau" qui restera comme il est, auquel on ne touchera pas ».

Vous ne connaîtrez pas l'origine exacte de ce nom d'Yquem qui n'est pas totalement inusité dans la région (l'auteur des *Essais* signe Michel Eyquem de Montaigne) mais qui peut venir tout aussi bien du Portugal que du

Maroc, voire de contrées germaniques. La signification du mot en arabe, selon Michel Serres, serait « colline heureuse ». Le château est en effet situé sur une colline qui surplombe la vallée de la Garonne. Jean-Paul Kauffmann va jusqu'à parler de « colline inspirée ».

Il y a bien un miracle d'yquem, qui naît d'un terroir, mosaïque de sols empilés sous la poussée tectonique venue des Pyrénées, d'un microclimat chargé à la fois de soleil et d'humidité et d'abord d'un savoir-faire transmis de génération en génération. L'exigence de qualité est ici absolue : utilisation exclusive de fumier animal pour amender les sols, 20 degrés d'alcool potentiels requis dès la vendange, refus de toute chaptalisation, rendement à l'hectare limité à 7 à 8 hectolitres (contre 35 à 60 en moyenne pour les A.O.C.), savant assemblage de la production des 150 pièces de vigne qui constituent le domaine... Si les conditions optimales ne sont pas remplies, eh bien ! la sanction est sans appel : le millésime n'est pas commercialisé ! C'est arrivé neuf fois dans ce siècle, et c'est évidemment une perte énorme. Mais la réputation d'excellence avant tout !

Pas étonnant que le prestige d'Yquem ait déjà impressionné le futur président des États-Unis, Thomas Jefferson, lors de son voyage à Bordeaux en 1787. Il sélectionne quelques bouteilles d'yquem parmi les vins qu'il achète à cette occasion ; et, de retour chez lui, il écrit : « J'ai persuadé notre président, le général Washington, d'en essayer un échantillon. Il vous en demande trente douzaines, monsieur, et moi je vous en demande dix douzaines pour moi-même » (cité dans *La Morale d'Yquem*).

À la lecture de ce livre, j'ai mieux compris le processus de « botrytisation » qui préside à l'élaboration du plus prestigieux cru de Sauternes. Le mieux que je puisse faire pour transmettre mon nouveau savoir, c'est de citer Alexandre de Lur Saluces lui-même :

« Le *Botrytis cinerea* (ou pourriture noble) est un champignon microscopique qui colonise progressivement le raisin, s'accroche, fait de petites taches à l'extérieur de la peau des grains, puis progressivement instille des filaments sous la peau sans la blesser, sans faire couler le jus. Il commence alors à transmuer, à opérer une véritable alchimie du jus en le débarrassant d'une partie de son eau et en se nourrissant du sucre et des éléments acides. Le résultat pratique est le suivant : beaucoup moins d'acidité et de sucre, mais ce sucre se trouve concentré par l'évaporation de l'eau. Il reste en réalité beaucoup plus de sucre dans un volume de jus diminué. »

Si bien que, « à l'inverse des autres vignobles qui craignent la pourriture comme on craint un parasite, nous essayons d'en tirer parti ».

Quelle est l'influence du Ciron dans ce phénomène de botrytisation ? À Bordeaux, on pense généralement que c'est le brouillard qui se dégage à l'automne de cette petite rivière venue des Landes voisines qui déclenche la pourriture. Alexandre de Lur Saluces est moins affirmatif : « On a connu des années sans brouillard où la botrytisation s'est très bien déroulée. » L'humidité ambiante n'en est pas moins nécessaire. C'est un des arguments brandis par les opposants au passage de la ligne ferroviaire à grande vitesse à la sortie de Bordeaux : elle nuirait aux équilibres écologiques de la petite vallée du Ciron ; les experts ont démontré que c'était inexact. Peu importe : il est toujours risqué de toucher à un mythe.

Et la réputation du vin d'Yquem est mythique. Alexandre de Lur Saluces se donne le chic de citer ce message reçu d'un admirateur : « Je sais que votre vin est le meilleur du monde. J'en parle d'autant mieux que je n'en ai jamais bu [*sic*]. »

J'ai eu le privilège d'en boire. Privilège car c'est un vin cher, rare (à peine plus de 100 000 bouteilles chaque année), et donc cher. Mais c'est une expérience, un plaisir, un bonheur inoubliables. Pour les cinq sens : la vue, car la robe est solaire, plus dorée encore avec le temps, il faut prendre du temps à faire tourner le vin dans le verre ; l'odorat, car avant de boire, il faut démêler la richesse des arômes ; le goût bien sûr, long en bouche ; mais même le toucher comme du velours sous la langue ; et l'ouïe, du moins quand on le boit dans la propriété, par un soir d'automne, dans le silence si cher à Alexandre de Lur Saluces.

Il semble que l'évolution des goûts du public ne soit pas favorable aux vins liquoreux. Certains viticulteurs du Sauternais ont même réorienté une partie de leur production vers des vins secs.

Il est pourtant d'intérêt national qu'Yquem reste Yquem.

Au-delà du mythe, Jean-Paul Kauffmann nous rappelle opportunément qu'un vin, et même un yquem, « est fait pour être bu ».

Sur quels mets choisir de boire un yquem ? Les conseils d'Alexandre de Lur Saluces sont précieux pour l'amateur hésitant. Sa première réponse est encourageante : « Sur presque tout »...

Viennent ensuite les réserves. Je n'en ai retenu que deux :

— « Commencer un repas avec un foie gras accompagné d'yquem, c'est admettre en fait qu'on ne boira plus rien après car il écrase de sa richesse et de sa complexité tout ce qui suit. »

— « Le chocolat est à proscrire. Sur le chocolat, je laisse la place au porto ou à un grand banyuls [...]. On ne peut déguster avec l'yquem que des tartes aux fruits très simples ou des tartes aux amandes, à la rigueur une frangipane à peine sucrée. »

À bon buveur, salut !

Z

Zidane, Zinédine

C'est sous les couleurs des Girondins de Bordeaux, de 1992 à 1996, que Zinédine Zidane s'est vraiment révélé.

Son acclimatation en terre girondine fut facilitée par la présence au poste d'entraîneur de Rolland Courbis, son compatriote marseillais. C'est Courbis qui lui donna le surnom de « Zizou », dont on connaît la fortune.

Au sein de son nouveau club, Zidane côtoie deux autres futurs champions internationaux, Christophe Dugarry et Bixente Lizarazu, avec lesquels il se lie d'amitié et forme, sur le terrain, le triangle bordelais.

Pour sa première saison, il marque dix buts en trente-cinq matchs de championnat.

En 1994, il reçoit le trophée UNFP (football professionnel) du meilleur espoir du championnat de France.

Le 17 août de la même année, il est pour la première fois sélectionné en équipe de France, dans un match contre la République tchèque qui se déroule sur la pelouse du parc Lescure. Quand il entre en jeu, la France est menée 2 à 0 ;

il marque deux buts en deux minutes et permet aux Bleus d'obtenir un match nul. Il déclare sobrement : « Ça ne m'était jamais arrivé de marquer deux buts dans un seul match toutes catégories, que ce soit cadets, minimes, espoirs, donc deux buts, c'est beau. » Sa carrière nationale et internationale est lancée.

J'ai déjà évoqué le match d'anthologie, toujours au parc Lescure, au cours duquel, le 19 mars 1996, les Girondins parviennent à inscrire trois buts contre le Milan AC en quart de finale de la coupe de l'UEFA. Deux de ces buts sont marqués par Christophe Dugarry sur deux passes décisives de Zidane. Bordeaux exulte… La belle aventure européenne ne va pas jusqu'au bout puisque, en finale, les Girondins s'inclinent devant Munich. Mais Zidane est repéré, et la Juventus de Turin le recrute pour 35 millions de francs.

Malgré la relative brièveté de son parcours bordelais, nous gardons une tendresse particulière pour Zidane. C'est dans notre hôtel de ville que, le 28 mai 1994, il épousa Véronique dont il dit : « Je lui dois tout. » Et c'est à Bordeaux qu'est né leur premier fils, Enzo, le 24 mars 1995.

Les supporteurs bordelais furent sans doute nombreux à clamer « Zi-zou, président ! » lorsque, le 12 juillet 1998, le président Chirac remit à l'équipe de France, pour la première fois de son histoire, le trophée de la victoire à l'issue de la Coupe du monde organisée en France. Ils se souviennent que Zidane a marqué deux des trois buts français et que l'image de son visage fut projetée sur l'arc de triomphe de l'Étoile. Le 13 juillet, Zizou est à bord du bus à impériale sur lequel les Bleus tentent de remonter la foule de 500 000 personnes qui a envahi les Champs-Élysées. La gloire suit… et la carrière que l'on sait.

En mai 2014, la rumeur courut dans Bordeaux du choix de Zidane comme entraîneur des Girondins, en remplacement de Francis Gillot. Je fis alors une entorse à la règle que je me suis fixée de ne pas intervenir dans les choix sportifs des dirigeants de nos clubs professionnels (rugby comme foot, d'ailleurs). J'envoyai deux tweets enthousiastes :

« Zinédine Zidane à Bordeaux, cela serait génial ! C'est quelqu'un de sympathique et qui s'intéresse beaucoup à la jeunesse. »

« On serait tous ravis de l'accueillir dans le nouveau stade qui aurait dès le départ un démarrage foudroyant. »

Zidane, on le sait, a finalement signé à Madrid. Je n'étais pas le seul à le regretter…

Voici qu'aujourd'hui, après avoir fait ses preuves, il crée la surprise en prenant du recul par rapport au club madrilène. Homme libre. Prochaine étape ? Suspense au moment où j'écris. Sans doute pas Bordeaux !

Épilogue
Bordeaux 2050

Voici près d'un quart de siècle que je consacre une bonne partie de mon énergie et le plus clair de mon temps à ma ville de Bordeaux. Certes, j'ai aussi exercé pendant cette période des responsabilités gouvernementales : ministre des Affaires étrangères à deux reprises, Premier ministre, pour l'essentiel. Mais, si j'exclus les mois de mon exil québécois, je n'ai jamais cessé de tenir la barre du navire bordelais. C'est sans doute difficile à comprendre et à accepter aujourd'hui, en un temps où le non-cumul des mandats est devenu un dogme. Je l'ai fait, comme d'autres d'ailleurs. Ce fut pour moi un défi plus qu'un obstacle. Et quand je regarde le chemin parcouru, j'éprouve, je l'avoue, un sentiment de fierté. La métamorphose de Bordeaux est une telle évidence, pour celles et ceux qui y vivent comme pour les visiteurs, que je ne m'y attarderai pas ici.

J'aimerais en revanche rêver de son avenir avec tous ceux qui l'aiment.

C'est pourquoi j'ai convié les Bordelaises et les Bordelais, mais aussi tous les habitants de Bordeaux Métropole, à un exercice collectif de remue-méninges. Sans doute est-il ambitieux, voire téméraire, de prétendre faire de la prospective à vingt ou trente ans dans un monde où tout change chaque année, chaque mois, presque chaque jour « que Dieu fait », comme on disait naguère. Mais il peut être utile de se donner une feuille de route et quelques repères, quitte à en changer au fil du chemin.

STOP, DERNIÈRE MINUTE : je découvre avec stupeur que le travail est déjà fait ! C'est *Le Méga Grand Bordeaux, votre ville en 2050*. Un livre réalisé dans le cadre de la commande artistique Agora 2017 et publié aux éditions Deux degrés. Tout y est : la méthode d'élaboration, les choix prioritaires, les difficultés de mise en œuvre… Qu'on en juge :

Le constat d'abord : mon successeur, M. Dougadosse, le dresse avec une magnifique lucidité dans son discours d'investiture à l'issue des élections municipales de 2050. En voici quelques extraits :

« Mes chères concitoyennes, mes chers concitoyens,

» C'est avec gravité que je m'adresse à vous aujourd'hui. Certes nous avons le privilège d'habiter le Grand Bordeaux. Des millions de personnes aimeraient être à notre place. Mais l'attractivité de notre territoire ne doit pas menacer la qualité de vie ! Aujourd'hui, de plus en plus de Bordelais vivent des situations inacceptables. Certains sont obligés de s'installer toujours plus loin à cause du prix de l'immobilier, et ils se retrouvent coincés dans les embouteillages. Les économies qu'ils ont faites sur leur maison partent en fumée dans l'essence. Ce n'est pas acceptable ! Les Bordelais qui ont sacrifié leur pouvoir d'achat pour pouvoir habiter dans le centre sont menacés par les promoteurs et les nuisances des milliers de skaters envahissant nos trottoirs, faute de place dans le nouveau grand skatepark. Nous ne pouvons le tolérer ! Vous m'avez élu pour protéger notre douceur de vivre et permettre à chacun de résider sur notre territoire dans de bonnes conditions. Cette promesse, je la réaffirme ! »

Fort de ce constat, M. Dougadosse fait adopter un plan structuré autour de trois projets majeurs :

— La Cité airial de 400 000 habitants. Entre Bordeaux et l'océan, cette nouvelle ville permettra de loger 400 000 habitants à des tarifs inférieurs de 30 % à la moyenne et à proximité du pôle d'emplois de la métropole. La Cité airial du XXIe siècle est conçue comme une réinterprétation de l'airial landais, comme une clairière densément peuplée au milieu d'une vaste pinède. C'est une opportunité unique pour avoir accès à un logement écologique, abordable et désirable.

— La Bastide de la maturité tonique. C'est un lieu de bien-être pour les seniors souhaitant rester dynamiques et prolonger leur accomplissement personnel jusqu'à 110 ans au moins. C'est un lieu de vie à la fois animé et serein, un lieu de villégiature et un centre de recherche pour le prolongement de la vie. Ce projet offre des retombées économiques importantes avec des emplois très qualifiés dans le domaine de la santé, des services et de l'animation.

— L'écoroute connectée. Grâce au nouveau pont reliant les deux rives de l'estuaire et ses capteurs numériques, l'écoroute réservée aux voitures autonomes garantira au plus grand nombre des trajets rapides et confortables, durant lesquels vous pourrez jouer ou préparer votre réunion de travail. Avec votre abonnement PASS MGB, profitez des 500 kilomètres d'écoroute connectée.

L'imagination est au pouvoir !

Le livre se projette même au-delà de 2050, dix ans plus tard, avec quelques remarques désabusées : « Un projet collectif, c'est compliqué. Il y a des gagnants et des perdants. Pour la majorité, leur situation va s'améliorer. Pour d'autres, ils auront un bout d'autoroute dans leur jardin, un immeuble de six étages devant leur fenêtre. Quand vous n'avez pas prévu de déménager, c'est embêtant. Alors le mieux à faire, c'est d'écrire une lettre à Gilles [le coordonnateur en chef du plan MGB], même dix ans plus tard. Ça défoule. » Suivent quelques lettres d'engueulade…

Trêve de plaisanterie. Les défis ne manquent pas. La croissance de Bordeaux ne va pas sans difficulté. Dans une ville qui gagne en population parce que sa qualité de vie attire de nouveaux arrivants, il est inévitable que les prix du logement augmentent. Illustration parfaite de la loi de l'offre et de la demande. C'est pourquoi il faut continuer à construire ; construire beaucoup, bien et pour tous.

Dans une métropole qui occupe une position stratégique sur l'axe atlantique qui mène du nord et du centre de l'Europe vers la péninsule Ibérique et le Maghreb – et retour –, le trafic de plus en plus intense de passagers et de marchandises crée une congestion dont souffrent quotidiennement celles et ceux qui vont travailler… ou se distraire.

Je suis parfaitement conscient de cette situation. Problèmes de riches, pourrait-on dire, que ne connaissent pas les villes en déclin, et elles ne sont pas rares en France. Mais naturellement, il ne saurait être question de s'y résigner. C'est pourquoi nous mettons en œuvre de nouveaux plans d'action. Ce n'est pas l'objet de ce livre que de les exposer.

Je voudrais en revanche, et sans méconnaître les capacités d'imagination des auteurs du MGB, inviter les Bordelais à se poser quelques questions sur la ville dans laquelle nous aimerions que vivent nos enfants.

Comment nous déplacerons-nous dans trente ans ? Toujours en voiture, mais alors électrique ? En véhicule autonome ? En objet volant ? Ou… à bicyclette, voire sur des trottinettes à moteur (on en voit de plus en plus) ?

Quelles maisons habiterons-nous ? Capables de produire toute l'énergie dont elles auront besoin et au-delà ? Évolutives au fur et à mesure de la transformation de la famille ?

Comment nous soignerons-nous ? Irons-nous encore à l'hôpital, ou les progrès de la médecine ambulatoire, de la télémédecine, de la médecine préventive ou même prédictive nous permettront-ils de rester à domicile quand nous serons malades ? Mais serons-nous encore malades ?

De quoi nous nourrirons-nous ? Les fermes urbaines nous procureront-elles tous les fruits et légumes que nous consommerons en abondance ? Y aura-t-il encore des entrecôtes à la bordelaise dans nos assiettes… arrosées de vin bio, cela va de soi ?

Comment nos enfants apprendront-ils ? En allant encore à l'école ou sur leurs tablettes ?

Où travaillerons-nous, chez nous, au bureau, dans des espaces de travail collaboratif ? Et travaillerons-nous encore ?

Comment nous distrairons-nous ? Quels sports pratiquerons-nous ? Quels spectacles aurons-nous envie d'aller voir… ou de créer nous-mêmes ? Etc.

Cette brève liste n'est pas exhaustive.

Mais on voit bien le fil rouge : comment faire s'épanouir, dans une métropole qui aura forcément grandi, une qualité de vie aussi généreuse que celle dont nous sommes nombreux à jouir aujourd'hui ? Et comment faire pour que tous en jouissent demain ?

Ce qui est sûr, c'est que nos sociétés vont vivre des transformations formidables.

Transformation démographique : une planète à plus de 11 milliards d'êtres humains en 2100 n'aura plus grand-chose à voir avec celle qui accueillait, il y a à peine plus d'un siècle, moins de 1 milliard d'habitants.

Transformation climatique : « L'avertissement à l'humanité » lancé en novembre 2017 par 15 000 scientifiques mondiaux a fait long feu. La biodiversité recule à un rythme effarant. Nous allons sereinement dans le mur… à moins que les villes ne sonnent le réveil.

Transformation numérique riche de merveilleuses promesses, mais lourde aussi de menaces pour le respect de notre vie privée et de nos données personnelles. Jusqu'au saut anthropologique qui, intelligence artificielle, sciences cognitives, bio- et nanotechnologies aidant, pourrait non pas simplement « augmenter » l'humanité, mais carrément la dénaturer.

Brrr… Tout cela peut faire froid dans le dos. Ou bien stimuler l'imagination, et tendre nos volontés vers le même but : comme lors de toute nouvelle étape dans l'histoire de l'humanité, mettre les sciences et les technologies au service de la personne humaine et pas l'inverse.

Et si Bordeaux, à sa modeste place mais à sa juste place, à l'instar des villes les plus créatives, était le laboratoire de ce nouveau monde ?

Y réfléchir, y travailler ensemble, c'est l'ambition de « Bordeaux 2050 ».

Bibliographie

Actes du colloque organisé en 2000 à Sainte-Terre, par l'Université de la Lamproie

Xavier Arsène-Henry, *Cap-Ferret / dessins & texte*, Bordeaux : Elytis, 2008

Jean-Pierre Augustin, « La percée du football en terre de rugby. L'exemple du Sud-Ouest français et de l'agglomération bordelaise », *Vingtième siècle, revue d'histoire*, juin 1990

Jean Balde / Préface de Jean-Marie Planes, *La Maison au bord du fleuve – souvenirs bordelais*, Le Festin, 2017

Denis Blanchard-Dignac, *Cocteau-Radiguet, sous le soleil du Cap Ferret*, Cairn

Jacques Chaban-Delmas, *Mémoires pour demain*, Flammarion, 1997

Collectif, *Sigma. L'aventure d'un festival, 25 ans pour une culture visionnaire à Bordeaux*, 1990

—, *Osez bordeaux*, Elytis Éds, 2013

Henri Colombani, *Bordeaux Histoires de portes*, Éditions de l'Entre-deux-Mers, 2013

Marie-Françoise Colombani et Tareq Oubrou, *La Féministe et l'Imam*, Stock, 2017

Bernard Combeaud, *Ausone de Bordeaux, œuvres complètes*, Mollat, 2010

James de Coquet, Chroniques, archives du *Figaro illustré*, 1934 et 1954

Robert Coustet, *Odilon Redon botaniste*, L'Éveilleur éditions, 2016

Xavier Darcos, *La Poésie française*, Eyrolles, 2012
Entretiens entre James de Coquet et Georges de Caunes, France 3, INA, 1982
Jean-Paul Eymond, *Les 301 Marches de Cordouan*, Éditions Sud Ouest, 2017
Jacques Fauqué, *Les Nouveaux Caprices de Francisco Goya, Les oubliés de Bordeaux*, Les Dossiers d'Aquitaine, 2013
Le Festin 87, Maison cantonale, automne 2013
Jean-Pierre Gauffre, *Petit dictionnaire absurde et impertinent de Bordeaux et de la Gironde*, Éditions Féret, 2015
Théophile Gautier, *Voyage en Espagne*, 1843
Jean-Claude Guillebaud, *La foi qui reste*, Éditions iconoclaste, 1987
Mario Graneri-Clavé, *Dictionnaire de Bordeaux*, Éditions Loubatières, 2006
Michel Iturria, *Mon Pays basque*, Elkarlanean, 2015
Francis Jammes, *Odilon Redon, botaniste, Vers et prose*, n° 8, 1906
Camille Jullian, *Histoire de Bordeaux depuis les origines jusqu'en 1895*, Éditeur Feret et fils, 1895
Jean-Paul Kauffmann, *La Maison du retour*, NiL, 2006
—, *Voyage à Bordeaux*, Des Équateur Éds, 1989
Jean-Paul Kauffmann et Alexandre de Lur Saluces, *La Morale d'Yquem*, Éditions Grasset associées à Mollat, 1999
Jean Lacouture, *Montaigne à cheval*, Le Seuil, coll. « Points », 1996
André-Daniel Laffon de Ladebat, Discours sur « la nécessité et les moyens de détruire l'esclavage dans les colonies » devant l'Académie royale des sciences, belles-lettres et arts de Bordeaux, 26 août 1788
François Martin, *Savoir déguster le vin*, Éditions Féret, 2016
François Mauriac, *La Province*, Hachette, 1926
Peter Mayle, *Aventures dans la France gourmande avec ma fourchette, mon couteau et mon tire-bouchon*, NiL, 2002
Régine Pernoud, *Aliénor d'Aquitaine*, Albin Michel, 1966
Dominique Paravel, *Nouvelles vénitiennes*, Serge Safran éditeur, 2011
Jean-Marie Planes, *Une ville bâtie en l'air*, Éditions confluences, 1996
Jean-Bernard Richard, *Voyage en France*, éditions Robert Laffont, coll. « Bouquins », 1995

Christine de Rivoyre, *Boy*, Grasset, 1973 ; rééd. Grasset, coll. « Les Cahiers rouges », 2003

Eliane de Rivoyre, Jacquette de Rivoyre, Christine de Rivoyre, *La Cuisine landaise*, Denoël, 1980

Jean-Christophe Rufin, *Immortelle randonnée, Compostelle malgré moi*, Gallimard, 2014

Guy Suire, *Dictionnaire définitif du Bordeluche*, Éd. Rivages, 1988

Éric Saugera, *Bordeaux, port négrier : chronologie, économie, idéologie ; XVII*e*-XIX*e* siècles* (nouvelle édition revue et complétée), Karthala, 2002

Patrick Stefanini et Carole Barjon, *Déflagration : Dans le secret d'une élection impossible*, Robert Laffont, 2017

Stendhal, *Journal de voyage de Bordeaux à Valence*, 1838

Michel Suffran, *Jean de La Ville de Mirmont*, Seghers, 1968

—, *Sur une génération perdue*, Le Festin, réédition 1967

Xuan Thuan Trinh, *Désir d'infini*, Fayard, 2013

Flora Tristan, *Pérégrinations d'une paria*, Éditions Pédelahore, coll. « Transhumance », 2014

Mario Vargas Llosa, *Le Paradis – un peu plus loin*, Gallimard, 2003

Pierre Veilletet, *1989 : Bords d'eaux*, 1989, prix Jean-Jacques-Rousseau, Arléa poche, 1999

—, *Le Vin. Leçon de choses*, Arléa, 1994

Marguerite Yourcenar, *En 1939, l'Amérique commence à Bordeaux ; lettres à Emmanuel Boudot-Lamotte (1938-1980)*, Gallimard, 2016

Mathieu Zimmer et Gabriel Bord, *Le Méga Grand Bordeaux*, deux degrés éditions, 2017

Remerciements

Je n'aurais pu mener à bien mon travail sans l'aide précieuse des proches et des amis qui m'ont accompagné au fil des mois.

Merci à Isabelle pour ses conseils pertinents, à Benoît pour ses recherches documentaires, aux personnalités bordelaises pour leurs éclairages historiques.

Merci à Jean-Claude qui m'a guidé avec bienveillance et aux équipes de Plon dont le professionnalisme m'a impressionné.

Merci, avant tout, aux Bordelais et aux Bordelaises qui m'ont fait partager leur amour pour notre ville.

Table

Dans la même collection

Ouvrages parus

Philippe Alexandre
Dictionnaire amoureux de la politique

Albert Algoud
Dictionnaire amoureux de Tintin

Claude Allègre
Dictionnaire amoureux de la science

Metin Arditi
Dictionnaire amoureux de la Suisse

Pierre Assouline
Dictionnaire amoureux des écrivains et de la littérature

Jacques Attali
Dictionnaire amoureux du judaïsme

Alain Baraton
Dictionnaire amoureux des jardins

Christophe Barbier
Dictionnaire amoureux du théâtre

Jean-Baptiste Baronian
Dictionnaire amoureux de la Belgique

Alain Bauer
Dictionnaire amoureux de la franc-maçonnerie
Dictionnaire amoureux du crime

Olivier Bellamy
Dictionnaire amoureux du piano

Yves Berger
Dictionnaire amoureux de l'Amérique (épuisé)

Adam Biro
Dictionnaire amoureux de l'humour juif

Patrice Blanc-Francard
Dictionnaire amoureux du jazz

Denise Bombardier
Dictionnaire amoureux du Québec

Éric Bouhier
Dictionnaire amoureux de San-Antonio

Hervé Bourges
Dictionnaire amoureux de l'Afrique

Jean-Claude Carrière
Dictionnaire amoureux de l'Inde
Dictionnaire amoureux du Mexique

Jean des Cars
Dictionnaire amoureux des trains

Michel Del Castillo
Dictionnaire amoureux de l'Espagne

Antoine de Caunes
Dictionnaire amoureux du rock

Patrick Cauvin
Dictionnaire amoureux des héros (épuisé)

Jacques Chancel
Dictionnaire amoureux de la télévision

Malek Chebel
Dictionnaire amoureux de l'Algérie
Dictionnaire amoureux de l'islam
Dictionnaire amoureux des Mille et Une Nuits

Jean-Loup Chiflet
Dictionnaire amoureux de l'humour
Dictionnaire amoureux de la langue française

Catherine Clément
Dictionnaire amoureux des dieux et des déesses

Gérard de Cortanze
Dictionnaire amoureux des sixties

Xavier Darcos
Dictionnaire amoureux de la Rome antique
Dictionnaire amoureux de l'école

Bernard Debré
Dictionnaire amoureux de la médecine

Jean-Louis Debré
Dictionnaire amoureux de la République

Alain Decaux
Dictionnaire amoureux d'Alexandre Dumas

Didier Decoin
Dictionnaire amoureux de la Bible
Dictionnaire amoureux des faits divers

Jean-François Deniau
Dictionnaire amoureux de la mer et de l'aventure

Bertrand Dicale
Dictionnaire amoureux de la chanson française

Alain Duault
Dictionnaire amoureux de l'opéra

Alain Ducasse
Dictionnaire amoureux de la cuisine

Jean-Paul et Raphaël Enthoven
Dictionnaire amoureux de Marcel Proust

Nicolas d'Estienne d'Orves
Dictionnaire amoureux de Paris

Vladimir Fédorovski
Dictionnaire amoureux de Saint-Pétersbourg

Dominique Fernandez
Dictionnaire amoureux de la Russie
Dictionnaire amoureux de l'Italie (deux volumes sous coffret)
Dictionnaire amoureux de Stendhal

Franck Ferrand
Dictionnaire amoureux de Versailles

Luc FERRY
Dictionnaire amoureux de la philosophie

José FRÈCHES
Dictionnaire amoureux de la Chine

Max GALLO
Dictionnaire amoureux de l'histoire de France

René GUITTON
Dictionnaire amoureux de l'Orient

Claude HAGÈGE
Dictionnaire amoureux des langues

Daniel HERRERO
Dictionnaire amoureux du rugby

HOMERIC
Dictionnaire amoureux du cheval

Gilles JACOB
Dictionnaire amoureux du Festival de Cannes

Serge JULY
Dictionnaire amoureux du journalisme

Alain JUPPÉ
Dictionnaire amoureux de Bordeaux

Christian LABORDE
Dictionnaire amoureux du Tour de France

Jacques LACARRIÈRE
Dictionnaire amoureux de la Grèce
Dictionnaire amoureux de la mythologie (épuisé)

André-Jean LAFAURIE
Dictionnaire amoureux du golf

Mathieu LAINE
Dictionnaire amoureux de la liberté

Jack LANG
Dictionnaire amoureux de François Mitterrand

Gilles LAPOUGE
Dictionnaire amoureux du Brésil

François LAROQUE
Dictionnaire amoureux de Shakespeare

Michel LE BRIS
Dictionnaire amoureux des explorateurs

Bernard LECOMTE
Dictionnaire amoureux des papes

Nicole LE DOUARIN
Dictionnaire amoureux de la vie

Jean-Yves LELOUP
Dictionnaire amoureux de Jérusalem

Évelyne LEVER
Dictionnaire amoureux des reines

Paul LOMBARD
Dictionnaire amoureux de Marseille

Peter MAYLE
Dictionnaire amoureux de la Provence

Christian MILLAU
Dictionnaire amoureux de la gastronomie

Richard MILLET
Dictionnaire amoureux de la Méditerranée

Pierre NAHON
Dictionnaire amoureux de l'art moderne et contemporain

Alexandre NAJJAR
Dictionnaire amoureux du Liban

Henri PENA-RUIZ
Dictionnaire amoureux de la laïcité

Gilles PERRAULT
Dictionnaire amoureux de la Résistance

Jean-Christian PETITFILS
Dictionnaire amoureux de Jésus

Jean-Robert PITTE
Dictionnaire amoureux de la Bourgogne

Bernard PIVOT
Dictionnaire amoureux du vin

Gilles PUDLOWSKI
Dictionnaire amoureux de l'Alsace

Yann QUEFFÉLEC
Dictionnaire amoureux de la Bretagne
Dictionnaire amoureux de la mer

Alain REY
Dictionnaire amoureux des dictionnaires
Dictionnaire amoureux du diable

Pierre ROSENBERG
Dictionnaire amoureux du Louvre

Élisabeth ROUDINESCO
Dictionnaire amoureux de la psychanalyse

Marcel RUFO
Dictionnaire amoureux de l'enfance et de l'adolescence

Ève RUGGIERI
Dictionnaire amoureux de Mozart

Danièle SALLENAVE
Dictionnaire amoureux de la Loire

Elias SANBAR
Dictionnaire amoureux de la Palestine

Jérôme SAVARY
Dictionnaire amoureux du spectacle (épuisé)

Jean-Noël SCHIFANO
Dictionnaire amoureux de Naples

Alain SCHIFRES
Dictionnaire amoureux des menus plaisirs (épuisé)
Dictionnaire amoureux du bonheur

Robert SOLÉ
Dictionnaire amoureux de l'Égypte

Philippe SOLLERS
Dictionnaire amoureux de Venise

Michel TAURIAC
Dictionnaire amoureux de De Gaulle

Frédéric THIRIEZ
Dictionnaire amoureux de la montagne

Denis TILLINAC
Dictionnaire amoureux de la France
Dictionnaire amoureux du catholicisme

TRINH Xuan Thuan
Dictionnaire amoureux du ciel et des étoiles

André TUBEUF
Dictionnaire amoureux de la musique

Jean TULARD
Dictionnaire amoureux du cinéma
Dictionnaire amoureux de Napoléon

Mario VARGAS LLOSA
Dictionnaire amoureux de l'Amérique latine

Dominique VENNER
Dictionnaire amoureux de la chasse

Jacques VERGÈS
Dictionnaire amoureux de la justice

Pascal VERNUS
Dictionnaire amoureux de l'Égypte pharaonique

Frédéric VITOUX
Dictionnaire amoureux des chats

Jean-Michel WILMOTTE
Dictionnaire amoureux de l'architecture

À paraître

Metin ARDITI
Dictionnaire de l'esprit français

Christian ESTROSI
Dictionnaire amoureux de Nice

Jean-Louis FOURNIER
Dictionnaire amoureux du Nord

Pierre LEMAÎTRE
Dictionnaire amoureux du polar

Achevé d'imprimer en novembre 2018
par Normandie Roto Impression s.a.s.
61250 Lonrai (Orne)
N° d'impression : 1804649

Imprimé en France